Entstehungsbedingungen und Funktionen des Rechts der Eigenheimförderung

T0326444

Europäische Hochschulschriften

Publications Universitaires Européennes
European University Studies

Reihe XXII

Soziologie

Série XXII   Series XXII

Sociologie
Sociology

Bd./Vol. 45

PETER D. LANG

Frankfurt am Main · Bern · Cirencester/U.K.

Siegfried Neufert

Entstehungsbedingungen und Funktionen des Rechts der Eigenheimförderung

PETER D. LANG
Frankfurt am Main · Bern · Cirencester/U.K.

CIP-Kurztitelaufnahme der Deutschen Bibliothek

Neufert, Siegfried:

Entstehungsbedingungen und Funktionen des Rechts
der Eigenheimförderung / Siegfried Neufert. -
Frankfurt am Main, Bern, Cirencester/U.K. :
Lang, 1980.
    (Europäische Hochschulschriften : Reihe 22,
    Soziologie ; Bd. 45)
    ISBN 3-8204-6734-3

ISBN 3-8204-6734-3
©Verlag Peter D. Lang GmbH, Frankfurt am Main 1980
Druck: fotokop Wilhelm Weihert KG, Darmstadt

Meinen Eltern

INHALTSVERZEICHNIS

ABKÜRZUNGSVERZEICHNIS

a. A.	anderer Ansicht
AöR	Archiv des öffentlichen Rechts
ÄndG	Änderungsgesetz
BAnZ	Bundesanzeiger
BBauBl.	Bundesbaublatt
Begr.	Begründung
BGBl.	Bundesgesetzblatt
BGH	Bundesgerichtshof
BMietG	Bundesmietengesetz
BRDrS	Bundesratsdrucksachen
BTDrS.	Bundestagsdrucksachen
BVerfG	Bundesverfassungsgericht
BVerfGE	Amtliche Sammlung der Entscheidungen des Bundesverfassungsgerichts
BVerwG	Bundesverwaltungsgericht
DöV	Die öffentliche Verwaltung
DVBl.	Deutsches Verwaltungsblatt
EStG	Einkommensteuergesetz
FAZ	Frankfurter Allgemeine Zeitung
Fn.	Fußnote
GG	Grundgesetz
GMBl.	Gemeinsames Ministerialblatt
Hrsg.	Herausgeber
i. d. F.	in der Fassung
JöR	Jahrbuch des öffentlichen Rechts
JZ	Juristenzeitung
KJ	Kritische Justiz
m. w. N.	mit weiteren Nachweisen
NJW	Neue Juristische Wochenschrift
RN	Randnummer
Tab.	Tabelle
Übers.	Übersicht
VerhBT.	Verhandlungen des Deutschen Bundestages (Stenographische Berichte)
Verh. JT	Verhandlungen des Deutschen Juristentages

VerwRspr.	Verwaltungsrechtsprechung in Deutschland
VGH	Verwaltungsgerichtshof
VVdStL	Veröffentlichungen der Vereinigung der Deutschen Staatsrechtslehrer
WiGBl.	Gesetzblatt der Verwaltung des Vereinigten Wirtschaftsgebietes
WoBG	Wohnungsbaugesetz
WoPrämG	Wohnungsbauprämiengesetz
WoRBewG	Wohnraumbewirtschaftungsgesetz
WP	Wahlperiode
zit.	zitiert

EINLEITUNG

a) Ausgangsposition

Politik kann jeweils nicht losgelöst betrachtet werden von Wirtschaft und
Gesellschaft, auf die sie sich bezieht; auch Wohnungspolitik nicht. Recht,
das Medium, über das sie sich vollzieht, ist seinerseits das einer bestimmten Gesellschaft; in Recht gehen die jeweils vorhandenen spezifischen sozio-ökonomischen Verhältnisse mit ein; auch in das der Wohnungsbauförderung, insbesondere Eigenheimförderung.

In dieser allgemeinen Form mag das Verhältnis von Recht und Gesellschaft
unmittelbar einsichtig sein. Mit zunehmender Konkretheit in der Formulierung, mit fortschreitender Explikation der Art dieses Zusammenhangs aber
wird dieses kontrovers und zwingt zur Offenlegung seines Verständnisses
für die vorliegende Untersuchung.

Dabei kann es im Rahmen dieser Arbeit nicht das Ziel sein, diesen kom-
plexen Zusammenhang gemäß dem Stand der wissenschaftlichen Kontroverse zu entfalten (1). Vielmehr soll der als Vorverständnis diesen Untersuchungen zugrunde liegende Standpunkt in seinen Grundlinien skizziert
werden.

Wenn Recht hier als das historisch eigentümliche einer bestimmten Gesellschaft gesehen wird, dann drückt dies aus, daß Recht sozio-ökonomische
Verhältnisse zugrunde liegen, aus denen es sich herleiten läßt und ohne die
es nicht zu verstehen ist.

Ist damit grundsätzlich bestimmt, daß die eine (rechtliche) "Ebene" auf
die andere (gesellschaftliche) zu beziehen ist, so könnte diese Bestimmung
Anlaß zu der Annahme geben, diese Bestimmung verstünde sich als Ausdruck einer eindeutigen, von den materiellen Verhältnissen auf Recht verlaufenden Kausalitätsbeziehung - als brauche man nur die sozio-ökonomischen Verhältnisse zu untersuchen und könne von diesen dann auf die
Normen der Gesellschaft, insbesondere Recht schließen (2).

Ein Abbild-, Widerspiegelungsverständnis in diesem Sinn liegt dieser
Untersuchung nicht zugrunde. Die vorliegende Arbeit geht davon aus, daß
die Individuen, in ihrem Bewußtsein ihren realen Lebenszusammenhang
reflektieren (3), ihre Vorstellungen "noch in den sublimsten Vermittlungen
ihren realen Lebensprozeß" betreffen (4), daß insbesondere ihre Normen
- auch in ihrer als Recht verselbständigten Form - noch von den tatsächlichen Verhältnissen ausgehen und auf sie Bezug nehmen; dabei kann dieses Verhältnis zwischen gesellschaftlichem Sein und Bewußtsein schon
deswegen nicht kausal verstanden werden, weil letzteres (insbesondere
wieder die Normen) seinerseits auf die Individuen in ihrer gesellschaftlichen Praxis einwirkt (und über diese letztlich auf die gesellschaftlichen
Verhältnisse) (5).

Davon ausgehend, versteht sich diese Untersuchung in ihrer Grundposition als Versuch, Recht aus seinem sozio-ökonomischen Kontext zu begründen; indem in Recht Spuren der historischen Entwicklung der Gesellschaft aufzufinden unternommen wird, soll Recht in seiner historischen Besonderheit aus dem Zusammenhang der gesellschaftlichen Verhältnisse konkret erklärt werden (6).

Begründen/Erklären meint hier, Recht in einer Weise konkret zu erarbeiten, daß dabei deutlich wird, zum einen, daß in Recht Momente des sozio-ökonomischen Kontexts eingehen - zum anderen, daß von Recht seinerseits als gesellschaftliches Moment Impulse für die gesellschaftliche Entwicklung ausgehen (die schließlich von der Gesellschaft auf Recht zurückwirken).

Mit der "Konkretheit" der Erarbeitung ist bereits angedeutet, daß es dabei nicht um eine Begründung "des" Rechts aus "der" (kapitalistischen) Gesellschaft geht (7), sondern um eine stark empirisch gerichtete, sich gleichwohl auf dem dargelegten Vorverständnis bewegende Erklärung eines speziellen Teilbereichs von Recht aus konkreten Strukturen, Entwicklungen, Tendenzen der Gesellschaft der Bundesrepublik.

b) Thematische Verortung: Eigenheimförderung

Als speziellen Teilbereich von Recht, um den die vorliegende Arbeit zentriert ist, richtet sie sich auf das Recht der staatlichen Eigenheimförderung, (hier verstanden als:) die Summe der gesetzlichen Regelungen staatlicher Förderung des Eigenheims. Die Wahl gerade dieses speziellen Rechtssektors als Untersuchungsgegenstand verdankt sich der (auch sonst verbreiteten) Vernachlässigung der diesem Recht zugrunde liegenden materiellen Verhältnisse (Wohnverhältnisse wie demographische oder ökonomische Verhältnisse) und der auf es einwirkenden politischen Konzeptionen und Ideologien. Sie ist darüber hinaus dem dogmatischen Abseits des Rechts der staatlichen Eigenheimförderung geschuldet, das es erlaubt, sich bei der sozio-ökonomischen Begründung dieses Rechtsgebiets auf die Ebene der gesetzlichen Regelung zu konzentrieren, ohne dogmatischen Kontroversen in allen Verästelungen auf ihren gesellschaftlichen Kontext nachgehen zu müssen.

Ausgehend von der Annahme, daß das Recht der Eigenheimförderung aus seinem sozio-ökonomischen Kontext am deutlichsten in seiner historisch am weitesten entwickelten Form erklärbar ist, soll sich die vorliegende Untersuchung auf das Recht der staatlichen Eigenheimförderung in der Bundesrepublik beschränken (8).

Damit ist der Gegenstand dieser Untersuchung erst zeitlich eingegrenzt. Seine sachliche Verortung soll ausgehen von einer systematischen Standortbestimmung der staatlichen Förderung des Wohnungsbaus im Rahmen des umfassenderen Zusammenhangs von Wohnungsversorgung und Wirtschaftsordnung der Bundesrepublik; nachdem so in allgemeiner Weise

die staatliche Wohnungsbauförderung - und damit zugleich ihr besonderer
Schwerpunkt, die Förderung des Eigenheims - verortet sind, soll dann
die staatliche Eigenheimförderung innerhalb der staatlichen Förderung
des (allgemeinen) Wohnungsbaus eingegrenzt werden.

Die Wirtschaftsordnung, die sich nach dem Zweiten Weltkrieg in den Westzonen und späteren Bundesrepublik (wieder) etabliert hat (9), ist durch
die private Verfügungsgewalt über Produktionsmittel als kapitalistische
charakterisiert. In der Volkswirtschaftslehre ist dafür das Modell der
Sozialen Marktwirtschaft entwickelt worden.

Dieses, dem "Neo-Liberalismus" verpflichtete Modell, ist wesentlich von
der "Freiburger Schule" der Nationalökonomie (W. Eucken, F. Böhm,
F. A. von Hayek u. a.) entwickelt worden (10); nach der von Vertretern
dieser Schule herausgegebenen Zeitschrift "Ordo" auch "Ordo-Liberalis-
mus" genannt.

Wie im klassischen Liberalismus geht das Modell der Sozialen Marktwirtschaft von einer Wirtschaftsordnung aus, die sich auf private Verfügungsgewalt über Produktionsmittel gründet (11); auf rechtlicher Ebene findet
dies seinen Ausdruck in der verfassungsmäßigen Gewährleistung des Privateigentums als Institut und Freiheitsrecht: "Das bürgerliche Eigentum und
seine Konnexinstitute sind der normative Niederschlag der Markgesellschaft"
(12). Der Freiheit, über die eigenen Produktionsmittel zu verfügen, korrespondiert "das Prinzip der Freiheit auf dem ... Markt" (13) - insgesamt
dann: das freie Spiel der Kräfte am Markt (14); in der Auseinandersetzung
dieser miteinander konkurrierenden für sich je eigennützigen Kräften stellt
sich nach liberaler Vorstellung insgesamt - gleichsam durch eine unsicht-
bare Hand - Harmonie der divergierenden Interessen ein (15). Hierin, also
in sich selbst, findet das Marktmodell das Regulationsinstrument der Verteilung der Waren: im Wettbewerb von Warenangebot und -nachfrage am
Markt, in der (vollständigen) Konkurrenz - deren rechtliches Konnexinstitut
die Vertragsfreiheit bildet (16). Im Gegensatz zum klassischen Modell versucht das der Sozialen Marktwirtschaft, die Gewährleistung der Funktionsfähigkeit von Wettbewerb über den Staat abzusichern und gewisse soziale
Korrekturen des Staates einzuführen (17). Wurde im klassischen Liberalismus der Staat als von der Wirtschaft prinzipiell getrennte Sphäre verstanden (18) (Dualismus von Staat und Gesellschaft, der sich im Recht in der
Unterscheidung von öffentlichem und privatem Recht fortsetzt), so kommt
nach neoliberalem Konzept dem Staat über die klassischen Funktionen
- Gewährleistung äußerer und innerer Sicherheit sowie Einrichtung allgemeiner (nicht profitabler) Produktionsbedingungen - hinaus die zentrale
Aufgabe zu, eine Rahmenordnung zur Sicherung der Möglichkeit von Wettbewerb zu schaffen und zur Milderung von Härten, gewisse Korrekturen
vorzunehmen (19).

Der Staat betrieb in der Bundesrepublik Wohnungspolitik über zwei Wege,
ansetzend einmal bei der Wohnungsverteilung, zum anderen beim Bau von
Wohnungen. Der erste Weg verlief zu Zeiten besonderer Wohnungsnot über
die staatliche Bewirtschaftung der Wohnungen. Der Wohnraumbewirtschaf-

tung wurde aber von der Bundesregierung und den sie tragenden Parteien stets als eine durch die Wohnungsnot bedingte - vorübergehende - Ausnahme in der Wirtschaftsordnung der Bundesrepublik verstanden, als Wohnungsnotrecht (20).

Konsequent dazu wurde auch der Wohnungssektor sukzessive in die marktwirtschaftliche Ordnung eingegliedert, so daß Wohnraum sich grundsätzlich tauscht wie jede andere Ware. Mit dem sukzessiven Abbau der Bewirtschaftung und der Einführung des Marktmechanismus wurde parallel dazu ein System sozialer Flankierungen aufgebaut: entsprechend dem Modell der Sozialen Markwirtschaft wurden zum Ausgleich und zur Vermeidung von Härten, die durch den marktwirtschaftlichen Wohnungsverteilungsprozeß auftreten, diesem System soziale Korrekturen des Staates - Mietbeihilfen (Wohngeld) und Mieterschutz - beigefügt (21).

Der zweite Weg der Wohnungspolitik bestand in der Bereitstellung eines Systems materieller Begünstigungen für die Erstellung von Wohnraum durch private Bauherrn - sei es durch Steuererleichterungen, sei es durch Gewährung direkter finanzieller Zuschüsse (sozialer Wohnungsbau) (22); dabei wurde (seit dem Wohnungsbau-Änderungsgesetz von 1953) mit Vorrang die Eigentumsbildung im Wohnungsbau gefördert. Dieses Verfahren, durch materielle Anreize des Staates die Bauentscheidung privater Bauherrn zu initiieren, vollzieht sich nicht konträr zu den Prinzipien dieser Wirtschaftsordnung, sondern durch Anerkennung der freien Entscheidung der Wirtschaftssubjekte, in deren Rahmen, "marktkonform" (23).

Gleichwohl können beide Wege aber nicht völlig isoliert voneinander gesehen werden; vielmehr wurde die staatliche Förderung des Baus von Wohnungen - auch soweit sie der Eigentumsbildung diente - mit Regelungen des ersten Wegs verknüpft. So wurde die Gewährung öffentlicher Förderungsmittel mit einem System von je nach Art und Umfang der Förderung (Steuervergünstigung oder Direktzuwendung) abgestuften Bindungen gekoppelt, die von Mieterschutz bis zu Mietpreisbindung und einkommensmäßiger Beschränkung des Kreises der in geförderten Wohnungen Mietberechtigten reichte, die jedoch bei vorzeitiger Rückzahlung der öffentlichen Mittel aufgehoben werden konnten.

Auch wenn diese Koppelung für die öffentliche Förderung des Mietwohnungsbaus wie von Eigentumsmaßnahmen gleichermaßen gilt, kommt ihr in beiden Fällen unterschiedliche Bedeutung zu. Zunächst ist als Gemeinsamkeit festzuhalten, daß die öffentliche Förderung zu einer Senkung der dem Bauherrn entstehenden Baukosten führt. Während dies aber im Mietwohungsbau über die Mietpreisbindungen dazu dient, für den Kreis der im sozialen Wohnungsbau Begünstigten die Wohnungsmieten niedrig zu halten, soll es im anderen Fall für denselben begünstigen Personenkreis die Eigentumsbildung im Wohnungsbau erleichtern. Im ersten Fall liegt also die Begrenzung des Mietpreisanstiegs (im öffentlich geförderten sozialen Wohnungsbau) und in der Beschränkung des Personenkreises, der in den Genuß der Mietpreisbindungen gelangen kann. Demgegenüber liegt die primäre Bedeutung der Bindungen im zweiten Fall in einer Beschränkung des Personen-

14

kreises für die Inanspruchnahme staatlicher Eigentumsförderung im Wohnungsbau (zusätzliche Mietpreisbindungen können hier nur dann auftreten, wenn ein Teil des Wohnungseigentums vermietet wird; diese Konstellation ist aber für die Einschätzung der Tragweite der Bindungen bei Eigentumsmaßnahmen von untergeordneter Bedeutung: schließlich wurde die Förderung der Eigentumsbildung im Wohnungsbau nicht vorrangig um niedriger Mieten willen betrieben).

Damit wird einem bestimmten Personenkreis, der einerseits als im sozialen Wohnungsbau förderungsbedürftig angesehen wird, der andererseits aber zugleich genügend finanzkräftig sein muß, die Möglichkeit geboten, sich angesichts deutlicher Unterversorgung mit Wohnungen (auch im öffentlich geförderten sozialen Wohnungsbau) (24) und erheblicher Mietpreissteigerungen durch Bildung von Wohnungseigentum dem grundsätzlichen Wohnungsverteilungsmechanismus zu entziehen; die Förderung der Eigentumsbildung im Wohnungsbau stellt also den Versuch einer Lösung des Wohnungsproblems für einen Teil der Bevölkerung unter Umgehung des Wohnungsmarktes dar. Ausgehend von der Ökonomie des Wohnungstausches als gegeben, als nicht prinzipiell zu ändernde, bietet sie einen Weg an, der für den finanzkräftigen Teil der rechtlich Begünstigten eine Lösung des Wohnungsproblems in Aussicht stellt (25); eine Lösung aber, die deswegen individuell bleibt, d. h. die Frage der Wohnungsversorgung nicht allgemein angeht. Damit läßt sich die Förderung der Eigentumsbildung im Wohnungsbau verstehen als Versuch einer Lösung des Wohnungsproblems unter Anerkennung der Mechanismen des Wohnungsmarktes (26) - und damit des ökonomischen Status quo.

Die staatliche Förderung der Eigentumsbildung im Wohnungsbau ist damit in ihrem Verhältnis zu Wohnungsbauförderung, Wohnungsversorgung und Wirtschaftsordnung bezeichnet worden. Bezugspunkt der vorliegenden Untersuchung ist jedoch nicht die staatliche Förderung von Wohnungseigentum generell, sondern nur die des Eigenheims; daher soll nachfolgend die staatliche Förderung des Eigenheims innerhalb der Förderung des Wohnungseigentums in seinen verschiedenen Formen ausgegrenzt werden. So dienen die öffentlichen Mittel für den sozialen Wohnungsbau seit dem Wohnungsbau-Änderungsgesetz von 1953 vorrangig dazu, den Bau oder Erwerb von Eigenheimen oder Kleinsiedlungen sowie (seit dem Zweiten Wohnungsbaugesetz von 1956) von Eigentumswohnungen durch Wohnungssuchende zu initiieren.

Der Begriff des Eigenheims soll (sofern nicht aufgrund unterschiedlicher Abgrenzung des vorfindlichen empirischen Materials etwas anderes angemerkt ist) verstanden werden im Sinne des Zweiten Wohnungsbaugesetzes (§ 9): "ein im Eigentum einer natürlichen Person stehendes Grundstück mit einem Wohngebäude, das nicht mehr als zwei Wohnungen enthält, von denen eine Wohnung zum Bewohnen durch den Eigentümer oder seine Angehörigen bestimmt ist"; dabei soll allerdings "Eigenheim" nicht nur auf den Fall des vom Eigentümer selbst oder in seinem Auftrag errichteten Eigenheims beschränkt sein, sondern den des vom Eigentümer-Bewohner erst erworbenen Eigenheims ("Kaufeigenheim") gleichermaßen erfassen.

Demgegenüber steht einer Ausweitung des Eigenheimbegriffs - im Rahmen dieser Arbeit - auf die Kleinsiedlung, damit aber auch einer Einbeziehung der Kleinsiedlung in die Untersuchung, die unterschiedliche Zweckbestimmung der Kleinsiedlung entgegen: Der insofern wesentliche Unterschied zum Eigenheim liegt in der Bestimmung der Kleinsiedlung zur landwirtschaftlichen Nutzung durch den Siedler (§ 10 II. WoBG).

Zu den begünstigten Objekten der Förderung der Eigentumsbildung im Wohnungsbau gehört zwar (seit 1956) auch die Eigentumswohnung; doch ist ihre Förderung gegenüber der von Eigenheim und Kleinsiedlung nachrangig (§ 26 Abs. 1 II. WoBG); gemessen am Anteil der Eigentumswohnungen an allen Wohnungen, ist die Eigentumswohnung eine in der Bundesrepublik noch relativ wenig verbreitete Wohnform; schließlich widersprechen einer Einbeziehung der Eigentumswohnung in diese Arbeit bereits äußerlich feststellbare Unterschiede der tatsächlichen Gegebenheiten im Verhältnis zum Eigenheim, die sich aus der unterschiedlichen Bauweise (hier: Mehrfamilienhaus, typischerweise Hochhaus - dort: Ein-/Zweifamilienhaus) ergeben und die bei der Untersuchung der tatsächlichen Verhältnisse einer einheitlichen Erarbeitung und Darstellung zusammen mit den entsprechenden beim Eigenheim entgegenstehen (27).

c) Gang der Untersuchung

Die staatliche Förderung des Eigenheims in ihrer rechtsförmlichen Ausprägung, i. e. das Gesetzesrecht der staatlichen Eigenheimförderung, ist Gegenstand der vorliegenden Untersuchung. Dieses Eigenheim-Förderungs-Recht ist gemäß dem eingangs erläuterten Vorverständnis dieser Arbeit im Hinblick auf den sozio-ökonomischen Kontext als Bedingtes und als Bedingendes auseinanderzusetzen; es ist also zweierlei zu zeigen: zum einen die konkreten Entstehungsbedingungen dieses Rechtsgebiets, die Entwicklung der gesellschaftlichen, ökonomischen und politischen Verhältnisse, auf deren Grundlage das Recht der Eigenheimförderung entstanden ist; das bedeutet, Eigenheim-Förderungs-Recht als Ausdruck bestimmter sozio-ökonomischer Verhältnisse zu verstehen; zum anderen, dieses Rechtsgebiet in seinen Rückwirkungen auf diese Verhältnisse wiederum, also in seinen Konsequenzen, Auswirkungen auf diese Gesellschaft zu untersuchen - seien sie nun gesellschaftlicher, ökonomischer, politischer oder auch juristischer Natur.

Dieses Verständnis ist bestimmend für die Anlage der gesamten Untersuchung; in jedem der beiden Teile ist den Bedingungen und Rückwirkungen des Eigenheim-Förderungs-Rechts nachzugehen, um es aus seinem sozio-ökonomischen Kontext zu erklären, es in diesem Bedingungs-Wirkungs-Konnex auseinanderzusetzen. Jedoch ist die Gewichtung der beiden Untersuchungsaspekte in der Darstellung der beiden Teile unterschiedlich: In Teil A sollen die Entstehungsbedingungen des Eigenheim-Förderungs-Rechts und dieses selbst in ihrer historischen Kontinuität dargestellt werden; dabei werden gemäß dem dargelegten Rechtsverständ-

nis in die Darstellung durchgängig die Rückwirkungen der gesetzlichen
Regelungen auf die Bedingungszusammenhänge selbst und ihre gesellschaftliche Funktion einbezogen. Demgegenüber soll in Teil B den besonderen,
dem politischen Kräfteverhältnis der konkreten historischen Situation geschuldeten, insofern "überschießenden" Zielsetzungen des Eigenheim-
Förderungs-Rechts nachgegangen werden im Hinblick auf ihre Realisierung; es sind die Auswirkungen/Funktionen des Eigenheim-Förderungs-
Rechts gemäß der mit ihm verfolgten Ziele zu untersuchen.

Die im ersten Teil der Untersuchung aufgeschlüsselten Einzelziele innerhalb der großen Zielrichtung der Eigenheimförderung und der Umfang
ihrer Realisierung durch das Eigenheim-Förderungs-Recht werden damit zum Gegenstand der Überprüfung gemacht; damit geht einher eine
Einschätzung des Stellenwerts dieser Ergebnisse für diese Gesellschaft.

Schließlich ist in diesem Abschnitt die Summe der Auswirkungen des Eigenheim-Förderungs-Rechts wieder zurückzubeziehen auf die Ebene des
Rechts und der Rechtswissenschaft; die materiellen und ideellen Veränderungen durch das Eigenheim-Förderungs-Recht sind selbst wieder zu untersuchen auf ihre Rückwirkungen für die Interpretation des Eigentumsbegriffs in Art. 14 GG.

d) Exkurs: Historische Entwicklung der Eigenheimförderung

Die Propagierung des eigenen Heims, des Erwerbs der Wohnstätte zu Eigentum, findet sich bereits im letzten Jahrhundert. Sie ist zu verstehen als
Antwort auf die Wohnungsfrage, auf die große Wohnungsnot in den Städten
im Gebiet des späteren Deutschen Reiches (28); insofern teilt sie mit dieser entstehungsgeschichtlich die Herkunft aus dem Fortschreiten der industriellen Revolution (29).

Ansätze zur Industrialisierung im Gebiet des späteren Deutschen Reiches
wurden bereits zu Ende des achtzehnten Jahrhunderts sichtbar; doch erst
in der Mitte des letzten Jahrhunderts setzte hier die eigentliche Industrialisierung, die Konsolidierung und Vertiefung der industriellen Revolution
ein. Hatte das starke Bevölkerungswachstum zu Beginn des letzten Jahrhunderts noch keine wesentliche Verschiebung im zahlenmäßigen Verhältnis zwischen Stadt- und Landbevölkerung zur Folge, so führte der Bedarf
der rasch expandierenden Industrie nach einer großen Zahl von Arbeitskräften
zu einer Abwanderung großer Teile der Bevölkerung in die Zentren industrieller Expansion - vom Land in die Städte; diese weitete sich später (etwa nach
1870) zur großen Binnenwanderung vom mehr landwirtschaftlichen Osten in
die stärker industriellen Zentren im Westen aus (30). Damit kehrte sich das
Verhältnis zwischen Stadt- und Landbevölkerung um: wohnten 1871 noch
zwei Drittel der Bevölkerung des Deutschen Reiches in ländlichen Gemeinden, so kam "am Vorabend des Ersten Weltkrieges" der städtischen Bevölkerung ein Anteil von zwei Dritteln der Gesamtbevölkerung zu (31).

Mit dem starken Zustrom in die Städte aber wuchs dort die Wohnungsnot. Das plötzliche Andrängen der Bevölkerung in die Städte bei gegebenem Wohnungsbestand machte es möglich, umfangreiche Mietpreissteigerungen durchzusetzen - mit der Folge, daß sich immer mehr Bewohner in den einzelnen Häusern zusammendrängten (32)

Als Lösung dieser Wohnungsnot wurde von Anfang an das eigene Heim, der Erwerb der Wohnung in Eigentum - die Verwandlung der Mieter in Eigentümer vorgeschlagen (33). Von Anfang an war damit intendiert, was auch nach dem Zweiten Weltkrieg in der Wohnungspolitik der Bundesrepublik - teilweise mit nahezu gleichlautenden Formulierungen - sich wiederfindet (34): "Verwurzelung mit Grund und Boden" (35) im Sinne einer "Bindung der Arbeiter an nicht konvertierbares, immobiles Eigentum" (36), die die Fluktuation der Arbeiter eindämmen und die Arbeiter an das Unternehmen binden sollte (37) und die schließlich die Arbeiter gegen die Einflüsse der Sozialdemokratie immunisieren sollte (Versuch der Pazifizierung - Versuch, gesellschaftliche Konflikte stillzustellen) (38). So nimmt es nicht Wunder, daß bereits 1865 staatliche Bergwerksverwaltungen Eigenheime für Werksangehörige errichteten (39); diesem Beispiel folgten dann auch private Unternehmen (40).

Erste Ansätze zu einer reichseinheitlichen Regelung der Eigenheimfrage finden sich bereits 1891 (41); sie sind aber nicht bis zur Kodifizierung gediehen (42). Nach dem Ersten Weltkrieg schließlich erfuhr der Eigenheimgedanke durch das Reichsheimstättengesetz vom 10. 5. 1920 eine umfassende gesetzliche Regelung (43).

Während und nach der Weltwirtschaftskrise traten dann Bestimmungen über die Förderung der Kleinsiedlung hinzu (44); damit sollten zunächst durch die damit verbundene Gartennutzung und Kleintierhaltung, durch die eigene zusätzliche Nahrungsmittelversorgung die Bewohner "krisensicher" gemacht werden; gleichzeitig schwang aber immer auch der Gedanke mit, den Arbeiter "seßhaft zu machen", "eine enge Bindung des städtischen Arbeiters an Grund und Boden" zu erreichen und "ihn zu entproletarisieren" (45); bei den Nationalsozialisten wurde dies dann noch durch den Gedanken der "Verwurzelung in die Volksgemeinschaft" erweitert (46).

A. ENTSTEHUNGSBEDINGUNGEN
DES EIGENHEIM-FÖRDERUNGS-RECHTS

I. Einleitung

Die Untersuchung der Determinanten eines zusammenhängenden Rechtsgebiets, wie des Eigenheim-Förderungs-Rechts weist gegenüber der der Determinanten eines einzelnen Gesetzes Besonderheiten auf, die daraus resultieren, daß im ersten Fall nicht eine zu einem bestimmten Zeitpunkt entstandene, abgeschlossene Kodifikation vorliegt, sondern eine Summe von Normen, die zu unterschiedlichen Zeitpunkten in Kraft getreten, geändert oder aufgehoben wurden. Eigenheim-Förderungs-Recht ist also nahezu ständig in Wandlung begriffen und muß daher als zeitliches Kontinuum verstanden werden.

Versucht man, in der Explikation des Eigenheim-Förderungs-Rechts diesen Besonderheiten gerecht zu werden, indem man es als zeitliches Kontinuum zu erfassen versucht, so bedeutet dies für die Untersuchung seiner Determinanten, daß diese nicht punktuell als einzelne Faktoren erfaßt werden können; vielmehr lassen sich die an einzelnen Stellen der Entwicklung des Eigenheim-Förderungs-Rechts ansetzenden Faktoren zu unterschiedlichen Bündeln von in sich gleichartigen Faktoren zusammenfassen, die - als Bedingungen für die Entwicklung des Rechts - sich selbst weiter entwickeln und selbst wieder im Bedingungszusammenhang zu einander stehen. Dann aber hat die Untersuchung des Kontinuums des Eigenheim-Förderungs-Rechts auch die Kontinuität der einzelnen Determinanten jeweils aufzuzeigen.

Diese Vorgehensweise wird schließlich auch deswegen notwendig, weil die bei einer Querschnittsuntersuchung so einfache Einteilung in Ursachen und Auswirkungen in der Längsschnittuntersuchung problematisch ist; im Zeitablauf werden die Auswirkungen des einen zu den Entstehungsbedingungen des anderen (1).

Im Ergebnis bedeutet dies, daß die Gesetze des Eigenheim-Förderungs-Rechts und deren notwendige Determinanten zunächst jeweils in ihrer Kontinuität vorgestellt werden, um dann in einem abschließenden Teil (A. III.), soweit sie jeweils in konkret nachweisbarem Bezug zum Eigenheim-Förderungs-Recht stehen, zusammengefaßt und in ihren Interdependenzen dargestellt zu werden. Dabei bleibt hervorzuheben, daß diese zusammenfassende Darstellung zu ihrem Verständnis die zuvor entwickelten Bedingungszusammenhänge voraussetzt.

Die Darstellung der notwendigen Determinanten des Eigenheim-Förderungs-Rechts gliedert sich in die fünf Teile: ökonomische Entwicklung, Bevölkerungsentwicklung, Entwicklung der Wohnverhältnisse, der Zielsetzungen staatlicher Wohnungsbaupolitik sowie des gesetzlichen Instrumentariums des Eigenheim-Förderungs-Rechts. Die inhaltliche Gliederung der notwendigen Determinanten des Eigenheim-Förderungs-Rechts in diese fünf Gruppen von Bedingungszusammenhängen ergibt sich nicht quasi unmittelbar aus der Sache selbst und bedarf daher der näheren Erläuterung.

Ist die Aufnahme der Darstellung des gesetzlichen Instrumentariums bereits vom Titel der Untersuchung her naheliegend, so mag ihre Einbeziehung als "Determinanten" nicht ohne weiteres einsichtig sein, sofern man die Normen allein als Ergebnis der hier dargestellten Bedingungen und gerade nicht als selbst wieder Bedingendes auffasst. Allerdings gingen von den gesetzlichen Regelungen bei ihrer Realisierung Impulse auf die gesellschaftlichen Bedingungszusammenhänge aus, die selbst wieder auf die Fortentwicklung von Gesetzen zurückwirken: Insofern "bewirkten" Gesetze Veränderungen gesellschaftlicher Gegebenheiten, die ihrerseits später wieder Grundlagen gesetzlicher Veränderungen waren. Dann aber ist die Darstellung der gesetzlichen Ebene notwendig in die der gesellschaftlichen Determinanten einzubeziehen, um so auch noch bestehende Abhängigkeiten sozioökonomischer Entwicklungen von gesetzlichen Regelungen erfassen zu können. (Dies entspricht der eingangs skizzierten Position, wonach - auch wenn "Produktion und Reproduktion des wirklichen Lebens" das "in letzter Instanz bestimmende Moment" sind - "Wechselwirkung" zwischen den Momenten von Basis und Überbau besteht).

Vor allem aber trägt diese Gleichordnung der Normendarstellung mit der der gesellschaftlichen Determinanten dem schon in der Einleitung zu dieser Arbeit dargelegten Rechtsverständnis Rechnung; damit soll ausgedrückt werden, daß das Aufzeigen der gesetzlichen Regelungen nur Voraussetzung einer Darstellung des Eigenheim-Förderungs-Rechts ist, nicht aber diese schon leisten kann.

In die gesetzlichen Regelungen sind die Ziele der Wohnungsbaupolitik, die die Bundesregierung und die sie jeweils tragenden Fraktionen des Deutschen Bundestages verfolgten, eingegangen - teils ausdrücklich formuliert, teils implizit. Um den intentionalen Gehalt der betreffenden Gesetze zu ermitteln, deren strategische Ausrichtung zu präzisieren und damit den Stellenwert der Regelungen zu verdeutlichen, sollen die Zielsetzungen in der Wohnungsbaupolitik im einzelnen untersucht werden, wie sie sich aus den parlamentarischen Beratungen und Äußerungen der Bundesregierung (insbesondere des Wohnungsbauministers) ergeben.

Nach dem herkömmlichen Auslegungskanon wäre dieses Vorgehen weitgehend der historischen Auslegung zuzurechnen.

Eigentliche Auslösefaktoren für die Förderung des Wohnungsbaus - einschließlich seiner speziellen Variante, des Eigenheimbaus - war die Wohnungsnot nach dem Zweiten Weltkrieg, d.h. der rein quantitative Fehlbestand an Wohnraum und die (teilweise daraus resultierenden) qualitativ unzureichenden Wohnverhältnisse. Auch wenn sich durch umfangreiche Neubautätigkeit (nicht zuletzt infolge der staatlichen Wohnungsbauförderung) insofern einiges geändert hat, kann nach fünfundzwanzig Jahren

Wohnungsbauförderung das Wohnungsproblem nicht als gelöst betrachtet werden; seine Formen, in denen es sich ausdrückt, haben sich verlagert - es erscheint vor allem in der Frage der Mietpreisbildung, der Höhe des Mietpreises im Verhältnis zum Einkommen und dann in der der Wohnverhältnisse. (Dies als "normale" Begleitumstände einer marktwirtschaftlichen Ordnung aufzufassen, ändert daran gleichwohl nichts.)

Damit aber hat die Betrachtung der Verhältnisse im Wohnungssektor, die, verstanden als realer Ausgangs- und Bezugspunkt der Wohnungsbauförderung, bei der Untersuchung derselben nicht gänzlich auszublenden sind, sich nicht auf die Zustände zu Beginn der fünfziger Jahre zu beschränken, sondern hat sie zeitlich parallel zur Entwicklung der Wohnungsbauförderung in ihrer Entwicklung darzustellen.

Zwar lassen sich diese Verhältnisse nicht als Entstehungsbedingungen speziell und ausschließlich der staatlichen Eigenheimförderung und des Eigenheim-Förderungs-Rechts identifizieren; sie gehören zu den Entstehungsbedingungen der staatlichen Wohnungsbauförderung allgemein, damit aber auch zu denen des speziellen Sektors Eigenheimförderung und des Eigenheim-Förderungs-Rechts.

Das Ausmaß der quantitativen Wohnungsversorgung, das Bestehen von Wohnraummangel oder -überschuß, wird statistisch ermittelt durch Inbeziehungsetzen der Zahl der vorhandenen Wohnungen mit der der bestehenden Haushalte (Wohnparteien). An diesem Verhältnis, dem zwischen Wohnungsbestand und Bevölkerungszahl, setzt die staatliche Förderung des Wohnungsbaus bei der Projektierung des Umfangs des zu schaffenden Wohnraums an und ist insofern abhängig von Bevölkerungsstand und -wachstum. Andererseits läßt sich mit Wohnungsbaupolitik auch eine bestimmte Bevölkerungspolitik betreiben, da die Gründung von Familien - letztlich dann aber Geburtenüberschuß und Bevölkerungswachstum - eine quantitativ und qualitativ ausreichende Wohnungsversorgung offenbar voraussetzt. Wohnungsbaupolitik ist dann zu verstehen als Reaktion auf eine bestimmte Bevölkerungsstruktur (z. B. Überalterung) zum Ziel ihrer Veränderung. Dabei setzen die entsprechenden Regelungen bei den bestehenden Familien an, wirken aber in der Begünstigung bestehender Familien zugleich für die Zukunft: als Begünstigung der Gründung von Familien. Gerade die die Familien besonders begünstigenden Regelungen des Eingeheim-Förderungs-Rechts lassen es dann als sinnvoll erscheinen, in die Darstellung der Entstehungsbedingungen dieses Rechtssektors die der Bevölkerungsentwicklung einzubeziehen.

Die Versorgung mit Wohnraum hängt zunächst, gegenständlich von Art und Umfang der Wohnungsproduktion ab, sodann von der rechtlichen Ausgestaltung der Wohnungsverteilung. Beide, Wohnungsproduktion und Wohnungsverteilung, lassen sich verstehen als Sektoren der Gesamtwirtschaft. Beide Male wird Wohnung gegen Geld getauscht: einmal zwischen Produzent und Vermieter, das andere Mal zwischen Vermieter und Mieter; das eine Mal zur Gewinnrealisierung durch den Produzenten und in Erwartung eines zukünftigen (Vermietungs-) Gewinns auf seiten des Käufers, bzw. beim

Eigenheim zur Unterbringung des Käufers und seiner Familie - das andere Mal zur Gewinnrealisierung durch den Vermieter und zum persönlichen Gebrauch des Wohnungsmieters und seiner Familie. Wohnung ist in beiden Fällen Ware, die sich grundsätzlich nach denselben Prinzipien tauscht wie andere Waren in den übrigen Wirtschaftssektoren. (Lediglich in besonderen Situationen - Notsituationen - unterliegt der Tausch staatlicher Kontrolle.)

Die staatliche Wohnungsbauförderung setzt diese ökonomischen Beziehungen grundsätzlich (affirmativ) voraus, bezieht sie insofern als gegeben mit ein. Speziell die staatliche Eigenheimförderung geht ebenfalls davon aus, beansprucht jedoch, diese im Aspekt der Wohnungsverteilung für den bestimmten - prinzipiell jedermann offenen - Kreis der Eigenheim-Eigentümer zu überwinden durch Übergang von Wohnungsmieter zum Wohungseigentümer.

Damit ändert Eigenheimförderung die Prinzipien der Wohnungsversorgung nicht, sondern läßt sie bestehen; sie intendiert statt dessen die Bildung von Eigentum in Form von Immobileigentum, somit die intensive Verbreitung des ökonomischen Basis-Instituts Eigentum dieser Gesellschaft - letztlich die Zementierung der dargestellten ökonomischen Gegebenheiten.

Über diesen strukturellen Zusammenhang hinaus bestehen starke konjunkturelle Verflechtungen zwischen Wohnungsbau, Wohnungsbauförderung und der Gesamtwirtschaft. So kommt unter den einzelnen Wirtschaftssektoren der Wohnungsproduktion als wesentlicher Teil der Bauwirtschaft besondere konjunkturelle Bedeutung zu. Aufgrund ihrer mannigfaltigen Verflechtungen mit anderen Wirtschaftssektoren durch die notwendige Einbeziehung von deren Produkten in die Wohnungsproduktion nimmt sie im Hinblick auf die gesamtwirtschaftliche Entwicklung eine Schlüsselstellung ein: Veränderungen im Umfang der Wohnungsproduktion schlagen auf den Verlauf des gesamtwirtschaftlichen Wachstumsprozesses durch - wie auch umgekehrt dessen Schwankungen sich (wenn auch teilweise gebrochen durch staatliche Wohnungsbauförderung) in der Wohnungsproduktion als Teil der Bauwirtschaft und damit in der Wohnungsversorgung fortsetzen. Demgemäß kann die staatliche Förderung des Wohnungsbaus, insbesondere seines bevorzugten Gegenstands, des Eigenheims, auch Gesichtspunkte der jeweiligen wirtschaftlichen Situation und deren Veränderung einbeziehen. Speziell die Bildung von Eigentum im Wohnungsbau - damit aber auch die staatliche Förderung des Eigenheims - hängt darüber hinaus ab von wirtschaftlicher Prosperität und Steigerung der Einkommen der zukünftigen Bauherrn, bzw. Erwerbern von Eigenheimen.

Insgesamt zeigt sich das Bestehen bestimmter ökonomischer Gegebenheiten (seien sie struktureller oder konjunktureller Art), von denen Eigenheimförderung ausgeht, die diese dann auch insofern einbezieht - und die daher in der Darstellung der Bedingungszusammenhänge des Eigenheim-Förderungs-Rechts zu berücksichtigen sind.

Diese Vorstellung der notwendigen Determinanten des Eigenheim-Förderungs-Rechts ist ausgegangen von den Zusammenhängen, deren Berücksichtigung unmittelbar einsichtig ist; nämlich von den gesetzlichen Regelungen dieses Rechtsgebietes; sie hat sich dann den allgemeineren Bedingungszusammenhängen zugewendet, deren Einbeziehung nicht ohne weiteres einsichtig ist und besonderer Begründung bedurfte. Die Ausführungen in Teil A werden dem umgekehrten Weg folgen und von den allgemeineren Bedingungen ausgehen; damit wird der Tatsache Rechnung getragen, daß diese nicht nur Determinanten für die gesetzliche Regelung der Eigenheimförderung selbst sind, sondern teilweise auch für die nachfolgend dargestellten spezielleren Bedingungen des Eigenheim-Förderungs-Rechts.

II. Entwicklung der Entstehungsbedingungen

a. Ökonomische Entwicklung

a.1. Überblick

Ökonomische Entwicklung wird hier nicht in dem Sinn verstanden, Eigenheim-Förderungs-Recht kategorial aus der Ökonomie zu entwickeln, abzuleiten, sondern - in Übereinstimmung mit der stärker historischen Anlage dieses gesamten Teils A - dahingehend, den Entwicklungsverlauf der gesamtwirtschaftlichen Tätigkeit im Hinblick auf Bedingungszusammenhänge mit dem Eigenheim-Förderungs-Recht zu erarbeiten (auch wenn sich erstes darin perspektivisch abzeichnet).

Mit Bedingungszusammenhängen sind hier Verhältnisse, Entwicklungen gemeint, die das Eigenheim-Förderungs-Recht implizit voraussetzt, bzw. ausdrücklich einbezieht. Als ökonomische Bedingungszusammenhänge werden sich - anknüpfend an die Ausführungen in der Einleitung zu diesem Teil A - solche struktureller und konjunktureller Art ergeben.

Ökonomische Bedingungszusammenhänge struktureller Art bezeichnen Implikate des Eigenheim-Förderungs-Rechts, die sich aus der dem Recht zugrundeliegenden ökonomischen Struktur ergeben. Diese erweist sich, wie bereits ausgeführt, als kapitalistische, also als auf privater Verfügungsgewalt über Produktionsmittel beruhende Wirtschaftsordnung, für die sich die Bezeichnung nach dem Modell der Sozialen Marktwirtschaft durchgesetzt hat. Dieses Modell wurde als maßgeblich prinzipiell für alle Wirtschaftssektoren der Rekonstruktion der westdeutschen Wirtschaftsordnung zugrunde gelegt. Wohnungsproduktion und Wohnungsversorgung wurden von Anfang an nicht aus dem Geltungsbereich dieses Modells herausgenommen; während jedoch die Wohnungsproduktion bereits seit der Währungsreform 1948 den Mechanismen des Marktes unterliegt, war die Wohnungsverteilung wegen der großen Wohnungsnot anfänglich noch staatlicher Aufsicht unterstellt. Im Laufe der fünfziger Jahre wurde auch die Wohnungsverteilung schrittweise marktwirtschaftlich umstrukturiert (1), so daß sich die Wohnung grundsätzlich tauscht wie jede andere Ware auch - sei es auf Zeit, i.e. im Falle der Mietwohnung und rechtlich über einen Mietvertrag, sei es auf Dauer, i. e. beispielsweise im Falle des Eigenheims und rechtlich über ein Kaufverhältnis.

Dem beschriebenen Modell der Sozialen Marktwirtschaft entsprechend sind für den Tausch in beiden Fällen gewisse soziale Flankierungen normiert: zum einen beispielsweise Mieterschutz, Mietbeihilfe (Wohngeld) und indirekt auch finanzielle Mittel des Sozialen Wohnungsbaus, zum anderen Lastenbeihilfe und finanzielle Mittel zur Eigenheimförderung im Rahmen des Sozialen Wohnungsbaus.

Eigenheim-Förderungs-Recht - immerhin den rechtlichen Formen des genannten marktwirtschaftlichen Umstrukturierungsprozesses inkorporiert - greift in diese Marktmechanismen der Wohnungsverteilung nicht grundsätzlich ändernd ein, sondern geht von diesen als gegeben aus und regelt als ein marktkonformes rechtliches Instrument der Wohnungsversorgung die Einzelheiten der Eigenheimförderung nach Art und Umfang.

Eigenheim-Förderungs-Recht gründet sich, ganz allgemein, auf das Bestehen von Privateigentum an Grund und Boden, die prinzipiell uneingeschränkte private Verfügbarkeit über Immobileigentum; insofern in Einklang mit der übrigen Wohnungspolitik in der Bundesrepublik stehend, charakterisiert Eigenheim-Förderungs-Recht eine zusätzliche Qualität: die Förderung der Bildung einer über kurzfristige Konsumzwecke hinausgehenden Eigentumsform, des Immobileigentums. Das bedeutet zugleich die Förderung der Verbreitung von Eigentum (2), des ökonomischen Basis-Instituts dieser Gesellschaft, die Bindung immer größerer Teile der Gesellschaft an dieses und somit die Festigung der Grundlagen einer kapitalistischen Gesellschaft (3).

Ökonomische Bedingungszusammenhänge konjunktureller Art sollen hier als solche zwischen Eigenheimförderung, Eigenheim-Förderungs-Recht und Wirtschaftsentwicklung in der Bundesrepublik verstanden werden; sie ergeben sich für den Wohnungsbau (einschließlich des Eigenheimbaus) aus der ökonomisch exponierten Stellung der Bauproduktion überhaupt und schließlich im besonderen für den Eigenheimbau aus Faktoren des Wirtschaftswachstums:

Im Rahmen der konjunkturellen Entwicklung der Gesamtwirtschaft nimmt die Bauwirtschaft eine Schlüsselstellung ein. Die Bauproduktion ist Zentrum eines weit verzweigten Geflechts unterschiedlicher Wirtschaftszweige, deren Produkte in die Bauproduktion eingehen. Nach einer Untersuchung von 1967 machten die Vorleistungen anderer Branchen mehr als 50 % des Bruttoproduktwertes der Bauwirtschaft aus; darin sind Materiallieferungen und Dienstleistungen von bis zu siebzehn verschiedenen Wirtschaftszweigen enthalten; im Wohnungsbau kommen dann für die Inneneinrichtung noch weitere Branchen hinzu (4).

Durch die Verzahnung ergibt sich eine wechselseitige Abhängigkeit von Bauwirtschaft und Zulieferbetrieben; eine Veränderung der Nachfrage auf der einen Seite schlägt direkt auf die andere Seite durch und setzt sich ihrerseits

über die Bau-Zulieferbetriebe hinaus auf deren Vorleistungs-Betriebe
fort, so daß sich also ein von der Bauwirtschaft ausgehender Nachfrage-
Impuls immer weiter in den Zuliefererbranchen "verzweigt"; d.h. eine
Veränderung der Investitionen der Bauwirtschaft (beispielsweise durch
staatliche Initiative) hat multiplikative Effekte für den gesamten Wirtschafts-
prozeß. In der Volkswirtschaftslehre wird dies als Multiplikatoreffekt bezeichnet (5). Die Bauwirtschaft als Schlüsselindustrie zeichnet sich durch
einen hohen Muliplikator aus, dessen volle Wirksamkeit bereits nach acht
bis zehn Monaten eintritt (6).

Diese enge funktionale Verzahnung der Bauwirtschaft mit der gesamtwirtschaftlichen Entwicklung (7) findet beispielsweise ihren Ausdruck in einer
weitgehenden Parallelität der allgemeinen Konjunkturentwicklung mit dem
Entwicklungsverlauf der Genehmigungszahlen im Wohnungsbau: So zeigt
ein Vergleich der beiden Entwicklungsverläufe, daß in fast allen Phasen
gesamtwirtschaftlicher Hochkonjunktur die Zahlen der Baugehemigungen
im gesamten Wohnungsbau, verglichen mit den vorhergehenden, bzw. nachfolgenden Jahren, besonders hoch ausfielen (8). Diese "Mitläuferrolle" des
Wohnungsbaus ist für die Nachkriegszeit bis 1956 (statistisch) nachgewiesen (9).

Obwohl der Anteil des Wohnungsbaus an den gesamten Bauinvestitionen
langfristig rückläufig ist, kommt aufgrund der skizzierten Zusammenhänge dem Wohnungsbau als Teil der Bauwirtschaft gesamtwirtschaftlich
eine exponierte Stellung zu; damit ist der besondere Stellenwert des Wohnungsbaus und der staatlichen Wohnungsbauförderung zu erklären, der
ihnen im Rahmen staatlicher Konjunkturförderungsprogramme (noch immer) zukommt. Grundsätzlich wird der Wohnungsbau und die Wohnungsbauförderung damit jedenfalls auch zu einer konjunkturpolitischen Variablen
- auch wenn speziell Eigenheimbau und Eigenheimförderung von Konjunktur-
Dämpfungsmaßnahmen, die bei Wohnungsbau und Bauwirtschaft insgesamt
ansetzen, gelegentlich ausgenommen werden, insofern also konjunkturpoli-
tische gegenüber anderen Zielsetzungen (10) zurücktreten können.

Speziell für Eigenheimbau und Eigenheimförderung geltende ökonomische
Bedingungszusammenhänge konjunktureller Art sind unter Faktoren des
Wirtschaftswachstums zu suchen:

Wie eine Wohnung in Ein- oder Zweifamilienhäusern im Vergleich zu einer Wohnung in einem Mehrfamilienhaus einen höheren finanziellen Aufwand erfordert (11), so erforderte eine Wohnungspolitik, die auf die Beseitigung der Wohnungsnot durch staatliche Eigenheimförderung abzielte,
die Verfügbarkeit höherer staatlicher Förderungssummen; die Höhe der
dem Staat zur Verfügung stehenden finanziellen Mittel aber ist letztlich,
weil sie im wesentlichen durch die Höhe des Steueraufkommens bestimmt
wird, an den Verlauf der gesamtwirtschaftlichen Entwicklung gebunden.
So konnte noch im Ersten Wohnungsbaugesetz von 1950 angesichts der bestehenden Wohnungsnot und knapper Finanzmittel der Bau und Erwerb von
Eigenheimen noch nicht bevorzugt gefördert werden (12).

Erst nachdem sich der finanzielle Spielraum der öffentlichen Hand im
Zuge des kräftigen wirtschaftlichen Wachstumsschubs des Korea-Booms
verbreitert hatte, und dann auch die Wohnungsbau-Mittel aufgestockt werden konnten (13), konnte der Förderung des Eigenheims absoluter Vorrang eingeräumt werden.

Insbesondere setzt der Bau oder Erwerb eines Eigenheims - auch bei Inanspruchnahme öffentlicher Förderungsmittel - Eigenmittel in erheblichem
Umfang voraus: einmal einen bereits angesparten verfügbaren Finanzie-
rungs-Sockel und zum anderen regelmäßig ein langfristiges Zwangssparen
zur Tilgung der Hypothekenschuld (14). Dies wiederum erfordert eine Entwicklung der Einkommen - insbesondere beim prononcierten Adressaten-
kreis staatlicher Eigenheimförderung, den "breiten Volksschichten" (15).
Allgemein zeigt die Einkommensentwicklung in der Bundesrepublik, daß
sich seit 1950 der reale Lebensstandard für alle Einkommensgruppen verbessert hat: Die Pro-Kopf-Einkommen aus unselbständiger Arbeit, wie
aus Unternehmertätigkeit und Vermögen sind dem Rhythmus der Wachstumszyklen folgend (16), real gewachsen (17). Wichtig für die Erfüllung
der finanziellen Voraussetzungen war dabei, daß auch der Teil des Einkommens stieg, der nicht ausgegeben, sondern gespart wurde - die Sparquote (18). Diese Verbesserung des realen Lebensstandards aber basiert
entscheidend auf dem Bestehen wirtschaftlichen Wachstums.

Im Rahmen dieser allgemeinen Skizzierung ökonomischer Bedingungszusammenhänge von Eigenheimbau, Eigenheimförderung und Eigenheim-
Förderungs-Recht hat sich gezeigt, daß Wohnungsbau im allgemeinen
und Eigenheimbau im besonderen als Gegenstand staatlicher Förderung
und des Förderungsrechts in der Untersuchung nicht immer getrennt werden können; dies ist nicht zufällig. Der Bau von Eigenheimen ist branchen-
mäßig Teil des Wohnungsbaus, und staatliche Förderung des Baus und Erwerbs von Eigenheimen ist (seit dem Wohnungsbau-Änderungsgesetz 1953
mit besonderem Vorrang) Teil der staatlichen Wohnungsbauförderung.

Ist dieser Teil begrifflich ohne weiteres vom allgemeinen Wohnungsbau
und der Wohnungsbauförderung unterscheidbar, so ist er als Untersuchungsgegenstand nicht durchgängig in der Weise zu isolieren, daß ausschließlich
ökonomische Entstehungsbedingungen des Eigenheim-Förderungs-Rechts
herausgearbeitet werden könnten. Vielmehr sind ökonomische Entstehungsbedingungen des Wohnungsbaus, der Wohnungsbauförderung meist zugleich
auch Bedingungen des speziellen Sektors Eigenheimbau, bzw. Eigenheimförderung. Daher soll die ökonomische Entwicklung nicht allein auf Ver-
bindungen speziell zur Eigenheimförderung untersucht werden, sondern umfassender: auf Verflechtungen mit Wohnungsbau und Wohnungsförderung
- was dann im besonderen die spezielle Entwicklung von Eigenheimbau,
Eigenheimförderung und Eigenheim-Förderungs-Recht einschließt.

Um die makro-ökonomische Entwicklung in sich überhaupt noch verständ-
lich zu halten, kann sich die Darstellung dabei nicht auf bestimmte, besonders signifikante ökonomische Berührungspunkte mit der Eigenheimförde-
derung - losgelöst von ihrem eigenen Entwicklungszusammenhang, in dem

26

sie steht - beschränken, sondern hat für die Darstellung der historisch
gegebenen Zusammenhänge zwischen Ökonomie und Eigenheimförderung/
Eigenheim-Förderungs-Recht auch den makro-ökonomischen Entwicklungszusammenhang in sich begleitend zu skizzieren (19).

Insgesamt bedeutet dies: Aus dem Zusammenhang einer Skizze der allgemeinen konjunkturellen Entwicklung einerseits sowie der Besonderheiten
der konjunkturellen und strukturellen Verhältnisse der Bauwirtschaft andererseits, sollen die ökonomischen Determinanten von Eigenheimbau,
Eigenheimförderung und Eigenheim-Förderungs-Recht auseinandergesetzt
werden.

a. 2. Wirtschaftsentwicklung 1945-1974

Wirtschaftsentwicklung 1945-1949 (20)

Aus der Retrospektive läßt sich die Nachkriegsentwicklung bis 1949 als
Phase des wirtschaftlichen Wiederaufbaus bezeichnen. Trotz anfänglich
drohender umfangreicher Demontagen (21) sind in den westlichen Besatzungszonen lediglich etwa 7-8 % der industriellen Kapazität von 1936 de-
montiert worden (22); berücksichtigt man noch die Verluste durch Kriegseinwirkungen in Höhe von etwa 8 % (23), so betrug der Gesamtverlust etwa 15 % der industriellen Kapazität des Vorkriegsstandes.

Speziell in der Baustoffindustrie hat lediglich die Zementindustrie etwa
10 % ihrer Vorkriegskapazität verloren; sonst aber blieb die Baustoffindustrie im wesentlichen von Verlusten verschont (24); damit (i. e. mit
einer funktionsfähigen Baustoffindustrie) war eine wesentliche Voraussetzung für den Wiederaufbau der zerstörten Städte und insbesondere für
den Wohnungsbau gegeben.

War die industrielle Produktion unmittelbar nach Kriegsende nahezu zum
Stillstand gekommen, so stieg sie bis 1949 (besonders stark nach der
Währungsreform und der weitgehenden Aufhebung der Bewirtschaftung)
(25) wieder an; betrug die Industrieproduktion 1946 in den Westzonen nur
34 % des Standes von 1936 (26), so erreichte sie bis 1949 mit 91 % fast
den Stand von 1936 (27). Insbesondere die Baustofferzeugung erreichte
aber 1949 nur 85 % des Standes von 1936 - ohne damit jedoch ihre Kapazi-
tätsreserven, auf die man sich bei der Projektierung des Wohnungsbaus
auch ausdrücklich bezog (28).

Die starke Ausweitung der industriellen Produktion nach Währungsreform
und weitgehender Aufhebung der Bewirtschaftung war Folge der (zunächst
teilweise künstlich durch Hortung von Gütern aufgestauten) (29) besonders
starken Nachfrage nach Konsumgütern; diese ermöglichte den Unternehmen,
die Preise erheblich zu erhöhen und die Produktion auszuweiten (30).

Diese Preis- und Mengenexpansion ist eine Ursache dafür, daß die Gewinne
der westdeutschen Industrie "außerordentlich stark" stiegen (31). Weitere
Ursachen waren die buchhalterischen Manipulationsmöglichkeiten bei Er-

stellung der Eröffnungsbilanzen nach der Währungsreform (32) und eine auf "sozialpolitische Bedenken stoßende Steuerpolitik", die Unternehmen und Bezieher höherer Einkommen begünstigte (33). (Darin zeigt sich die für kapitalistische Konjunkturpolitik gültige Logik (34), allein über höhere Unternehmensgewinne - und der Erwartung weiterer - die wirtschaftliche Prosperität zu erreichen.)

Mit dieser steuerlichen Begünstigung wurde die Bildung von Eigenkapital in erheblichem Umfang ermöglicht, das außerordentliche Selbstfinanzierungsmöglichkeiten schuf; gleichzeitig wurde aber versucht, dieses gebildete Kapital mit Hilfe der Gewährung von Steuervorteilen (§ 7c EStG) dem Wohnungsbau zur Anlage zuzuleiten (35), um die Errichtung von Wohnungen zu fördern.

Letztlich war diese starke Erhöhung der Gewinne nur möglich aufgrund des geringen Anstiegs der Löhne (36); bis 1948 lagen die Löhne - durch Kontingentierung festgelegt - sogar unter dem Existenzminimum (37). Während beispielsweise die Lohn- und Gehaltssumme zwischen Juni 1949 und Dezember 1949 von 112 % auf 185 % des Standes von 1936 stiegen, so erhöhte sich die Gewinnsumme im gleichen Zeitraum von 23 % auf 294 % des Standes von 1936 (38).

Die sich im nur geringfügigen Ansteigen der Löhne und Gehälter ausdrückende "Disziplin" der Gewerkschaften (39) ist selbst aber wieder Ausdruck der Grenzen, die Gewerkschaften angesichts steigender Arbeitslosenzahlen gesetzt sind. So zeigte die Entwicklung seit der Währungsreform einen rapiden Anstieg der Zahl der Arbeitslosen: Von Juli 1948 bis Dezember 1949 um 245,5 % (40); die absoluten Zahlen lagen im Dezember 1948 bei 760.000 und im Dezember 1949 bei 1,5 Millionen Arbeitslosen (41); speziell im Baugewerbe waren Ende September 1959 55.000 gelernte Bauarbeiter und 43.000 Bauhilfsarbeiter als arbeitslos erfaßt (42).

Gleichwohl gab es in zahlreichen Zentren der gewerblich-industriellen Entwicklung noch offene Stellen; diese konnten allerdings nicht besetzt werden, weil es dort für die erforderlichen Fachkräfte und ihre Familien keine Wohnungen gab (43). Hierin zeigt sich die zentrale Bedeutung des Wohnungsbaus (Wohnungsproduktion) für die makro-ökonomische Entwicklung deutlich unter einem weiteren Aspekt: Über die besonder konjunkturelle Bedeutung (Multiplikatorfunktion) dieses Wirtschaftsbereichs dient der Wohnungsbau der Herstellung und Gewährleistung allgemeiner Bedingungen der Reproduktion der Arbeitskraft.

Wirtschaftsentwicklung 1950-1954

Im Februar 1950, als die Arbeitslosenzahl mit 1,98 Millionen den absoluten Höchststand (44) erreichte, legte die Bundesregierung ihr Arbeitsbeschaffungs- und Wohnungsbauprogramm vor (45). Von den zur Finanzierung dieses Programms vorgesehenen Mitteln war der Hauptteil, nämlich 2,5 Mrd. DM von den insgesamt 3,4 Mrd. DM, für den Wohnungsbau vor-

28

gesehen (46); wie sich bereits an der Bezeichnung dieses Konjunkturprogramms ablesen läßt, wurde damit ausdrücklich sowohl der konjunkturellen Schlüsselposition der Bauwirtschaft Rechnung getragen - als auch der ausgeprägten Wohnungsnot, deren Aufhebung selbst wieder ökonomische Wachstumsbedingung war.

Die inhaltliche Ausgestaltung der Wohnungsbauförderung erfolgte im einzelnen durch das im Februar 1950 als Regierungsentwurf vorgelegte Erste Wohnungsbaugesetz vom 24. 4. 1950 (47).

Noch ehe dieses Arbeitsbeschaffung- und Wohnungsbauprogramm jedoch ökonomisch wirksam werden konnte, setzte ein Konjunkturaufschwung ein, der, durch eine Steuersenkung und -rückerstattung im zweiten Quartal 1950 verstärkt (48), maßgeblich von den weltwirtschaftlichen Konsequenzen des Korea-Kriegs beeinflußt war (49). Der Ausbruch des Korea-Kriegs im Juni 1950 war das entscheidende Datum für die Hochkonjunktur 1950/1951 ("Korea-Boom"):

Zum einen konnte die auf zivilen Bedarf ausgerichtete westdeutsche Wirtschaft aufgrund der durch Rüstungsaufträge starken Auslastung ausländischer Produktionskapazitäten ihre eigene Produktion über verstärkten Außenhandel ausweiten (50); darüber hinaus kam es in der Bundesrepublik (wie auch in den anderen westeuropäischen Staaten), bedingt durch die Befürchtung einer Ausweitung des Krieges auf Europa, zu Panikkäufen in Lebensmitteln, aber auch Rohstoffen und industriellen Fertigwaren (51). Diese über den sowieso bestehenden Nachholbedarf hinausgehende Eindeckungswelle von Konsumenten und Unternehmen hielt bis Anfang 1951 an, in deren Verlauf allgemeine Preissteigerungen eintraten: Beispielsweise in der Bauwirtschaft stiegen zur Zeit der Korea-Krise die Preise um etwa 25 % (52); der Index der Lebenshaltungskosten erhöhte sich von 1950 bis 1951 um 7,8 % (53).

In dieser Phase verstärkter Nachfrage (auch) nach unproduktiven Konsumprodukten fanden die Beratungen des Wohnungsbau-Prämiengesetzes statt; dabei wurde betont, dieses solle vom "überflüssigen Konsum" ablenken, die Spartätigkeit und letztlich den Wohnungsbau (insbesondere die Eigentumsbildung im Wohnungsbau) fördern (54).

Die damit angesichts starker Konsumgüternachfrage angestrebte Drosselung des Konsums läßt sich zwar in dieser konkreten Konstellation als Konjunkturdämpfungsmaßnahme verstehen; aufgrund der langfristigen Konzipierung dieses Gesetzes erscheint dieser Charakter aber eher zufällig. Vielmehr lag die wesentliche ökonomische Bedeutung darin, die Ansparung privater Eigenmittel zum Bauen - gerade vor allem von Eigenheimen - zu fördern; dies war offenbar notwendig nicht nur wegen der eingeschränkten Finanzkraft der potentiellen Eigenheim-Bauherrn, sondern auch wegen der Tatsache, daß Kapital, der Logik der Profitmaximierung folgend, in anderen Wirtschaftssektoren angelegt wurde, die profitablere Anlagemöglichkeiten boten, und im Wohnungsbau ein relativer Kapitalmangel bestand (55). Mit dieser Ansparung privater Finanzierungsmittel für Wohnungsbau-Investitionen wurde langfristig ein "Beitrag zur Finanzierung der gesamtwirtschaftlichen Expansion" geleistet (56).

Trotz des starken Wirtschaftswachstums im Korea-Boom zeigten sich Produktionsschwierigkeiten im Bereich des Kohlebergbaus, einem Teil der für die gesamtwirtschaftliche Produktionsentwicklung wichtigen Grundstoffindustrie, die das gesamtwirtschaftliche Wachstum beeinträchtigten; starke Fluktuation der Beschäftigten im Kohlebergbau minderte die an sich mögliche Steigerung des Fördervolumens (57). Daher legte die Bundesregierung am 26.5.1951 den Entwurf eines Bergarbeiterwohnungsbau-Gesetzes vor (58), das die Fluktuation durch verstärkte Seßhaftmachung der Kohlebergarbeiter im Wege der Eigentumsbildung im Wohnungsbau - insbesondere in Form von Eigenheimen - einzuschränken intendierte (59).

Das Ende des Korea-Booms signalisierte der Rückgang der Investitionstätigkeit; Rückgang der Investitionstätigkeit kann nach der Logik kapitalistischer Wirtschaftsordnung nur als Konsequenz sinkender Rentabilität aufgefaßt werden, die offenbar durch Absatzschwierigkeiten (i. e. Überproduktion) ausgelöst wurde (60). Gesamtwirtschaftlicher Indikator für einen Konjunkturrückgang sind die fallenden Wachstumsraten des Bruttoinlandsprodukts (61).

Jährliche Veränderungsrate des Bruttoinlandsprodukts (62)

1951	10, 4 %
1952	6, 7 %
1953	7, 8 %
1954	7, 5 %

Wirtschaftsentwicklung 1955-1958

Für die Aufschwungphase 1955 gilt - wie für alle nachfolgenden (63), daß eine durch komparative Kostenvorteile der westdeutschen Wirtschaft (64) begründete Steigerung der Auslandsnachfrage zu einer Ausweitung des Geschäfts der Exportindustrie führte, was seinerseits als "eine Art Exportakzelerator" (65) die Investitionsgüterindustrie und letztlich die übrigen Wirtschaftssektoren stimulierte. Zusätzliche Impulse für die Investitionsgüterindustrie gingen von den Rationalisierungsmaßnahmen der Unternehmen durch technologische Innovationen aus, an denen sich aber die Bauwirtschaft nicht, bzw. nicht in vergleichbarem Maße beteiligte (66).

Begünstigt wurde der konjunkturelle Aufschwung durch die Auswirkungen der "Großen Steuerreform" im Dezember 1954, durch die die Einkommenssteuersätze erheblich gesenkt wurden, was in der Folge eine finanzielle Stimulierung der Investitionstätigkeit bedeutete (67).

Weiterer entscheidender Faktor dieses Aufschwungs war die Erhöhung der staatlichen Ausgaben für Bauinvestitionen um fast ein Drittel im Jahr 1955 (68) und die Erhöhung der bewilligten öffentlichen Förderungsmittel für den

sozialen Wohnungsbau; so stieg die Summe der bewilligten Förderungsmittel von 1, 72 Mrd. DM (1955) auf 2, 58 Mrd. DM (1956) (69). Die Zahl
der Bewilligungen für Bauvorhaben im sozialen Wohnungsbau stieg um fast
ein Drittel von 341. 407 (1955) auf 446. 768 (1956) (70), wobei ein Viertel
aller geförderten Wohnungen Eigenheime waren (71).

Im Rahmen dieser Ausweitung der gesamten Wirtschaftstätigkeit kam es
zu allgemeinen Preissteigerungen: So stieg zwischen 1954 und 1956 der
Index der Lebenshaltungskosten insgesamt um 4, 3 % (72), speziell der
der Baupreise um 8, 3 % (73) und der der Mieten um 9, 5 % (74). In demselben Zeitraum stiegen die Effektivlöhne um insgesamt 15, 8 % (75).

Bereits 1958 signalisierte der Rückgang des Kapazitätsauslastungsgrades
(76) das Vorhandensein überschüssiger Kapazitäten; diese sind selbst wieder Ausdruck davon, daß mehr produziert worden ist, als abgesetzt werden konnte (77). Überkapazitäten und Überproduktion schlagen direkt auf
die Gewinne durch; eine Verminderung der Unternehmensgewinne aber
führt zu einer Einschränkung weiterer Investitionen, was sich gesamtwirtschaftlich ausdrückt im Rückgang der Investitionsquote (78), mit dem wiederum der konjunkturelle Rückgang eingeleitet wird.

Staatliche Maßnahmen zur Kaufkraftschöpfung, i. e. zur Nachfragesteige-
rung - Steuererleichterungen (79), Freigabe von stillgelegten Haushalts-
mitteln des "Julius-Turms" für die Wiederaufrüstung (80), Leistungsver-
besserung in der Rentenversicherung durch die Reform von 1957 (81) -
konnten den Konjunkturrückgang verlangsamen aber nicht aufhalten.

Doch selbst 1958 zu Zeiten einer allgemeinen Stagnation der Wirtschaft in
der westlichen Welt (82) wurde in der Bundesrepublik eine Wachstumsrate
des Bruttoinlandsprodukts von 3, 1 % erreicht (83).

Jährliche Veränderungsraten des Bruttoinlandsprodukts (84)

1955	13, 4 %
1956	6, 8 %
1957	5, 4 %
1948	3, 1 %

Wirtschaftsentwicklung 1958-1963

Im ersten Halbjahr 1959 setzte der dritte Konjunkturzyklus der Wirtschaftsentwicklung in der Bundesrepublik ein. Auch dieser Wirtschaftsaufschwung
war exportinduziert (85): eine Steigerung des Exportvolumens führte letztlich zu einer Ausweitung der gesamten wirtschaftlichen Tätigkeit.

Als weiterer Faktor des Konjunkturaufschwungs von 1959 ist auf die bereits
in der Vorperiode einsetzende - durch verschärfte ausländische Konkurrenz erzwungene - Welle von Rationalisierungsinvestitionen der Unternehmen hinzuweisen (86).

Zusätzlich wurde dieser Aufschwung getragen von der Ausweitung der Bauinvestitionen (87): Insgesamt erhöhte sich 1959 die Summe der Bauinvestitionen um 19 % gegenüber dem Vorjahr (88), speziell der Wohnungsbauinvestitionen sogar um 21,2 % (89).

Die bewilligten öffentlichen Mittel zur Förderung des sozialen Wohnungsbaus erhöhten sich 1958 gegenüber 1957 um mehr als die Hälfte (von 1, 68 Mrd. DM auf 2, 76 Mrd. DM) (90); dem entspricht die Erhöhung der Zahl der Bewilligungen im sozialen Wohnungsbau von 225. 491 auf 314. 655 Wohnungen (91).

Im Rahmen dieser starken Ausweitung der Bautätigkeit kam es zu einem Ansteigen der Baupreise: So stieg in den Jahren 1959 und 1960 der Index für Baupreise von Wohnbauten um insgesamt 13, 2 % (92), der für Mieten um insgesamt 8, 3 % (93). Zum Vergleich: 1959 und 1960 stiegen die Lebenshaltungskosten um insgesamt 2, 4 % (94). Löhne und Gehälter stiegen 1959 und 1960 um 5, 4 %, bzw. 9, 3 % jeweils gegenüber dem Vorjahr (95).

Als staatliche Reaktion auf die besonders von der Bauwirtschaft ausgehenden Preissteigerungen wurde zur Konjunkturdämpfung durch das Steuer-Änderungsgesetz 1960 die Festlegungsfrist für Bausparsummen auf sechs Jahre erhöht (96). (Schließlich wurde zu diesem Zweck am 6. 3. 1961 die Deutsche Mark um etwa 5 % aufgewertet (97).) Nachdem der Preisindex für Wohngebäude weiter gestiegen war - von 113, 2 (1960) auf 121, 8 (1961) und 132, 4 (1962) (98) - verabschiedete der Bundestag das "Gesetz zur Einschränkung der Bautätigkeit", das befristet bis zum 30. 6. 1963 die Errichtung von Nicht-Wohngebäuden verbot (99). Obwohl in diesem Gesetz der Wohnungsbau von den Restriktionen ausgenommen wurde, führte es zu einer Dämpfung der Nachfrage auch auf dem Wohnungsbausektor (100). Weiterhin wurde durch Gesetz vom 16. 5. 1963 die Steuervergünstigung nach § 7 b EStG (Sonderabschreibung für Wohngebäude) befristet aufgehoben (101); davon wurden allerdings Eigenheime, Eigensiedlungen und Eigentumswohnungen ausgenommen. Hierin drückt sich der besondere Stellenwert der Eigentumsförderung in der Wohnungspolitik aus.

Die der Regelung vorangegangene mehrmonatige Diskussion führte in Erwartung des mit dieser Regelung für die Wohnungsbauinvestoren einhergehenden erhöhten Kostendrucks zu einer Reihe vorgezogener Entscheidungen für Wohnungsbauinvestitionen; sie führte langfristig aber (schon 1963) zu einem Rückgang der gesamten Wohnungsbauinvestitionen (102), was sich beispielsweise am Rückgang der Baugenehmigungen im gesamten Wohnungsbau ablesen läßt (103).

Generell ging 1962 und 1963 die Investitionsquote der Unternehmen in allen Wirtschaftssektoren zurück. Offenbar waren im Boom Produktionsanlagen geschaffen worden, die sich dann - wie der Rückgang des Kapazitätsauslastungsgrads zeigt - als Überkapazitäten erwiesen (104). (Bereits in der Krise 1966/1967 stellte sich heraus, daß dies insbesondere auch für die Bauwirtschaft galt (105).) Die durch diese Überkapazitäten bedingte Verminderung der Unternehmergewinne löste schließlich einen Rückgang der Investitionsquote aus (106). Letztlich führte dies zu einem Rückgang aller wirtschaftlicher Tätigkeit, i. e. zu einem Konjunkturrückgang. Das drückt sich aus im Verlauf der Veränderungsraten des Bruttoinlandsprodukts.

Jährliche Veränderungsraten des Bruttoinlandsprodukts (107)

1959	6, 8 %
1960	10, 8 %
1961	5, 6 %
1962	4, 0 %
1963	3, 4 %

Wirtschaftsentwicklung 1964-1967

Von 1964 bis 1967 datiert der Konjunkturzyklus, der mit der bis dahin schwersten Rezession endete und damit den Mythos vom krisenfreien Kapitalismus in der Bundesrepublik zerstörte.

Aufgrund des sehr hohen Exportanteils (über 50 %) der Produkte der Investitionsgüter-Industrie und des komparativen Kostenvorteils der Unternehmen in der Bundesrepublik (108) war es möglich, daß bereits Ende des Jahres 1963 für den neuen Konjunkturaufschwung entscheidende Impulse vom Export - vermittelt über den Investitionsgütersektor (109) - ausgingen (110). Auf die geringere Intensität der Exportausweitung (die bereits im Sommer 1964 nachließ) wird zu einem Teil zurückgeführt, daß der Aufschwung in "wesentlich milderen Formen" ablief als 1959/1960 (111); so blieben die Wachstumsraten der Ausrüstungsinvestitionen deutlich hinter denen des Booms 1959/1960 zurück (112). Selbst von der Bauwirtschaft gingen in diesem Aufschwung nur schwächere expansive Impulse aus als in früheren Jahren (113). Als Reaktion auf die jahrelang anhaltende starke Ausweitung der Bautätigkeit hatte die Bauwirtschaft ihre Kapazitäten erheblich vergrößert. Nachdem aber vor allem im Wohnungsbausektor durch die starke Bautätigkeit der eigentliche Nachholbedarf geringer geworden war und in der Bauwirtschaft die Gesamtnachfrage zurückgegangen war, gab es in dieser Branche Überkapazitäten (114). Gleichwohl stiegen im ersten Halbjahr 1964 die Ausgaben für Bauinvestitionen noch einmal kräftig an; dieser Anstieg ist Ausdruck eines (kurzfristigen) Nachholbedarfs aus der Geltungszeit des Baustoppgesetzes (115) sowie einer Erhöhung der Förderungsmittel der öffentlichen Hand für den Wohnungsbau (116). Insgesamt wurden für Bauvorhaben des sozialen Wohnungsbaus 3, 82 Mrd. DM bewilligt (gegenüber 2, 69 Mrd. DM 1963) (117); dementsprechend stieg die Zahl der Bewilligungen von 217. 452 auf 260. 298 Wohnungen (118). Bereits im zweiten Halbjahr 1964 jedoch ging das Wachstum der Bauinvestitionen deutlich zurück (119).

Im Verlauf des Jahres 1965 setzte der Konjunkturrückgang ein, der sich zunächst noch in einem Rückgang der Wachstumsquoten der Investitionen ausdrückte, der ab 1966 aber umschlug in einen Rückgang der Ausrüstungsinvestitionen; i. e. das Wachstum verminderte sich nicht mehr, sondern hörte ab 1966 auf und ging in einen Schrumpfungsprozeß über; nicht die Zuwachsraten gingen zurück, sondern die Investitionen absolut (120). Die Investitionsgüterindustrie war gezwungen, ihre Produktion zu drosseln.

Einschränkung der Investitionstätigkeit aber ist die notwendige Kosequenz einer Rentabilitätsbelastung, die sich aus einer sinkenden Kapazitätsauslastung ergibt (121). "Sinkende Kapazitätsauslastung ist nichts anderes als zurückgestaute Überproduktion" (122) - eine Überproduktion, die offenbar nicht erst auf den ("milden") Boom 1964/1965, sondern bereits auf vorangegangene zurückzuführen ist, wie die sich seit 1960 (unbeschadet aller saisonalen und konjunkturellen Schwankungen) abzeichnende Tendenz zu sinkender Kapazitätsauslastung zeigt (123).

Der sich in der Investitionsgüterindustrie zuerst abzeichnende Trend setzte sich im Laufe der Jahre 1966/1967 auch in den anderen Wirtschaftssektoren durch (124). Speziell in der Bauwirtschaft, wo 1965 das Volumen der Bauinvestitionen noch um 5,5 % gestiegen war, gingen diese im ersten Halbjahr 1967 sogar um 10,8 % zurück (125). Diese Tendenz läßt sich auch speziell im Wohnungsbau ablesen; so ging die Zahl der Baugenehmigungen, verstanden als Indikator der Investitionsentscheidung im Wohnungsbau, 1967 um etwa 50.000 gegenüber dem Vorjahr zurück, in dem bereits die Zahl der Baugenehmigungen um etwa 40.000 zurückgegangen war (126); im sozialen Wohnungsbau wurden 1965 insgesamt 16.054 (i.e. 21,7 %) weniger Eigenheime bewilligt als im Vorjahr, 1966 weitere 11.646 (i.e. 20%) weniger (127).

Zunächst ist dieser Rückgang der Bautätigkeit - auch im Wohnungsbau - als Ausdruck des Konjunkturrückgangs zu verstehen; nachlassende Investitionstätigkeit drückt sich auch im Bauvolumen aus. Im Eigenheimsektor dürfte die angesichts geringerer Einkommenssteigerungen (128) und 535.250 Arbeitslosen (129) unsichere Wirtschaftslage die Entscheidung zum Bau eines Eigenheimes beeinträchtigt haben. Abgesehen von konjunkturellen Gesichtspunkten drückt sich hierin auch eine seit 1951 zu beobachtende Tendenz zu geringeren Wachstumsraten aller Bauinvestitionen aus: Während im Zeitraum von 1951 bis 1955 die Wachstumsrate jährlich noch bei etwa 11-12 % lag, fiel sie 1956 bis 1960 auf etwa 7 % und 1961 bis 1965 auf etwa 5 % (130).

Über diese Veränderungen des Volumens aller Bauinvestitionen hinaus zeichnet sich deutlich eine Tendenz zur Veränderung der Struktur der Bauinvestitionen ab: Seit Anfang der fünfziger Jahre kommt den Wohnungsbau-Investitionen ein ständig abnehmender Anteil an den gesamten Bauinvestitionen zu - während der Anteil der Bauinvestitionen der öffentlichen Hand wächst (131). Damit verschieben sich aber auch die Gewichte der konjunkturellen Einflußvariablen, so daß die konjunkturelle Bedeutung speziell des Wohnungsbaus (und damit auch der staatlichen Möglichkeiten, den Konjunkturverlauf über den Wohnungsbau zu beeinflussen) tendenziell abnimmt (131a).

Dem steht nicht entgegen, daß beispielsweise in den Konjunkturprogrammen von 1967 den Wohnungsbau-Investitionen immer noch besonderes Gewicht zukommt (132). Die sich in diesen Konjunkturprogrammen ausdrückene "neue", i. e. antizyklische Wirtschaftspolitik hatte allerdings erst mit der Regierungsumbildung am 1. 12. 1966 Eingang in die Wirtschaftspolitik der Bundesregierung gefunden; bis dahin verhielt sie sich - orientiert an den Prinzipien klassischer Haushaltspolitik - prozyklisch: weitete sie im Aufschwung ihre Ausgaben noch aus, so drosselte sie sie in der Rezession und verstärkte damit den jeweiligen Konjunkturtrend (133).

Mit der durch die Regierungsumbildung 1966 ermöglichten Wende in der westdeutschen Wirtschaftspolitik fanden erstmals die Prinzipien der Keynesschen Theorie Eingang in die westdeutsche Politik (134); seitdem ist die öffentliche Hand insgesamt den Prinzipien antizyklischer Haushaltspolitik verpflichtet, wie sie im Stabilitätsgesetz vom 8. 6. 1967 zum Ausdruck kommt (135).

Zur Ankurbelung der konjunkturellen Entwicklung verabschiedete der Bundestag 1967 zwei Konjunkturprogramme, die vorzugsweise bei der Bauwirtschaft und insbesondere dem Wohnungsbau ansetzten: Im Frühjahr 1967 beschloß die Bundesregierung als Erstes Konjunkturprogramm einen zusätzlichen Investitionshaushalt in Höhe von 2, 5 Mrd. DM, das vom Bundestag als Kreditfinanzierungsgesetz verabschiedet wurde (136); 25, 6 % der Aufträge des Ersten Konjunkturprogramms entfielen auf den Hochbau, 29, 2 % auf den Tiefbau und 45, 2 % auf Ausrüstungsinvestitionen (137).

Am 8. 9. 1967 billigte der Bundestag das Zweite Konjunkturprogramm der Bundesregierung mit einem Finanzierungsvolumen von 5, 3 Mrd. DM, dem in der Realisierung ein Investitionsvolumen von etwa 10 Mrd. DM entsprach (138); von den Aufträgen entfielen 90, 5 % des Investitionsvolumens auf das Baugewerbe, speziell auf den Wohnungsbau etwa die Hälfte (für Neubau- und Modernisierungsmaßnahmen) (139).

In der Folge dieser konjunkturpolitischen Maßnahmen zeigten sich bereits 1967 Anzeichen eines neuen Aufschwungs; gleichwohl ergab sich 1967 insgesamt erstmalig ein Rückgang des Bruttoinlandsprodukts.

Jährliche Veränderungsraten des Bruttoinlandsprodukts (140)

1964	6, 8 %
1965	5, 7 %
1966	2, 9 %
1967	- 0, 2 %

Wirtschaftsentwicklung 1968-1971

Nachdem die Konjunkturförderungsprogramme zu wirken begonnen hatten, setzte bereits Ende 1967 - unterstützt durch einen außenwirtschaftlichen Nachfragesog - der neue Konjunkturaufschwung ein.

Der besondere bauwirtschaftliche Schwerpunkt der beiden Konjunkturprogramme zeigte sich 1968 beim Wohnungsbau in einer Ausweitung der Neubautätigkeit - ausgedrückt im Anstieg der Baugenehmigungen und der Bewilligungen im sozialen Wohnungsbau (141), der speziell im Eigenheimsektor (freifinanziert, wie öffentlich gefördert) besonders stark ausfiel (142). Dennoch erreichte die Nachfrage in der Bauwirtschaft nicht dieselbe Intensität wie in früheren Konjunkturzyklen.

Zentrale konjunkturelle Bedeutung kam auch in diesem Aufschwung der Investitionsgüterindustrie zu; aufgrund positiver Absatzerwartungen und einer günstigen Gewinnsituation (143) kam es zu einer starken Nachfrage nach Investitionsgütern; vor allem nutzten die Unternehmen die günstige Gelegenheit (Abschreibungserleichterungen, relativ schwacher Lohnanstieg) (144), um Rationalisierungsinvestitionen vorzunehmen, so daß hier von einem Rationalisierungsboom gesprochen werden kann (145). Von allen Investitionen entfielen 1968 59 % auf Rationalisierungen (146).

Selbst in der Bauwirtschaft zeigte sich in der starken Nachfrage nach Baumaschinen (147) diese Tendenz zur Mechanisierung und Rationalisierung (148), bedingt vor allem durch Abwanderung von Bauarbeitern aus der Branche (149) und weniger durch Konkurrenzdruck (150).

Dennoch war die Bauwirtschaft noch überwiegend durch rückständige Produktionsweisen geprägt:

Verglichen mit anderen Branchen sind das Vorherrschen handwerklicher und Zurückbleiben moderner Produktionsformen charakteristisch (151). Dies findet seinen Ausdruck in der hohen Lohnintensität und dem niedrigen Industrialisierungsgrad (152) - i. e. der relativ niedrigen organischen Zusammensetzung des Baukapitals; dies zeigt sich weiterhin in der geringen Verbreitung des Fertigteilbaus: Im Wohnungsbau kam dem Fertigteilbau 1969 ein Anteil von 5, 4 % zu - (zum Vergleich 1973: 10, 6 %) (153).

Eine entscheidende Bedingung für diese technologische Rückständigkeit liegt in der kleinbetrieblichen Struktur der Bauwirtschaft, in den geringen Betriebsgrößen von handwerklichem, bzw. kleingewerblichem Zuschnitt. So hatten 1969 fast drei Viertel (73, 1 %) der 65. 221 Betriebe im Bauhauptgewerbe weniger als 20 Beschäftigte (zum Vergleich: 4, 3 % hatten 100 Beschäftigte und mehr); gleichwohl hatten diese Kleinbetriebe aber nur 2, 1 % des Gesamtumsatzes im Bauhauptgewerbe erzielt, die Großbetriebe dagegen 41, 6 % (154).

Nur ein Teil der Kleinbetriebe dürfte in der Lage sein, die Industrialisierung der Produktion zu finanzieren.

Aus diesem aufgezeigten Zusammenhang: kleinbetriebliche Struktur - kaum industrialisierte Produktionsweise folgt aber nicht, daß eine größere Kapitalkonzentration notwendigerweise zu dieser starken Industrialisierung führt; so ist sie bei den vorhandenen Großbetrieben der Bauwirtschaft kaum entwickelt (155).

Die Logik, die dahinter steht: Die - gemessen am gesellschaftlichen Stand der Technologie - zwar rückständigen Großbetriebe können immer noch rationeller arbeiten und höhere Gewinne erzielen als kleinere Betriebe;

sie "realisieren zeitweise lieber Extraprofite, als durch niedrige Preise die Konkurrenz auszuschalten. Betriebe mit überholten Produktionsmethoden können daher noch einen Durchschnittsprofit erwirtschaften und entgehen zumindest zeitweise dem Zwang zur Rationalisierung" (156).

Diese Verfestigung längst überholter Produktionsweisen wird stabilisiert durch die besonderen Verhältnisse am Baumarkt, die durch einen "Mangel an Wettbewerb" (157) gekennzeichnet sind, d. h. durch Kartellierungen auf örtlicher und regionaler Ebene.

In dieser nur wenig entwickelten Technisierung der Bauproduktion zeigt sich (neben den Kartellbildungen) (158) der wesentliche Faktor für die erheblichen Steigerungen der Baupreise auch über diesen Konjunkturzyklus hinaus (159).

In diesem Zyklus konnten die Unternehmen der Bauwirtschaft Preissteigerungen durchsetzen, die bereits ein "inflationäres Ausmaß" annahmen (160). Lag der Preisindex für den Neubau von Wohngebäuden 1968 noch bei 120, 8 so stieg er 1969 auf 127, 2 und 1970 sogar auf 147, 4 (161).

Begünstigt wurde die Durchsetzung der Preiserhöhungen durch eine erhöhte Nachfrage im Wohnungsbau - vor allem nach Wohnungseigentum; dies läßt sich beispielsweise veranschaulichen im Anstieg der Baugenehmigungen für Eigenheime; deren Zahl stieg von 1968 bis 1971 um etwa 30 % von 161. 631 auf 209. 767 (162).

Diese "außergewöhnliche Steigerung" (163) ist nur zu einem Teil mit Einkommenserhöhungen der vorangegangenen Jahre zu erklären; sie ist auf der anderen Seite aus dem Anstieg der Baupreise sowie der Mieten zu begründen (164); offenbar waren die Befürchtung weiterer Preissteigerungen und auch das Bestreben, wertbeständiges Sachvermögen zu erwerben, entscheidend für die Nachfrage nach Wohnungseigentum (165). Darüber hinaus trug die Erhöhung der öffentlichen Förderungsmittel für den sozialen Wohnungsbau im Jahre 1971 zusätzlich zu einer Ausweitung der (Wohnungs-) Bautätigkeit bei (166).

Diese verstärkte Nachfrage begünstigte wiederum die Durchsetzung weiterer Preiserhöhungen. Die Preise für Bauleistungen am Gebäude stiegen 1969 um 5, 3 % und 1970 um 15, 9 % (1971: 10, 4 %) (167). Im August 1970 waren Wohnbauten insgesamt um 17 % teurer als im gleichen Vorjahresmonat (168). Schließlich stiegen auch die Wohnungsmieten: bei Neubauwohnungen des sozialen Wohnungsbaus 1968 um 7, 7 % und 1969 um 11, 9 % (jeweils gegenüber dem Vorjahr), bei Altbauten 1968 um 7, 1 %, 1969 um 6, 5 % (jeweils gegenüber dem Vorjahr) (169).

Diese "starken Preissteigerungen für Bauleistungen im Jahre 1970" waren "Anlaß für die Vergabe einer Enquete über die Bauwirtschaft" durch die Bundesregierung. "Grundsätzliches Ziel der Enquete" war es, "zu zeigen, welche Möglichkeiten zur Dämpfung des Preisanstiegs im Baubereich bestehen" (170).

Die genannten Baupreissteigerungen gingen einher mit allgemeinen Preiserhöhungen: So stieg der Index der Erzeugerpreise für Investitionsgüter
von 1968 bis 1970 um mehr als 20 % (171); die Verbraucherpreise erhöhten
sich 1969 um 2,7 % und 1970 um 3,8 % (jeweils gegenüber dem Vorjahr)
(172); gleichzeitig stiegen die Effektivverdienste (1969) um 9 % und (1970)
um 13,9 % (jeweils gegenüber dem Vorjahr) (173).

Schließlich wurde zur Minderung des Preisauftriebs und der "überschäumen-
den Konjunktur" die Auslandsnachfrage durch "künstliche" Verteuerung west-
deutscher Waren für den Export, nämlich durch Aufwertung der Deutschen
Mark (im Oktober 1969 und im Dezember 1971) gedrosselt (174).

Durch diese Verminderung des Exportvolumens verstärkte sich bereits Anfang 1971 der - anhand des sinkenden Kapazitätsauslastungsgrads feststellbare (175) - Produktionsrückgang (176).

Der sich darin abzeichnende konjunkturelle Abschwung drückt sich gesamtwirtschaftlich im Rückgang der Wachstumsraten des Bruttoinlandsprodukts
aus:

Jährliche Veränderungsraten des Bruttoinlandsprodukts (177)

1968	6,8 %
1969	8,0 %
1970	5,7 %
1971	2,7 %

Wirtschaftsentwicklung 1972-1974

Im Unterschied zu früheren Aufschwungphasen gingen 1972 von allen Nach-
fragekomponenten expansive Impulse aus (178). Diese expansiven Tendenzen
kulminierten in einer "Belebung der Investitionsneigung" (179); i. e. aufgrund der - von einer günstigen Absatzentwicklung getragenen - Erwartung
zukünftiger Gewinne erweiterten und verbesserten die Unternehmen ihre
Produktionsanlagen und verstärkten damit selbst wieder die konjunkturellen
Aufschwungimpulse.

Verstärkte Impulse gingen 1972 von der Nachfrage in der Bauwirtschaft
aus (180). Vor allem beim Wohnungsbau, der 40 % des gesamten Bauvolumens ausmachte (181), kann von einem Nachfrageboom gesprochen werden. In den ersten neun Monaten 1972 stieg hier die Zahl der Baugenehmigungen um 10,5 % gegenüber den Zahlen des entsprechenden Vorjahres-
zeitraums (182). 1972 wurden 786.636 Wohnungen genehmigt (183); das
sind etwa 40 % mehr als drei Jahre davor (184). Insbesondere die Nachfrage nach Wohnungseigentum stieg auch 1972 weiter an (185).

Vor allem Unternehmen - nicht nur die Wohnungsbaugesellschaften (186) -
und weniger die privaten Haushalte heizten den Wohnungsbauboom an, indem sie die günstige Absatzlage ausnutzten, in der Erwartung einer ausgeprägten Flucht in die Sachwerte auf eine Ausweitung der Nachfrage nach

Wohnungseigentum spekulierten und immer mehr Wohnungen zum Verkauf auf Vorrat erstellten (187).

Somit ist dieser Bauboom (wie bereits der im letzten Konjunkturzyklus) als Streben in steuerbegünstigte Sachwerte eine Reaktion auf die sich ausbreitenden inflationären Tendenzen, die aber selbst wiederum durch die von der Nachfrage begünstigten Baupreissteigerungen beschleunigt wurden.

Als Beispiel für die allgemeinen Preissteigerungen sei hier der Preisindex der Lebenshaltungskosten herangezogen: Dieser stieg zwischen Oktober 1972 und Oktober 1974 um ingesamt 13, 7 % (188).

In den Jahren 1973 und 1974 ist die Baunachfrage stark zurückgegangen. Die Zahl der genehmigten Wohnungen ging 1973 um 14 % und 1974 um 37 % zurück (189). Mit 417. 783 Genehmigungen erreichte das Volumen im Wohnungsbau 1974 den niedrigsten Stand seit 1950 (190).

Allerdings sind auch 1974 trotz der geringen Baunachfrage die Baupreise gestiegen (191).

Zunächst kann der Nachfragerückgang im Zusammenhang mit der Aussetzung steuerlicher Vergünstigungen nach § 7 b EStG gesehen werden (192). Insbesondere für Kapitalanleger aber ist das Nachlassen der Wohnungsbaunachfrage im Zusammenhang damit zu sehen, daß im freifinanzierten Wohnungsbau immer weniger Wohnungen kostendeckend zu vermieten waren (193), zumal das Streben nach Wohnungseigentum auf der anderen Seite die Nachfrage nach freien Mietwohnungen entlastet haben dürfte.

Gleichzeitig aber könnten der Kauf einer eigenen Wohnung oder der Bau eines eigenen Hauses dadurch an Attraktivität verloren haben, daß die Baupreise immer schneller stiegen und die Mieten gegenüber den Verbraucherpreisen immer langsamer sich erhöhten (194).

Gleichwohl zeigte sich bereits 1974, daß es in den vorangegangenen Jahren zu einer Überproduktion an Wohnungen gekommen war (195); so standen im Januar 1975 über 350. 000 Wohnungen als unverkäuflich oder unvermietbar leer (196).

"Volkswirtschaftlich gesehen stellt dieser Wohnungsbestand eine Fehlleitung von Kapital dar, da dadurch etwa 15-20 Mrd. DM stillgelegt sind" (197).

Die Ursache der mangelnden Absetzbarkeit dieser Wohnungen, die Höhe des Miet-, bzw. Kaufpreises nämlich, aber zeigt, daß es sich hier um eine Wohnungsüberproduktion nicht aufgrund von Bedarfsdeckung, sondern aufgrund zu hoher Miet- oder Kaufpreise handelt (198). Die erheblichen Baupreissteigerungen, die - über die konjunkturellen Faktoren des Baubooms Anfang der siebziger Jahre hinaus - im wesentlichen strukturell bedingt, i. e. der kleingewerblichen Struktur des Bauhauptgewerbes geschuldet waren (199), hatten dazu geführt, daß eine größere Zahl von Wohnungen nicht profitabel oder auch nur kostendeckend abzusetzen war (200).

In diesem Zusammenhang argumentiert der Sachverständigenrat zur Begutachtung der gesamtwirtschaftlichen Entwicklung, "die Hoffnung, daß die

Bauwirtschaft sich unter dem Druck weichender Nachfrage zu grundlegenden Rationalisierungsmaßnahmen aufraffen würde ... (habe) ... getrogen" (201).

Aufgrund dieser Absatzkrise brach die seit Jahren schon sich abzeichnende (202) Strukturkrise der Bauwirtschaft durch. Diese verschärfte sich durch die gleichzeitige Konjunkturkrise, der "schwersten Rezession der Nachkriegszeit" (203), der Wirtschaft der Bundesrepublik.

Die Krise der Bauwirtschaft fand ihren Ausdruck im Rückgang der Kapazitätsauslastung (204), im Abbau von Kapazitäten (Investitionsrückgang und Entlassung von Arbeitskräften) und letztlich in der Zunahme der Insolvenzen: So ging 1974 die Zahl der Beschäftigten im Bauhauptgewerbe um 11,3 % gegenüber dem Vorjahr zurück (205) und stieg die Zahl der Insolvenzen 1973 um etwa 155 % sowie 1974 um etwa 188 % (jeweils gegenüber dem Vorjahr), nämlich von 391 (1972) auf 607 (1973) und 1141 (1974) (206).

Allerdings ist nicht abzusehen, ob die Krise der Bauwirtschaft in eine größere Unternehmenskonzentration auslaufen wird. So zeigt sich nämlich, daß in erster Linie in den oberen Größenklassen des Bauhauptgewerbes die Betriebs- und Beschäftigtenzahlen zurückgegangen sind, während bei den Kleinbetrieben der Größenklasse: 1-9 Beschäftigte die Betriebs- und Beschäftigtenzahlen zugenommen haben (207). Es wird vermutet, daß die "kleinen Betriebe ... sich offenbar durch ein anpassungsfähiges Leistungsangebot (z. B. Altbaumodernisierung, Reparaturen, kleinere Bauaufgaben u. dgl.) auf die veränderte Marktlage mit einem verminderten Bauvolumen" haben einstellen können (208). Von den Großbetrieben hat ein Teil versucht, die verminderte Inlandsnachfrage durch verstärktes Engagement im Ausland zu kompensieren (209).

Den Verlauf des Konjunkturzyklus, der in diese Krise mündete, sollen gesamtwirtschaftlich die Veränderungsraten des Bruttoinlandsprodukts verdeutlichen:

Jährliche Veränderungsraten des Bruttoinlandsprodukts

1972	3,0 % (210)
1973	5,3 % (211)
1974	0,6 % (212)

b.   Bevölkerungsentwicklung

b. 1. Überblick

Eigenheim-Förderungs-Recht geht in seinen Regelungen einerseits aus von einer bestimmten Bevölkerungsentwicklung und zielt andererseits auf die Förderung einer bestimmten Bevölkerungsentwicklung ab.

Einerseits ist Eigenheim-Förderungs-Recht als zentrales Instrument staatlicher Wohnungsbauförderung darauf gerichtet, in einer dem Bevölkerungswachstum Rechnung tragender Weise die Erweiterung des Bestands an Wohnraum zu fördern. Insbesondere in den Nachkriegsjahren bis zur Mitte der fünfziger Jahre, als durch die Zerstörungen infolge des Krieges und vor allem durch die starke Zuwanderung von Vertriebenen und Flüchtlingen die Schere zwischen Wohnungsbestand und Bevölkerungszahl am stärksten auseinanderklaffte, zeigte sich deutlich die Anknüpfung der Wohnungsbauförderung - somit insbesondere auch der Eigenheimförderung - an die Bevölkerungsentwicklung.

Andererseits wurde das Eigenheim-Förderungs-Recht eingesetzt als Instrument der Bevölkerungspolitik (1). So wurde in den fünfziger Jahren das Eigenheim zu dem Zweck gefördert, um durch eine Begünstigung des Geburtenwachstums eine Überalterung der Gesellschaft zu verhindern und so die Reproduktion dieser Gesellschaft sicherzustellen. In dieselbe Richtung weist die Regelung des Wohnungsbau-Änderungsgesetzes 1965 (2), der zufolge erstmals junge Ehepaare bei der Wohnungsbauförderung besonders zu berücksichtigen sind (§ 28).

Über diese Zusammenhänge zwischen Eigenheim-Förderungs-Recht und Bevölkerungswachstum hinaus zeichnen sich gleichartige Erscheinungen in der Bevölkerungsverteilung und in der Standortverteilung der Eigenheime ab, die einander beeinflussen: einmal die Tendenz zur Abwanderung der Bevölkerung in die Randzonen der Verdichtungsräume, zum anderen die typische Lage von Eigenheimen in ländlichen Gebieten (3). Gehen die sich in der Bevölkerungsstatistik widerspiegelnden allgemeinen gesellschaftlichen und sozialpsychologischen Tendenzen in die Standortwahl des Eigenheimbauherrn unter anderen (neben vor allem finanziellen Erwägungen) ein, so stärkt die Tendenz zum Eigenheim "im Grünen" andererseits wieder den allgemeinen Trend und schlägt auf die demographischen Ergebnisse durch.

Die aufgezeigten Zusammenhänge sollen, soweit sie sich auf konkrete demographische Ergebnisse stützen, belegt werden durch die Darstellung der Bevölkerungsentwicklung in der Bundesrepublik seit dem Zweiten Weltkrieg.

b.2. Entwicklung von Wachstum, Verteilung und Struktur der Bevölkerung

In dem Zeitraum von 1949 bis 1973 hat die Bevölkerung der Bundesrepublik ständig zugenommen (wenn auch mit unterschiedlichem jährlichen Wachstum); 1949 betrug der Stand 49,198 Millionen Einwohner, 1960 55,433 Millionen Einwohner und 1973 61,973 Millionen Einwohner (4).

Allgemein läßt sich das Bevölkerungswachstum erklären aus der natürlichen Bevölkerungsvermehrung (Überschuß der Geburten gegenüber den Sterbefällen) und aus Wanderungsgewinnen.

Seit 1949 unterlag das natürliche Bevölkerungswachstum in der Bundesrepublik erheblichen Schwankungen. So zeigte sich Anfang der fünfziger Jahre ein deutlicher Rückgang der Geburtenüberschüsse: von 284.088 im Jahr 1950 auf 218.069 im Jahr 1953 (5). Diese Entwicklung beinhaltete die Gefahr der Überalterung der Gesellschaft. Überalterung ist weniger eine Frage demographischer "Optik", sondern ist vor allem unter ökonomischem Aspekt ein Problem der Gesellschaft (wirft erst in letzter Konsequenz die Frage nach der Regeneration, dem Überleben der Gesellschaft auf). Ökonomisch bedeutet Überalterung, daß der arbeitsfähige Teil der Bevölkerung sich gegenüber dem nicht arbeitsfähigen, i.e. dem noch nicht oder nicht mehr in den Produktionsprozeß eingegliederten Teil vermindert (hat); damit produziert eine immer kleinere Schicht der Gesellschaft die Mittel für die Reproduktion der Gesamtgesellschaft; Überalterung gefährdet langfristig die Reproduktion der Gesellschaft (6).

Dem versuchte die Bundesregierung unter anderem mit einem Familien-Förderungs-Instrumentarium im Rahmen der Wohnungsbauförderung, gesetzlich vor allem im Rahmen des "Wohnungsbau- und Familienheimgesetzes" zu begegnen (7); das besonders auf die Entwicklung und Entfaltung der Familie durch Eigentumsbildung im Wohnungsbau abstellt - und das dementsprechend kinderreiche Familien als förderungswürdig besonders hervorhebt (§§ 27, 28).

Ab Mitte der fünfziger Jahre stieg der Geburtenüberschuß bis Anfang der sechziger Jahre wieder an (1961: 385.126) (8) und stagnierte etwa auf diesem Niveau bis 1966 (9). Seit 1967 und besonders deutlich nach 1968 ging der Geburtenüberschuß zurück; bei angestiegener Sterbeziffer liegt dies vor allem daran, daß die Geburtenziffer langfristig sinkt; errechneten sich 1950 noch 16,2 Geburten auf 1.000 Einwohner, so fiel diese Rate von 18,0 im Jahr 1961 auf 17,0 (1967) und auf 10,3 Geburten auf 1.000 Einwohner im Jahr 1973 (10).

Als eine auf Förderung des natürlichen Bevölkerungswachstums gerichtete Reaktion des Staates auf die rückläufige Entwicklung der Geburtenziffer lassen sich Regelungen des Wohnungsbau-Änderungsgesetzes 1965 verstehen, in denen erstmalig "junge Ehepaare" zu den Personengruppen gezählt wurden, die in der vorrangig als Eigenheimförderung ausgerichteten Wohnungsbauförderung besonders zu berücksichtigen sind (§ 28) (11).

Gleichwohl lassen sich bei den Ursachen für die rückläufige Geburtenentwicklung Faktoren ausmachen, die einer Bevölkerungspolitik gerade durch Eigenheimförderung (überhaupt durch Eigentumsbildung im Wohnungsbau) tendenziell zuwiderlaufen; das bedeutet, daß Eigenheimförderung im Hinblick auf ihre bevölkerungspolitischen Aspekte (nicht erst seit dem Wohnungsbau-Änderungsgesetz 1965, sondern seit 1956) tendenziell dysfunktional ist.

In diesem Zusammenhang ist - wenn man einmal davon absieht, daß in den sechziger Jahren die geburtenschwachen Kriegs- und Nachkriegsjahrgänge in das heiratsfähige Alter kamen und somit geringere Geburtenzahlen vorhersehbar waren - auf eine Veränderung im generativen Verhalten der Bevölkerung als Ursache des Geburtenrückgangs einzugehen. Für diesen Wandel sind Faktoren erheblich wie Veränderungen in der religiösen Einstellung, Verbesserung und positive Bewertung antikonzeptioneller Mittel sowie das Verhältnis zwischen effektivem Einkommen und angestrebtem Lebensstandard (12) (wobei gerade hinsichtlich des angestrebten Lebensstandards eine steigende Konsumorientierung der Bevölkerung festgestellt wird) (13).

Schließlich ist für die Erklärung des Geburtenrückgangs zu berücksichtigen, daß angesichts des notorischen Fehlbestands an Kinderkrippen und Kindergärten (14) eine Berufstätigkeit der Ehefrau sich auf das generative Verhalten auswirken kann (15). Daher wird argumentiert, der Geburtenrückgang sei zu erklären aus der Zunahme der Zahl erwerbstätiger Ehefrauen (16).

Tatsächlich ist zwar die Gesamtzahl aller erwerbstätigen Frauen von 1961 bis 1971 leicht gesunken (von 9, 74 Millionen auf 9, 54 Millionen) (17); jedoch stieg in demselben Zeitraum die Zahl der erwerbstätigen Ehefrauen stark an (von 4, 5 Millionen auf 5, 44 Millionen) (18). Demgemäß ist auch der prozentuale Anteil der Erwerbstätigkeit (Erwerbsquote) bei den verheirateten Frauen in diesem Zeitraum von 32, 8 % auf 35, 9 % gestiegen - während die Erwerbsquote aller Frauen von 40, 9 % auf 37, 6 % zurückgegangen ist (19). Insbesondere hat unter den erwerbstätigen verheirateten Frauen die Zahl derer zugenommen, die (außerhalb der Landwirtschaft) abhängig erwerbstätig sind: Während die Zahl aller erwerbstätigen verheirateten Frauen von 1961 bis 1971 um 21 % angestiegen ist, stieg die Zahl der abhängig erwerbstätigen verheirateten Frauen um 62 % (20).

Die Aufnahme einer Erwerbstätigkeit durch Frauen ist wesentlich bestimmt durch finanzielle Gründe (21); d. h. durch die Notwendigkeit, das Haushaltseinkommen zu erhöhen. Dies kann beispielsweise mit der Zielrichtung geschehen, die oben genannte Lücke zwischen effektivem Einkommen und angestrebtem Lebensstandard schließen oder verringern zu können; dann dient die Erwerbstätigkeit der Frau dazu, sich "mehr leisten" zu können (was nicht nur für zukünftige, sondern auch für bereits getätigte Anschaffungen zu verstehen ist). Wenn aber als sichtbarer Indikator des angestrebten Lebensstandards, für dessen Erreichung die Ehefrau zusätzlich erwerbstätig ist, das eigene Heim ist (22), dann schließt sich der Argumentationskreis zur tendenziellen Dysfunktionalität des bevölkerungspolitischen Aspekts in der Eigenheimförderung: Soll auf der einen Seite durch Eigenheimförderung das natürliche Bevölkerungswachstum gefördert werden, so wird im Hinblick auf die Erreichung dieses Ziels der Bau/Erwerb eines Eigenheims - letztlich dann auch Eigenheimförderung/Eigenheim-Förderungs-Recht - tendenziell dysfunktional, wenn zur Finanzierung des Eigenheims die Erwerbstätigkeit der Ehefrau notwendig wird (23), da dies wiederum als ein Faktor für den Geburtenrückgang anzusehen ist.

Die andere Ursache für das Bevölkerungswachstum der Bundesrepublik liegt in den hohen Wanderungsgewinnen. Bis Anfang der sechziger Jahre entstand dieser Zuwachs überwiegend durch die Wanderungsbewegungen aus den ehemaligen Ostgebieten des Deutschen Reichs und aus der DDR.

Bis zum 30.6.1949 waren 7,48 Millionen Heimatvertriebene aus den ehemaligen Ostgebieten in die westlichen Besatzungszonen (bzw. BRD) gekommen (bis 6.6.1961: 8,95 Millionen, was einem Bevölkerungsanteil von 15,9 % entspricht) (24).

Die Zahl der Abwanderungen aus der Deutschen Demokratischen Republik und ehemaligen Sowjetischen Besatzungszone beträgt für den Zeitraum bis zum 6.6.1961 3,09 Millionen, was einem Anteil an der Gesamtbevölkerung der Bundesrepublik von 5,5 % entspricht (25). Ab 1961 resultiert der Wanderungsüberschuß überwiegend aus Einwanderungen ausländischer Arbeiter in die Bundesrepublik; die in zyklischen Schwankungen verlaufende Einwanderungswelle ausländischer Arbeiter (26) erreichte 1961 den Stand von 548.916 Personen, stieg 1967 auf 991.255 und 1973 auf 2,59 Millionen Personen (27); damit erreichte die Bundesrepublik 1973 eine Ausländerquote von 11,9 % (28).

Das Bevölkerungswachstum in der Bundesrepublik findet seinen Ausdruck im Anstieg der Bevölkerungsdichte: errechnete sich für 1939 ("vergleichbares Bundesgebiet") ein Anteil von 136 Einwohnern je Quadratkilometer, so waren es 1965 im Bundesgebiet 239 und 1969 246 Einwohner (29). Im einzelnen zeigt sich, daß in den Randzonen der Verdichtungsräume und im Ausstrahlungsbereich von Großstädten eine starke Zunahme der Bevölkerungsdichte eintrat - während sie in den Verdichtungskernen und Großstädten selbst nur geringfügig stieg, sofern sie nicht stagnierte oder sogar abnahm (30).

Nach dem Städtebaubericht 1970 (31) zeichnen sich hier zwei Tendenzen ab: Zum einen die Abwanderung der Bevölkerung aus den Stadtregionen, die an Arbeitsplätzen und im Dienstleistungssektor über ein gutes Angebot verfügen, in die Randgebiete mit den besseren Wohn- und Erholungsmöglichkeiten - man wird im Hinblick auf die Eigenheim-Interessenten ergänzen müssen: mit Grundstückspreisen, die die Verwirklichung der Vorstellungen von Wohnqualität im eigenen Haus mit Garten eher zulassen (32); zum anderen dann - nach der Abwanderung aus den Großstädten - die Orientierung am Angebot an Arbeitsplätzen sowie Art und Ausmaß des Dienstleistungsangebots und der Güterversorgung. Im Ergebnis bedeutet dies, daß sich die Abwanderung aus den Großstädten auf die kleineren und mittleren Städte (vor allem in den Räumen intensiver Wirtschaftstätigkeit) (33) ausrichtet. So wächst seit Jahrzehnten die Bevölkerung in den Gemeinden der Größenklasse von 10.000 bis 100.000 Einwohner insgesamt ständig an - am stärksten jedoch in den Kleinstädten (i. e. Gemeinden mit 10.000 bis 50.000 Einwohnern); wohingegen die Bevölkerungszahl in den Städten von über 100.000 Einwohnern seit einigen Jahren leicht zurückgeht (34). (Inzwischen werden auf kommunaler Ebene Versuche unternommen, durch stärkere Berücksichtigung des Eigenheimbaus in der Stadtplanung diesen Abwanderungen ins Umland entgegenzuwirken.) (34 a)

Ein wesentlicher Faktor für die deutlich zu beobachtende Tendenz zur Abwanderung aus den Großstädten ist vor allem der Funktionswandel der Stadtkerne: die Zunahme der zentralörtlichen Funktionen der Großstädte

zu Lasten des Wohnens; während sich Banken, Versicherungen, private
und öffentliche Dienstleistungsbetriebe immer mehr in der Innenstadt
ausbreiten, wird die Wohnbevölkerung von dort verdrängt, weil gewerbliche Nutzung von Grundstück und Gebäude größere Gewinne für den Eigentümer verspricht (35). (Wohl über Fankfurts Genzen hinaus bekanntes
Beispiel für diesen Zusammenhang ist die Entwicklung im Frankfurter
Westend) (36).

Darüber hinaus führt die zunehmende gewerbliche Nutzung zu einem überdurchschnittlichen Ansteigen der Mieten und Bodenpreise; im Ergebnis
führen diese Preissteigerungen dazu, daß Räume in den Verdichtungskernen für private Wohnungsnutzung nicht mehr bezahlbar, also auch nicht
mehr absetzbar sind, daß zur Realisierung der Mieterhöhungen dann nur
noch eine gewerbliche Nutzung in Betracht kommen kann (37). Mit dieser
ökonomischen Argumentation soll jedoch nicht bestritten werden, daß sich
in diesem Abwanderungstrend als Tendenz zum "Wohnen im Grünen", wie
sie auch im Eigenheimgedanken zum Ausdruck kommt, auch ideologische
Idealisierungen vom "heilen Leben" auf dem Land, der Traum vom Land
als der "heilen Welt" manifestieren (38). Nicht erst seitdem "Umweltschutz"
zum Begriff geworden ist, hat die Bevölkerung die damit bezeichneten Probleme erfahren, hat beispielsweise in den Großstädten das unzureichende
Vorhandensein von Grünflächen, die Lärmbelästigung und Luftverschmutzung
erfahren. Mittlerweile gibt es sogar Anzeichen dafür, daß diese Beein-
trächtigungen nicht bloß im Stadium von Belästigungen bleiben, sondern
Auslöser physischer und psychischer Erkrankungen sind (39). Diese in
den Ballungsgebieten bestehenden ungünstigen Umweltbedingungen haben
das Ausweichen ins Umland, die Abwanderung in die Kleinstadt gefördert (40).

Mit der Beschreibung des Wachstums der Bevölkerung der Bundesrepublik
und der Veränderungen ihrer regionalen Verteilung wird die Bevölkerung
jedoch nur in ihrer Gesamtheit betrachtet, ohne daß innerhalb dieser Entwicklung strukturelle Verschiebungen sichtbar würden. Bevölkerungsstruk-
turellen Veränderungen aber hat die Wohnungspolitik - abgesehen von der
Bevölkerungszahl - ebenfalls Rechnung zu tragen; so ist die Versorgung
mit Wohnraum zwar - allgemein - abhängig von der Gesamtzahl der Bevölkerung, vom Ausmaß des Bevölkerungswachstums, hängt aber konkret
wesentlich davon ab, inwieweit der Wohnungsbau der strukturellen Gliederung der Bevölkerung, insbesondere der Zahl und Größe der Haushalte
Rechnung trägt - beispielsweise hinsichtlich Wohnungsgröße und Zahl der
Räume.

Unter dem Gesichtspunkt, inwieweit eine Person allein oder mehrer Personen gemeinschaftlich ihren Lebensunterhalt bestreiten, gliedert sich
die Bevölkerung in Privathaushalte. 1969 gab es in der Bundesrepublik
22,3 Millionen Haushalte (41). Seit etwa einhundert Jahren zeigt sich, daß
ihre Zahl steigt - und zwar stärker als die Zahl der Gesamtbevölkerung
(42). In seiner Konsequenz bedeutet dies, daß die durchschnittliche Haus-
haltsgröße kontinuierlich gesunken ist (43). Im Durchschnitt umfaßte ein

Haushalt im Jahr 1900 4,49 Personen, 1966 aber 2,7 und 1969 2,66 Personen (44).

Zum Teil läßt sich diese durchschnittliche Verkleinerung aller Haushalte damit erklären, daß auf diese Durchschnittszahlen lediglich die Verkleinerung der Mehrpersonenhaushalte durchschlägt: Während beispielsweise noch 1900 45 % aller Haushalte fünf und mehr Personen umfaßte, betrug der Anteil dieser Großhaushalte 1966 nur knapp 12 % (45); durchschnittlich ging die Personenzahl der Mehrpersonenhaushalte von 4,7 im Jahr 1900 auf 3,2 im Jahr 1966 zurück (46).

Darin drückt sich nicht nur die Verschiebung von der Mehr-Generationen- zur Zwei-Generationenfamilie aus (47), sondern auch die sinkende Kinderzahl pro Familie: Dominierte vor dem Ersten Weltkrieg die Familie mit vier und mehr Kindern, so ist nach dem Zweiten Weltkrieg die Familie mit zwei Kindern zum "Standardtyp" geworden (48).

Auf der Ebene der gesetzlichen Regelungen hat diese Veränderung darin ihren Ausdruck gefunden, daß das II. WoBG im Hinblick auf eine "angemessene" Wohnraumversorgung (§ 39 Abs. 2) von der Einrichtung von zwei Kinderzimmern ausgeht.

Als entscheidend für die Abnahme der Durchschnittsgröße aller Haushalte und für das damit zusammenhängende Anwachsen der Summe aller Haushalte wird die starke Zunahme der Einpersonenhaushalte angesehen (49). So lebten 1900 1,55 % der Bevölkerung in Einpersonenhaushalten, im Jahr 1969 jedoch 9,59 % (50); bezogen auf die Summe aller Haushalte bedeutet dies: etwa jeder vierte Haushalt war 1969 ein Einpersonenhaushalt (51). Während die Zahl der Haushalte zwischen 1957 und 1969 um 23 % zugenommen hat, ist die Zahl der Einpersonenhaushalte um 72 % gestiegen (52).

Diese sich in einem Anstieg der Zahl aller Haushalte niederschlagende Verschiebung der Haushaltsstruktur ist auch wohnungspolitisch von Bedeutung. Läßt sich auch eine Erfassung dieses strukturellen Wandels (noch) nicht in Form von Gesetzesänderungen ablesen - insbesondere eine Berücksichtigung der Wohnbedürfnisse von Alleinstehenden enthielt das II. WoBG schon in seiner ersten Fassung (§ 29) -, so hat er für die Wohnungsbauförderung jedenfalls insofern Folgen (gehabt), als der Anstieg der Zahl aller Haushalte auch die Wohnungsnachfrage erhöht und daher auf den Grad der quantitativen Versorgung mit Wohnungen einwirkt. Wenn 1972 trotz umfangreicher Bautätigkeit noch immer ein Defizit von über einer Million Wohnungen (53) - und damit Anlaß zu weiterer Wohnungsbauförderung bestand, dann kann dies auch aus den genannten demographischen Verschiebungen erklärt werden.

c. Entwicklung im Wohnungssektor

c. 1. Überblick

Staatliche Wohnungsbaupolitik zielte in der Förderung des Wohnungsbaus auf die Behebung des Mangels an Wohnraum ab, auch in ihrem Teilbereich der Eigenheimförderung. Eigenheim-Förderungs-Recht ist das Instrument, über das die Behebung des Wohnungsmangels durch Förderung des Eigenheims angegangen wurde; insoweit hat es diesen zur Voraussetzung.

Wohnungsmangel soll hier in seinen zwei Komponenten quantitativ und qualitativ verstanden werden. Quantitativer Wohnungsmangel, wie er sich besonders krass nach Ende des Zweiten Weltkriegs bis in die Mitte der fünfziger Jahre zeigte, trat als absolutes Fehlen von Wohnraum auf; d. h., daß nicht für jeden Haushalt in der Bundesrepublik eine Wohnung vorhanden war. Aufgrund der starken Wohnungsbautätigkeit und damit dem Rückgang des absoluten Wohnungsmangels verschob sich dieser immer stärker zu einem relativen Wohnungsmangel; auch wenn 1974 insgesamt noch nicht das Versorgungsverhältnis von einer Wohnung pro Haushalt erreicht war, so konnte zwar regional ausreichend Wohnraum vorhanden gewesen sein, teilweise sogar Wohnraum leerstehen (beispielsweise 1974/1975) (1); gleichwohl fehlte es an Wohnungen zu vertretbaren Mieten (2).

Qualitativer Wohnungsmangel meint hier die qualitativ ungenügende Beschaffenheit des (Miet-) Wohnraums im Hinblick auf Größe, Ausstattung und Lage.

Wie aus unzureichenden Wohnverhältnissen sich die Entscheidung von Familien zum Bau oder Erwerb eines daraus erklären läßt, daß dadurch unzureichende Wohnverhältnisse beseitigt werden sollen, so gehen auch Eigenheimförderung und Eigenheim-Förderungs-Recht von ihnen aus: Im Eigenheit-Förderungs-Recht ist eine Alternative zur Behebung des Wohnungsmangels normiert, die die Entscheidung zum Bau oder Erwerb eines Eigenheims finanziell begünstigt oder fördert. Das Eigenheim-Förderungs-Recht intendiert im II. WoBG neben der Verringerung des quantitativen Wohnungsmangels eine Verbesserung der Wohnverhältnisse (3) durch Förderung einer bestimmten Wohnform nach Größe und Ausstattung (Ein- und Zweifamilienhaus mit Garten); gleichzeitig verbindet es allerdings die Erreichung dieser Wohnqualität durch bevorzugte Förderung mit der Rechtsform des Eigenheims, so daß die Befriedigung eines bestimmten Wohnbedürfnisses (Ein- und Zweifamilienhaus mit Garten) in der Regel den Erwerb von Eigentum notwendig macht; es ordnet jener Wohnform diese Rechtsform fest zu (4). Darüber hinaus kann die Eigenheim-Entwicklung nicht losgelöst von der der Wohnungsmieten gesehen werden; schließlich wurde die Mietpreisentwicklung in der Wohnungspolitik ausdrücklich als Begünstigung des Eigenheimbaus verstanden. Offenbar wurde die Mietpreispolitik auch im Hinblick auf die vorrangige Eigenheimförderung eingesetzt (4 a).

Da der Bau von Eigenheimen sich also aus der Entwicklung der konkreten Wohnverhältnisse erklären läßt und das Eigenheim-Förderungs-Recht diese

als zu verändernde einbezieht und voraussetzt, soll ihre Darstellung
in diese Untersuchung einbezogen werden.

Diese Darstellung hat darüber hinaus dem Umstand Rechnung zu tragen,
daß der Eigenheimbau nicht vollständig vom Sektor des sozialen Wohnungsbaus abgedeckt wird und das Eigenheim-Förderungs-Recht im Wohnungsbau nicht den sozialen Wohnungsbau zum ausschließlichen Realitätsfeld
hat; im Eigenheim-Förderungs-Recht setzt sich die Unterscheidung in
freifinanzierten, steuerbegünstigten und öffentlich geförderten (sozialen)
Wohnungsbau fort. Insofern unterliegt der Eigenheimbau auch unterschiedlichen Einflüssen. Daher sollen auch die in den Eigenheimbau als Teil des
Wohnungsbaus eingehenden Entwicklungen des Gesamtwohnungsbaus sowie
des sozialen Wohnungsbaus im besonderen berücksichtigt werden (5).

c. 2. Entwicklung im gesamten Wohnungsbau

Betrachtet man den Entwicklungsverlauf aller Bauinvestitionen seit 1950,
so zeigt sich, daß die jährlichen Wachstumsraten aller Bauinvestitionen
langfristig zurückgehen; das bedeutet, daß die Bauinvestitionen seit 1950
immer langsamer zunehmen (sich also insoweit an die gesamtwirtschaftliche Entwicklung sinkender Wachstumsraten des Bruttoinlandsprodukts
anlehnen) (6). Neben diesem langfristigen Wachstumstrend aller Bauinvestitionen zeichnet sich langfristig auch eine Veränderung ihrer Struktur
ab. Während seit Anfang der fünfziger Jahre der Anteil der staatlichen
Bauinvestitionen langfristig gestiegen ist, hat der Anteil der Wohnungsbauinvestitionen ständig abgenommen; so machten die staatlichen Bau-
vestitionen 1950 noch 16 % der der gesamten Bauinvestitionen aus, 1960
etwa 20 % und 1970 (sowie vier Jahre später) etwa 27 % (7). (Desgleichen
hat der Anteil der Bauinvestitionen an den öffentlichen Investitionsausga-
ben zugenommen.) (8) Der Anteil der Wohnungsbauinvestitionen an den
gesamten Bauinvestitionen sank von etwa 49 % (1950) auf etwa 42 % (1960)
und etwa 37 % (1970) - lag allerdings vier Jahre später bei etwa 40 % (9).
Mit diesem langfristigen relativen Rückgang der Wohnungsbauinvestitionen
in Bezug auf die gesamten Bauinvestitionen ging in der zweiten Hälfte der
sechziger Jahre ein absoluter Rückgang der Fertigstellungen im gesamten Wohnungsbau einher. Verlaufen die Zahlen der Fertigstellungen im
Wohnungsbau bis dahin zwar (sich anlehnend an den Konjunkturverlauf)
(10) in deutlichen Schwankungen, die sich aber insgesamt auf gleichblei-
bend hohem Niveau halten, so verlaufen sie nach 1964 mit stark fallender
Tendenz (11): Wurden 1964 noch insgesamt 623.847 Wohnungen fertiggestellt, so waren es 1970 nur noch 478.050 Wohnungen (12); das entspricht
dem tiefsten Stand seit 1952 (13).

Zwar stieg die Zahl der Fertigstellungen von 1971 bis 1973 stark an, erreichte 1973 mit 714.226 fertiggestellten Wohnungen sogar den höchsten
Stand seit Kriegsende, doch ging das Bauvolumen bereits 1974 wieder zurück auf 604.387 Fertigstellungen (1975: 436.829). (14).

Die Ursachen für diesen langfristigen Rückgang der Wohnungsfertigstellungen sind in Überlagerungen, Überschneidungen verschiedener Entwicklungen zu suchen:

Zunächst ist an die geschilderte langfristige Tendenz zu sinkenden Wachstumsraten der Bauinvestitionen - bei gleichzeitig sinkendem Anteil der Wohnungsbauinvestitionen - zu erinnern, was sich als Folge der starken Neubautätigkeit und daher nachlassenden Wohnungsmangels verstehen läßt; gleichwohl war das Wohnungsdefizit, das für 1961, dem Jahr nach Verabschiedung des Gesetzes über den Abbau der Wohnungszwangswirtschaft und über ein soziales Mietrecht, rein rechnerisch noch auf eine Million Wohnungen geschätzt worden war (15), 1968 und selbst 1974 noch nicht ausgeglichen (16).

Weiterhin ist zu berücksichtigen, daß bereits 1965 die - bis dahin - schwerste Rezession in der Bundesrepublik einsetzte; es kam zu einer generellen Einschränkung aller wirtschaftlichen Aktivitäten (also auch in der Bauwirtschaft), die 1967 sogar in eine Schrumpfungsphase überging (17).

Dieses anfänglich stärker konjunkturbedingte Nachlassen der Wohnungsbautätigkeit ist später durch die "Kostenexplosion" im Bausektor (18) verstärkt worden; die Preissteigerungen, die bereits "inflationäres Ausmaß" erreichten (19), gaben - nach zahlreichen Einschränkungen der Bautätigkeit - Anlaß zu der Befürchtung, der Wohnungsbau könne "ganz zum Erliegen kommen" (20). Es bestand nämlich Grund zu der Annahme, daß die aufgrund solcher Preissteigerungen gebildeten Mieten die betreffenden Wohnungen so teuer werden ließen, daß diese unvermietbar blieben. Andererseits waren es aber gerade die umfangreichen Preissteigerungen, die zwar auf der einen Seite aus Renditegründen die Wohnungsbautätigkeit hemmten, die auf der anderen Seite aber speziell den Bau von Eigenheimen und Eigentumswohnungen beschleunigten (21) - (offenbar in einem Ausmaß, das es erlaubte, den "Eigenheimbau in gewissem Maß als stabilisierenden Faktor des Baugeschehens" einzuschätzen). (22)

Letztlich allerdings ermöglichte diese Nachfrageausweitung die Durchsetzung weiterer Preissteigerungen: Während der amtliche Preisindex für Wohngebäude (1962 = 100) bis 1970 auf 147, 4 gestiegen war, stieg er bis 1974 auf 200, 8 (23). (Zum Vergleich: Der amtliche Index für Lebenshaltungskosten - ebenfalls 1962 = 100 - stieg 1970 lediglich auf 123, 7 und 1974 auf 156, 2.) (24)

Dabei muß jedoch berücksichtigt werden, daß die amtliche Statistik lediglich "reine Baukosten" erfaßt; das sind die Baukosten, wie sie vor Baubeginn veranschlagt werden, nicht aber die tatsächlich gezahlten Preise. So zeigte sich 1970, als der "Sachverständigenrat zur Begutachtung der gesamtwirtschaftlichen Entwicklung" von Preissteigerungen in Höhe von 17 % im Wohnungsbau ausging (25) und diese das vom Bundesminister für Raumordnung, Bauwesen und Städtebau herausgegebene Bundesbaublatt mit 15, 9 % bezifferte (26), daß effektive Preissteigerungen von bis zu 73 % eintraten (27).

Ursächlich für diese sich in Mietpreiserhöhungen niederschlagenden Baukostensteigerungen sind die strukturellen Schwächen der Bauwirtschaft.
Damit sind die - im Vergleich zu anderen Branchen - geringen Betriebsgrößen von handwerklichem, bzw. kleingewerblichem Zuschnitt, die dadurch bedingte technologische Rückständigkeit der Bauproduktion sowie
die diese Struktur noch verfestigenden Kartellbildungen im Baugewerbe
gemeint (28).

Gleichwohl zeigen sich Ansätze in der Bauwirtschaft, das Problem der
Baukostensteigerungen und damit letztlich das der Absetzbarkeit von Wohnungen (i. e. die Verwertungsprobleme des im Wohnungsbau insgesamt
eingesetzten Kapitals) anzugehen:

Zum einen ist eine verstärkte Rationalisierung von Produktionsmethoden
anhand der Zunahme des Fertigteilbaus zu verzeichnen - (der Anteil des
Fertigteilbaus an allen genehmigten Wohnungen betrug 1970 6, 2 %, 1974:
10, 2 %) (29); zum anderen wird offenbar versucht, die Kosten pro Wohnung
dadurch zu senken, daß die Zahl der Wohnungen je Gebäude erhöht wird -
also immer größere Wohngebäude errichtet werden ("Zug zum Hochhaus")
(30).

Insgesamt sind diese sich abzeichnenden Umstellungen jedoch lediglich
als erste Anzeichen zu verstehen; wenn nämlich 1974/1975 nachweislich
zahlreiche Neubauwohnungen leerstanden (Januar 1975: Über 350. 000)
(31), dann ist dies im Zusammenhang mit diesen genannten strukturellen
Besonderheiten im Baugewerbe zu sehen: Es zeigt sich nämlich, daß diese
nicht absetzbaren Wohnungen nicht etwa deshalb leerstanden, weil das Wohnungsproblem gelöst wäre, sondern weil der Miet-, bzw. Kaufpreis dieser
Wohnungen zu hoch lag.

c. 3. Entwicklung im sozialen Wohnungsbau

Der soziale Wohnungsbau, verstanden als Gesamtheit der Wohnungsbau-
maßnahmen, die durch direkten Einsatz öffentlicher Mittel (gleichgültig,
ob für Miet- oder Eigentümerwohnungen) gefördert werden, ist Teil des
gesamten Wohnungsbaus; insoweit sind Tendenzen des gesamten Wohnungsbaus auch im sozialen Wohnungsbau wirksam. Gleichwohl unterliegt der
soziale Wohnungsbau Sonderentwicklungen, die sich durch die öffentliche
Förderung und die besonderen Bindungen für Sozialwohnungen ergeben. So
zeigt der Verlauf der Fertigstellungszahlen im sozialen Wohnungsbau nur
ein tendenziell ähnliches Bild wie im gesamten Wohnungsbau; somit gilt
die für die Fertigstellungen im gesamten Wohnungsbau charakteristische
Mitläuferrolle zur gesamtwirtschaftlichen Entwicklung nur tendenziell (32).

Die Bauergebnisse im sozialen Wohnungsbau waren von 1951 bis 1960 bei
geringen jährlichen Schwankungen auf dem Niveau von etwa 300. 000 Wohnungen pro Jahr geblieben; dieses Bauvolumen versteht sich vor allem vor
dem Hintergrund der staatlichen Wohnungsbauförderung, die aufgrund der

Zielwerte in den beiden Wohnungsbaugesetzen von etwa 300.000 Wohnungen
pro Jahr ausging (33).

Besonders deutlich wird der Zusammenhang zwischen Wohnungsbauförderung und Entwicklung des Bauvolumens im sozialen Wohnungsbau, wenn
man statt auf die Fertigstellungen auf die Bewilligungen abstellt. So zeigen
sich bis 1959 gerade in den Jahren (1953 und 1956), in denen in größerem
Umfang öffentliche Mittel für den sozialen Wohnungsbau vorhanden waren
und zur Verfügung gestellt werden konnten, besonders hohe Zahlen bewillig-
ter Sozialwohnungen (34).

Die Abhängigkeit des Bauvolumens im sozialen Wohnungsbau von der Höhe
der zur Verfügung gestellten öffentlichen Förderungsmittel (35) läßt sich
schließlich auch im langfristigen Rückgang des Volumens im sozialen Wohnungsbau seit 1960 erkennen. Entsprechend der Regelung des § 18 II. WoBG,
wonach sich die vom Bund zur Verfügung gestellten Förderungsmittel in
Höhe von 700 Millionen DM (1957) ab 1958 um jährlich 70 Millionen DM
verringern sollten, ist das Volumen (direkter) Förderungsmittel langfristig
vermindert worden: Standen beispielsweise 1960 noch 2,2 Mrd. DM für
vollgeförderte reine Wohnbauten zur Verfügung, so waren es 1970 nur
noch 0,9 Mrd. DM (36); in demselben Zeitraum ging die Zahl der Bewilligungen von 326.663 auf 165.135 zurück (37).

Gleichfalls ging der Anteil öffentlich geförderter Wohnungen an allen Wohnungen zurück: Waren 1950 von den 371.924 fertiggestellten Wohnungen
noch 254.990 im Rahmen des sozialen Wohnungsbaus errichtet worden
(i.e. 68,5 %), so waren es 1960 lediglich 263.205 von 574.402 (i.e. 45,8 %)
und 1970 137.095 von insgesamt 478.050 (i.e. 28,6 %). (38).

In den Jahren 1971 und 1972 stieg das Bauvolumen im öffentlich geförderten
sozialen Wohnungsbau, bedingt durch eine Erhöhung der staatlichen Förderungsmittel, kurzstig an: auf 195.024, bzw. 182.247 Bewilligungen (1974:
153.380) (39). Dennoch ging der Anteil des sozialen Wohnungsbaus am gesamten Wohnungsbau auch in diesen Jahren weiter zurück; er lag 1971 bis
1974 durchschnittlich bei 24,4 % (40).

Allerdings ist mit der Verminderung der öffentlichen Förderungsmittel
dieser Rückgang im sozialen Wohnungsbau nicht ausschließlich zu erklären.
So waren die Bewilligungszahlen in den Jahren 1961, 1962 und 1963 rückläufig, obwohl in denselben Jahren sich die öffentlichen Förderungsmittel
für den sozialen Wohnungsbau leicht erhöht hatten (41).

Dieser Umstand ist durch die - im Rahmen der Darstellung der Entwicklung des gesamten Wohnungsbaus bereits erörterten - hohen Steigerungen
der Baukosten zu erklären, die sich im Rahmen des gesamten Wohnungsbaus auch auf den sozialen Wohnungsbau erstreckten. So stieg der Preisindex für Bauleistungen am Gebäude in den Jahren 1961 bis 1963 jeweils
durchschnittlich um mehr als 7 % (42). Besonders hohe Preissteigerungen
sind in den Jahren 1970 und 1971 zu verzeichnen, als der Preisindex durchschnittlich um über 13 % stieg (43). In etwa gleiche Förderungssummen be-

deuten bei steigenden Preisen aber, daß real die Förderungsmittel knapper werden, daß weniger Bauvorhaben gefördert werden können.

Diese Folgen - geringerer Förderungseffekt aufgrund steigender Baukosten - versucht die öffentliche Hand offenbar durch eine Veränderung der Förderungsstruktur aufzufangen. Hinsichtlich der Wohnungen des öffentlich geförderten (traditionellen) sozialen Wohnungsbaus werden die öffentlichen Mittel zunehmend zur Förderung von Wohnungen in Mehrfamilienhäusern eingesetzt (44). Da für diese Wohnungen geringere Durchschnittskosten anfallen (45), bedeutet die verstärkte Förderung von Wohnungen in Mehrfamilienhäusern "für die öffentliche Hand eine erhebliche Reduzierung der Gesamtkosten und damit eine erhöhte Effizienz der Förderungsbeträge" (46).

Darüber hinaus schlugen die Preissteigerungen in der Bauwirtschaft auch im nicht marktwirtschaftlich geordneten sozialen Wohnungsbau auf die Mietpreisbildung durch, indem die Mietpreisbildung für Sozialwohnungen seit dem II. WoBG von 1956 (47) an die Miete in Höhe der zur Deckung der laufenden Kosten erforderlichen Aufwendungen (Kostenmiete) gebunden ist. Angesichts allerdings nicht in beliebiger Höhe durchsetzbarer Mietpreissteigerungen gaben die der Mietpreiserhöhung zugrunde liegenden Baukostensteigerungen bereits 1970 Anlaß zu der Befürchtung, der Wohnungsbau komme völlig zum Erliegen (48). Wegen zu hoher Mieten standen nach Schätzung des Rheinischen Mieterverbands Anfang 1974 in Nordrhein-Westfalen etwa 15.000 Sozialwohnungen leer (49). Beispielsweise bei der gemeinnützigen Wohnungsbaugesellschaft "Neue Heimat" wurde bereits 1972 der Bau von öffentlich geförderten Sozialwohnungen "weitgehend eingestellt" (50).

Im Rahmen der Erklärung des langfristig zu beobachtenden absoluten und relativen Rückgangs des sozialen Wohnungsbaus ist auch auf Verschiebungen des Kapitaleinsatzes im Wohnungsbau einzugehen, die offenbar in einem Zusammenhang mit den Regelungen des "Gesetzes über den Abbau der Wohnungszwangswirtschaft und über ein soziales Miet- und Wohnrecht" zu verstehen sind (51): Ab 1.7.1960 wurden bestimmte Altbauwohnungen von der Bewirtschaftung ausgenommen (52) und ab 1.10.1960 alle Wohnungen, die in Kreisen mit einem statistischen Wohnungsdefizit von weniger als 3 % lagen ("Weiße Kreise") (53). Die Mietpreisbindung sollte frühestens zum 1.7.63 aufgehoben werden, sofern ein endgültiges Gesetz über die Gewährung von Miet- und Lastenbeihilfen zu diesem Zeitpunkt in Kraft war (54).

Im Ergebnis bedeutete dies, daß das bereits mit der Währungsreform eingeführte Modell der Marktwirtschaft in der Wohnungsversorgung (mit Ausnahme des sozialen Wohnungsbaus) durchgesetzt wurde. Mit diesem Gesetz wurde ein Vorhaben zum Abschluß gebracht, das bereits in der Regierungserklärung der ersten Bundesregierung angekündigt worden war, das "Privatkapital für den Bau von Wohnungen" zu interessieren durch "entsprechende, in vorsichtiger Weise durchgeführte Lockerungsvorschriften der Raumbewirtschaftung und der Mietfestsetzung" (55).

Trotz der sukzessiven Aufhebung von Wohnraumbewirtschaftung und Mietpreisbindung (56) betrug der Anteil der nicht mehr bewirtschafteten preisfreien Wohnungen Ende 1959 höchsten 16 % des gesamten Wohnungsbestands (57). Damit wird aber gleichzeitig deutlich, welche Bedeutung dem Gesetz über den Abbau der Wohnungszwangswirtschaft aus dem Jahre 1960 zukommt. So waren nach Inkrafttreten der Regelungen dieses Gesetzes am 31.12.1961 von den 565 Landkreisen und kreisfreine Städten bereits 256 "Weiße Kreise" und 309 "Schwarze Kreise" (58); ein Jahr später waren es 397 "Weiße Kreise" und 168 "Schwarze Kreise" (59). Um die langfristige Wirkung des Abbaugesetzes einschätzen zu können, genügt es, von den oben wiedergegebenen Passagen der Regierungserklärung auszugehen; "das Privatkapital für den Wohnungsbau interessieren" (60) bedeutet dann, die Logik der Kapitalverwertung auch in der Wohnungsverteilung ungehindert zur Geltung kommen zu lassen. Das hat zur Konsequenz, daß das im Sektor der Wohnungsverteilung eingesetzte Kapital sich (mit Notwendigkeit) die Anlagemöglichkeiten sucht, die den höchsten Gewinn versprechen. Im Wohnungsbau aber waren diese Möglichkeiten zunächst stark eingeschränkt. Einerseits unterlag ein Teil der Wohnungsversorgung, nämlich der Sektor der Wohnungsverteilung (im Gegensatz zu dem der -produktion), staatlichen Auflagen bezüglich Mietpreisbildung und Wohnraumvergabe, von denen völlig ausgenommen nur freifinanzierte und seit 1953 steuerbegünstigte Neubauwohnungen waren (61). Andererseits waren offenbar für die preisfreien Neubauwohnungen Mieten in einer ausreichenden Gewinn verheißenden Höhe nicht durchsetzbar, bzw. versprachen akzeptable Mieten nicht genügenden Gewinn (62). Durch das Inkrafttreten der Regelungen des Abbaugesetzes wurden (wie gezeigt, bereits bis 31.12.1962 in mehr als zwei Dritteln aller Kreise) die Verfügungsbeschränkungen der Hauseigentümer über das Wohnungseigentum aufgehoben (soweit es sich dabei nicht um öffentlich geförderte Sozialwohnungen handelte); in seiner Konsequenz bedeutete dies, daß dann in dem marktwirtschaftlichen Prinzipien unterworfenen Wohnungssektor die Miete verlangt werden konnte, die der "Markt" hergab - was sich in erheblichen Mietpreissteigerungen niederschlug, die zu einer höheren Mietbelastung der Haushalte führten (63).

Aufgrund der generellen Anhebung des Mietniveaus waren offenbar auch die vergleichweise höheren Mieten für freifinanzierte Neubauwohnungen durchsetzbar. Damit war der allgemeine Wohnungsbau als Kapitalanlagemöglichkeit für Vermietungsgeschäfte gewinnträchtiger geworden; somit mußte für das Privatkapital im Wohnungsbau der allgemeine Wohnungsbau gegenüber dem sozialen die primäre Anlagemöglichkeit sein.

Diese Erklärung für den Rückgang des sozialen Wohnungsbaus läßt sich ergänzen, indem man den Stellenwert des nicht gewinnlimitierten Privatkapitals (64) im gesamten Wohnungsbau untersucht. Stellt man die Anteile von gemeinnützigen Wohnungsbaugesellschaften und ländlichen Siedlungsgesellschaften am Wohnungsbau den Anteilen der anderen Wohnungsbauunternehmen und sonstigen Unternehmen gegenüber, so zeigt sich, daß die Anteile der gemeinnützigen Wohnungsbaugesellschaften zugunsten der anderen Wohnungsbauunternehmen und sonstigen Unternehmen rückläufig ist: Waren

1953 noch 35,6 % aller genehmigten Wohnungen von gemeinnützigen Wohnungsbaugesellschaften errichtet worden, so waren es 1965 25,8 % und 1974 16,4 % - während die übrigen (nicht gewinnlimitierten) Privatunternehmen ihren Anteil zwischen 1961 und 1974 von 10,6 % auf 18,5 % erhöhen konnten (65).

c. 4. Entwicklung der Wohnverhältnisse

c. 4. 1. Quantitative und qualitative Entwicklung der Wohnungsversorgung

Aufgrund der umfangreichen Neubautätigkeit hat sich der Bestand an Wohnraum in der Bundesrepublik in der Zahl vorhandener Wohnungen erhöht wie auch in der Beschaffenheit der Wohnungen verbessert (66).

Als das Erste Wohnungsbauprogramm und das Erste Wohnungsbaugesetz 1950 beschlossen wurden (67), war von einem Wohnungsdefizit von etwa 5,5 Millionen Wohnungen auszugehen (68). Allein durch Kriegseinwirkungen waren im Bundesgebiet 2,25 bis 2,5 Millionen Wohnungen zerstört worden; weitere 2 Millionen Wohnungen fehlten für die bis zum 30.6.1949 ins Bundesgebiet geströmten 7,48 Millionen Heimatvertriebenen (wobei offenbar weitere Zuwanderungen für die Zukunft nicht einkalkuliert wurden); schließlich war für den Zeitraum von 1946 bis 1949 mit einer Zunahme der Zahl aller Haushalte um etwa eine Million durch Haushaltsneugründungen zu rechnen.

Während der Geltung des I. WoBG in dem Zeitraum von 1950 bis 1956 hatte sich das Wohnungsdefizit rein rechnerisch von 5,95 Millionen auf 3,84 Millionen Wohnungen verringert (69). Unter der Annahme, daß die Hälfte der Einpersonenhaushalte keine eigene Wohnung anstrebte, sondern in Untermiete wohnen wollte, ging das Statistische Bundesamt von nur 15,06 Millionen Haushalten aus und kam - rein rechnerisch - so zu einem Wohnungsdefizit von nur 2,34 Millionen Wohnungen (70).

Als Beleg für die durch die intensive Neubautätigkeit erfolgte Verbesserung der Wohnverhältnisse in der Bundesrepublik wird darauf verwiesen, daß im Vergleich zu 1950 statt 1,21 nur noch 1,02 Personen pro Raum (einer Normalwohnung) sich errechnen (71). Hierbei handelt es sich jedoch gerade um Durchschnittszahlen, und die Wohnverhältnisse erscheinen darin nur als durchschnittliche. So berücksichtigen die Durchschnittswerte der Statistik der Wohnverhältnisse nicht, daß am 25.9.1956 insgesamt 3,9 Millionen Haushalte keine e i g e n e Normalwohnung und davon 0,61 Millionen Haushalte überhaupt keine Normalwohnung (72) hatten.

Bei den 3,9 Millionen Haushalten, die nicht Inhaber einer eigenen Normalwohnung waren, handelte es sich größtenteils (in 84,5 % der Fälle) (73) um Untermieter-Haushalte; insgesamt wohnten von allen in Normalwohnungen untergebrachten Haushalten 20,7 % als Untermieter, 50,3 % als Hauptmieter und 29 % als Eigentümer (74).

54

Von den 0,61 Millionen Haushalten (i.e. 3,7 % aller Haushalte), die nicht in einer Normalwohnung untergebracht waren, lebten 0,39 Millionen (i.e. 2,3 %) Haushalte in "Notwohngebäuden", 0,14 Millionen (i.e. 0,9 %) Haushalte in Notwohnungen von Normalgebäuden (das sind Mansardenräume, Separatzimmer ohne Küche oder Kochnische) und 0,07 Millionen (i.e. 0,5 %) Haushalte in Unterkünften außerhalb von Normal- und Notwohnungen (also in Lagern, Massenunterkünften, Anstalten) (75).

Aber auch unter den Bewohnern von Normalwohnungen gab es erhebliche Unterschiede in der Art der Unterbringung, die das Wohnungsproblem selbst für diesen Kreis nicht als gelöst erscheinen lassen. Vor allem hat sich offenbar das rechtliche Unterbringungsverhältnis auf die tatsächlichen Wohnverhältnisse ausgewirkt; die Rechtsform des Wohnens schlug auf die Wohnform durch:

Während 1956 sich für 54 % aller Untermietparteien (i.e. alle Untermietparteien mit mehr als einer Person) ein Unterbringungsverhältnis von weniger als einem Raum pro Person ergab und 46 % aller Untermietparteien (i.e. alle Untermietparteien mit nur einer Person) durchschnittlich über einen Raum und mehr verfügten, standen 66 % aller Hauptmieterparteien durchschnittlich ein Raum und mehr pro Person zur Verfügung; bei den Eigentümerwohnparteien hatten 72 % (i.e. alle Eigentümerwohnparteien mit bis zu vier Personen) durchschnittlich einen Raum und mehr pro Person (76).

Die hier zum Ausdruck kommende Abhängigkeit der Wohnqualität von der Rechtsform des Wohnens hat sich offenbar bis 1972 fortgesetzt - was nicht unvorhersehbar war, wenn man bedenkt, daß beispielsweise die Wohnform des Einfamilien- und noch weitgehend des Zweifamilienhauses typischerweise an die Rechtsform des Eigenheims (auch Kleinsiedlung) gebunden ist.

Bevor jedoch im einzelnen darauf einzugehen ist, soll zunächst die allgemeine Wohnsituation skizziert werden, wie sie sich aus der im Frühjahr 1972 durchgeführten 1 %-Wohnungsstichprobe ergibt.

Gelegentlich wird es allerdings unumgänglich sein, auf die Ergebnisse der letzten Totalerhebung, der Gebäude- und Wohnungszählung 1968, zurückzugreifen, da der Untersuchungsbereich der Stichprobe den der Totalerhebung nur zum Teil abdeckt.

Nach den Ergebnissen der Wohnungsstichprobe gab es im April 1972 insgesamt 22,264 Millionen Haushalte und insgesamt 20,949 Millionen Wohnungen mit Küche in Gebäuden (einschließlich der 316.600 unbewohnten Wohnungen mit Küche in Gebäuden); insofern errechnet sich ein Wohnungsdefizit von 1,3 Millionen Wohnungen (77).

Nach der Gebäude- und Wohnungszählung 1968 lebten damals 598.000 Wohnparteien (i.e. 2,9 %) (78) in den mehr als 638.000 Wohngelegenheiten (79). Insgesamt 800.000 Haushalte waren in Baracken und sonstigen unzureichenden Wohngelegenheiten untergebracht oder lebten in Untermiete (80).

Ausgehend von den 22, 129 Millionen Haushalten, die 1972 in Wohnungen in Gebäuden wohnten, ergab die 1 %-Wohnungsstichprobe, daß 60, 8 % dieser Haushalte als Hauptmieter, 5, 7 % als Untermieter und 33, 5 % als Eigentümer wohnten (81).

Im einzelnen ergaben die Totalerhebung 1968 und die 1 %-Stichprobe 1972, daß Eigentümerwohnungen (82) in der Regel größer, weniger stark belegt und besser ausgestattet waren als Mietwohnungen:

Eigentümerwohnungen waren im Durchschnitt 95 qm groß, Mietwohnungen 63 qm (83).

Diese lediglich eine Tendenz belegenden Durchschnittszahlen sollen, um Unterschiede in den Unterbringungsverhältnissen deutlich zu machen, weiter konkretisiert werden.

Etwa die Hälfte (47 %) aller Mietwohnungen, hingegen 14 % aller Eigentümerwohnungen hatten eine Wohnfläche von weniger als 60 qm (84). Demgegenüber hatten mehr als die Hälfte (63 %) aller Eigentümerwohnungen, hingegen 21 % aller Mietwohnungen eine Wohnfläche von 80 qm und mehr (85).

Nicht nur flächenmäßig, sondern auch gemessen an der Zahl der Räume waren Mietwohnungen in der Regel kleiner als Eigentümerwohnungen:

So verfügten beispielsweise die meisten Mietwohnungen über drei oder vier Räume (69, 4 %); die meisten Eigentümerwohnungen hatten fünf und mehr Räume (61, 3 %) (86).

Allerdings reicht die Berücksichtigung der Wohnungsgröße allein zu einem Vergleich der Wohnverhältnisse nicht aus; die Gegenüberstellung von Raumzahl und Wohnfläche bei Miet- und Eigentümerwohnungen kann nur einen vorläufigen Anhalt über Unterschiede in der Wohnsituation geben. Wesentlich für eine Aussage über die Wohnqualität sind Angaben darüber, wieviel Raum jedem der Bewohner durchschnittlich zur Verfügung steht.

Diese Frage ist in der Wohnungszählung 1968 und in der Stichprobe 1972 auf unterschiedliche Weise geprüft worden:

Zum einen als Untersuchung der Belegung der Räume (Zahl der Personen pro Raum), zum anderen als Untersuchung der jedem Bewohner durchschnittlich zur Verfügung stehenden Wohnfläche. Da die Ergebnisse beider Vorgehensweisen sich gegenseitig ergänzen können, sollen sie auch von beiden vorgestellt werden.

Unter jedem der beiden Gesichtspunkte zeigen die Ergebnisse, daß sich die Unterschiede zwischen Mietwohnung und Eigentümerwohnung fortgesetzt haben. So waren 1968 Eigentümerwohnungen in der Regel seltener stark belegt als Mietwohnungen: Während bei Eigentümerwohnungen lediglich in 8, 9 % der Fälle mehr als eine Person pro Raum zu zählen war, traf dies bei 12, 3 % aller Mietwohnungen (allein bei Neubau-Mietwohnungen in 14, 6 % der Fälle) zu (87).

Nach den Ergebnissen der 1 %-Wohnungsstichprobe 1972 errechnet sich eine durchschnittliche Wohnfläche von 26,2 qm pro Person - standen den Bewohnern von Eigentümerwohnungen durchschnittlich 28,4 qm, den von Mietwohnungen 24,7 qm pro Person zur Verfügung. Mit zunehmender Personenzahl erreichen dabei Mieterhaushalte gegenüber Eigentümerhaushalten immer seltener diese Durchschnittswohnfläche pro Person (88).

Rekurriert man schließlich auf (beispielsweise vom Beirat für Familienfragen erarbeitete) Minimalstandards der Wohnflächenversorgung, dann zeigen sich auch hier die Unterschiede im Ausmaß der als minimal anzusehenden Wohnflächenversorgung:

Gemäß den Ergebnissen der 1 %-Wohnungsstichprobe erreichten 1972 erheblich weniger Mieterhaushalte die Mindestwohnfläche pro Person als Eigentümerhaushalte (89).

Wichtiges Kriterium für die Qualität des Wohnungsbestandes ist die Ausstattung mit sanitären Anlagen (Bad, WC, Sammelheizung). Im Vergleich zeigt sich, daß Eigentümerwohnungen - in diesem Sinne - besser ausgestattet sind als Mietwohnungen, und weiterhin, daß wiederum innerhalb dieser beiden Gruppen die öffentlich geförderten Wohnungen qualitativ höher stehen (was mit den Vorschriften des II. WoBG über die "Mindestausstattung der Wohnungen" zu erklären ist) (90). So waren im April 1972 insgesamt 82 % aller Eigentümerwohnungen (und 95 % aller öffentlich geförderten Eigentümerwohnungen) mit Bad und WC ausgestattet - sowie 76 % der Mietwohnungen (und 93 % der öffentlich geförderten Mietwohnungen); über Bad, WC und Sammelheizung verfügten 49 % der Eigentümerwohnungen (63 % der öffentlich geförderten) und 38 % der Mietwohnungen (41 % der öffentlich geförderten) (91).

Allerdings zeigt sich, daß bei Gebäuden, die nach 1964 errichtet worden sind, in dieser Hinsicht kaum noch qualitative Unterschiede bestehen (92). Jedoch besteht auch in dieser Neubaugruppe ein qualitativer Vorsprung der Eigentümerwohnungen gegenüber den Mietwohnungen. Beispielsweise verfügten von den nach 1964 errichteten Eigentümerwohnungen etwa 74,3 % über zentrale Warmwasserversorgung - hingegen 67 % der entsprechenden Mietwohnungen (93). Weiterhin waren in dieser Neubaugruppe Bad und WC separat eingerichtet bei 30 % der Mietwohnungen gegenüber 59 % der Eigentümerwohnungen; schließlich: Von den nach 1964 errichteten Eigentümerwohnungen verfügten 17 % über mehr als ein Bad und 54 % über mehr als ein WC in der Wohnung - gegenüber 2 %, bzw. 17 % der entsprechenden Mietwohnungen (94).

Insgesamt bedeutet dies, daß durch umfangreiche Bautätigkeit (vor allem in den fünfziger Jahren) der Wohnungsfehlbestand erheblich verringert worden ist. Daß gleichwohl das Wohnungsdefizit seit 1950 nicht beseitigt werden konnte, ist auch Veränderungen in der Wohnungsnachfrage zurückzuführen; diese Veränderung ist - von einer Zunahme des Wohnraumbedarfs aufgrund des Bevölkerungswachstums einmal abgesehen - im wesentlichen mit Verschiebungen in der Haushaltsstruktur zu beschreiben. So

ist ein deutlicher Rückgang der Mehrpersonenhaushalte mit drei oder
vier Generationen sowie eine Zunahme der Einpersonenhaushalte zu
verzeichnen, was sich insgesamt in einer vom Bevölkerungswachstum
unabhängigen Zunahme der Zahl aller Haushalte niederschlägt (95).

In diesem Zusammenhang ist darauf zu verweisen, daß auch die gesellschaftlichen Vorstellungen darüber, was als angemessene Wohnraumversorgung anzusehen ist, einem Wandel unterliegen. Die im Zuge des wirtschaftlichen Wachstums in der Bundesrepublik eingetretenen Einkommens-
verbesserungen, der Anstieg des quantitativen und qualitativen Niveaus
privaten Konsums und ein fortgeschrittener Stand der Produktivkräfte -
die Verbesserung des Lebensstandards - haben offenbar auch die Wohn-
ansprüche steigen lassen.

Zwar enthielt bereits das II. WoBG die Bestimmung (§ 39 Abs. 2), daß
für jede Person ein Wohnraum ausreichender Größe als angemessen anzusehen sei; Veränderungen des Anspruchsniveaus (96) kommen jedoch
beispielsweise darin zum Ausdruck, daß das Statistische Bundesamt für
1956 als Hypothese formulierte, daß die Hälfte oder sogar zwei Drittel
der etwa drei Millionen Einpersonenhaushalte in Untermiete leben wollten,
daß aber immer weniger Haushalte als Untermieter leben (wollen) (97).

Insgesamt ist schließlich festzustellen, daß seit 1950 auch das qualitative
Niveau des Wohnungsbestands gestiegen ist.

Allerdings haben sich hierbei Unterschiede zwischen Miet- und Eigentümerwohnungen (also auch: Eigenheimen) ergeben. Diese können in der
Weise charakterisiert werden, daß Wohnqualität in engem Zusammenhang mit der Rechtsform des Wohnens steht; offenbar wird die Verwirklichung der - im Zuge des Anstiegs des Lebensstandards gestiegenen
Ansprüche an die Wohnverhältnisse typischerweise über den Erwerb von
Wohnungseigentum betrieben.

Versteht man diese Ergebnisse über die unterschiedlichen Wohnverhältnisse nicht nur als statistischen Ausdruck vollzogener Bauentscheidungen,
sondern auch jeweils wieder als Determinanten zukünftiger Wohnungsbauentscheidungen, dann kann angenommen werden, daß das Erreichen besserer Wohnformen (aufgrund dieser auch im Alltäglichen bekannten Ergebnisse) an die Rechtsform des eigenen Heims geknüpft wird; dann kann ihnen
im Hinblick auf die Verknüpfung von Wohnform und Rechtsform Signalwir-
kung für weitere Wohnungsbauentscheidungen zugesprochen werden. Die
Erreichung besserer Wohnformen wird an die Erlangung von Eigentum gebunden, so daß bessere Wohnformen mit der Rechtsform Eigentum verknüpft sind (98): Wer in den bestehenden Verhältnissen seine Wohnsituation
entscheidend verbessern will, wird seine Erwartungen am Erwerb von Eigentum ausrichten.

Darüber hinaus trägt die staatliche Wohnungsbauförderung mit ihrem besonderen Vorrang für Eigentumsförderung selbst dazu bei, daß eine bessere Wohnform in der Regel nur über die Rechtsform des Eigentums zu erreichen ist.

c.4.2. Mietpreisentwicklung

Die Entwicklung der Gesetzgebung im Wohnungssektor nach 1950 ist gekennzeichnet durch eine fortschreitende Aufhebung der gesetzlichen Bindungen für die Vermietung von Wohnraum; blieb auch die Wohnraumbewirtschaftung - mit Ausnahme der freifinanzierten und steuerbegünstigten neu errichteten Wohnungen - bis zum Wirksamwerden der Regelungen des Gesetzes über die Wohnungszwangswirtschaft bestehen, so wurden seit 1950 die Mietpreisbindungen schrittweise gelockert und dann durch das Abbaugesetz aufgehoben; lediglich die öffentlich geförderten Wohnungen des sozialen Wohnungsbaus unterlagen auch weiterhin gesetzlichen Bindungen (99).

Im Ergebnis bedeutete diese Entwicklung die allmähliche Unterwerfung des Wohnungssektors unter die in den übrigen Wirtschaftssektoren geltenden Prinzipien dieser Wirtschaftsordnung; das heißt, daß auch der Mietpreis für Wohnungen gemäß den Gegebenheiten des Wohungsmarktes durch prinzipiell freie Vereinbarung zwischen Mieter und Vermieter festgelegt wird.

Geprägt wird die Konstellation von Wohnungsangebot und Wohnungsnachfrage durch einen nachweisbar noch 1972 gegebenen Wohnungsfehlbestand von über einer Million Wohnungen im gesamten Bundesgebiet; insbesondere in den Randzonen von Großstädten besteht eine (durch den Abwanderungstrend aus den Großstädten in das Umland bedingte) starke Nachfrage nach Wohnungen (100). Das mag zunächst erklären, wieso umfangreiche Mietpreissteigerungen überhaupt durchsetzbar waren.

Das Ausmaß der Mietpreissteigerungen im Zuge der Aufhebung der Mietpreisbindung durch das Abbaugesetz verdeutlicht folgende Gegenüberstellung:

Während die Wohnungsmieten als Teil der Lebenshaltungskosten bei einem Vier-Personen-Arbeiter-Haushalt zwischen 1950 und 1960 um 31,6 % stiegen, betrug der Anstieg zwischen 1961 und 1971 83,7 % (101). Insgesamt stiegen die Mieten als Teil der Lebenshaltungskosten von 1962 bis 1972 um 83,1 %, während die Gesamtlebenshaltungskosten sich in diesem Zeitraum lediglich um 37,9 % erhöhten (102); allein zwischen 1965 und 1970 machten die Mietpreissteigerungen den Angaben des Deutschen Instituts für Wirtschaftsforschung zufolge fast 64 % aus (jährlich also etwa 10,4 %) (103).

Die Belastung privater Haushalte durch die Wohnungsmiete stieg zwischen 1962 und 1972 bei den "2-Personen-Haushalten von Renten- und Sozialhilfeempfängern mit geringem Einkommen" von 14,4 % auf 20,6 % (1974: 21,2 %); für "4-Personen-Arbeitnehmer-Haushalte mit mittlerem Einkommen" von 10,3 % auf 15,9 % (1974: 15,9 %); für einen "4-Personen-Haushalt von Beamten und Angestellten mit höherem Einkommen" auf 14,5 % (1974: 15,1 %) (104).

Im Hinblick auf die Einschätzung, daß als "kritische Belastungsgrenze für das Netto-Einkommen ... 20 % weitgehenden Konsens" gefunden haben (105), mag die Mietbelastung (abgesehen von der ersten Haushalts-

59

gruppe) noch als erträglich angesehen werden; allerdings geben die Miet-
statistiken jeweils nur die Steigerungen im Durchschnitt an, so daß die
anerkanntermaßen besonders große Streuungsbreite der individuellen Steigerungen um den statistischen Durchschnittswert unberücksichtigt bleibt,
somit insbesondere die erheblichen Unterschiede zwischen Mietpreisen
in Ballungsgebieten und ländlichen Regionen verwischt werden (106). Beispielsweise für ein in Frankfurt wohnendes Ehepaar mit zwei Kindern errechnet sich für 1973 eine Mietbelastung von 30, 4 % bis 52 % (107). Auch
für andere Großstädte gilt offenbar nicht mehr der Satz, ein Viertel des
Nettoeinkommens für die Miete - zumindest bei Neubauwohnungen (108).

Von diesen Mietpreissteigerungen waren öffentlich geförderte Wohnungen
des sozialen Wohnungsbaus, deren Miete in Höhe der Kostenmiete gesetzlich begrenzt ist, nicht ausgenommen. So stieg die durchschnittliche
Quadratmetermiete zwischen 1960 und 1971 von 1, 55 DM auf 3, 50 DM
- sowie 1974 auf 4, 12 DM (109). 1975 zeigten sich schließlich Fälle, wo
die Mieten für Sozialwohnungen die der nicht preisgebundenen überstie-
gen (110). Gerade das Beispiel der auf die Höhe der Kostenmiete limitier-
ten Sozialmieten weist darauf hin, daß die Mietpreissteigerungen sich
nicht auf das Bestehen einer Übernachfrage und Ausnutzung einer für die
Hauseigentümer günstigen Angebotssituation allein reduzieren lassen (111),
daß vielmehr reale Kostensteigerungen, die an die Mieter aufgrund der
beschriebenen Markt- und Rechtskonstellation weitergegeben werden konnten, als mietpreiserheblich angenommen werden müssen (112).

Ein Kostenfaktor, der seit einigen Jahren besondere Beachtung findet (113),
wird in den erheblichen Bondenpreissteigerungen gesehen. Das Bodenrecht
der Bundesrepublik ermöglicht es, den Gewinn auch aus Wertsteigerungen
von Grundstücken zu ziehen, die nicht auf wertsteigernden Maßnahmen des
Eigentümers, sondern auf Neuplanungen der Kommunen beruhen (Planungs-
gewinne); bereits die bloße Neufestsetzung eines Grundstücks als Bauer-
wartungs- oder Bauland, bzw. die Umstufung von Wohn- auf Geschäfts-
nutzung schlägt in einem Anstieg des Grundstückspreises durch, ohne daß
die Steigerung gesetzlich limitiert wäre oder der Gewinn daraus durch fiskalische Abschöpfung neutralisiert bzw. gemindert würde (114).

Insbesondere die Ausweitung der Wohnungsbautätigkeit nach dem Ende des
Zweiten Weltkriegs setzte den Erwerb zusätzlicher Grundstücke als Bauland voraus und erforderte umfangreiche Neuausweisungen von Grundstücken
als Bauland und war schließlich ein wesentlicher Faktor für die erheblichen
Bodenpreissteigerungen (115).

So konnte beispielsweise der Index für baureifes Land von 1950 bis 1960
von 100 auf 310 und bis 1970 auf 1201 steigen (106). Für Ein-, bzw. Mehr-
familienhäuser des sozialen Wohnungsbaus stiegen die Grundstückspreise
von 1962 bis 1970 um fast 100 %, bzw. fast 160 % (117). Allerdings kommt
den Grunderwerbskosten an den gesamten Baukosten, die in die Mietpreisbildung eingehen, nur ein geringer Anteil zu; er betrug im sozialen Wohnungsbau Hessens im Zeitraum zwischen 1963 und 1972 etwa 10 % (118).

Der Einfluß des Grundstückspreises ist daher im Hinblick auf die Neubaumiete nur von untergeordneter Bedeutung (119). Von erheblicher Bedeutung für die Bildung der Neubaumiete sind dagegen die Steigerungen der reinen Baukosten; so stieg der Preisindex für den Neubau von Wohngebäuden von 1962 bis 1972 von 100 auf 174, 3 (120). Das Ausmaß der Auswirkungen der Baukostensteigerungen für die Miete wird deutlich, wenn man bedenkt, daß Verzinsung und Abschreibung des zum Wohnungsbau eingesetzten Kapitals normalerweise mehr als zwei Drittel der Neubaumiete ausmachen (121).

Nur zum geringen Teil können die genannten Kostensteigerungen als Faktor auch bei der Mietpreisbildung für Altbauten herangezogen werden (122); vielmehr hat bei den Altbauten "der Prozeß der Eingliederung der Wohnungen in den Markt vornehmlich in der ersten Phase zu kräftigen Mietsteigerungen geführt" (123). Ohne daß notwendigerweise die Wohungsausstattung verbessert wurde, hat die "Liberalisierung" des Wohnungsmarktes die Anpassung der Altbaumieten an das jeweils angestiegene Niveau der Neubaumieten ermöglicht (124).

c. 5. Entwicklung im Eigenheimsektor

Mit dem Begriff "Eigenheimbau" wird eine am Objekt orientierte typenmäßige Unterscheidung getroffen, die die nach der Finanzierungsart zu unterscheidenden drei Stränge des Wohnungsbaus (sozialer Wohnungsbau, steuerbegünstigter und freifinanzierter Wohnungsbau) durchzieht (125).

Insofern unterliegt der Eigenheimbau grundsätzlich auch den Tendenzen, die oben bei der Darstellung von Gesamtwohnungsbau und sozialem Wohnungsbau gezeigt wurden (insbesondere den Baukostensteigerungen oder der Verminderung der öffentlichen Förderungsmittel im sozialen Wohnungsbau). Als Ausdruck davon kann angesehen werden, daß in der zweiten Hälfte der sechziger Jahre sich im Gesamtwohnungsbau, wie im sozialen Wohnungsbau und speziell im Eigenheimsektor gleichermaßen ein nahezu kontinuierlicher Rückgang der Fertigstellung ergab, dessen Tiefpunkt einheitlich 1970 liegt; insoweit kann für diese Tendenz im Eigenheimbau auf die früheren Ausführungen verwiesen werden (126). Gleichwohl ergeben sich offenbar aufgrund der spezifischen Wohn- und Rechtsform Besonderheiten für den Eigenheimbau.

Betrachtet man die Entwicklung der Zahlen aller fertiggestellter Eigenheime (127) seit 1949, so fällt - im Vergleich zu den Zahlen der Fertigstellungen im gesamten Wohnungsbau und auch derer im öffentlich geförderten sozialen Wohnungsbau - ihr nahezu stetiger jährlicher Anstieg bis 1964 auf; anscheinend unbeeinflußt von konjunkturellen Schwankungen sind - außer 1958 - in jedem Jahr mehr Eigenheime fertiggestellt worden als jeweils im Vorjahr (128). Sofern die Eigenheime im Rahmen des sozialen Wohnungsbaus errichtet worden, zeichnet sich seit 1956/1957 ein nur geringfügigen Schwankungen unterliegender relativ gleichbleibender Verlauf der Fertigstellungsergebnisse ab; von etwa 1956/1957 bis (noch) 1965 wurden jährlich etwa 62.000 öffentlich geförderte Eigenheime fertiggestellt. Erst nach 1965/1966 und auch nur vorübergehend gingen die Eigenheimfertigstellungen zurück - und stiegen zu Beginn der siebziger Jahre wieder kräftig an (129).

Diese Entwicklung der Fertigstellungen von Eigenheimen zeigt sich noch deutlicher, wenn sie im Zusammenhang mit der des gesamten wie des sozialen Wohnungsbaus betrachtet wird. Dann zeigt sich, daß der Anteil der Eigenheime im Wohnungsbau (bis 1964) langfristig zugenommen hat.

So ist der Anteil der öffentlich geförderten Eigenheime im sozialen Wohnungsbau an allen öffentlich geförderten Wohnungen (130) von 16 % im Jahr 1952 auf 38,7 % im Jahr 1964 gestiegen (131).

Nicht nur aufgrund des starken Rückgangs im Eigenheimbau Ende der sechziger Jahre, sondern auch durch die Aufspaltung der öffentlichen Förderung in Ersten und Zweiten Förderungsweg, wovon der Erste schwerpunktmäßig auf den Mietwohnungsbau und der Zweite auf Eigenheimförderung ausgerichtet ist (132), haben sich die Zahlenangaben für das Volumen der Eigenheimförderung verschoben: 1973, dem Jahr mit dem höchsten Fertigstellungsergebnis im Eigenheimbau überhaupt, betrug der Anteil der Eigenheime 25,7 % der im 1. Förderungsweg insgesamt geförderten Wohnungen und 41,8 % der des 2. Förderungswegs (1972: 20,7 %, bzw. 33,8 %) (133).

Im Gesamtwohnungsbau zeigt sich eine ähnliche Entwicklung. So ist von 1953 bis 1960 der Anteil fertiggestellter Wohnungen in Einfamilienhäusern und Kleinsiedlerstellen von 39,1 % auf 45,4 % gestiegen (134); nach 1960 blieb der Anteil aller im Gesamtwohnungsbau fertiggestellten Wohnungen in Ein- und Zweifamilienhäusern (bis 1964) bei etwa 48 % - ging dann jedoch zurück und betrug 1974 43,4 % (135).

Auch wenn hier - aus Gründen, die in der ungenauen Aufschlüsselung des statistischen Materials liegen - lediglich der gestiegene Anteil des Eigenheims im Sinne der Statistik, also der Ein- und Zweifamilienhäuser (i. e. des Eigenheims als Wohnform), vorgeführt werden konnte, kann dieser jedoch im Rahmen einer allgemeinen Trendaussage auch für die "echten" Eigenheime (i. e. im Sinne des II. WoBG) Gültigkeit beanspruchen, da Eigenheime im Sinne der Wohnungsstatistik typischerweise Eigenheime im Sinne des Gesetzes sind (136). So waren beispielsweise von den öffentlich geförderten Ein- und Zweifamilienhäusern 1964 78,5 % und 1965 80,2 % "echte" Eigenheime (137).

Ähnliches gilt im Gesamtwohnungsbau: So lagen beispielsweise 1961 insgesamt 48,1 % aller fertiggestellten Wohnungen in Ein- und Zweifamilienhäusern; 34,8 % aller Wohnungen waren erste Wohnungen in Ein- und Zweifamilienhäusern (was als Maßstab für die Eigentumsbildung dient); bezieht man beide Angaben auf einander, so ergibt sich, daß die Ein- und Zweifamilienhäuser im gesamten Wohnungsbau (1961) zu 72,3 % der Eigentumsbildung dienten - 1974 zu 72,8 % (138).

Insgesamt zeigt sich also, daß die Fertigstellungen im Eigenheimbau langfristig absolut und relativ zugenommen haben; insofern ist dem Eigenheimbau im Rahmen des gesamten Wohnungsbaus wachsende Bedeutung zugekommen. 1973 wurde der Eigenheimbau sogar als "in gewissem Maße ... stabilisierender Faktor der Baugeschehens" eingeschätzt (139).

Staatliche Wohnungspolitik reklamiert für die Förderung des Eigenheims, einem bestehenden Bedürfnis der Bevölkerung Genüge zu tun; es gebe eine "Sehnsucht breitester Kreise" nach einem eigenen Heim (140).

Im Sinne eines verbreiteten Wunsches nach einem eigenen Heim auf eigenem Grund und Boden werden auch die Ergebnisse einer EMNID-Umfrage von 1974 gelesen (141); demnach wollen 63 % der Bevölkerung im freistehenden Einfamilienhaus wohnen.

Nur ist für die Beantwortung der Ausgangsfrage wenig gewonnen, werden weitere Fragen abgeschnitten, wenn man für die Verbreitung des Eigenheims abschließend eine entsprechende "Sehnsucht breitester Kreise" (142) zitiert. Zwar heißt es die Augen verschließen, wollte man angesichts der Fertigstellungszahlen im Eigenheimbau - sehr allgemein - eine entsprechend gerichtete Willenstendenz leugnen. Nur bleibt zu klären, inwieweit diese Tendenz durch verschiedene Faktoren erst verstärkt, sich möglicherweise erst entwickelt hat und inwieweit dieser Wunsch nach dem eigenen Heim tatsächlich das zentrale Moment ist - oder doch nur das periphere, ohne das eigentlich zentrale Bedürfnis unter den gegebenen Bedingungen nicht befriedigt werden können.

In den Beratungen des Wohnungsbau-Änderungsgesetzes von 1953 und denen des Zweiten Wohnungsbaugesetzes fallen Bemerkungen auf, wonach es gelte, den "Eigentums- und Familienheimgedanken" zu fördern und zu stärken (143). Man bedauerte 1953, daß die Entwicklung im Wohnungsbau in ständig steigendem Maß zur Mietwohnung dränkte - statt zum eigenen Haus (bzw. zur eigenen Wohnung) (144); betonte aber, daß Eigenheime nicht "aufgezwungen" werden können (145); vielmehr werde hier noch "Erziehungsarbeit" für den Eigenheimgedanken zu leisten sein (146).

Offenbar konnte damals (1953) doch noch nicht von einer "Sehnsucht breitester Kreise" nach dem Eigenheim (147) gesprochen werden.

Vielmehr war der Eigenheim-Gedanke im gesamten Bundesgebiet offenbar nicht weiter entwickelt als im Ruhrgebiet, wo eine "außerordentlich starke Abneigung" gegen das Eigenheim bestanden hatte (148) - bis zur Aufnahme der "Erziehungsarbeit".

Wie wenig die Prämisse der Wohnungspolitik, die "Sehnsucht" nach dem eigenen Heim finde weite Verbreitung, auf realen - offenbar aber eher auf ideologischen - Grundlagen (149) ruht(e), kann das Ergebnis einer einprozentigen Zusatzerhebung zur Wohnungszählung 1956 andeuten (150): Von den befragten Haushalten, die mit ihrer Wohnung unzufrieden waren und sich eine andere Wohnung wünschten, sahen lediglich 25,8 % ihre Wohnungswünsche in einer eigenen Wohnung, bzw. einem eigenen Haus verwirklicht.

Dennoch findet man oft bei entsprechenden Umfragen eine allgemeine und offenbar stereotype Kritik an "Mietskasernen", die mit einem ebenso stereotypen Lob des Eigenheims einhergeht (151). Dabei kann sich dann dieser Wunsch nach dem Eigenheim bei genauerer Betrachtung als ambivalent herausstellen; in der Weise beispielsweise, daß zwar auf der einen Seite das eigene Haus im Grünen als Ziel der Wohnungswünsche formuliert wird, man aber andererseits in der Stadt, bzw. stadtnah wohnen will (152).

In dieser Konstellation ist dies ein Paradoxon, ein paradoxer Wunsch, hinter dem sich allerdings eine sehr allgemeine Vorstellung verbergen könnte von dem, was eigentlich möglich sein könnte ("nämlich aus Ländlichem und Städtischem das Beste"), was aber "bislang nur für die Wohlhabenden zu verwirklichen ist" (153).

Sieht man bei der "Sehnsucht" nach dem eigenen Heim ab von Überinterpretationen ermittelter Daten (154), so besteht die Gefahr undifferenzierter Fragestellung in der Weise, daß die eruierten unterschiedlichen Wohnbedürfnisse schließlich im Leitbild vom Eigenheim konvergieren: Bedürfnisse nach besserer Wohnlage - weniger Lärm, besserer Luft, Erholungsmöglichkeiten - und besserer Wohnungsausstattung (die mit der rechtlichen Form der Wohnungsnutzung an sich nicht notwendig etwas zu tun haben) geraten dann allein schon durch ungenügend präzise Fragestellung zum Wunschbild vom Eigenheim (155). Ausschlaggebend ist offenbar weniger die Rechtsform der Wohnungsnutzung, als vielmehr eine sehr konkret artikulierbare Unzufriedenheit mit den tatsächlichen Wohnverhältnissen.

Geht man davon aus, daß sich die Wohnverhältnisse mit dem Einzug ins eigene Heim für die Betroffenen in der Regel erheblich verbessert haben (156), so läßt sich ein Zusammenhang vermuten zwischen dem langfristig gestiegenen Anteil des Eigenheims am (Gesamt-)Wohnungsbau und der allgemeinen Wohnsituation, d. h. insbesondere dem Mietwohnungssektor vermuten. So ergab die in den Monaten April/Mai 1957 durchgeführte Befragung von 1 % der Haushalte, daß - auf die Gesamtheit aller Haushalte hochgerechnet - von den 16, 8 Millionen Haushalten insgesamt 3, 26 Millionen Haushalte mit ihrer Unterkunft unzufrieden waren und eine andere Wohnung sich wünschten (157). Ausgehend von den 2, 05 Millionen Haushalten, die bereits konkrete Schritte unternommen hatten, um ihre Absicht zu verwirklichen (i. e. Fälle von "Wohnungsbedarf") (158), zeigte sich: Ihre Wohnungswünsche sahen 25, 8 % (529. 400) der 2, 05 Millionen Haushalte verwirklicht in einer eigenen Wohnung, bzw. einem eigenen Haus (159); 52 % von ihnen waren noch nicht einmal Inhaber einer Normalwohnung (davon lebten wiederum 60 % in Untermiete und 40 % in Notwohnungen und Massenunterkünften) (160).

In dieselbe Richtung weisen die Ergebnisse der 1 %-Wohnungsstichprobe 1972: Von allen befragten Haushalten, die einen "Wohnungswechsel etwa in den nächsten 5 bis 6 Jahren" beabsichtigten (161), wurden am häufigsten Mängel der bestehenden Wohnung als Gründe angegeben - (Größe der Wohnung: 27 %, Wohnungsausstattung: 9 %) (162).

Im Ergebnis ist es also offenbar weniger die Rechtsform Eigentum, von der eine Attraktivität des Eigenheims ausgeht, sondern im wesentlichen die entsprechende Wohnqualität, die vom Gesetzgeber aus spezifischen Erwägungen mit der Erlangung von Eigentum verknüpfte Wohnform (163).

In der Tat sind Eigentümerwohnungen flächenmäßig größer, umfassen mehr Räume, sind besser in der Ausstattung, und schließlich liegen Eigentümerwohnungen meist in ländlichen Gebieten - im Gegensatz zu Mietwohnungen (164).

Es wäre falsch, den Schluß zu ziehen, Eigentümerwohnungen seien schon an sich besser und Mieterhaushalte zögen deswegen ins eigene Heim um. Vielmehr dürfte am Anfang die Unzufriedenheit mit der Mietwohnung stehen, die sich dann - angesichts dessen, was an Wohnqualität möglich ist - in konkrete Vorstellungen vom besseren Wohnen niederschlägt, denen man im eigenen Heim feste Formen geben kann - bzw. im Hinblick auf die finanzielle Belastung es zumindest versucht.

Die Realisierung dieser Vorstellungen vom besseren Wohnen ist immer abhängig von den Einkommensverhältnissen der Betreffenden; damit ist ein wesentlicher finanzieller Aspekt der materiellen Grundlage für die Eigenheimentwicklung genannt (der weitere in der staatlichen Förderung liegende Aspekt ist bereits oben thematisiert worden) (165).

Seit 1950 haben sich die Einkommensverhältnisse für alle Einkommensgruppen durch reale Einkommenssteigerungen verbessert (166). Diese sind wesentliche Voraussetzung dafür, einen Teil des Einkommens nicht konsumtiv zu verwenden, sondern zu sparen - beispielsweise mit staatlicher Förderung zum Zweck der Eigentumsbildung im Wohnungsbau.

Ein zweiter Faktor, der den Entschluß zum Bau oder Erwerb eines Eigenheims begünstigt haben dürfte, waren die erheblichen Mietpreissteigerungen für Wohnungen. Selbst der Gesetzgeber ordnete die Aufhebung, bzw. Auflockerung der Mietpreisbindung, die die Weitergabe steigender Kosten, bzw. die Durchsetzung von der Marktsituation geschuldeten Mietpreissteigerungen ermöglichte, als Mittel zur Förderung des Wohnungsbaus - und damit auch seines vorrangigen Objekts, des Eigenheims (§ 3 II. WoBG) ein. Daß dieser Zusammenhang zwischen Mietpreissteigerungen und Eigenheimbau auch in der Bundesregierung gesehen wurde, mag eine Äußerung des ehemaligen Bundeswohnungsbauministers Lücke verdeutlichen, die sich zwar auf den Werkwohnungsbau bezieht, der aber in ihrer strategischen Ausrichtung darüber hinausgehende Bedeutung zuzumessen ist; in dieser bedauert der Bundeswohnungsbauminister die "vielfach zu niedrigen Mieten für Werkswohungen", die "den Wunsch nach einem Eigenheim nicht aufkommen" lassen - und weist darauf hin, daß die Betriebe bei der Förderung des Eigenheims "durch ihre Mietpreisgestaltung mithelfen" können (167).

Anfang der siebziger Jahre wurde die Tendenz zum eigenen Heim noch durch ein konjunkturelles Moment verstärkt: die erheblichen allgemeinen Preissteigerungen - vor allem aber im Bausektor selbst (168). Offenbar aufgrund der Befürchtung, Bauen werde in Zukunft noch teurer, wurde seit 1970 die Nachfrage nach Wohnungseigentum (Eigenheim, Eigentums- wohnung) quasi in einer Flucht nach vorn noch gesteigert - was dann sei- nerseits weitere Preissteigerungen begünstigte (169).

Es kann angenommen werden, daß diese Tendenz noch durch das Bestre- ben verstärkt wurde, sich bei dem befürchteten Anhalten der Preissteige- rungen durch Erwerb von Wohnungseigentum wertbeständiges Sachfermögen zu sichern (Flucht in die Sachwerte) (170). Dies findet seinen Ausdruck in den Zahlen der insgesamt fertiggestellten Eigenheime; so stieg die Zahl der Eigenheim-Fertigstellungen zwischen 1970 und 1973 von 153.941 auf 209.701 (1974: 182.096) (171).

d.   Entwicklung der Zielsetzungen staatlicher Wohnungspolitik

d.1. Überblick

Angesichts der Wohnungsnot nach dem Ende des Zweiten Weltkriegs mußte es das Ziel jeder Politik sein, Wohnraum zu schaffen. Prinzipiell gab es zu dieser Zielsetzung alternative Realisierungswege: Nicht notwendig mußte sich die Wohnungsversorgung an den Prinzipien des Marktes ausrichten - und staatliche Politik darauf abstellen, die "Wohnungsnotgesetzgebung" (1) (Bewirtschaftung) in absehbarer Zeit aufzuheben, um so eine Regulierung zwischen Wohnungsbestand und Wohnungsbedarf nach den Mechanismen des Marktes zu etablieren. Zumindest denkbar war auch, daß die Verteilung und Mietpreisbildung der Wohnungen - letztlich aber dann auch die Woh- nungsproduktion - von staatlichen Stellen übernommen, bzw. deren Auf- sicht unterstellt bliebe.

(Zu denken ist an eine ähnliche Regelung wie im Sektor der Wasser- und Energieversorgung (2), wo der Staat Einrichtungen als "allgemeine Be- dingungen" der Produktion selbst übernommen oder unter seine Aufsicht gestellt hat und so die Versorgung mit gesellschaftlich notwendigen Res- sourcen gewährleistet, die profitabel nicht zu betreiben sind, letztlich zur Senkung der Produktionskosten beträgt) (3). Daß eine solche Lösung grundsätzlich möglich war, zeigen - ohne Unterschiede im einzelnen leug- nen zu wollen- die Beispiele Englands und der DDR (4).

Aber auch das grundsätzliche Einschlagen eines marktwirtschaftlichen We- ges ließ immer noch die Alternative offen zwischen der Beseitigung der Wohnungsnot durch forcierte Förderung des Mietwohnungsbaus oder durch vorrangige Förderung des Baus oder Erwerbs von Wohnungen zu Eigentum (Eigenheim, Kleinsiedlung, Eigentumswohnung) (5).

Welcher der alternativen Wege zu beschreiten war, hing ab von der politi- schen Grundkonzeption, die aber in Bezug auf die Wohnungsversorgung selbst wieder unterschiedliche Nuancierungen zuließ; welche Konzeption wiederum auch umgesetzt, welche (Wohnungs-) Politik praktiziert wurde, war abhängig vom politischen Kräfteverhältnis in der Bundesrepublik, wie es sich in den parlamentarischen Mehrheitsverhältnissen ausdrückt.

Um die staatlichen Zielsetzungen im Wohnungsbau herauszuarbeiten, soll auf die parlamentarischen Beratungen rekurriert werden; dabei wird besonderes Gewicht auf die Erklärungen von Regierung und Regierungsfraktion(en) zu legen sein. Lediglich zur Ergänzung sollen neben den parlamentarischen Beratungen auch Veröffentlichungen und öffentliche Erklärungen von Parlamentariern herangezogen werden. Die darzustellenden staatlichen Zielsetzungen geben also die Zwecke wieder, die von der Bundesregierung und der/den sie stützenden Bundestagsfraktion(en) erklärtermaßen vertreten wurden und bei der Normierung der Regelungen der Eigenheimförderung verfolgt wurden - die somit zugleich den intentionalen Gehalt der noch darzustellenden (6) Gesetzte des Eigenheim-Förderungs-Rechts ausdrücken.

Bei der Untersuchung der wohnungspolitischen Konzeptionen ist eine Beschränkung auf die Ziele, die sich unmittelbar auf die Eigenheimförderung beziehen, wenig sinnvoll: Eigenheimpolitik ist immer auch zugleich allgemeine Wohnungspolitik, insofern in diesem speziellen Sektor immer auch Prinzipien der allgemeinen Wohnungspolitik durchgreifen; allgemeine wohnungspolitische Tendenzen setzen sich auch in der Eigenheimpolitik fort.

Sind also immer auch allgemeine wohnungspolitische Prinzipien in der staatlichen Politik der Eigenheimförderung wirksam, so wird sich darüber hinaus zeigen, daß staatliche Wohnungspolitik und insbesondere die Eigenheimpolitik nicht allein an Kriterien der Wohnraumversorgung ausgerichtet ist, sondern teilweise auch nicht spezifisch wohnungspolitische Ziele verfolgt hat. Sofern es sich dabei um ökonomische Zielsetzungen - seien sie struktureller oder konjunktureller Art - und um bevölkerungspolitische handelt, sind sie bereits in den Ausführungen der Kapitel A. II. a. und A II. b. impliziert; in sehr allgemeiner Weise seien die anderen zusammengefaßt als staatspolitische und als familienpolitische Zielsetzungen (7).

d. 2. Entwicklung der Förderungsziele

Bereits in seiner Regierungserklärung vom 20. 9. 1949 hatte der damalige Bundeskanzler die Beseitigung der Wohnungsnot als vordringliches Ziel von Bundesregierung und Bundestag bezeichnet (8). Den Entwurf eines ersten wohnungspolitischen Instrumentariums legte die Bundesregierung im Februar 1950 dem Bundestag vor (9), das schließlich als "Erstes Wohnungsbaugesetz" vom Bundestag verabschiedet wurde (10).

§ 1 I. WoBG bezeichnet die Förderung des Wohnungsbaus als "vordringliche Aufgabe" von Bund, Ländern, Gemeinden und Gemeindeveränden und legt als quantitativen Richtwert der Wohnungspolitik die Fertigstellung von 1, 8 Millionen Wohnungen innerhalb von sechs Jahren fest. Allein im Jahr 1950 sollten nach der Amtlichen Begründung mindestens 250.000 Wohnungen gebaut werden (11).

Die Systematik der Regelungen zur Förderung des Wohnungsbaus zeigt
deutlich, daß man davon ausging, eine Verbesserung der Wohnungsversorgung nicht allein durch staatliche Tätigkeit erreichen zu können (12)
und prinzipiell einer privatwirtschaftlichen Lösung den Vorrang gab. So
sollte durch ein Instrumentarium staatlicher Förderung die "Privatinitiative im Wohnungsbau" (13) angeregt, der Wohnungsbau letztlich dem "An-
reiz des einzelnen Baulustigen" unterstellt werden (14). Rekurriert man
zusätzlich auf die Regierungserklärung vom 20. September 1949, so zeichnet sich bereits perspektivisch die Aufhebung der Wohnraumbewirtschaftung und Überführung des Wohnungssektors in marktwirtschaftliche Verhältnisse ab (15).

Diese prinzipiellen, ordnungspolitischen Dispositionen dürften allerdings
angesichts der kritischen wirtschaftlichen Situation (16) gegenüber der
aktuell notwendigen Realisierung konjunktureller Ziele nachrangig gewesen sein: So läßt sich als Ausdruck dieses konjunkturpolitischen Aspekts
verstehen, daß die Bundesregierung ihr Wohnungsbauprogramm zugleich
als "Arbeitsbeschaffungsprogramm" vorlegte. Abgesehen davon, daß mit
einer Forcierung der (Wohnungs-) Bautätigkeit der besonderen konjunkturellen Bedeutung der Bauwirtschaft als Schlüsselindustrie der wirtschaftlichen Expansion Rechnung getragen wurde, daß also die Wohnungsbauförderung auch zum Zweck der Konjunkturförderung eingesetzt wurde (17),
verband die Bundesregierung die beabsichtigten Auswirkungen einer Verbesserung der Wohnverhältnisse ausdrücklich auch mit der Überlegung,
dadurch gesicherte Reproduktionsbedingungen der Arbeitskraft herzustel-
len und (auch) so eine wesentliche Voraussetzung für die Ausweitung der
Gesamtproduktion zu schaffen: Durch die "Inangriffnahme" des Wohnungsproblems lasse sich die durch die "beengten Wohnverhältnisse ... phy-
sisch und psychisch" geminderte Arbeitsleistung steigern, was "unab-
dingbare Voraussetzung für eine Gesundung der deutschen Wirtschaft"
sei (18).

Gleichzeitig zeigte sich aber, daß die staatliche Wohnungspolitik - wie
sie ihren Ausdruck im Ersten Wohnungsbaugesetz fand - auf Grundsätz-
licheres ausging: In die sozial- und wirtschaftspolitischen Intentionen
gingen "staatspolitische" mit ein, deren Verfolgung offenbar in engerem
Zusammenhang mit der Förderung der Eigentumsbildung im Wohnungsbau
verstanden wurde. Grundsätzlich wurde das Wohnungsproblem als eines
gesehen, das "die politische Gesundung des deutschen Volkes" (19) betraf;
speziell im Hinblick auf Wohnungseigentum, betonte der Berichterstatter
des Ausschusses für Wohnungsbau: "Wer ein eigenes Haus besitzt, ist
der sparsame, der zufriedene, der glückliche Mann ... Je mehr Eigentum an den Wohnungen, desto zufriedener ist die Bevölkerung" (20). Auch
wenn sich dies in der Formulierung des I. WoBG nicht niedergeschlagen
hat, so war also schon bei der Beratung dieses Gesetzes deutlich gemacht
worden, daß das Schwergewicht im Wohnungsbau auf der Bildung von Eigentum liegen sollte (21), insbesondere "Eigentum der breiten Volksschichten" (22).

Vergegenwärtigt man sich (unbeschadet der sowieso knappen öffentlichen
Förderungsmittel) einerseits den Umfang der erforderlichen Eigenmittel
für den Bau oder Erwerb eines eigenen Hauses und andererseits die ungesicherte wirtschaftliche Situation, insbesondere die Einkommensverhältnisse (23) zur Zeit der Verabschiedung des I. WoBG, dann wird deutlich,
daß 1950 die Normierung einer Wohnungspolitik, die auf eine Lösung des
Wohnungsproblems vorrangig durch Eigentumsbildung im Wohnungsbau
abgestellt hätte, sich dem Vorwurf mangelnden Realitätsbezugs wegen
Verkennung der ökonomischen Grenzen ausgesetzt hätte (24). Insofern
war es konsequent, zunächst wohnungspolitisch das Ziel zu verfolgen,
die Ansparung von Eigenmitteln durch die privaten Haushalte für die Eigentumsbildung im Wohnungsbau zu fördern; diesen Ansparungsprozeß für
den Erwerb von Eigentum in Form des Eigenheims, der Kleinsiedlung, bzw.
des Wohnungseigentums anzuregen, war das Ziel des Wohnungsbauprämiengesetzes (25).

Erstmals im Wohnungsbau-Änderungsgesetz vom 25. 8. 1953 wurde das wohnungspolitische Ziel der bevorzugten Förderung der Eigentumsbildung - in
Form von Eigenheimen, Kleinsiedlungen und Kaufeigenheimen - ausdrücklich normiert (26). In den Beratungen dieses Gesetzes wurden nochmals
die bereits bei den Beratungen des 1. Wohnungsbaugesetzes formulierten
Intentionen der Eigenheimförderung hervorgehoben (27); der damals jedoch mit stärker eudämonistischen Anklängen formulierte staatspolitische
Aspekt der Eigenheimförderung - grob zu skizzieren mit dem Bild von der
glücklichen Familie auf eigener Scholle - erfuhr dabei eine weitere Akzentuierung: Es gelte, mit dem "Eigentumsgedanken" auch "das Staatsgefühl
unserer Bevölkerung zu stärken" (28).

Auch für die Ausrichtung des Zweiten Wohnungsbaugesetzes war noch immer die Beseitigung der ausgeprägten Wohnungsnot entscheidend (29): Als
Ziel wurde ausdrücklich die Fertigstellung von insgesamt 1, 8 Millionen
Wohnungen für den Zeitraum 1957 bis 1962 normiert (30). Besondere Berücksichtigung bei der Vergabe von Förderungsmitteln sollten - personell -
Wohnungssuchende mit geringem Einkommen und - sachlich - die Bildung
von Einzeleigentum (insbesondere in Form des "Familienheims") finden
(31); darin kommt der intendierte absolute "Vorrang der Eigentumsmaßnahmen" und "die Bevorzugung der Eigentumswilligen" deutlich zum Ausdruck (32).

Erstmalig fällt bei den parlamentarischen Beratungen die besondere Betonung familienpolitischer Zielsetzungen der Eigenheimförderung auf (33).
Insgesamt zeigen die verschiedenen Äußerungen zu dieser familienpolitischen Grundkomponente der Eigenheimförderung aber erhebliche Nuan-
cierungsunterschiede: Zunächst erscheinen diese als Ausdruck einer Familienpolitik, die die Befriedigung der besonderen Wohnbedürfnisse von
Familien (im Gegensatz beispielsweise zu Alleinstehenden oder kinderlosen Ehepaaren) zu ihrem Programm erhoben hat, die also als Verfolgung der sehr konkret angebbaren Interessen bestehender Familien zu
verstehen ist. So finden sich Forderungen, es müsse das Ziel sein, das (Fami-
lien-) Eigenheim zur Norm des sozialen Wohnungsbaus werden zu lassen (34); das

(Familien-) Eigenheim sei nämlich die "beste Grundlage für eine gesunde und sozial gesicherte Entwicklung der Familie" (35); "Eigentum, besonders am eigenen Heim" festige "den Bestand und den Zusammenhalt der Familie, am besten natürlich das Eigenheim als Siedlungshaus, in dem die Familie Raum und Luft zur echten Entfaltung hat" (36).

Bedenkt man, daß zu Beginn der fünfziger Jahre ein Rückgang des Geburtenüberschusses eintrat (37), dann versteht sich die intendierte "Entfaltung" der Familie gerade im Sinne der "wachsende(n) Familie" (38); demgemäß wurde in den parlamentarischen Beratungen auch immer wieder auf die kinderreichen Familien hingewiesen, die es besonders zu fördern gelte (39). Daß Familien - auch junge Ehepaare - in ihrer Entwicklung gehemmt würden durch unzureichende Wohnverhältnisse, könne man nicht weiter zulassen; andernfalls werde "die Geburtenbeschränkung geradezu als staatliches Ziel proklamiert" (40).

Hierin zeigt sich deutlich die bevölkerungspolitische Grundlage der familienpolitisch verbrämten Absichtserklärungen (41); mit den familienpolitischen Intentionen im Rahmen der Eigenheimförderung wurde auch das Ziel verfolgt, ein Bevölkerungswachstum herbeizuführen (42).

Diese sich mehr auf reale Bezugspunkte stützenden bevölkerungspolitischen Überlegungen wurden jedoch von dem damaligen Bundesfamilienminister Wuermeling abgelehnt, der staatliche Familienpolitik vorrangig in der Verpflichtung christlicher Ethik verstand (43). Es "können die gesellschaftliche Ordnung und der gesellschaftlich Fortschritt nur dann Bestand haben, wenn sie auf dem Baustein" der "gottgegebenen natürlichen Ordnungsgesetze für Staat und Gesellschaft" errichtet sind - wobei "erste Ordnungszelle und Grundlage der Gesellschaft ... die Familie" ist; diese muß "ihrer Grundhaltung nach christlich sein, d. h. in Verantwortung vor Gott ... stehen" (44). So fanden auch familienideologische Tendenzen Eingang in die mit dem Eigenheim-Förderungs-Recht verfolgten Ziele.

In den in die Beratungen des II. WoBG eingebrachten Erläuterungen des Berichterstatters des Ausschusses für Wiederaufbau und Wohnungswesen findet sich die Erwartung ausgedrückt, das (Familien-) Eigenheim mit Garten werde die Bewohner "krisensicher" machen (45). In früheren Beratungen bereits finden sich Hinweise auf die notwendige "wirtschaftliche Festigung" (46) und die "sozial gesicherte Entwicklung der Familie" (47). Dies verdeutlicht, daß die Kombination von Haus und Garten weniger idyllisch (48) gedacht war, als dies in Zeiten scheinen mag, in denen "Garten" immer häufiger Synonym für "Ziergarten" wird; zu bedenken ist nämlich, daß in der ersten Hälfte der fünfziger Jahre die Zeit relativer wirtschaftlicher Prosperität noch zu kurz gewesen war, als daß man die wirtschaftlichen Verhältnisse schon als gesichert hätte betrachten können (49). So war die Konzeption des Familienheims darauf ausgerichtet, daß Grund und Boden in Krisenzeiten - wirtschaftlicher Not - die natürlichen Subsistenzmittel, bzw. einen Teil davon, für die Bewohner liefern sollten (50). Dies hat sich normativ in der Regelung des § 7 II. WoBG niedergeschlagen, wonach zu dem Eigenheim "nach Möglichkeit ein Garten oder sonstiges nutzbares Land gehören" soll.

Doch war die intendierte Bindung der Familie an Grund und Boden nie ganz frei von "staatspolitischen" Erwägungen. So betonte der damalige Bundeswohnungsbauminister Neumayer bei der ersten Beratung des II. WoBG im Hinblick auf die vorrangige Förderung von Eigenheimen und Kleinsiedlungen, daß "die Verstärkung des Eigentums ... auch im staatspolitischen Interesse liegt. Denn Eigentum stärkt den Staatsgedanken" (51). Offenbar zielte die häufig betonte "Verwurzelung" mit dem Boden (52) auf eine geistige Verwurzelung mit diesem Staat ab, was als Strategie der ideologischen Integration gesellschaftlicher Widersprüche in den Status quo der kapitalistischen Gesellschaft interpretiert werden kann (53) - als präventives ideologisches Krisenmanagement.

Um den historischen Kontext von Äußerungen der hier wiedergegebenen Art zumindest zu benennen, sei angemerkt, daß 1953 die Arbeitslosenzahl erst auf 1,25 Millionen (von 1950: 1,58 Millionen) gesunken war - was einer Arbeitslosenquote von 7,6 % entsprach. Arbeitslosigkeit in größerem Ausmaß aber ist immer auch ein politischer Unsicherheitsfaktor für den Staat (54). Darüber hinaus muß berücksichtigt werden, daß die weltpolitische Konfrontation mit den Staaten des Warschauer Pakts ("Kalter Krieg") auch innenpolitisch - und nicht nur auf ideologischer Ebene - fortgesetzt wurde (55).

Allerdings waren offenbar Anknüpfungspunkte für diese Politik nicht immer gegeben, war die Propagierung des Eigenheims teilweise auf Widerstände gestoßen:

Unter Verweis auf "eine ursprünglich außerordentliche Abneigung gegen Eigenheime" beispielsweise im Ruhrgebiet, wurde in der weiteren parlamentarischen Beratung hervorgehoben, daß erst noch "eine Erziehungsarbeit" zu "leisten sein" werde für die "Förderung des Eigenheimgedankens" (und damit für die Stärkung des "Eigentumsgedankens") (56).

Im Hinblick auf bereits bestehendes Eigentum an Wohnraum war es das Ziel auch des Zweiten Wohnungsbaugesetzes, bestehende Beschränkungen der Verfügungsgewalt (Wohnraumbewirtschaftung) weiter zu lockern (57); die Herstellung von "Eigenwirtschaftlichkeit im Wohnungswesen" als Ziel war auch schon in der Begründung zum Entwurf des Bundesmietengesetzes ausgedrückt worden (58): "Die wirksamste Lösung der wohnungswirtschaftlichen Problematik wäre selbstverständlich ebenso wie auf allen übrigen Gebieten der Wirtschaft die Herbeiführung des Ausgleichs von Angebot und Nachfrage durch den Markt, das heißt die Eingliederung auch dieses Bereichs der Volkswirtschaft in ein marktwirtschaftlich orientiertes Gesamtsystem." Im "Gesetz über den Abbau der Wohnungszwangswirtschaft und über ein soziales Mietrecht" (59) ist dieses ordnungspolitische Ziel umfassend und abschließend in eine gesetzliche Regelung umgesetzt worden.

Auf die mit dem Abbaugesetz verfolgten Ziele einzugehen, mag überflüssig erscheinen: Zum einen ist der inhaltliche Zusammenhang mit der

Eigenheimförderung nicht unmittelbar einsichtig, zum anderen gibt die
Bezeichnung "Gesetz über den Abbau der Wohnungszwangswirtschaft und
über ein soziales Mietrecht" das Programm bereits an. Gleichwohl korrespondiert die Etablierung des Marktmechanismus - insbesondere zu einem Zeitpunkt, als allein das rechnerische Wohnungsdefizit mehr als vier
Millionen Wohnungen betrug (60) - mit der Eigenheimförderung. So kann
einer der Gründe für den Bau oder Erwerb eines Eigenheims in der unzureichenden Wohnungsversorgung gesehen werden (61). Der Wohnungsmangel (anfänglich der absolute, dann im Laufe der Jahre der relative - der
absolute Fehlbestand an Wohnungen, dann der relative: der an Wohnungen
zu bezahlbaren Mieten) hat die Entscheidung für die staatlich mit Vorrang
geförderte individuelle Lösung forciert; das Wohnungsproblem und die Tatsache, daß sein Fortbestand wegen des etablierten Marktmechanismus
und der grundsätzlich marktwirtschaftlichen Orientierung der Wohnungspolitik abzusehen war, haben für die Wohnungssuchenden, die finanziell
dazu in der Lage waren, den Erwerb von Wohnungseigentum nahegelegt.
Daß das Wohnungsproblem (möglicherweise seine künstliche Verschärfung)
in der staatlichen Wohnungspolitik ausdrücklich als einzusetzender Hebel
zur Forcierung des Eigenheimbaus verstanden wurde, mag das folgende
Zitat des damaligen Bundeswohnungsbauministers Lücke belegen (das zwar
auf den Werkwohnungsbau abstellt, dessen "Logik" aber darüber hinaus-
weist): "Die vielfach zu niedrigen Mieten für die Werkwohnungen lassen
den Wunsch nach einem Eigenheim oft nicht aufkommen. Hier können die
Betriebe durch ihre Mietpreisgestaltung mithelfen, daß die rechten Verhältnisse hergestellt werden." (62).

Dem entspricht es, wenn in der Begründung zum Regierungsentwurf des
Abbaugesetzes davon ausgegangen wird, die Wohnraumbewirtschaftung
habe die Mieter zu Lasten der Vermieter subventioniert und einem Teil
von diesen "durch künstlich niedrig gehaltene Mieten fortwährend Einkünfte entzogen" und damit deren Existenzgrundlage gemindert (63). "Häuser-
bauen für andere, ... Wohnungenbauen für andere" müsse wieder "eine
lukrative und attraktive Angelegenheit" für Kapitalanleger werden (64).
Die Wohnraumbewirtschaftung habe zu den sozialen Unbilligkeiten geführt,
daß der eine (meist vom "Krieg und seinen Folgen verschont" gebliebene)
Teil der Bevölkerung in den billigen Altbauwohnungen lebe, während der
andere Teil (Ausgebombte, Flüchtlinge, Vertriebene) die teuren Neubauwohnungen mieten müsse.

Daraus wurde allerdings nicht etwa die Konsequenz gezogen, die hohen
Mieten zu senken, sondern die - die dann folgerichtig zu dem wiedergegebenen Zitat - als die der sozialen Billigkeit verstanden werden müßte,
daß eine "schrittweise Anpassung der Mieten im Altbaubesitz" vorzunehmen sei (65), also dann auch der genannte Teil der Bevölkerung höhere
Mieten zu zahlen habe. "Uferlose Mieterhöhungen" nach Aufhebung der
Mietpreisbindung wurden jedoch nicht erwartet (66).

Da schließlich das "voraussichtliche Ende des Wohnungsmangels im Bundesgebiet ... durchaus erkennbar" sei, müsse begonnen werden, "die

zwangswirtschaftlichen Bindungen aufzulockern, ... den endgültigen Übergang in die soziale Marktwirtschaft" herbeizuführen und so eine "bessere Zuordnung von Wohnung und Wohnungsinhaber" zu erreichen (67).

Bereits für 1965 ging die Bundesregierung davon aus, daß "die Beseitigung der echten Wohnungsnot" erreicht werde (68). Sei die Wohnungsbauförderung bisher allgemein auf "die vordringliche Beseitigung der Wohnungsnot" gerichtet gewesen, so sei sie daher nunmehr für besondere Förderungszwecke einzusetzen (69). Im einzelnen wurde im Wohnungsbau-Änderungsgesetz 1965 auf die Erreichung folgender Ziele abgestellt (70):

Erstens verstärkte Förderung der Eigentumsbildung für die "breiten Schichten" der Bevölkerung - insbesondere für die kinderreichen Familien.

Zweitens die Möglichkeit des Eigentumerwerbs von öffentlich geförderten (Miet-) Sozialwohnungen durch die betreffenden Mieter ("Privatisierung").

Drittens die Gewährleistung der eigentlichen Zweckbindung öffentlich geförderter Sozialwohnungen für die betreffenden Bevölkerungsteile - insbesondere für junge Ehepaare, kinderreiche Familien und alte Menschen (71).

Berücksichtigt man die Ergebnisse der Gebäude- und Wohnungszählung 1968, dann war die Erwartung eines auch nur rechnerischen Ausgleichs des Wohnungsdefizits verfrüht: Rein rechnerisch fehlten etwa eine Million Wohnungen (72). In der Begründung zu dem von ihr vorgelegten Entwurf eines Wohnungsbau-Änderungsgesetzes 1971 wies die Bundesregierung ausdrücklich auf das Bestehen von "Spannungen auf den regionalen Wohnungsmräkten" und den (bereits seit Beginn der sechziger Jahre zu beobachtenden) Rückgang der Bautätigkeit im öffentlich geförderten sozialen Wohnungsbau hin (73). Dem entgegenzuwirken, war das Ziel des WoB-ÄndG 1971; als Zielwert bezeichnete die Bundesregierung eine jährliche Wohnungsbauleistung von 200.000 bis 250.000 Wohnungen im sozialen Wohnungsbau (74).

e.   Entwicklung des gesetzlichen Instrumentariums

e.1. Überblick

Eigenheim-Förderungs-Recht ist keine in einem einzigen Gesetz abgeschlossen vorliegende Kodifikation. Das Recht, das die Förderung des Baus oder Erwerbs von Eigenheimen zum Inhalt hat, ist in unterschiedlichen Gesetzen enthalten. Die beiden Wohnungsbaugesetze sind dabei lediglich Zentrum eines verzweigten Geflechts von Förderungs-Regelungen.

Angesichts der Komplexität des Eigenheim-Förderungs-Rechts kann es nicht Ziel dieser Ausführungen sein, allen Gesetzesänderungen in allen Einzelheiten nachzugehen. Die Darstellung soll sich konzentrieren auf die unterschiedlichen Arten der Eigenheimförderung im Recht und die sachliche und personelle Abgrenzung des Umfangs der Förderungsberechtigten. Dabei wird der Schwerpunkt auf den zentralen Bestimmungen der beiden Wohnungsbaugesetze liegen.

e. 2. Erstes Wohnungsbaugesetz

Bereits am 24.4.1950 verabschiedete der Bundestag im Ersten Wohnungsbaugesetz Vorschriften zur Förderung des gesamten Wohnungsbaus (1).
Dieses Gesetz ist zu verstehen als normative Ausprägung eines von der
Bundesregierung bereits im Februar 1950 vorgelegten Arbeitsbeschaf-
fungs- und Wohnungsbauprogramms; mit diesem sollte einerseits - unter
ausdrücklicher Bezugnahme auf die konjunkturelle Schlüsselstellung der
Bauwirtschaft - der prekären wirtschaftlichen Situation begegnet werden
(1 a), andererseits die durch den Zustrom von Heimatvertriebenen und
Flüchtlingen verschärfte Wohnungsnot beseitigt werden (1 b).

So wird der Wohnungsbau in diesem Gesetz als vordringliche Aufgabe von
Bund, Ländern, Gemeinden und Gemeindeverbänden bezeichnet - insbesondere der Bau von Wohnungen, die nach Größe, Ausstattung und Miete "für
die breiten Schichten des Volkes bestimmt und geeignet sind" (§ 1).

In diesem Zusammenhang wird als Ziel der Bau von möglichst 1,8 Millionen Wohnungen für die "breiten Schichten des Volkes" (sozialer Wohnungsbau) innerhalb von sechs Jahren angegeben (§ 1).

Hinsichtlich Art und Ausmaß der Förderung unterscheidet dies Gesetz
zwischen dem "öffentlich geförderten sozialen Wohnungsbau", dem "steuerbegünstigten Wohnungsbau" und dem "freifinanzierten Wohnungsbau".

Unter steuerbegünstigten Wohnungen versteht das Erste Wohnungsbaugesetz (§ 23 Abs. 1) alle nach dem 31.12.1949 bezugsfertig gewordenen
Wohnungen, für deren Errichtung (Neubau, Wiederaufbau, Wiederherstellung, Ausbau oder Erweiterung) Steuervergünstigungen nach §§ 7, 11
(Grundsteuerermäßigung) oder nach § 7 c EStG in Anspruch genommen
wurden.

Als freifinanzierte Wohnungen gelten demgemäß solche, die ebenfalls
nach dem 31.12.1949 bezugsfertig geworden sind, für die weder Steuervergünstigungen noch öffentliche Mittel des sozialen Wohnungsbaus in
Anspruch genommen wurden (§ 23 Abs. 2).

Zum öffentlich geförderten sozialen Wohnungsbau gehören die Wohnungen,
die durch direkten Einsatz öffentlicher Mittel gefördert werden. Diese
(direkt geleisteten) öffentlichen Mittel können nach § 3 Abs. 1 in Form
von zinsverbilligten/zinslosen Darlehen oder Zuschüssen gewährt werden; ständige Bewilligungspraxis ist es jedoch, die öffentlichen Mittel
als Darlehen zu gewähren (2); sie sind gemäß den §§ 13-22 zu verwenden
(§ 3 Abs. 1). Danach ist die Förderungsberechtigung nicht auf einen bestimmten Kreis von Bauherrn begrenzt; prinzipiell jeder Bauherr kann
öffentliche Förderungsmittel des sozialen Wohnungsbaus erhalten, sofern er die erforderliche Leistungsfähigkeit und Zuverlässigkeit besitzt
und sich verpflichtet, "die öffentlich geförderten Wohnungen nach den
Vorschriften dieses Gesetzes zu verwalten" (§ 21 Abs. 1). Allerdings
ist der Kreis der potentiellen Mieter öffentlich geförderter Wohnungen
"in der Regel" auf die Personen begrenzt, "deren Jahreseinkommen,

die Jahresarbeitsverdienstgrenze der Angestelltenversicherung nicht übersteigt" (§ 22 Abs. 1).

Die öffentlichen Förderungsmittel werden im übrigen objektbezogen verteilt: Mindestvoraussetzung für eine zu fördernde Wohnung ist, daß ihre Wohnfläche mindestens 32 Quadratmeter und höchstens 65 Quadratmeter umfaßt . (Abweichungen nach unten oder oben sind beispielsweise bei Wohnungen für Alleinstehende, bzw. größere Familien möglich - § 17 Abs. 1).

Hervorzuheben bleibt, daß allerdings ein Rechtsanspruch auf öffentliche Förderungsmittel nicht besteht (§ 21) (3).

Die dargestellten Voraussetzungen für die Gewährung öffentlicher Förderungsmittel im Rahmen des sozialen Wohnungsbaus gelten für den Bau von Mietwohnungen und Eigenheimen, Kleinsiedlungen gleichermaßen; eine besondere Berücksichtigung bestimmter Wohn- und Rechtsformen ist im I. WoBG von 1950 (noch) nicht vorgesehen. So bestimmt § 16 Abs. 1, daß die Wohnungsbauprogramme die Errichtung von Eigenheimen und Kleinsiedlungen sowie von Mietwohnungen in Ein- und Zweifamilienhäusern (lediglich: auch) zu berücsichtigen haben. Bevorzugt zu fördern ist die Errichtung von Eigenheimen mit Garten und von Kleinsiedlungen nur, sofern sie "unter erheblichem Einsatz von Selbsthilfe erstellt werden" (§ 16 Abs. 3). Offenbar zwang die Knappheit öffentlicher Ressourcen dazu, die Mittel möglichst effizient im Hinblick auf die große Wohnungsnot einzusetzen und unter Hintanstellung weiter reichender - und finanzaufwendigerer - wohnungspolitischer Vorstellungen so viel wie möglich Wohnraum zu schaffen. Weiterhin dürften 1950 bei den Begünstigten des sozialen Wohnungsbaus noch nicht die zum Bau oder Erwerb eines Eigenheims erforderlichen Eigenmittel vorhanden gewesen sein. (Darauf zielte das Wohnungsbauprämiengesetz von 1952 erst ab.) (3 a)

Allerdings nahm der Bundestag bereits am 15.12.1950 einen von den Abgeordneten Lücke, von Brentano und der CDU/CSU-Fraktion eingebrachten Antrag einstimmig an, wonach die Bundesregierung ersucht wurde, die für den sozialen Wohnungsbau bestimmten Bundesmittel mit der Auflage zu verteilen, "daß ein angemessener Anteil dieser Mittel ... zum Bau ... von Eigenheimen und Kleinsiedlungen sowie ... von Wohnungen für kinderreiche Familien ... Verwendung finden muß" (4); aus dem Zusammenhang der parlamentarischen Beratungen war dies offenbar im Sinne einer "Bevorzugung von Eigenheimen und Kleinsiedlungen" zu verstehen (5).

Die Mietpreisbildung für öffentlich geförderte Sozialwohnungen hat sich an den von der jeweiligen Landesregierung erlassenen Richtsätzen für Mieten zu halten (Richtsatzmiete). Gemäß § 17 Abs. 2 werden diese Richtsätze für Mieten nach "Gemeindegrößenklassen, Lage und Ausstattung der Wohnungen unter Berücksichtigung der ortsüblichen Mieten" gestaffelt - bis zu einem Betrag von monatlich einer Mark, in Ausnahmefällen: 1,10 DM pro Quadratmeter. Bei der Bewilligung der öffentlichen Mittel für den sozialen Wohnungsbau ist die Einhaltung dieser Richtsätze bei der Mietpreisbildung

für die Dauer der Laufzeit des öffentlichen Darlehens sicherzustellen
(§ 20 Abs. 1). Im übrigen unterstehen Wohnungen, die im Rahmen des
öffentlich geöfrderten sozialen Wohnungsbaus errichtet wurden, weiterhin der Erfassung und Zuteilung der Wohnungsbehörden (Wohnraumbewirtschaftung). Demgegenüber wurde für die steuerbegünstigten und freifinanzierten Wohnungen die Wohnraumbewirtschaftung aufgehoben (§ 23 Abs.
1); hinsichtlich der Mietpreisbildung bestimmt § 27, daß für steuerbegünstigte
Wohnungen höchstens die Miete erhoben werden darf, die zur Deckung der
Kosten erforderlich ist (Kostenmiete); freifinanzierte Wohnungen werden
von den Preisbildungsvorschriften ausgenommen (Marktmiete) (§ 27 Abs. 2)
- ebenso von den Mieterschutzvorschriften.

Im Ergebnis wurde im I. WoBG vom 24. 4. 1950 ein abgestuftes Instrumentarium zur Förderung des Wohnungsbaus geschaffen, das das Ausmaß der
direkten finanziellen Förderung mit einer Modifizierung der Wohnraumbe-
wirtschaftungs- und Mietpreisbindungs-Vorschriften kombinierte:

Auf der einen Seite wurde die "Privatinitiative" im Wohnungsbau begünstigt, indem bestehende Bindungsvorschriften für Wohnraumvermietung
aufgehoben wurden, wenn die Wohnungen "frei finanziert" waren; insofern
leitete das I. WoBG die schrittweise Etablierung der Marktmechanismen
in der Wohnungsverteilung ein, die mit dem "Gesetz über den Abbau der
Wohnungszwangswirtschaft und über ein soziales Miet- und Wohnrecht" (6)
abgeschlossen wurde.

Auf der anderen Seite wurde die Inanspruchnahme direkter öffentlicher
Förderungsmittel von der Beibehaltung der Wohnraumbewirtschaftung
und Mietpreisbindung abhängig gemacht. Zwischen reiner Eigenfinanzie-
rung und völliger Aufhebung der Bindungsvorschriften einerseits sowie
direkter Gewährung öffentlicher Mittel und Beibehaltung dieser Bindungen
(Richtsatzmiete, Bewirtschaftung) andererseits ist der steuerbegünstigte
Wohnungsbau einzuordnen: Die Inanspruchnahme indirekter und geringerer
öffentlicher Förderungsmittel und Lockerung der Mietpreisbindung durch
Einführung der Kostenmiete.

Mit dem Gesetz zur Änderung und Ergänzung des I. WoBG vom 25. 8. 1953
(7) wurde erstmals der Vorrang der Eigentumsbildung in der Wohnungsbauförderung normiert; nach § 19 Abs. 2 ist beim "Neubau von Wohnungen ...
in erster Linie der Bau von Eigenheimen, Kleinsiedlungen und Kaufeigenheimen zu fördern". (Bereits im Jahr zuvor war das Wohnungsbauprämiengesetz verabschiedet worden, mit dem die Ansparung von Eigenmitteln zur Erlangung von Wohnungseigentum gefördert werden sollte.)

Gleichzeitig wurde das geplante Volumen staatlicher Förderung des sozialen Wohnungsbaus von 1, 8 Millionen auf 2 Millionen Wohnungen (für den
Zeitraum 1951 bis 1956) erhöht (§ 1).

Im einzelnen traten folgende Neuregelungen der Wohnungsbauförderung
in Kraft:

Der Kreis der im sozialen Wohnungsbau Begünstigten wird ausgedehnt
(§ 38): Neben den Wohnungssuchenden, deren Einkommen die Jahresarbeitsverdienstgrenze der Angestelltenversicherung nicht übersteigt, sind
nunmehr alle versicherungspflichtigen Arbeitnehmer unabhängig von ihrem Einkommen begünstigt (8).

Im öffentlich geförderten sozialen Wohnungsbau wird die Wohnflächengren-
ze auf mindestens 40 Quadratmeter und höchstens 80 Quadratmeter erhöht;
für Eigenheime, Kleinsiedlungen, Kaufeigenheime gilt eine höhere Mindest-
grenze: 50 Quadratmeter (§ 21).

Die Obergrenze der für Sozialwohnungen geltenden Richtsatzmiete wird auf
1,10 DM pro Quadratmeter erhöht (§ 29 Abs. 1); bei wieder aufgebauten,
bzw. wieder hergestellten Wohnungen und bei solchen mit "besonderem
Lagevorteil" oder mit überdurchschnittlicher Ausstattung, auch als "Wohnungen der gehobenen sozialen Wohnungsbaus" bezeichnet (9), kann die
Richtsatzmiete durch die (vom Vermieter) grundsätzlich "selbstverantwortlich gebildete Miete" (10) ersetzt werden, sofern daraufhin ein mindestens um ein Drittel niedrigeres öffentliches Baudarlehen benötigt wird
als bei Zugrundelegung der Richtsatzmiete (§ 30). Im Ergebnis wird so
die Inanspruchnahme geringerer öffentlicher Förderungsmittel für Sozialwohnungen durch Zulassung einer Marktmiete mit gesetzlich fixierter Obergrenze prämiert (11). Bei vorzeitiger Rückzahlung des gewährten öffentlichen Baudarlehens kann für die öffentlich geförderte Sozialwohnung Gleichstellung mit der steuerbegünstigten - und, sofern keine Steuervergünstigung
in Anspruch genommen wurde, mit der freifinanzierten Wohnung beantragt
werden (§ 41). Für diese gilt: Steuerbegünstigte Wohnungen unterliegen
seit dem I. WoBG vom 24. 4. 1950 nicht mehr der Wohnraumbewirtschaftung; seit dem Wohnungsbau-Änderungsgesetz 1953 kann der Vermieter
die Miete "selbstverantwortlich" bilden (§ 45) (12). Freifinanzierte Wohnungen sind bereits seit 1950 von Wohnraumbewirtschaftung, Preiskontrol-
le und Mieterschutz ausgenommen.

Im wesentlichen brachte die Änderung des I. WoBG also die Normierung
des Vorrangs von Eigentumsbildung im öffentlich geförderten sozialen
Wohnungsbau, eine weitere Lockerung von Wohnraumbewirtschaftung und
Mietpreisbindung, eine Erhöhung des Förderungsprogramms.

Das I. WoBG ist seitdem noch mehrmals geändert worden (13); meist handelte es sich um Änderungen, die sich aus den Regelungen im Rahmen des
Abbaus der Wohnraumbewirtschaftung und Mietpreisbindung ergeben haben
oder um Änderungen der Begünstigtenvoraussetzungen, die identisch mit
denen des II. WoBG sind. Da die Förderung des sozialen Wohnungsbaus
sich seit dem Inkrafttreten des II. WoBG nach diesem richtet, sollen diese Änderungen im Rahmen der Darstellung des II. WoBG behandelt werden.

e. 3. Zweites Wohnungsbaugesetz

Die Regelungen des Ersten Wohnungsbaugesetzes wurden abgelöst durch die des Zweiten Wohnungsbaugesetzes (Wohnungsbau- und Familienheimgesetz) vom 27.6.1956 (14). Die Vorschriften des I. WoBG finden mit Inkrafttreten des II. WoBG (1.7.1956) im öffentlich geförderten sozialen Wohnungsbau nur noch Anwendung, sofern für die betreffenden Wohnungen und Wohnräume bis zum 31.12.1956 öffentliche Mittel erstmalig bewilligt worden sind - und im steuerbegünstigten und freifinanzierten Wohnungsbau, sofern die Wohnungen/Wohnräume bis zum 30.6.1956 bezugsfertig geworden sind (§§ 4, 124 Abs. 3) (15).

Wenn auch von 1950 bis 1955 durch Neuerrichtung von etwa 2,9 Millionen Wohnungen (allein etwa 1,7 Millionen im Rahmen des sozialen Wohnungsbaus) (15 a) die Wohnungsnot gemindert wurde, so war 1956 noch immer ein Wohnungsdefizit von (rein rechnerisch) 3,8 Millionen Wohnungen zu verzeichnen (15 b).

Dementsprechend setzte das Zweite Wohnungsbaugesetz die Projektion eines bestimmten Bauvolumens, die sich bereits im Ersten Wohnungsbaugesetz für 1951 bis 1956 findet, für den Zeitraum von 1957 bis 1962 fort: Nach § 1 Abs. 5 sind in diesem Zeitraum möglichst 1,8 Millionen Wohnungen im Rahmen des sozialen Wohnungsbaus zu errichten.

Offenbar davon ausgehend, bei dem Wohnungsproblem handele es sich lediglich um eine - durch die Nachkriegssituation verschärfte - Übergangserscheinung (15 c), legte der Gesetzgeber einen stufenweisen Abbau der Bundesmittel für den sozialen Wohnungsbau fest; so sollten zwar für 1957 700 Millionen DM dafür an Bundesmitteln bereitgestellt werden; diese sollten dann jedoch jährlich um 70 Millionen DM gekürzt werden, so daß also diese Förderungsmittel 1967 bei Null angelangt wären.

Das Zweite Wohnungsbaugesetz übernimmt die bestehende Einteilung der Förderungsarten (§ 5) in öffentlich geförderten Wohnungsbau (§§ 25-81) und steuerbegünstigten sowie freifinanzierten Wohnungsbau (§§ 82-87). Die öffentlichen Förderungsmittel für den sozialen Wohnungsbau sind "in der Regel" als Darlehen zu bewilligen (§ 42 Abs. 1); bei den Vorschriften über ihre Verteilung fällt die Betonung des absoluten Vorrangs der Familienheim-Förderung auf - § 26 Abs. 1 und § 30 sowie § 45 (16). Der Wohnungsbedarf von Familien mit Kindern soll "in erster Linie" durch Förderung von "Familienheimen" oder Eigentumswohnungen gedeckt werden.

In der Wahl der Bezeichnung "Familienheim" drückt sich die besondere Betonung aus, die die Familienförderung auch im Rahmen der Wohnungspolitik erfahren hat. Sieht man einmal von den gesellschaftspolitisch-ideologischen Implikationen der Familienpolitik ab (16 a), so war die Familienförderung auch im Bereich des Wohnungsbaus in ihrem Kern und Ausgangspunkt Bevölkerungspolitik - daran orientiert, durch finanzielle Vergünstigungen auf die (vermehrte) Gründung von Familien hinzuwirken, um so eine Zunahme der Geburtenrate zu erzielen und damit eine aufgrund von Überalterung mögliche Gefährdung der Reproduktion der Gesamtgesellschaft abzuwenden.

Die im II. WoBG eingeführte Bezeichnung "Familienheim" ist ein Sammelbegriff (17), der Eigenheime, Kaufeigenheime und Kleinsiedlungen umfaßt, sofern sie nach "Größe und Grundriß ganz oder teilweise dazu bestimmt sind, dem Eigentümer und seiner Familie oder einem Angehörigen und dessen Familie als Heim zu dienen" (§ 7 Abs. 1).

"Eigenheim" ist das auf eigenem Grundstück stehende Gebäude einer natürlichen Person, das höchstens zwei Wohnungen enthält, wovon dann jedenfalls eine dem Eigentümer oder seinen Angehörigen zum Wohnen bestimmt sein soll; ist ein solches Gebäude von einem anderen Bauherrn mit der Bestimmung errichtet worden, "es einem Bewerber als Eigenheim zu übertragen" so wird dies im Gesetz als "Kaufeigenheim" bezeichnet (§ 9). Unter "Kleinsiedlung" versteht das Gesetz (§ 10) "eine Siedlerstelle", die ein Wohngebäude mit Wirtschaftsteil und ein Stück Land umfaßt, das bestimmt und geeignet ist, dem Kleinsiedler durch Selbstversorgung (Gartenbau, Kleintierhaltung) "eine fühlbare Ergänzung seines sonstigen Einkommens zu bieten".

Wie der Typ des Kaufeigentums zeigt, ist damit der Kreis der förderungsberechtigten Bauherrn jedoch nicht auf den Kreis der späteren Bewohner des Familienheims begrenzt; grundsätzlich gilt (wie schon nach dem I. WoBG) das Prinzip der Gleichheit aller Bauherrn (§ 33) (18).

Gleichwohl dürfen die mit öffentlichen Mitteln geförderten Sozialwohnungen ("in der Regel") nur Wohnungssuchenden zugeteilt werden, die "versicherungspflichtige Arbeitnehmer sind oder deren Jahreseinkommen die Versicherungspflichtgrenze in der Rentenversicherung für Angestellte nicht übersteigt" (§ 25) (19). (Dies entspricht der seit dem Änderungsgesetz von 1953 geltenden Regelung des I. WoBG.) Dabei sind insbesondere die Wohnungssuchenden mit geringem Einkommen sowie die ihnen gleichgestellten kinderreichen Familien, Schwerbeschädigten und Kriegerwitwen mit Kindern zu berücksichtigen (§§ 27 und 30).

Die Gewährung öffentlicher Förderungsmittel ist über diese subjektiven - in der Person des Wohnungssuchenden, bzw. des Bauherrn (20) zu erfüllenden - Voraussetzungen hinaus an objektive Anforderungen hinsichtlich der Beschaffenheit der zu fördernden Wohnungen gebunden (Objektförderung):

Einmal an die Einhaltung von (erhöhten) Wohnflächengrenzen, zum anderen - erstmals - an die Gewährleistung bestimmter qualitativer Merkmale der Wohnung.

Generell läßt sich die Erhöhung der Anforderungen an die im Rahmen des sozialen Wohnungsbaus zu fördernden Wohnungen - des Standards an Wohnqualität - verstehen als Ausdruck einer durch wirtschaftliches Wachstum bedingten Erhöhung der Ressourcen, wie auch eines - ebenfalls wachstumsbedingten - Anstiegs des allgemeinen Lebensstandards (20 a).

Die Wohnflächen im sozialen Wohnungsbau sind in einer Weise erhöht worden, die die vorrangige Eigentumsförderung erkennen läßt: So wurde die allgemeine Untergrenze auf 50 qm erhöht - die jeweilige Höchstgrenze für Familienheime mit einer, bzw. zwei Wohnungen auf 120 qm, bzw. 160 qm, auf 120 qm für eigengenutzte Eigentumswohnungen und Kaufeigentumswohnungen sowie "in der Regel" 85 qm für andere Wohnungen, also für Mietwohnungen (21). Innerhalb dieser Grenzen ist bei der Bewilligung öffentlicher Förderungsmittel die Wohnfläche zuzulassen, die "im Hinblick auf die vorgesehene Bestimmung der Wohnung als angemessen" (im Sinne einer Verteilung von einem Raum pro Person) "anzusehen ist" und die Errichtung von zwei Kinderzimmern (22) "ermöglicht" (§ 39 Abs. 2).

Liest man den letzten Teil dieser Regelung vor dem Hintergrund der mit dem II. WoBG verknüpften bevölkerungspolitischen Zielsetzung, dann bedeutet dies, daß hinsichtlich der Wohnungs- und Familiengröße offenbar von (mindestens) zwei Kindern pro Familie als Richtwert ausgegangen wurde. Diesem Richtwert entspricht, daß in den fünfziger Jahren "typischerweise" zwei Kinder als ideale Kinderzahl angesehen wurden (22 a).

Hinsichtlich der qualitativen Merkmale von öffentlich zu fördernden Wohnungen bestimmt § 40, daß der Bau von Wohnungen nur gefördert werden soll, wenn die folgende "Mindestausstattung" vorgesehen ist: Wohnungsabschluß (mit Vorraum); Kochraum mit ausreichenden Entlüftungsmöglichkeiten, Wasserzapfstelle und Spülbecken sowie Herdanschlußmöglichkeiten; neuzeitliche sanitäre Einrichtungen in der Wohnung; Bad oder Dusche sowie Waschbecken; Anschlußmöglichkeiten für Heizgeräte; elektrische Anschlüsse; Wasch- und Trockenmöglichkeit; Abstellraum (auch in der Wohnung) und Keller.

Selbst bei Erfüllung aller Voraussetzungen gewährt aber auch das II. WoBG keinen Rechtsanspruch auf die Förderung mit öffentlichen Mitteln (§ 33 Abs. 3) (23).

Für den öffentlich geförderten sozialen Wohnungsbau läßt das II. WoBG die Wohnraumbewirtschaftung (zugunsten des oben genannten Personenkreises) bestehen, ebenso die Mieterschutzvorschriften; die Mietpreisbindung jedoch wird weiter gelockert: So normiert § 72 den Übergang zur Miete in der Höhe, "die zur Deckung der laufenden Aufwendungen erforderlich ist" (Kostenmiete) (24), die setidem im sozialen Wohnungsbau maßgeblich ist. Diese genannten Bindungen können jedoch bei vorzeitiger Rückzahlung der gewährten öffentlichen Mittel auf Antrag teilweise oder völlig aufgehoben werden - je nachdem, ob Steuervergünstigungen in Anspruch genommen wurden oder nicht (damit wird die schon durch die Änderung des I. WoBG von 1953 mögliche Gleichstellung mit dem steuerbegünstigten, bzw. dem freifinanzierten Wohnungsbau beibehalten). Steuerbegünstigte Wohnungen bleiben von der Wohnraumbewirtschaftung ausgenommen; für sie kann vom Vermieter die "selbstverantwortlich gebildete Miete" verlangt werden (bei einem Einspruchsrecht des Mieters) (§§ 84, 85).

Sofern keine Grundsteuerbegünstigung in Anspruch genommen wurde, werden steuerbegünstigte Wohnungen auch von Mieterschutzbestimmungen befreit (§ 115) (25), stehen damit den freifinanzierten Wohnungen gleich, für die keinerlei Beschränkungen gelten.

Mit dem II. WoBG wurde weiterhin die Grundlage geschaffen für eine neue Art der Subvention: Für Wohnungssuchende "mit geringem Einkommen" (26) kann Miet- und Lastenbeihilfe gewährt werden, sofern für die betreffende Wohnung nach dem 31.12.1956 erstmals öffentliche Mittel überhaupt bewilligt worden sind. Die zu dieser Gruppe zu zählenden Mieter von öffentlich geförderten Wohnungen (Sozialwohnungen) erhalten Mietbeihilfe, sofern die Miete gemäß § 73 Abs. 2 als nicht mehr "tragbar" anzusehen ist. Offenbar - um angesichts der immer wieder betonten besonderen Bedeutung und Bevorzugung des (Familien-) Eigenheims - den Eindruck einer Besserstellung der Mieter gegenüber den Inhabern von Eigenheimen zu vermeiden, wurde eine gesetzliche Gleichstellung insoweit hergestellt, daß auch für Eigenheime die Beihilfe als "Lastenbeihilfe" gewährt werden kann (27).

Hervorzuheben bleibt jedoch, daß die Beihilfe nur gewährt wird, sofern das jeweilige Bundesland eine betreffende Verwaltungsvorschrift erlassen hat (§ 73 Abs. 4) (28).

Insgesamt bedeutet diese Regelung, daß für bereits staatlich direkt subventionierte Wohnungen, deren Miete in Höhe der Kostenmiete limitiert ist, weitere staatliche Zuschüsse zur Minderung der Mietbelastung gewährt werden. Die durch die Objektförderung des sozialen Wohnungsbaus bereits "sozial" korrigierten Kosten werden ein weiteres Mal "sozial" flankiert durch Gewährung einer Individualförderung. Subventioniert wird unmittelbar die untragbare Miete. Betrachtet man jedoch die Mieterhöhungen für Neubauwohnungen im Zusammenhang mit den Faktoren ihres Zustandekommens, in erster Linie nämlich mit den realen Baukosten (29), dann zeigt sich (was im Falle der Lastenbeihilfe unmittelbar ersichtlich ist), daß mit dieser Beihilfe die Erhöhung der Baukosten - die über die Kostenmiete vom Bauherrn lediglich weitergegeben werden - flankiert werden, also dadurch die von der Bauwirtschaft durchgesetzten Preissteigerungen staatlich abgesichert werden; Begünstigter der staatlichen Subventionen ist daher letztlich die Bauwirtschaft.

Ohne daß die Mechanismen des Marktes tangiert würden, werden die als untragbare Miete auftretenden "Ausfallerscheinungen" des Marktes durch Intervention des Staates korrigiert (30).

Durch das Gesetz vom 26.9.1957 wurden die Begünstigungsgrenzen für die öffentliche Förderung im sozialen Wohnungsbau (§ 25) geändert (31): Die Koppelung der Begünstigungsgrenze mit der Versicherungsgrenze in der Rentenversicherung für Angestellte wurde durch eine feste Einkommensgrenze in Höhe von 9.000 DM ersetzt. Dabei handelt es sich um eine redaktionelle Änderung, die notwendig wurde, nachdem diese Versicherungspflichtgrenze durch das Angestellten-Versicherungs-Neuregelungsgesetz (32) von 9.000 DM auf 15.000 DM angehoben worden war und eine entsprechende Ausdehnung im sozialen Wohnungsbau nicht für angemessen gehalten wurde (33).

Gleichzeitig wurden - zur Anpassung an die Veränderungen des Preis-Lohn-Gefüges - die Zuschläge auf den Grundbetrag (für Familienangehörige sowie für Schwerbeschädigte und ihnen Gleichgestellte) von 840 DM auf 1.200 DM angehoben, die Sonderzuschläge für kinderreiche Familien aber aufgehoben.

Jene Zuschläge wurden unter Beibehaltung des Grundbetrags ein weiteres Mal - von 1.200 DM auf 1.800 DM (§ 25) - durch das Änderungsgesetz vom 21. 7. 1961 angehoben (34).

Darüberhinaus werden nach den Regelungen dieses Gesetzes Familienzusatzdarlehen in größerem Umfang als bisher gewährt: Gemäß § 45 wird das Familienzusatzdarlehen zum einen auf 2.000 DM (von bisher 1.500 DM) erhöht, zum anderen ist es bereits ab dem zweiten Kind zu bewilligen.

Eine wohnungspolitisch sehr wesentliche Neuregelung ergibt die Änderung des § 73 (Miet- und Lastenbeihilfe). § 73 (neuer Fassung) gibt einen Rechtsanspruch auf Beihilfe, der nicht mehr von der besonderen Einführung durch die jeweilige oberste Landesbehörde abhängig ist. Gleichzeitig wird der Kreis der Berechtigten für Miet- und Lastenbeihilfe erweitert: Einen Anspruch darauf hat demnach jeder Inhaber einer nach dem 31.12.1961 bezugsfertig gewordenen öffentlich geförderten Wohnung, sofern das Einkommen des Wohnungsinhabers und seiner zum Haushalt gehörenden Angehörigen die Einkommensgrenze im sozialen Wohnungsbau (§ 25) nicht übersteigt - also nicht mehr nur der Teil der Begünstigten des sozialen Wohnungsbaus, der zu den Beziehern geringen Einkommens zählt) (35).

Die bestehenden Miet- und Lastenbeihilferegelungen des II. WoBG wurden - zusammen mit entsprechenden Regelungen anderer Gesetze (35 a) - durch das Änderungsgesetz vom 23.3.1965 in das Wohngeldgesetz übergeleitet (36).

Soweit es sich bei dem Wohnungsproblem um ein rein quantitatives Problem, nämlich im Sinne eines ausgeglichenen Verhältnisses zwischen der Zahl der Haushalte und der der Wohnungen, handelt, ging die Bundesregierung von der Erwartung aus, dieses sei 1962/1963, spätestens aber bis 1965 gelöst (36 a). Davon ausgehend, daß 1965 eine Beseitigung der "echten Wohnungsnot" (37) erreicht sein werde, sollte nach Auffassung der Bundesregierung der Einsatz öffentlicher Mittel nur noch schwerpunktmäßig zugunsten bestimmter (bislang "noch nicht in dem wünschenswerten Umfang" verwirklichter) Förderungszwecke erfolgen - insbesondere zugunsten der "Eigentumsbildung für breite Schichten des Volkes" (37 a).

Dem entsprechend wurde die Eigentumsförderung durch das Änderungsgesetz vom 24.8.1965 weiter ausgedehnt (37 b). So wurde "im Interesse einer verstärkten Förderung der Eigentumsbildung" (37 c) die bislang in §§ 64, 65 gegebene (als Soll-, bzw. Kannvorschrift gefaßte) Möglichkeit ausgebaut, die Bewilligung öffentlicher Mittel mit der Auflage zu versehen, daß der gewerbsmäßige Bauherr von Ein-, Zwei-, Mehrfamilienhäusern auf Verlangen des, bzw. der Mieter die Wohnung(en) als Eigenheim, bzw. als Eigentumswohnung zu verkaufen hat; nach § 64 (neu) muß bei von gewerbsmäßigen Bauherrn errichteten Ein- und Zweifamilienhäusern die Bewilligung mit der Auflage einer Veräußerungspflicht erteilt werden. Die bisherige Kannvorschrift des § 65 für derartige Bewilligungsauflagen bei Mehrfamilienhäusern wurde aufgehoben.

Die nach § 18 1967 eigentlich auslaufende Finanzierung des sozialen Wohnungsbaus durch Bundesmittel wurde durch Bereitstellung eines festen Betrags von letztlich insgesamt 150 Millionen DM fortgesetzt (§ 19 a) (38).

Die Einkommensgrenze des sozialen Wohnungsbaus wurde im Hinblick auf eine verstärkte Eigentumsbildung erhöht: Unter Beibehaltung der allgemeinen Begünstigungsgrenze in Höhe von 9. 000 DM werden die Zuschläge (für Familienangehörige, Schwerbeschädigte und ihnen Gleichgestellte) von 1. 800 DM auf 2. 400 DM erhöht (§ 25).

Die Familienzusatzdarlehen (für Bauherrn mit zwei und mehr Kindern) werden in der Weise neu gestaffelt, daß (entgegen dem bisher festen Zusatzbetrag von 2. 000 DM pro Kind) der Betrag des Zusatzdarlehens pro Kind mit wachsender Kinderzahl steigt (Progression) (§ 45).

Darüber hinaus aber können seit 1965 auch Bezieher höherer Einkommen öffentliche Förderungsmittel erhalten, wenn es sich bei dem Bauvorhaben um eine Eigentumsmaßnahme (Eigenheim, Eigensiedlung, eigengenutzte Eigentumswohnung) handelt: Sofern ihr Einkommen die Begünstigungsgrenze im sozialen Wohnungsbau um nicht mehr als ein Drittel übersteigt, öffentliche Mittel nicht beansprucht wurden und das Bauvorhaben als steuerbegünstigt anerkannt ist, können ihnen Annuitätszuschüsse für aufgenommene Baudarlehen gewährt werden (§ 88).

Seitdem erfolgt die Gewährung öffentlicher Förderungsmittel zweigleisig: Einmal durch Einsatz öffentlicher Mittel als Baudarlehen des sozialen Wohnungsbaus (im traditionellen Sinn) - insbesondere unter Einhaltung der geltenden Einkommensgrenzen nach § 25 - (was seitdem als 1. Förderungsweg bezeichnet wird), zum anderen durch Gewährung von Annuitätszuschüssen zugunsten der Eigentumsbildung des in § 88 genannten Personenkreises (was seitdem als 2. Förderungsweg bezeichnet wird).

Auch wenn der 2. Förderungsweg 1971 auf den Mietwohnungsbau ausgedehnt worden ist, hat sich dieser als Eigentumsförderungsweg herauskristallisiert; offenbar läßt sich generell feststellen:

"Die staatliche Förderung von Eigentumsmaßnahmen konzentriert sich ... auf den 2. Förderungsweg, in dem den Wohnungsnehmern aufgrund der höheren Einkommen stärkere Belastungen durch den Kapitaldienst zugemutet werden können. Im 1. Förderungsweg dominiert dagegen der Mietwohnungsbau" (39).

Die im früheren § 27 enthaltene Regelung, wonach bei der Förderung des Wohnungsbaus insbesondere die Wohnungssuchenden mit geringem Einkom-

men zu berücksichtigen seien, wurde durch das WoBÄndG 1965 "infolge
ihrer weitgehend überholten Einkommensgrenzen" nicht den veränderten
Einkommensverhältnissen angepaßt, sondern völlig aufgehoben (39 a).

Den Wohnbedürfnissen der früher den Einkommensschwachen Gleichgestellten "soll" nur noch Rechnung getragen werden, soweit "besondere
Förderungsmaßnahmen" erforderlich sind (§ 28 Abs. 3). Besondere Berücksichtigung sollen nunmehr folgende Personengruppen finden (§ 28):
kinderreiche Familien, junge Ehepaare, ältere Personen sowie Personen,
die ihre Wohnunge unverschuldet verloren haben.

Damit sind Teile der Bevölkerung umschrieben, die als Problemgruppen
der Wohnungsversorgung bezeichnet werden können; wie beispielsweise
die Gebäude- und Wohnunszählung 1968 ergeben hat, ist es für diesen
Personenkreis schwierig, in einem angemessenen Zeitraum eine eigene
Wohnung zu finden (40). Darüber hinaus dürfte die besondere Berücksichtigung gerade junger Ehepaare und kinderreicher Familien auch unter be-
völkerungspolitischem Aspekt zu verstehen sein - als Förderung des natürlichen Bevölkerungswachstums und damit zur Gewährleistung der Reproduktion der Gesellschaft (40 a).

Auch im Hinblick auf die für die öffentliche Förderung geltenden Wohnflächengrenzen wurde mit dem WoBÄndG 1965 offenbar eine Anpassung
an veränderte gesellschaftliche Gegebenheiten vollzogen. Die Wohnflächengrenzen waren seit 1956 unverändert geblieben; seitdem war es zu
weiterem ökonomischem Wachstum gekommen, das sich auch in allgemeinen Einkommenssteigerungen und gestiegenem Lebensstandard niedergeschlagen hatte (41). Bei der Anhebung der Wohnflächengrenzen wurde
die bereits 1956 vorgenommene Begünstigung von (Familien-) Eigenheimen (und Eigentumswohnungen) beibehalten. So wurden die Obergrenzen
der Wohnungsgröße (§ 39) für Familienheime mit einer Wohnung von 120 qm
auf 130 qm, für Familienheime mit zwei Wohnungen von 160 qm auf 180 qm
erhöht; für Eigentumswohnungen blieb die Obergrenze bei 120 qm; für
andere Wohnungen (also Mietwohnungen) erhöhte sie sich von 85 qm auf
90 qm.

Am 8.12.1966 faßte der Bundestag einstimmig folgende Entschließung:
"Da die Notwendigkeit besteht, die öffentliche Förderung des Wohnungsbaues fortzusetzen und entsprechende Mittel für den Bundeshaushalt gemäß § 20 des Zweiten Wohnungsbaugesetzes sicherzustellen, wird die Bundesregierung beauftragt, möglichst bald einen Gesetzentwurf vorzulegen,
der eine Anhebung der Zinssätze für die älteren Sozialwohnungen vor-
sieht." (41 a)

In Ausführung dieser Entschließung wurde mit dem Wohnungsbau-Änderungsgesetz 1968 eine nachträglich Erhöhung der Verzinsung öffentlicher
Baudarlehen verabschiedet (41 b). Dabei bleibt hervorzuheben, daß diese
Regelung zum einen rückwirkend in Kraft trat und zum anderen sich nur
auf Mietwohnungen bezog, während Eigenheime, Kleinsiedlungen, Kaufeigenheime, Eigentumswohnungen und Kaufeigentumswohnungen des sozialen Wohnungsbaus davon ausgenommen waren.

84

Der Gesetzgeber hat hier eine Privilegierung von Wohnungseigentümern vorgenommen, die vor dem Hintergrund der staatlichen Eigentumspolitik zu sehen ist, die gleichwohl verfassungsrechtlich nicht unproblematisch ist (42).

Allerdings wurde parallel dazu die bis dahin bestehende generelle Zinserhebungs-, bzw. Zinserhöhungssperre für Familienheime (nach § 44 Abs. 5 II. WoBG) aufgehoben; für nach dem 31. 8. 1968 (also neu) bewilligte Darlehen gilt nach § 44 Abs. 3 (neuer Fassung), daß nach Ablauf von zehn Jahren für verzinste Darlehen eine Zinserhöhung sowie für zinslose Darlehen eine Verzinsung verlangt werden darf. Eine Erhöhung der Tilgungsrate ist zulässig.

Um einem weiteren Rückgang der Bauleistung im sozialen Wohnungsbau entgegenzuwirken, wurde mit dem Änderungsgesetz vom 17. 12. 1971 (42 a) - unter Bereitstellung eines festen Förderungsbetrags von 150 Millionen DM aus Bundesmitteln der Kreis der Begünstigten erweitert, indem die allgemeine Einkommensgrenze von 9. 000 DM auf 12. 000 DM im Jahr und der Familienzuschlag für zur Familie des Wohnungssuchenden gehörende Angehörige von früher 2. 400 DM auf 3. 000 DM erhöht wurde (desgleichen für Schwerbeschädigte und ihnen Gleichgestellte) (§ 25). Durch diese Anhebung der Begünstigungsgrenzen sind nach den damaligen Einkommensverhältnissen "schätzungsweise rd. drei Viertel aller Haushaltungen der Bundesrepublik für den öffentlich geförderten Wohnungsbau berechtigt" (43).

Durch das WoBÄndG 1971 sind die Regelungen über Annuitätszuschüsse durch die über "Zuschüsse oder Darlehen zur Deckung der laufenden Kosten" ersetzt worden (§ 88). Dabei wurden die Begünstigungsgrenzen dieses 2. Förderungswegs erweitert: Nicht nur für Eigentumsmaßnahmen, sondern für alle als steuerbegünstigt anerkannten Wohnungen können diese Zuschüsse oder Darlehen gewährt werden; Bedingung ist weiterhin, daß die geförderten Wohnungen für Personen bestimmt sind, die durch den Bezug dieser Wohnung eine Sozialwohnung freimachen o d e r deren Jahreseinkommen die Einkommensgrenze im sozialen Wohnungsbau (§ 25) um maximal 40 % übersteigt (§88 a). Diese Bindung und die der obligatorischen Kostenmiete für so geförderte Wohnungen ist befristet auf den Bewilligungszeitraum und noch zwei Jahre danach.

Durch diese Ausweitung des 2. Förderungswegs sollen Wohnungen für einen weiteren Personenkreis gefördert werden, von dem man annimmt, daß er "zu einem Teil noch nicht auf den freien Wohnungsmarkt verwiesen werden kann, weil dort die Mieten oder Lasten für ihn nicht tragbar wären"; durch die öffentliche Förderung sollen Mieten erzielt werden, "die in ihrem Niveau über denen der öff. geförd. Wohnungen aber unter dem der frei finanzierten liegen" (44).

Durch das Änderungsgesetz 1973 wurde die Begünstigungsgrenze im sozialen Wohnungsbau erneut erhöht (44 a). Die Einkommensgrenze liegt seitdem bei 18. 000 DM im Jahr, zuzüglich 9. 000 DM für den zweiten sowie weitere 4. 200 DM für jeden weiteren zur Familie des Wohnungssuchenden rechnenden Angehörigen; für nicht länger als fünf Jahre Verheiratete erhöht sich die Einkommensgrenze um 4.800 DM, für Schwerbeschädigte und ihnen Gleichgestellte um 4.200 DM (§ 25 Abs. 1).

Überblickt man die Vielzahl der gesetzlichen Änderungen seit dem I. WoBG von 1950, so lassen sich im Verlauf der zahlreichen Novellierungen folgende Linien aufzeigen:

Die staatliche Wohnungspolitik ist zu einem - im Hinblick auf die bestehende Wohnungsnot (44 b) - frühen Zeitpunkt von einer unspezifisch auf die Schaffung von Wohnraum gerichteten Wohnungsbauförderung zur vorrangigen Förderung von Wohnungen in der Rechtsform des Eigentums übergegangen. Seit dem WoBÄndG 1953 und (später) dem Wohnungsbau- und Familienheimgesetz (II. WoBG) ist staatliche Wohnungsbauförderung (sozialer Wohnungsbau) mit Vorrang Eigentumsförderung - das Recht der Wohnungsbauförderung somit zentral: Eigenheim-Förderungs-Recht.

Zahlenmäßig am stärksten vertreten bei allen Gesetzesänderungen sind die Änderungen der Begünstigungsgrenzen im sozialen Wohnungsbau (45). So zeigt sich seit 1950 eine kontinuierliche Anhebung der Begünstigungsgrenzen (Grundbetrag und Zuschläge) im sozialen Wohnungsbau. Vor dem Hintergrund des wirtschaftlichen Wachstums und damit auch: steigender Einkommen in der Bundesrepublik kann man dies als notwendige Anpassung der Förderungsbestimmungen an veränderte Verhältnisse verstehen.

Allerdings wurden in der Regel nur die Zuschläge auf den Grundbetrag erhöht, während der Grundbetrag von 9.000 DM im II. WoBG von 1956 bis 1971 unverändert blieb. Ausgehend von 1950 ist dieser Grundbetrag bis 1972 lediglich um 67 % erhöht worden; in demselben Zeitraum hat sich die Begünstigungsgrenze beispielsweise für ein Ehepaar mit zwei Kindern durch verschiedentliche Anhebung des (Familien-) Zuschlags um 192 % erhöht (45 a). Darin liegt eine spürbare Schlechterstellung der Personengruppen, die nur den Grundbetrag für sich in Anrechnung bringen können, nämlich der Alleinstehenden und eine deutliche Bevorzugung bestehender Familien. Dieser Effekt ist jedoch nicht zufällig, sondern gerade der Zweck der Regelungen des Wohnungsbau- und Familienheimgesetzes.

Allerdings bedeutet die häufige Anhebung der Zuschläge nicht eine automatische Erweiterung des Kreises der Begünstigten; ihre tatsächlichen Effekte zeigen sich erst in Beziehung zu der Entwicklung des Preis-Lohn-Gefüges: Berücksichtigt man die einzelnen Erhöhungen der Einkommensgrenzen durch das jeweilige Änderungsgesetz je für sich, also punktuell gesehen, dann verändert sich die Zahl der begünstigten Haushalte unterschiedlich. Erweiterung, Gleichbleiben und Verringerung des Kreises der im sozialen Wohnungsbau Begünstigten lösen einander ab; langfristig aber zeichnet sich eine Abnahme der im sozialen Wohnungsbau wohnberechtigten Bevölkerung ab (46).

Gleichwohl besteht das - für den Mietwohnungsbau typische - Problem fort, daß erheblich mehr Haushalte zum Kreis der Begünstigten des sozialen Wohnungsbaus gehören als Sozialwohnungen vorhanden sind. Geht man von der Angabe in der amtlichen Begründung zum WoBÄndG 1971 aus, wonach etwa 75 % aller Haushalte Begünstigte des sozialen Wohnungsbaus geworden sind, dann waren dies 1972 etwa 16,7 Millionen Haushalte. Bis 1972 sind allerdings nur etwa 5,7 Millionen Wohnungen im sozialen Wohnungsbau (einschließlich der Eigentümerwohnungen) errichtet worden (47). Es erscheint fraglich, ob diese Diskrepanz in absehbarer Zeit zu überwinden ist; offenbar ist eine "öffentliche Förderung des sozialen Wohnungsbaus . . in dem erforderlichen Ausmaß . . . nicht zu erwarten, so daß sich die Diskrepanz zwischen der Zahl der Wohnberechtigten und der Zahl der verfügbaren Sozialwohnungen perpetuiert" (47 a).

Auch wenn langfristig der Kreis der Begünstigten kleiner geworden ist, erfolgt die einkommensmäßige Abgrenzung der Wohnberechtigten nach dem II. WoBG immer noch relativ großzügig: Rechnet man die Jahreseinkommensgrenze nach dem Änderungsgesetz von 1973 als monatliche um, so liegt diese bei Alleinstehenden bei 1.500 DM, bei kinderlosen Ehepaaren bei 2.250 DM und bei Ehepaaren mit zwei Kindern immerhin bei 2.950 DM (47 b). Vergleichsweise hatte nach den Modellrechnungen des Statistischen Bundesamtes ein "Vier-Personen-Arbeitnehmerhaushalt mit mittlerem Einkommen" 1973 ein Monatseinkommen von (brutto) 2.176,55 DM und 1974 von 2.432,82 DM (48).

Versteht man den bis heute formulierten Anspruch, die Bildung von Eigentum in der Hand "breiter Bevölkerungskreise" nicht im Sinne "breit" gefaßter Einkommensgrenzen, sondern im Sinne einer Förderung speziell für die Bezieher geringer Einkommen (49), dann ist die Einkommensgrenze im sozialen Wohnungsbau (nach dem Änderungsgesetz von 1973) relativ hoch angesetzt (50). Das bedeutet aber angesichts dieses weit gefaßten Förderungsrahmens eine "weitgehend einkommensunabhängige Abgrenzung des begünstigten Personenkreises" (51).

e.4. Bergarbeiterwohnungsbaugesetz

Als Grundstoffindustrie kam dem Kohlebergbau nach dem Krieg zentrale Bedeutung für die wirtschaftliche Entwicklung in der Bundesrepublik zu. Um eine für die Ausweitung der Gesamtproduktion notwendige Erhöhung des Volumens der Kohleförderung zu erzielen, war es erforderlich, die entsprechend qualifizierten Arbeitskräfte in den Bergbaubetrieben zu halten und neue Arbeiter längerfristig aufzunehmen. "Vornehmlich infolge des Mangels an Wohnungen" ist beides jedoch anfänglich nicht gelungen (52).

Mit dem "Gesetz zur Förderung des Bergarbeiterwohnungsbaus im Kohlebergbau" vom 23.10.1951 (53) sollten die fehlenden Wohnungen geschaffen und eine "Festigung der Verhältnisse" im Kohlebergbau (nämlich gerade im Hinblick auf die Fluktuation unter den Beschäftigten) erreicht werden (54). Dabei konnte an entsprechende Regelungen angeknüpft werden, die bereits nach dem Ersten Weltkrieg getroffen worden waren.

Zur Finanzierung der Förderung des Bergarbeiterwohnungsbaus wurde
vom Bund für jede abgesetzte Tonne Kohle eine Abgabe erhoben, die je
nach Kohleart zwischen einer und zwei Mark betrug (§ 1). Diese aufkom-
menden Mittel wurden als Treuhandvermögen des Bundes ausschließlich
"zur zusätzlichen Befriedigung des Wohnungsbedarfs der Arbeitnehmer
im Kohlebergbau" verwendet (§ 2).

Entsprechend den Regelungen des damals geltenden I. WoBG (55) erfolgte
die Förderung darlehensweise (§ 2). Als Bauherrn bevorzugt gefördert
wurden in erster Linie versicherungspflichtige Arbeiter des Kohlebergbaus, "die Eigenheime, Kleinsiedlungen oder Wohnungen in der Rechtsform des Wohnungseigentums" schaffen; dann Organe staatlicher Wohnungspolitik, Wohnungsunternehmen und Bergbauunternehmen zum Wiederaufbau, bzw. zur Wiederherstellung von Bergarbeiterwohnungen und
Bauherrn zur Neuerrichtung von Bergarbeiterwohnungen (in der Rechtsform des Wohnungseigentums oder des Dauerwohnrechts) sowie Wohnungsbaugenossenschaften zur Schaffung von Bergarbeiterwohnungen für deren
Bergarbeiter-Mitglieder (§ 3).

Nach dem Bergarbeiterwohnungsbaugesetz (§ 4) sind wohnberechtigt versicherungspflichtige Arbeitnehmer des Kohlebergbaus, ehemalige versicherungspflichtige Arbeitnehmer des Kohlebergbaus (die infolge Invalidität,
Berufsunfähigkeit die Beschäftigung im Kohlebergbau verloren haben) und
die Witwen der genannten Kohlebergarbeiter (56). Das Änderungsgesetz
vom 29.10.1954 (57) zeigt deutlich Anlehnungen an das WoBÄndG 1953 und
den Entwurf des (1956 verabschiedeten) II. WoBG in dem besonderen Vorrang der Förderung von Eigenheimen, Kleinsiedlungen, Kaufeigenheimen
und Eigentumswohnungen.

Weitere Änderungen dieses Gesetzes betrafen im wesentlichen Probleme
der Finanzierung der Förderung des Bergarbeiterwohnungsbaus (Senkung,
bzw. Erhöhung der Kohleabgabe, Rückzahlung eigener Finanzierungsbei-
träge der Kohlebergbauunternehmen) (58).

e.5. Wohnungsbauprämiengesetz

Das Wohnungsbauprämiengesetz wurde verabschiedet, nachdem sich herausgestellt hatte, daß anlagesuchendes Kapital in anderen Wirtschaftssektoren,
die profitablere Anlagemöglichkeiten als der Wohnungsbau boten, eingesetzt
worden war, so daß im Wohnungsbau eine Situation relativen Kapitalmangels
entstanden war (59). Darüber hinaus aber mußte eine Wohnungspolitik, die
von vornherein auf Eigentumsbildung im Wohnungsbau abstellte, angesichts
der wirtschaftlichen Verhältnisse der privaten Haushalte dafür Sorge tragen,
daß Wohnungssuchende die zum Erwerb von Wohnungseigentum erforderlichen Eigenmittel überhaupt ansparen konnten.

Dieser Situation wurde mit den Regelungen des Wohnungsbauprämiengesetzes vom 17.3.1952 (60) Rechnung getragen, wonach jede (unbeschränkt
steuerpflichtige) natürliche Person für Aufwendungen zur Förderung des

Wohnungsbaus Prämien erhalten konnte. Diese betrug 25 % der prämienbegünstigten Aufwendungen und steigerte sich mit der Zahl der Kinder, betrug höchsten aber 400 DM im Jahr. Aufwendungen zur Förderung des Wohnungsbaus waren Beiträge an Bausparkassen zur Erlangung von Baudarlehen, Aufwendungen für den ersten Erwerb von Bau- und Wohnungsgenossenschaftsanteilen, Beiträge aufgrund von Sparverträgen (zur Finanzierung des Baus von Wohngebäuden oder des Erwerbs von Eigentumswohnungen) und Beiträge aufgrund von Kapitalsammlungsverträgen mit Wohnungs- oder Siedlungsunternehmen oder Organen staatlicher Wohnungsbaupolitik (§ 2).

Wie die Aufzählung möglicher Verwendungszwecke zeigt, war das Wohnungsbauprämiengesetz in seiner Fassung von 1952 darauf ausgerichtet, generell die Ansammlung von Eigenmitteln zur Errichtung von Wohnungen zu fördern; es enthielt keine Einschränkung für spezielle wohnungspolitische Ziele (also insbesondere: Förderung des Eigenheims) und keine einkommensmäßige Beschränkung des Adressatenkreises. Damit aber konnten auch diejenigen (natürlichen Personen) die staatliche Förderung in Anspruch nehmen, die mit Hilfe staatlicher Prämien Eigenkapital zum Bau von Mietwohnungen bilden wollten. "Damit war vor allem sicher, daß diejenigen, die traditionell nach einer günstigen Verzinsung ihres Kapitals Ausschau hielten, auch von dieser Möglichkeit Gebrauch machen würden. Diese Sicherheit war jedoch mangels weiterer Vorkehrungen im Gesetz keineswegs hinsichtlich der Bezieher niedriger Einkommen gegeben" (61).

Erst seit dem Änderungsgesetz vom 16.12.1954 (62) ist die Prämiengewährung für Spar- und Kapitalsammlungsverträge (§ 2 Abs. 1 Ziff. 3 und 4) davon abhängig, daß die Beiträge und Prämien zum Kauf oder Bau von Eigenheimen, Kleinsiedlungen oder Eigentumswohnungen dienen. Zugleich wurde eine Festlegungsfrist für die geleisteten Beiträge von mindestens drei Jahren eingeführt.

Für Beiträge an Bausparkassen wurde die Festlegungsfrist auf mindestens fünf Jahre gelegt. Diese ist durch das Steueränderungsgesetz von 1960 auf sechs Jahre (63) und durch das Steueränderungsgesetz von 1966 weiter auf sieben Jahre ausgedehnt worden (64). Mit diesem Gesetz wurde auch die bisher zulässige Möglichkeit der Kumulierung aufgehoben, staatliche Prämien nach dem Wohnungsbauprämiengesetz und zusätzliche Prämien nach dem Sparprämiengesetz in Anspruch zu nehmen sowie außerdem die geleisteten Beiträge als Sonderausgaben (§ 10 EStG) abzusetzen. Dem Prämienberechtigten wurde für diese drei alternativen Förderungsmöglichkeiten ein Wahlrecht eingeräumt (§ 2 Abs. 4) (65). Durch das Vermögensbildungs-Änderungsgesetz von 1970 wurde gewährleistet, daß andere vermögenswirksame Leistungen, für die bereits eine Prämie gewährt wird, nicht auf den Prämien-Höchstbetrag von 400 DM (§ 3 Abs. 2) angerechnet werden, also für die Berechnung der Prämie nach dem Wohnungsbauprämiengesetz unberücksichtigt bleiben (66).

Die seit der ersten Fassung des Wohnungsbauprämiengesetzes von 1952 einkommensunabhängige Gewährung von Prämien nach dem Wohnungsbauprämiengesetz wurde erst durch das Steuerreformgesetz von 1974 aufge-

hoben (67): Bei Alleinstehenden wurde die Einkommenshöchstgrenze für
die Gewährung von Prämien nach dem Wohnungsbauprämiengesetz auf
24.000 DM und bei Ehegatten auf 48.000 DM im Jahr festgesetzt; diese
Grenze erhöht sich für jedes Kind um 1.800 DM. Gleichzeitig wurde der
Satz der Grundprämie von 25 % auf 23 % gesenkt und (anstelle des festen
Prämien-Höchstbetrags von 400 DM) eine Begünstigungsgrenze für Spar-
Aufwendungen in Höhe von jährlich 800 DM, bzw. bei Eheleuten 1.600 DM
festgelegt.

Auch wenn diese Einschränkung staatlicher Bausparförderung eher der
Knappheit öffentlicher Haushaltsmittel geschuldet sein mag, so bedeutet
sie in ihren zu erwartenden Auswirkungen eine stärkere Konzentrierung
auf die Bevölkerungsteile, die zu den unteren Einkommensgruppen zu zählen sind und deren Interessen zu verfolgen in der Wohnungsbauförderung,
insbesondere auch in der Bausparförderung immer wieder betont worden
ist (68).

e.6. Miet- und Lastenbeihilfegesetz, Wohnbeihilfegesetz,
Wohngeldgesetz

Bereits mit dem II. WoBG von 1956 wurde im Rahmen der Begünstigungsgrenzen des sozialen Wohnungsbaus ein (zunächst bedingter, seit dem Änderungsgesetz vom 21.7.1961 (69) unbedingter) Anspruch auf Miet- und
Lastenbeihilfe (70) für die Wohnungssuchenden mit geringem Einkommen
und die ihnen Gleichgestellten eingeräumt; damit wurde die sowieso bereits subventionierte Sozialmiete ein weiteres Mal subventioniert, um eine als tragbar anzusehende Miete zu erreichen. Diese Regelung galt als
"Lastenbeihilfe" entsprechend auch für Wohnungseigentum.

Auch wenn im Laufe der Zeit andere Bezeichnungen dafür verwendet wurden, ist das Prinzip der Individualförderung nicht wieder aufgehoben worden; es hat als soziale Korrektur negativer Effekte der marktwirtschaftlichen Preisbildung innerhalb dieses Systems eine "notwendige" Position
(71).

Da die für Wohnungseigentum geltenden Regelungen über Lastenbeihilfe
inhaltlich auf die über Mietbeihilfe Bezug nehmen, sollen im Rahmen der
Darstellung des Eigenheim-Förderungs-Rechts die verschiedenen Beihilfe-
vorschriften auseinandergesetzt werden. Nach dem Miet- und Lastenbeihilfegesetz vom 23.6.60 (72) wurden Mietbeihilfen gewährt und für die aufgrund des I. WoBG sowie des Ersten und Zweiten Bundesmietengesetzes
zugelassenen Mieterhöhungen, sofern diese als nicht tragbar anzusehen
waren (73).

Die Mietbeihilfe bemißt sich nach dem Unterschied zwischen der (erhöhten)
Miete und dem Betrag, der als tragbar anzusehen ist (§ 4); dabei werden
die Höhe des Jahreseinkommens und die Zahl der Familienmitglieder berücksichtigt sowie, welcher Teil der Wohnfläche als "benötigt" anzuer-

kennen ist (74). Für die Bemessung der Höhe der Mietbeihilfe sind feste Prozentsätze normiert (§ 5).

Für eigengenutzte Wohnungen in einem Eigenheim, einer Kleinsiedlung oder einer Eigentumswohnung (auch Wohnungen in Form eines Dauerwohnrechts) wird Lastenbeihilfe gewährt. Voraussetzung ist, daß das Familieneinkommen durch Tod oder Arbeitsunfähigkeit des Eigentümers (bzw. eines zur Aufbringung der Belastung mit beitragenden Familienmitglieds) sich nach dem 30. 6. 1960 "wesentlich verringert und aus diesem Grunde die volle Belastung nicht mehr tragbar ist" (§ 10 Abs. 1). Die Bemessung der Lastenbeihilfe erfolgt entsprechend der Mietbeihilfe (§ 11).

Durch das Wohnbeihilfegesetz vom 29. 7. 1963 (75) wurde die Gewährung von Miet- und Lastenbeihilfe auf die aus staatlicher Bewirtschaftung und Mietpreisbindung entlassenen Wohnungen (d. h. solche in "weißen Kreisen") (76) ausgedehnt - unter Einführung der für den sozialen Wohnungsbau geltenden Einkommensgrenzen für die Beihilfeberechtigten.

Insgesamt lassen sich die bis 1965 parallel geltenden gesetzlichen Regelungen im Beihilfewesen so zusammenfassen: Für nicht mehr bewirtschaftete und nicht mehr preisgebundene Wohnungen galt das Wohnbeihilfegesetz; für Wohnungen des öffentlich geförderten sozialen Wohnungsbaus das Zweite Wohnungsbaugesetz und schließlich für andere bewirtschaftete und preisgebundene Wohnungen das Miet- und Lastenbeihilfegesetz von 1960.

Durch das Wohngeldgesetz vom 1. 4. 1965 (77) wurden schließlich die bis dahin nebeneinander bestehenden Vorschriften über die Gewährung von Miet- und Lastenbeihilfe in einem Gesetz zusammengefaßt.

Dieses Gesetz behielt die Regelungen der vorhergehenden Gesetze im Grundsatz bei (78); wesentlich ist die völlige Anpassung der Lastenbeihilfe an die Mietbeihilfe (§ 6); sie ist nicht mehr Notfall-Hilfe (79), sondern kann vom Eigentümer ebenso beansprucht werden, wie die Mietbeihilfe vom Mieter.

Abgesehen von einer nach einigen Jahren notwendig gewordenen Anpassung der Einkommensgrenzen und der Vomhundertsätze an die veränderten wirtschaftlichen Verhältnisse (80), war eine weitere Neuregelung der Wohngeldgewährung geboten, um verwaltungstechnischen Schwierigkeiten bei der Wohngeldberechnung Rechnung zu tragen. Dies geschah, in dem das Wohngeldgesetz von 1965 ablösenden Zweiten Wohngeldgesetz vom 14. 12. 1970 (81). Grundlegende Neuerung erfuhr hier die Regelung der Höchstbeträge für Miete und Belastung, insofern die bisherigen Wohnflächengrenzen und Einkommensklassen als Bemessungsgrundlage aufgegeben und die prozentuale Festlegung der Grenzen der tragbaren Miete/Belastung durch feste Obergrenzen - ausgedrückt in DM-Beträgen - ersetzt wurden. Nach dem Zweiten Wohngeldgesetz wird die Höhe des Wohngeldes nach den zwanzigmark-weise gegliederten Einkommensstufen und der zu berücksichtigenden Miete/Belastung bemessen (82); letztere wiederum wird nach Wohnortgrößenklassen, Bezugsfertigkeitsjahr und Art des Wohnraums, dessen Ausstattung und nach Zahl der Haushaltsmitglieder gestaffelt (83). Abgesehen von einer Änderung der Überleitungsvorschrift des § 40 Abs. 3 (84) und der Beseitigung der Schlechterstellung der Haushalte mit neun und mehr Familienangehörigen gegenüber dem Ersten Wohngeldgesetz (85), wurden 1973 - der Preis- und Einkommensentwicklung Rechnung tragend - die zu berücksichtigenden Höchstmieten/Höchstbelastungen sowie die Einkommensgrenzen angehoben (86).

Bei Miet- und Lastenbeihilfe handelt es sich um eine an Mieter und Eigentümer direkt gezahlte Förderung, die erhöte Mieten/Belastungen für die Haushalte ausgleichen soll; im Hinblick auf ihren mittelbaren Effekt jedoch bedeutet sie eine staatliche Absicherung für die Erhöhung von Mieten und Lasten: Sie sichert die entsprechende Preispolitik von Vermietern und Bauwirtschaft ab (86 a). Miet- und Lastenbeihilfe greifen in diese Preisbildung nicht ein; sie muß diese nach ihrer Konzeption zunächst hinnehmen und setzt nachträglich korrigierend an. "Der fehlenden Begrenzung des Gewinnstreben auf seiten des Angebots" trägt die Individualsubvention Rechnung durch "die Einschaltung einer Obergrenze" für die bei der Berechnung zu berücksichtigende Miete/Belastung (86 b).

Dabei zeigt sich, daß der Individualförderung steigende Bedeutung zukommt. So hat sich die Zahl der Wohngeldempfänger zwischen 1965 und 1974 etwa vervierfacht - stieg allein zwischen 1970 und 1974 um etwa 82 % (86 c). Entsprechend hat sich das Volumen der staatlichen Leistungen erhöht: Es hat sich zwischen 1965 und 1974 etwa verzehnfacht (86 d).

Langfristig zeichnet sich angesichts steigender Baukosten und Mieten und der damit einhergehenden "Verminderung des 'Sozialeffekts' der Wohnungsbauförderung ... eine verstärkte Ausweitung des Wohngeldes als Belastungs- und Mietbeihilfe" ab (86 e).

e. 7. Einkommensteuergesetz

Nach dem Einkommensteuergesetz kann für Gebäude und sonstige Wirtschaftsgüter, die zur Erzielung von Einkünften erfahrungsgemäß über mehr als ein Jahr verwendet werden, jeweils für ein Jahr ein Teil der Anschaffungs- oder Herstellungskosten vom Einkommen abgesetzt werden (Abschreibung). Die Höhe des jährlich abzusetzenden Betrags ergibt sich, indem die im Hinblick auf die betriebsgewöhnliche Gesamtnutzungsdauer entstehenden Kosten auf ein Jahr verteilt werden (§ 7). Dadurch soll der im Laufe der Zeit entstehende Wertverlust der Anlage für das Rechnungswesen erfaßt und als Aufwand in der Gewinn- und Verlustrechnung des Unternehmens berücksichtigt werden.

Abweichend von dieser Umlegung der bei der Gesamtnutzungsdauer entstehenden Kosten auf ein Jahr, kann - zur Förderung von Investitionen im Wohnungsbau - nach § 7 b von Bauherrn eine erhöhte Abschreibung für Wohngebäude vorgenommen werden. Nach dem Einkommensteuergesetz vom 28.12.1950 (87) waren das in den ersten beiden Jahren jeweils 10 %, in den darauf folgenden zehn Jahren jeweils 3 %; erst danach richtete sich die Absetzung nach dem noch vorhandenen Restwert und der

Restnutzungsdauer des Gebäudes. Darüber hinaus begünstigte § 7 c - angesichts des Kapitalmangels im Wohnungsbau (88) - überhaupt die Anlage von Kapital, indem Zuschüsse (bei Steuerpflichtigen, "die den Gewinn aufgrund ordnungsgemäßer Buchführung ermitteln", auch Darlehen) zur Förderung des Wohnungsbaus im Jahr der Leistung abgesetzt werden konnten, sofern diese Leistung an gemeinnützige Wohnungsunternehmen, Organe der staatlichen Wohnungspolitik, gemeinnützige Siedlungsunternehmen, an Unternehmen, die zur Ausgabe von Heimstätten zugelassen sind oder unter besonderen Voraussetzungen auch an sonstige Wohnungsunternehmen erfolgte.

Seit 1950 ist das Einkommensteuergesetz im Vergleich zu anderen Gesetzen ungewöhnlich häufig geändert worden; in der Zeit von 1950 bis 1961 allein mindestens sechzehnmal. Darin wird deutlich, daß es sich bei dem Einkommensteuergesetz um ein flexibles Instrumentarium staatlicher Politik handelt, um wechselnden Gegebenheiten Rechnung zu tragen (89). Als Beispiel dafür mag die Aussetzung der Abschreibung nach § 7 b aus konjunkturpolitischen Gründen im Jahre 1963 dienen (90). Angesichts des instrumentalen Charakters dieses Gesetzes, deutlich in den zahlreichen Änderungen, kann im Rahmen der nicht diesen Aspekt thematisierenden Zielsetzung dieser Untersuchung den einzelnen Änderungen im Detail nicht nachgegangen werden.

Grundsätzliche Neuorientierung brachte das "Gesetz zur Neuregelung der Absetzung für Abnutzung bei Gebäuden" vom 16. 6. 1964 (91) insoweit, als damit die staatliche Förderung des Wohnungsbaus über § 7 b eingeschränkt wurde (92): Danach ist eine erhöhte Absetzungsmöglichkeit der Herstellungskosten nur noch für Ein- und Zweifamilienhäuser und Eigentumswohnungen gegeben, die zu mehr als 66 2/3 % Wohnzwecken dienen.

Im Hinblick auf die Thematik der vorliegenden Untersuchung ist dies zu verstehen als Reduzierung der Möglichkeit erhöhter Abschreibung auf Maßnahmen zur Eigentumsbildung im Wohnungsbau.

Im Hinblick auf die langfristige gesellschaftliche Entwicklung in der Bundesrepublik jedoch zeigt sich die Rücknahme von Sonderabschreibungs-Möglichkeiten unter einem anderen verteilungspolitischen Aspekt: "Als dann im Verlauf des weiteren Wirtschaftsaufschwungs neue Schichten aufgrund ihrer Einkommen und evtl. neu gebildeten Vermögens die Chance gehabt hätten, ebenfalls auf diese Weise (Abschreibungserleichterungen, Anm. des Verf.) mit staatlicher Förderung ihr Vermögen zu vermehren, wurden die Vergünstigungen aus prinzipiellen und später aus konjunkturellen Gründen abgebaut." (93)

A. III. Zusammenfassung

Grundlegend für die ökonomische, gesellschaftliche und politische Entwicklung der Bundesrepublik war die Restauration der kapitalistischen Wirtschaftsordnung, die sich auf die private Verfügungsgewalt über Produktionsmittel gründet und mit der eine Rechtsordnung korrespondiert, die wesentlich durch die umfassende Gewährleistung des Privateigentums bestimmt wird.

Betrachtet man auch nur einen Teilbereich des Rechts der Bundesrepublik, nämlich die in dieser Untersuchung vorgestellten Gesetze der staatlichen Wohnungsbau- und insbesondere Eigenheimförderung, so kommt dieses kapitalistische Fundament in der Weise zum Ausdruck, in der sie die Wohnungsversorgung regelnd erfassen: nämlich in der Ausklammerung der Sphäre der Wohnungsproduktion aus Wohnungspolitik und Wohnungsbau-Förderungs-Recht zum einen, in der Eigentumsförderung, insbesondere Eigenheimförderung und "Durchführung des Prinzips der sozialen Marktwirtschaft" (1) in der Wohnungsverteilung (Abbaugesetzgebung im Mietwohnungsbau) zum anderen.

Die Regelungen der beiden Wohnungsbaugesetze, die die zentralen Bestimmungen staatlicher Wohnungsbauförderung enthalten, setzen bei der Wohnungsverteilung an; sie stecken den allgemeinen rechtlichen Rahmen für den Markt der Wohnungsverteilung ab und bestimmen normative Bedingungen der Anwendbarkeit der zivilrechtlichen Regeln, unter denen Wohnraum zu vermieten ist (je ob freifinanzierter, steuerbegünstigter oder öffentlich geförderter). Sie tangieren die Wohnungsproduktion nur, insofern sie Subventionen für die Produktion von Wohnraum anbieten (ohne damit aber in die private Entscheidungsfreiheit einzugreifen) und insofern sie für die Inanspruchnahme öffentlicher Förderung qualitative Anforderungen an die zu errichtenden Wohnungen normieren (2). Indem aber die Wohnungsproduktion im übrigen bei den gesetzlichen Regelungen ausgespart bleibt, bleibt sie dem "freien Spiel der Kräfte" überlassen - und somit als kapitalistische gesichert. Die Produktion der Ware Wohnung unterliegt prinzipiell denselben Profitgesichtspunkten wie die anderer Waren.

Diese Betrachtung, nämlich die Ausklammerung der Wohnungsproduktion aus den Regelungen der Wohnungsbaugesetze bereits als Ausdruck kapitalistischer Verhältnisse zu identifizieren, mag eher prinzipieller Natur erscheinen. Es ließe sich dagegen einwenden, entscheidend für die Qualität der Wohnungsversorgung seien die Tauschverhältnisse bei der Wohnungsverteilung (wenn man davon absieht, daß überhaupt die Produktion Voraussetzung der Verteilung ist) - und die Verhältnisse bei der Wohnungsverteilung seien immerhin rechtlich erfaßt: für Sozialwohnungen durch Normierung von Begünstigungsvoraussetzungen und Mietpreisregelungen - für alle anderen Mietwohnungen durch soziale Flankierungen der Wohnungs-Markt-Regulierung (Mieterschutzvorschriften, Wohngeld).

Ein solcher Verweis auf gesetzliche Regeln der Wohnungsverteilung setzt jedoch die Ausblendung der Wohnungsproduktion aus dem Wohnungsbau-Förderungs-Recht nur fort. Dabei ist diese Ausklammerung systemisch bedingt: Prinzipiell ist es dem Staat verwehrt, in die private Verfügung über Produktionsmittel - in die private Bestimmung von Ziel und Gegenstand der Produktion - sowie in die Tauschverhältnisse der "Wirtschaftssubjekte" zu intervenieren; Vertrags-Freiheit und Eigentum sind verfassungsmäßig garantiert. Der Staat greift in die Wohnungsproduktion nicht ein, regt lediglich die "Privatinitiative" an durch Anbieten von Subventionen (deren Inanspruchnahme dann allerdings mit bestimmten Auflagen - insbesondere im öffentlich geförderten sozialen Wohnungsbau mit Bindungen gekoppelt ist, die allerdings hier erst in der Sphäre der Wohnungsverteilung ansetzen) (2 a).

Im übrigen aber sind Art/Umfang und insbesondere Preislimitierungen (also letztlich: Profitmargen) für die Produktion von Wohnungen im Sinne einer Intervention in den Preisbildungsprozeß des Bauhauptgewerbes nicht durch gesetzliche Regelungen festgelegt - ist dieser Teil der Wohnungsversorgung insofern nicht normativ erfaßt (wenn man einmal von den immer schon gesamtgesellschaftliche Rationalität gewährleistenden Sicherheits- und Planungsvorschriften absieht). Gerade die Ausklammerung der Wohnungsproduktion aus den Regelungen des Wohnungsbau-Förderungs-Rechts ist dann als Ausdruck kapitalistischer Verhältnisse zu verstehen.

Darüber hinaus sitzt die staatliche Differenzierung in Nicht-Intervention und somit Etablierung der Marktmechanismen in der Wohnungsproduktion einerseits und sozialverpflichtete (marktkonforme wie marktkonträre) Intervention in die Wohnungsverteilung durch die Regelungen der beiden Wohnungsbaugesetze andererseits der Illusion auf, beide Sektoren ließen sich trennen - als könne staatliche Intervention in die Wohnungsverteilung (durch die Normierung von Sozialbindungen der Mietverhältnisse des sozialen Wohnungsbaus und soziale Flankierung der übrigen Mietverhältnisse) von den Verhältnissen der Wohnungsproduktion unabhängig gehalten werden - als ließe sich ein Durchschlagen der Verhältnisse des einen auf den anderen Sektor ausschließen.

Jedoch greifen die Mechanismen in der Wohnungsproduktion auf den Sektor der Wohnungsverteilung über - nicht nur im Hinblick darauf, daß Art, Größe und insbesondere Zahl der produzierten Wohnungen Determinanten der Wohnungsverteilung sind, sondern gerade auch im Hinblick darauf, daß die Kosten der Produktion der Ware Wohnung (einschließlich des Profits) der ausschlaggebende Faktor der Mietpreisbildung sind (3).

Wenn aber wohnungspolitische Maßnahmen des Staates erst bei der Wohnungsverteilung ansetzen, bedeutet dies, daß immer erst nachträglich - unter Beschränkung auf diesen Sektor - jenes "sozial" korrigiert werden kann, was zuvor bei der Wohnungsproduktion das "freie Spiel der Kräfte" an politisch unerwünschten Folgen hervorgebracht hat. Für die öffentliche Förderung des sozialen Wohnungsbaus bedeutet dies, entweder mit einer regelmäß9gen Erhöhung der Subventionsleistungen die

Preissteigerungen der Bauwirtschaft aufzufangen, um ein einmal projektiertes Förderungsergebnis aufrecht erhalten zu können (die Fertigstellung einer bestimmten Anzahl von Wohnungen zu "Sozial"-Mieten) - oder die Subventionsleistungen nicht anzupassen und so eine Minderung des Förderungseffekts in Kauf zu nehmen (steigende Mieten, rückläufige Bautätigkeit im sozialen Wohnungsbau) (4). Im gesamten Wohnungsbau hatte der beschriebene Konnex den Aufbau eines Systems von Wohnbeihilfen (später in den beiden Wohngeldgesetzen vereinheitlicht) zur Folge (5), dessen Ausweitung angesichts steigender Baupreise und rückläufiger Förderung des sozialen Wohnungsbaus (6) zu erwarten ist.

Somit hat die Ausklammerung der Wohnungsproduktion aus den wohnungspolitischen Regelungen dazu geführt, daß die (notwendigen) Folgeerscheinungen kapitalistischer Wohnungsproduktion auf die Verhältnisse der Wohnungsverteilung übergreifen - vor allem aber die wohnungspolitischen Maßnahmen des Staates konterkarieren und weitere provozieren.

Die Regelungen der beiden Wohnungsbaugesetze für die Wohnungsverteilung selbst unterliegen von Anfang an marktwirtschaftlicher Orientierung. Bereits in ihrer Begründung zum Entwurf des I. WoBG bezeichnete es die Bundesregierung als Ziel staatlicher Politik, "auch im Bereich der Wohnungswirtschaft die Grundsätze der sozialen Marktwirtschaft allmählich zur Geltung zu bringen" - und rekurrierte auf die Anregung der "Privatinitiative" (7).

Dies läßt sich einmal verstehen als Versuch, "das Privatkapital für den Bau von Wohnungen wieder zu interessieren" (8), indem damit begonnen wurde, die Wohnraumbewirtschaftung und Mietpreiskontrolle abzubauen und so die Mechanismen des Marktes als Prinzipien der Wohnraumverteilung, zu etablieren. Dies ist zunächst in den beiden Wohnungsbaugesetzen und abschließend im "Gesetz über den Abbau der Wohnungszwangswirtschaft und über ein soziales Miet- und Wohnrecht" vom 23. 6. 1960 realisiert worden; die sich bei dem schrittweise freigesetzten "freien Spiel der Kräfte" ergebenden "sozial nicht tragbare(n) Härten" (9) werden durch Beihilfen korrigiert.

Zum anderen kann die Betonung der Privatinitiative im Wohnungsbau auch in der Weise verstanden werden, daß damit eine adäquate Wohnungsversorgung als je individuell - durch Eigeninitiative im Sinne des Erwerbs von Wohnungseigentum - zu lösendes Problem bezeichnet wird; Mangel an Wohnraum - anfänglich an Wohnungen überhaupt, im Laufe der schrittweisen Etablierung der Prinzipien des Marktes in der Wohnungsverteilung: an Wohnungen zu bezahlbaren Mieten (10) - gilt dann als prinzipiell je individuell zu beheben (11), indem der Staat die individuelle Lösung anbietet und mit Vorrang fördert (Eigenheim-Förderungs-Recht). Dient das Beihilfewesen dazu, die Mechanismen des Wohnungsmarkts sozial zu flankieren, so normiert das Eigenheim-Förderungs-Recht - im wesentlichen für den finanzkräftigen Teil der im sozialen Wohnungsbau Begünstigten - den individuellen Weg, sich diesen durch Erwerb von Wohnungseigentum (Eigenheim) zu entziehen (12) - unter prinzipieller Anerkennung derselben.

Schließlich kommt die marktwirtschaftliche Orientierung und zugleich das Spezifikum kapitalistischer Gesellschaften: die dominierende Position des Privateigentums im Recht der Wohnungsbauförderung darin zum Ausdruck, daß es mit Vorrang die Förderung des Eigenheims regelt. Wohnungsbau-Förderungs-Recht beschränkt sich nicht darauf, eine ausreichende Versorgung mit Wohnraum überhaupt sicherzustellen, sondern forciert die Versorgung mit Wohnraum in der Rechtsform des Eigentums: ist zentral Eigenheim-Förderungs-Recht.

Wie die parlamentarischen Beratungen gezeigt haben, standen für die besondere Ausrichtung der Wohnungsbauförderung auf die Förderung der Eigentumsbildung ordnungspolitische Überlegungen im Vordergrund, die auf die Verbreitung des Eigentums als Grundlage der kapitalistischen Gesellschaft abzielten.

Allerdings setzte die vorrangige Eigentums-, insbesondere Eigenheimförderung erst 1953 ein. Vorher fehlten für die Realisierung einer daran orientierten Politik offenbar die ökonomischen Voraussetzungen: Mangelte es auf Seiten der potentiellen Eigenheim-Bauherrn an angesparten Finanzmitteln im erforderlichen Umfang, so war auch der finanzielle Rahmen der öffentlichen Hand für die Wohnungsbauförderung aufgrund der insgesamt noch ungesicherten wirtschaftlichen Situation und daher knapper Haushaltsmittel eng gezogen; schließlich zwang die durch den Zustrom von Heimatvertriebenen und Flüchtlingen noch verschärfte Wohnungsnot dazu, die sowieso schon knappen Förderungsmittel "ökonomisch" einzusetzen, also mit den vorhandenen Mitteln eine maximale Bauleistung an Wohnungen zu erzielen. Daher beschränkte sich die staatliche Wohnungspolitik darauf, den Bau von Wohnungen überhaupt zu fördern - und nicht vorrangig den von (finanzaufwendigeren) Eigenheimen. Lediglich sofern diese "unter erheblichem Einsatz von Selbsthilfe" erstellt, also die Baukosten auf diese Weise gesenkt wurden und somit geringere öffentliche Zuschüsse erforderten, konnten sie bevorzugt gefördert werden· (13).

Im einzelnen bestanden für die Errichtung von Eigenheimen folgende Förderungsformen:

Die Abschreibungsmöglichkeit nach § 7 b EStG; die Ermäßigung der Grundsteuer für zehn Jahre gemäß §§ 7, 11 I. WoBG; die Inanspruchnahme öffentlicher Förderungsmittel im Rahmen des sozialen Wohnungsbaus (§§ 13-22 I. WoBG).

Die öffentlichen Förderungsmittel wurden, ohne daß ein Rechtsanspruch eingeräumt wurde, prinzipiell personenunabhängig und objektbezogen verteilt: Subventionen im Rahmen des sozialen Wohnungsbaus konnte jeder zuverlässige und leistungsfähige Bauherr erhalten, sofern die zu errichtenden Wohnungen für Wohnungssuchende bestimmt waren, die bei Bezug zu dem einkommensmäßig nur weit gefaßten Kreis der im sozialen Wohnungsbau Begünstigten gehörten und die Wohnungen bestimmten Größenanforderungen genügten.

Die Knappheit der für den Wohnungsbau (überhaupt) zur Verfügung stehenden Mittel (und damit die insgesamt noch ungesicherte wirtschaftliche Situation) zeigt sich - wie bereits in der Hintanstellung des Eigenheimbaus - auch in der Art der gesetzlichen Regelungen des Bergarbeiter-Wohnungsbaus und des Bausparens.

Eine besondere staatliche Förderung des Baus von Wohnungen - in erster Linie in Form von Eigenheimen, Kleinsiedlungen und Eigentumswohnungen - für Bergarbeiter des Kohlebergbaus war notwendig geworden, da eine starke Fluktuation der im Kohlebergbau Beschäftigten die Erhöhung des Fördervolumens beeinträchtigte, die wiederum notwendig war für die Produktionsausweitung auf gesamtwirtschaftlichem Niveau.

Das Problem der Finanzierung dieses eher strukturpolitisch zu bezeichnenden, letztlich der wirtschaftlichen Expansion dienenden Wohnungsbau-Programms löste der Gesetzgeber durch Einführung einer besonderen Abgabe; so wurde vom Bund für jede abgesetzte Tonne Kohle je nach Kohleart eine Abgabe zwischen einer und zwei Mark erhoben, deren Gesamtaufkommen vom Bund als Treuhandvermögen ausschließlich zur Förderung des Bergarbeiter-Wohnungsbaus verwendet wurde.

Abgesehen von der Knappheit der Mittel des Staates für die Wohnungsbauförderung, stellte sich das Finanzierungsproblem auch auf seiten der privaten Bauherrn. Einerseits boten für anlagesuchendes Kapital andere Wirtschaftssektoren profitablere Möglichkeiten, so daß im Wohnungsbau relativer Kapitalmangel herrschte - und von Staats wegen versucht wurde, über besondere Abschreibungsvergünstigungen nach § 7 c EStG, die Kapitalanlage (in Form von Darlehen und Zuschüssen) in Wohnungsunternehmen zu fördern. Andererseits war die wirtschaftliche Entwicklung noch nicht soweit fortgeschritten, daß davon ausgegangen werden konnte, potentielle Bauherrn von Eigenheimen, Kleinsiedlungen oder Eigentumswohnungen hätten in größerem Umfang die erforderlichen Eigenmittel zum Bauen bereits angespart; da die Wohnungsbauförderung aber vorrangig auf Eigentumsbildung im Wohnungsbau abzielte (14), was schließlich im Wohnungsbau-Änderungsgesetz 1953 auch ausdrücklich gesetzliche Regelung wurde, mußte die staatliche Wohnungspolitik gerade auf diesen Kreis potentieller Bauherrn sich richten und bei deren - für das gesamte Eigenheimprogramm neuralgischen - Schwierigkeiten ansetzen. War die staatliche Wohnungspolitik einmal darauf ausgerichtet, das Wohnungsproblem prinzipiell durch waltende Privatinitiative - sei es durch marktwirtschaftliche (Miet-) Wohnungswirtschaft, sei es durch Eigentumsbildung (Eigenheim) - zu lösen, die allenfalls staatlicher "Anregung" und Förderung bedarf, dann war es konsequent, die finanziellen Hindernisse für die Ausbreitung der Eigeninitiative zu beseitigen, i. e. die Ansparung von Eigenmitteln für das eigene Heim (aber auch die Ansammlung von Kapital für Mietwohnungen) zu fördern.

Dazu dienten die Regelungen des Wohnungsbauprämiengesetzes; danach wurde die Leistung von Beiträgen für Bausparkassen, Bausparverträge, Bau- oder Wohnungsgenossenschaftsanteile, bzw. für Beiträge aufgrund

98

von Kapitalsammlungsverträgen durch Gewährung von Prämien gefördert - unabhängig von der Höhe des Einkommens des Leistenden.

Gesamtwirtschaftlich kam dieser Anregung der Spartätigkeit die Funktion zu, den Konsum der privaten Haushalte einzudämmen und die notwendigen finanziellen Mittel für die wirtschaftliche Expansion anzusammeln. Auf ideologischer Ebene findet dieser ökonomische Sachverhalt darin seinen Ausdruck, daß im schriftlichen Bericht des Bundestags-Ausschusses für Wiederaufbau und Wohnungswesen zum Entwurf des Wohnungsbauprämiengesetzes darauf hingewiesen wurde, es werde "zu wenig gespart und vielleicht zu viel für überflüssigen Konsum ausgegeben" (15); vom "überflüssigen Konsum" werde durch dieses Gesetz abgelenkt (16) zugunsten des Sparens zum Erwerb von Eigentum.

Nachdem es - bedingt durch das Arbeitsbeschaffungs- und Wohnungsbauprogramm der Bundesregierung sowie die wirtschaftlichen Ausstrahlungen des Korea-Krieges - in der zweiten Hälfte von 1950 und 1951 zu einem konjunkturellen Anstieg gekommen war, hatten sich auch die finanziellen Ressourcen des Bundes erhöht; das wiederum ließ eine Ausweitung der Förderungsmittel für Wohnungsbau zu.

In Übereinstimmung damit legte die Bundesregierung am 28.10.1952 den Entwurf eines Wohnungsbau-Änderungsgesetzes vor, das die Zahl der projektierten Wohnungen im öffentlich geförderten sozialen Wohnungsbau erhöhte und als Ausdruck größeren finanziellen Spielraums (17) erstmal den Neubau von Eigenheimen, Kleinsiedlungen und Kaufeigentum vorrangig förderte. Auf der Grundlage der von Bundesregierung und Bundestag schon bei der Beratung des I. WoBG von 1950 betonten Förderung der Eigentumsbildung im Wohnungsbau schien diese besondere Bevorzugung "notwendig", da das I. WoBG von 1950 (das eine solche Bevorzugung nicht enthielt) hinsichtlich der Eigentumsbildung "versagt" habe; in den Beratungen des WoBÄndG 1953 wurde von einem Rückstand der Eigenheimpolitik gegenüber der Mietwohnungsbaupolitik gesprochen (18). Dabei bezeichnete der Bundesminister für Wohnungsbau es als "eine der vornehmsten Aufgaben" der Bundesregierung, "den Eigentumsgedanken und damit auch das Staatsgefühl unserer Bevölkerung zu stärken" (19). Diesem Ziel Rechnung tragend, wurde mit der Änderung des Wohnungsbauprämiengesetzes von 1954 die Gewährung von Prämien für die Beiträge im Rahmen von Bausparverträgen und Kapitalsammlungsverträgen davon abhängig gemacht, daß diese Beiträge zur Eigentumsbildung im Wohnungsbau (Bau oder Erwerb eines Eigenheims, einer Kleinsiedlung oder Eigentumswohnung) verwendet werden.

Noch als das Änderungsgesetz zum I. WoBG beraten wurde, begannen bereits die Beratungen zum Wohnungsbau- und Familienheimgesetz (II. WoBG), das die Wohnungsbauförderung einer umfassenden Neuregelung zuführen und damit das I. WoBG ablösen sollte. Dabei war immer noch die Einschätzung maßgeblich, der Anteil der Eigenheime sei zu gering. Zwar gibt es Anzeichen dafür, daß sich der Anteil der Eigenheime an allen geförderten Wohnungen nach Inkrafttreten des Wohnungsbau-Änderungsgesetzes von 1953 erhöht hatte; doch entsprach dies anscheinend noch nicht den Vorstellungen der Parteien des Zweiten Deutschen Bundestages (20).

Offenbar war aber das Leitbild vom eigenen Heim im Grünen noch nicht weit genug verbreitet ; so wurde bei den Beratungen des II. WoBG darauf hingewiesen, daß teilweise eine "außerordentlich starke Abneigung" gegen Eigenheime bestanden habe, daß zwar das Eigenheim nicht "aufgezwungen" werden könne, doch aber hier eine "Erziehungsarbeit" zu leisten sein werde; es sei "notwendig", den Eigentumsgedanken "entscheidend zu stärken" (21).

Man wird ergänzen können: Eine Erziehungsarbeit, die seit 1953 durch die entsprechend ausgerichtete Wohnungsbauförderung vorbereitet und durch die entsprechenden Regelungen im II. WoBG ergänzt wurde, in dem alle Bestimmungen der Eigentumsförderung im Wohnungsbau zusammengefaßt wurden.

Die grundsätzliche Perspektive des II. WoBG, die Förderung der Eigentumsbildung im Wohnungsbau, kommt darin zum Ausdruck, daß bei der Förderung des Wohnungsbaus der Neubau von "Familienheimen" Vorrang hat vor allen anderen Wohnungen (§§ 26, 30 II. WoBG). Die Bezeichnung "Familienheim" drückt die familienpolitische Akzentuierung aus, die die Eigenheimförderung im II. WoBG erfahren hat; zwar werden in § 7 Abs. 1 verschiedene Typen von Familienheimen unterschieden, letztlich sind dies aber alles Arten eines eigenen Heims.

Meist ist die allgemeine Zielrichtung dieses Familienheimgesetzes damit umschrieben worden, die Familien mit Grund und Boden zu verwurzeln (22). Im einzelnen überlagern sich hier unterschiedliche Zielsetzungen. Abgesehen von wohnungspolitischen Zwecken, die Wohnungsversorgung "marktkonform" - unter Anregung der Privatinitiative - zu regeln, standen offenbar familien-/bevölkerungspolitische Ziele im Vordergrund. Das mag zunächst als sozialpolitisch orientierte materielle Begünstigung bestehender Familien zu verstehen sein - als Förderung der Familie als Kleingruppe mit (im Vergleich beispielsweise zu Alleinstehenden) spezifischen Problemen; aber diese Familienpolitik läßt sich nicht allein auf eine die Interessen der Familien in der Bundesrepublik aufgreifende und vertretende Politik reduzieren; sie intendierte die Gewährleistung und Förderung der Familie als Institution - als gottgegebene Ordnungszelle, die staatlichen Regelungen vorgelagert sei.

Gleichwohl zeichneten sich hinter allen familienpolitischen/familienideologischen Verlautbarungen mit unterschiedlicher Deutlichkeit sehr reale, letztlich auf Vermehrung der Bevölkerung gerichtete Ziele ab, die mit dem Recht der Eigenheimförderung zu erreichen versucht wurden. Zu Beginn der fünfziger Jahre nämlich, als die geburtenschwachen Jahrgänge aus den Jahren der Weltwirtschaftskrise ihre Familien gründeten, stellte sich ein deutlicher Rückgang des Geburtenüberschusses ein; langfristig zeichnete sich damit eine Gefährdung der ökonomischen - und in letzter Konsequenz: der natürlichen - Reproduktion dieser Gesellschaft ab; "Geburtenbeschränkung" werde aber durch Beibehaltung der beengten Wohnverhältnisse "geradezu als staatliches Ziel proklamiert"; demgegenüber müsse die Familie "Richtschnur der Wohnungspolitik" werden; das Familienheim müsse "zur Norm des sozialen Wohnungsbaus" werden (23).

Allerdings hatten in die Ausrichtung der Regelungen des Familienheimgesetzes (II. WoBG) auch "staatspolitische" Zielsetzungen Eingang gefunden, insofern von einer Förderung der Eigentumsbildung eine Stärkung des Staatsgedankens erwartet wurde. Verbreitung des Eigentums und damit Verstärkung des Eigentumsgedankens ist in diesem Zusammenhang als präventives ideologisches Krisenmanagement des Staates einer kapitalistischen Gesellschaft zu verstehen; es ist darauf gerichtet, gesellschaftliche Widersprüche in der Weise zu entschärfen, daß die bislang Eigentumslosen an d e m Eigentum (24) partizipieren (25); es bedeutet den Versuch der Integration gesellschaftlicher Antagonismen zur Stabilisierung des sozio-ökonomischen Status quo.

Die in die Normierung des Eigenheim-Förderungs-Rechts eingeflossenen "staatspolitischen" Überlegungen lassen sich im Hinblick auf eine Antizipation ökonomischer sowie politischer Krisen differenzieren.

Im Hinblick auf den ökonomisch orientierten Aspekt der staatspolitischen Strategie ist daran zu erinnern, daß zur Zeit der ersten Beratung des II. WoBG (Januar 1953) der erste konjunkturelle Aufschwung in der Bundesrepublik, der Korea-Boom, gerade wieder abflachte, das konjunkturelle Wachstum rückläufig war und auch 1956 - als das II. WoBG verabschiedet wurde - trotz neuerlichen Konjunkturanstiegs die wirtschaftliche Situation angesichts weiter bestehender Arbeitslosigkeit noch nicht als gesichert zu bezeichnen war.

Aus dieser Situation heraus ist auch die Regelung im II. WoBG zu verstehen, wonach zu dem (Familien-) Eigenheim "nach Möglichkeit ein Garten oder sonstiges nutzbares Land gehören" sollte (§ 7). (Die Kleinsiedlungen waren sowieso zur landwirtschaftlichen Nutzung bestimmt.) Für den Fall ernster Wirtschaftskrisen waren so zusätzliche Reproduktionsmöglichkeiten erschlossen.

Im Hinblick auf die Antizipation politischer Krisen in den "staatspolitischen" Zielen des Eigenheim-Förderungs-Rechts ist daran zu erinnern, daß in den fünfziger Jahren die weltpolitische Lage durch den Ost-West-Gegensatz, die politische Konfrontation zwischen den Staaten der NATO und denen des Warschauer Pakts ("Kalter Krieg") geprägt war, die sich auch in der Bundesrepublik innenpolitisch in einem undifferenzierten Antikommunismus fortsetzte; angesichts dieser verschärften ideologischen Auseinandersetzung und der - aufgrund der Restauration der sozio-ökonomischen Verhältnisse in der Bundesrepublik - fortbestehenden Ungleichheit der Eigentumverteilung kann eine Politik, die den Wohnungsbau (auch) unter "staatspolitischem" Aspekt erfaßt und vorrangig die Bildung von Eigentum - somit die Stärkung des Eigentumsgedankens und des Staatsgedankens - fördert, als generelle Prävention politischer (legitimatorischer) Krisen verstanden werden; Instrument dieser auf gesellschaftliche Integration gerichteten Politik war das Recht der Eigenheimförderung - zentral kodifiziert im II. WoBG (26).

Im einzelnen wurden im Wohnungsbau- und Familienheimgesetz (II. WoBG) die mehr technischen Grundlinien der Wohnungsbauförderung nach dem I. WoBG übernommen. Auch im II. WoBG wird je nach Art der Finanzierung unterschieden in freifinanzierten, steuerbegünstigten und öffentlich geförderten sozialen Wohnungsbau. In der Fassung von 1956 dieses Gesetzes galt grundsätzlich dieselbe einkommensmäßige Abgrenzung der Begünstigten; lediglich die Zuschläge auf den Grundbetrag der Einkommensgrenze wurden erhöht. Im Verlauf der weiteren konjunkturellen Entwicklung und des Anstiegs des Preis-Lohn-Gefüges wurden die Zuschläge diesen Veränderung wiederholt angepaßt; der Grundbetrag der Einkommensgrenze wurde erst 1971 erhöht. In ihren Auswirkungen bedeutet diese Vorgehensweise eine Schlechterstellung von Alleinstehenden (die nur den Grundbetrag in Anrechnung bringen können) und eine Bevorzugung von Familien. Diese ist jedoch vom Gesetzgeber intendiert und im Familienheimgesetz von Anfang an enthalten.

Für den öffentlich geförderten sozialen Wohnungsbau wurden auch im II. WoBG hinsichtlich der Größe der zu fördernden Wohnungen bestimmte Mindest- und Höchstgrenzen festgelegt, die allerdings gegenüber dem I. WoBG erhöht wurden. Erstmalig wurden für öffentlich geförderte Wohnungen qualitative Mindestanforderungen normiert (sanitäre Anlagen, elektrische Anschlüsse etc.).

Offenbar ließen der gegenüber 1950 relative Rückgang des Wohnungsfehlbestands, die im Zuge des Wirtschaftswachstum erhöhten Ressourcen (auch) für den Wohnungsbau und die Erhöhung des Lebensstandards (letztlich: die Entwicklung der Produktivkräfte) es zu, die zunächst stärker quantitativ orientierte Wohnungsbauförderung auf die Erfüllung zusätzlicher qualitativer Anforderungen auszurichten. (Diese Normierung qualitativer Mindestbedingungen für Wohnungen des sozialen Wohnungsbaus kommt in den Ergebnissen der Gebäude- und Wohnungszählung 1968 zum Ausdruck, wonach öffentlich geförderte Wohnungen nach ihrer Ausstattung qualitativ höher stehen als andere Wohnungen) (27).

Erstmals wurde für öffentlich geförderte Wohnungen eine zusätzliche Subventionierung normiert; die objektbezogene Förderung der Bautätigkeit im sozialen Wohnungsbau wurde ergänzt durch eine - auf die besonderen finanziellen Verhältnisse der jeweiligen Haushalte ausgerichteten - Individualförderung: Sofern die Miete oder (bei Familienheimen und Eigentumswohnungen) die Belastung als nicht "tragbar" anzusehen war, konnte Miet-, bzw. Lastenbeihilfe gewährt werden. Allerdings war deren Gewährung noch von der - erst 1961 aufgehobenen - Bedingung abhängig, daß das jeweilige Bundesland eine entsprechende Verwaltungsvorschrift erlassen hatte.

Zur finanziellen Flankierung des II. WoBG wurden die öffentlichen Förderungsmittel für den sozialen Wohnungsbau erheblich erweitert; diese Ausweitung kommt im Ansteigen der Bewilligungen im öffentlich geförderten sozialen Wohnungsbau zum Ausdruck; die besondere Bedeutung der vorrangigen Eigenheimförderung des II. WoBG kommt dabei in dem hohen Anteil der öffentlich geförderten Eigenheime am gesamten sozialen Wohnungsbau zum Ausdruck.

Der besondere Vorrang der Eigenheimförderung läßt sich selbst in konjunkturpolitischen Maßnahmen nachweisen. So beschloß der Bundestag - nachdem trotz Konjunkturdämpfung mittels Steuer-Änderungsgesetz 1960 von der Bauwirtschaft weiter expansive Impulse, vor allem aber weitere Preissteigerungen ausgegangen waren - mit Gesetz vom 16. 5. 1963 eine Aussetzung der erhöhten Abschreibungsmöglichkeit nach § 7 b EStG (28); von dieser wurde nur der Bau von Eigenheimen, Kleinsiedlungen und eigengenutzten Eigentumswohnungen ausgenommen - und nicht etwa der Bau von Wohnungen generell.

Dies entspricht der grundsätzlichen Ausrichtung der damaligen Wohnungspolitik, die - wie die Begründung der Bundesregierung zum Entwurf des Abbaugesetzes zeigt - davon ausging, daß es 1962/1963 "keinen rechnungsmäßigen Wohnungsfehlbestand mehr geben" werde. Mit dem Erreichen einer "in etwa ausgeglichene(n) Wohnungsversorgung" aber könne das Wohnungswesen in die sozialen Marktwirtschaft "übergeführt werden" (29).

Demgemäß wurden die Regelungen des Abbaugesetzes in allen Kreisen mit einem statistischen Wohnungsdefizit von weniger als 3 % Wohnraumbewirtschaftung und Mietpreisbindung aufgehoben; (für den sozialen Wohnungsbau blieben auch weiterhin Bindungen bestehen).

Bereits 1962 waren auf diese Weise mehr als zwei Drittel aller Landkreise und kreisfreien Städte zu "Weißen Kreisen" geworden. Ende 1963 waren von den 555 Landkreisen und kreisfreien Städten nur noch 10 % "Schwarze Kreise". Daraus folgerte die Bundesregierung in der Begründung zum Entwurf des Wohnungsbau-Änderungsgesetzes 1965 - nachdem sich die frühere Projektion als unrichtig herausgestellt hatte, daß bis Ende 1965 das eine Ziel des II. WoBG, die Beseitigung der "echten Wohnungsnot" erreicht sein werde.

Dies berücksichtigend, sollte der Einsatz öffentlicher Mittel zum Wohnungsbau nur noch schwerpunktmäßig erfolgen; und zwar für solche Förderungszwecke, die bisher "wegen der allgemeinen Ausrichtung der Wohnungsbauförderung auf die vordringliche Beseitigung der Wohnungsnot noch nicht in dem wünschenswerten Umfang verwirklicht werden konnten" (30).

Nach Ansicht der Bundesregierung galt dies (noch immer) in erster Linie für die "Eigentumsbildung für breite Schichten des Volkes".

Dem entsprechend sind durch die Regelungen des WoBÄndG 1965 die Möglichkeiten der Eigentumsbildung im Wohnungsbau erweitert worden: So wurde die Eigentumsbildung in Form des Erwerbs von "Kaufeigenheimen" begünstigt: Die Bewilligung öffentlicher Mittel für die von gewerbsmäßigen Bauherrn errichteten Ein- und Zweifamilienhäuser muß gemäß § 64 mit der Auflage erteilt werden, daß auf Verlangen auch nur eines der Mieter der Eigentümer das Haus an diesen veräußern muß.

Ebenfalls einer "breiteren" Förderung der Eigentumsbildung, aber schwerlich der Förderung der Eigentumsbildung "breiter" Schichten dient die Regelung des § 88; danach können sogar Bauherrn von Eigenheimen (sowie Kleinsiedlungen und eigengenutzten Eigentumswohnungen) mit einem die Begünstigungsgrenze bis zu einem Drittel überschreitenden Einkommen auf Antrag Annuitätszuschüsse für die aufgenommenen Baudarlehen erhalten.

Neben dem traditionellen sozialen Wohnungsbau hat der Gesetzgeber damit eine weitere Möglichkeit direkter Subventionen zugunsten der Eigentumsbildung geschaffen. Dieser 2. Förderungsweg hat sich - obwohl er 1971 auch auf den Mietwohnungsbau ausgedehnt wurde - gegenüber dem 1. Förderungsweg als der eigentliche Eigentums-Förderungsweg herauskristallisiert.

Dies ist im Zusammenhang damit zu sehen, daß der Kreis der Begünstigten des 2. Förderungswegs über höhere Einkommen verfügt und aufgrund der dann auch höheren Sparrate eher in der Lage ist, die zum Erwerb von Wohnungseigentum erforderlichen Eigenmittel anzusparen (30 a).

Die in der Begründung zum Entwurf des WoBÄndG 1965 betonte Ausrichtung der Wohnungsbauförderung auf besondere Zwecke läßt sich auch in der gesetzlichen "Berücksichtigung der Wohnverhältnisse besonderer Personengruppen" (§ 28) nachweisen. Diese Regelung trat an die Stelle der gesetzlichen Berücksichtigung der Wohnbedürfnisse von Wohnungssuchenden mit geringem Einkommen (§ 27), die wegen "weitgehend überholter Einkommensgrenzen" aufgehoben wurde (31). Zu diesen besonderen Personengruppen gehören kinderreiche Familien und junge Familien (neben älteren Personen und Personen, die ihre Wohnung unverschuldet verloren haben).

Die hier zum Ausdruck kommende besondere Förderung der Familie zeigt sich auch in der Anhebung der Familienzuschläge auf den unveränderten Grundbetrag der Begünstigungsgrenze im sozialen Wohnungsbau und in der Erhöhung der Familienzusatzdarlehen. (Diese waren bereits durch das WoBÄndG 1961 erhöht worden, um - auch bei "veränderten Bedingungen des Bauens", nämlich bei den erheblichen Baupreissteigerungen - der nur beschränkten Sparfähigkeit kinderreicher Familien Rechnung zu tragen.)

Bereits im Wohngeldgesetz vom 1.4.1965 war die Förderung der Eigentumsbildung im Wohnungsbau insoweit ausgedehnt worden, als die Lastenbeihilfe der Mietbeihilfe angepaßt wurde und nicht mehr nur Notfall-Hilfe blieb.

Trotz dieser besonderen Förderung der Eigentumsbildung im Wohnungsbau sind seit Mitte der sechziger Jahre die Zahlen der Fertigstellung im Eigenheimsektor sowie der Eigenheim-Anteil am gesamten, wie auch sozialen Wohnungsbau rückläufig.

Anfängliche Ursache dafür war die bereits 1965 einsetzende - bis dahin schwerste - Wirtschaftskrise der Bundesrepublik; Einkommensverluste und Ungewißheit über die Erhaltung der Arbeitsplätze lähmten die Entscheidung, in dieser unsicheren Wirtschaftslage mit dem Bau eines eigenen Hauses zu beginnen.

In Anbetracht rückläufiger Wirtschaftstätigkeit und damit zu erwartender Mindereinnahmen der öffentlichen Haushalte, wurde durch das Steueränderungsgesetz vom 23. 12. 1966 ein Kumulierungsverbot für Sparprämien, Wohnungsbau-Sparprämien und Sonderausgaben-Abschreibung eingeführt; Prämienberechtigte haben seitdem zwischen diesen drei Förderungsmöglichkeiten zu wählen. Gleichzeitig wurde die Festlegungsfrist der Bausparbeiträge auf sieben Jahre ausgedehnt.

Bereits am 8. 12. 1966 hatte der Bundestag einstimmig eine Entschließung angenommen, wonach die Bundesregierung mit der Vorlage eines Gesetzentwurfs beauftragt wurde, der die Zinssätze für die als Darlehen gewährten öffentlichen Mittel anheben sollte; damit sollte das Aufkommen an Rückflüssen gesteigert und so die Bundesmittel für eine weitere Förderung des Wohnungsbaus sichergestellt werden (32). Dementsprechend wurde durch das Wohnungsbau-Änderungsgesetz vom 17. 7. 1968 eine Erhöhung der Verzinsung öffentlicher Baudarlehen festgelegt; davon wurden ausgenommen - als Ausdruck der vorrangigen Eigentumsförderung - Darlehen für den Bau von Eigenheimen (sowie Kleinsiedlungen, Kaufeigenheimen und Eigentumswohnungen); allerdings ist für diese die Zinserhebungs- bzw. Zinserhöhungssperre auf zehn Jahre beschränkt worden.

Seit 1960 ist das Bauvolumen im sozialen Wohnungsbau stark zurückgegangen; war es anfangs die Abwanderung des Baukapitals in den "freien" Wohnungsbau, der durch Aufhebung von Mietpreisbindung und Wohnraumbewirtschaftung gewinnträchtiger geworden war, so wurde dieser Rückgang in der zweiten Hälfte der sechziger Jahre zunächst durch Wirtschaftskrise der Jahre 1966/1967 und dann durch die erheblichen Preissteigerungen im Bausektor verstärkt, die sogar befürchten ließen, der Wohnungsbau könne völlig zum Erliegen kommen. Um ein weiteres Absinken des Bauvolumens im öffentlich geförderten sozialen Wohnungsbau zu verhindern, wurde durch das Wohnungsbau-Änderungsgesetz vom 17. 12. 1971 die Begünstigungsgrenze im sozialen Wohnungsbau erweitert: erstmals seit 1956 nicht allein durch Anhebung der verschiedenen Zuschläge, sondern auch des Grundbetrages der Einkommensgrenze.

Im Rahmen der im Zweiten Wohnungsbaugesetz angelegten Prioritäten zugunsten der Eigentumsbildung im Wohnungsbau bedeutete dies zugleich eine stärkere Begünstigung für den Eigenheimbau. Bedingt durch den erheblichen Anstieg im Preis-, Lohngefüge wurden diese Begünstigungsgrenzen schließlich ein weiteres Mal durch das Wohnungsbau-Änderungsgesetz vom 21. 12. 1973 angehoben: Die Jahreseinkommensgrenze erhöhte sich auf 18. 000 DM, der Familienzuschlag auf 9. 000 DM für den zweiten Familienangehörigen sowie auf weitere 4. 200 DM für jeden weiteren Familienangehörigen.

B. AUSWIRKUNGEN DES EIGENHEIM-FÖRDERUNGS-RECHTS

I. Einleitung

Die bisherigen Untersuchungen haben gezeigt, daß bei der staatlichen Förderung der Errichtung von Eigenheimen entscheidende Bedeutung dem Ziel zukam, dadurch auf Einstellungen, Überzeugungen und Einsichten der Bevölkerung einzuwirken; Eigenheim-Förderungs-Politik intendierte mit der Bildung von Eigentum in der Form des Eigenheims die Bindung der Familien an Grund und Boden und damit deren Pazifizierung im Sinne einer Stabilisierung des gesellschaftlichen Status quo.

Aus der Art des gewählten Ansatzpunktes dieser Pazifizierungspolitik - die Förderung der Bildung von Eigentum an Haus und Grundstück - zeichnet sich der Wirkungszusammenhang ab, von dem - gleich, ob mehr oder weniger bewußt - ausgegangen wurde: Durch Förderung der Änderung der räumlichen und rechtlichen Wohnverhältnisse die Einstellung der Individuen zum Staat und den Grundlagen der kapitalistischen Gesellschaft überhaupt zu beeinflussen; ein Umschlagen äußerer Bedingungen der Lebensweise in die "Lebensauffassung", das "Weltbild" (1).

Akzentuiert bedeutet dies den Versuch, eine Änderung von Bewußtsein durch eine Änderung materieller Verhältnisse herbeizuführen; dabei bleibt jedoch hervorzuheben, daß materielle Veränderungen dieser Art die allgemeinsten Grundlagen der Gesellschaft, die Produktionsweise unangetastet ließen, die kapitalistische Kernstruktur ausblendeten und gleichsam an der Peripherie ansetzten: nicht die Produktions-, sondern die Zirkulationsphäre zum Gegenstand hatten. Die kapitalistischen Produktionsverhältnisse sollten vielmehr gerade erst gefestigt werden.

Dieser Wirkungszusammenhang ist wesentlich für die Anlage der folgenden Darstellung; war es im ersten Teil dieser Arbeit das Ziel, die Entstehung des Eigenheim-Förderungs-Rechts aus unterschiedlichen Bedingungszusammenhängen zu untersuchen und in diesem Konnex historisch darzustellen, so richtet sich dieser Teil auf die Auswirkungen dieses Komplexes unter dem Gesichtspunkt der dargestellten gesetzgeberischen Intentionen. Dabei soll deren innerer Logik in der Darstellung gefolgt werden. Diese geht demgemäß aus von den durch das Eigenheim-Förderungs-Recht bewirkten Veränderungen in der Eigentumsverteilung; anschließend soll die Bedeutung der mit der Eigentumsbildung verbundenen Seßhaftmachung für die Mobilität der Eigenheimbewohner untersucht werden; dann ist den Auswirkungen der Familienförderung durch Eigenheimförderung für die Familien selbst und schließlich den Konsequenzen im Hinblick auf das Bewußtsein der Eigenheimbewohner nachzugehen (2); der Teil B wird abgeschlossen durch die Überprüfung des Stellenwerts der durch das (Eigenheim-Förderungs-) Recht geschaffenen materiellen und ideellen Veränderungen wieder für das Recht und die Rechtswissenschaft selbst; diese Rückbeziehung tatsächlicher Auswirkungen von Recht wiederum auf das Recht selbst wird am Beispiel des Eigentumsbegriffs des Grundgesetzes zu zeigen sein.

II. Einzelne Wirkungszusammenhänge

a. Bedeutung des Eigenheim-Förderungs-Rechts für die Eigentumsverteilung

Es kann davon ausgegangen werden, daß die Eigentümer-Bewohner ihres Eigenheimes vor dem Umzug ins eigene Heim in der Regel nicht Eigentümer, sondern Mieter des von ihnen bewohnten Hauses waren. Dies ist schließlich die Grundlage für die Propagierung und Förderung der Bildung von Eigentum im Wohnungsbau - und die entsprechenden Regelungen im Eigenheim-Förderungs-Recht.

Was individuell sich hier als Übergang vom Mieter zum Haus- und Grundstückseigentümer darstellt, die Bildung neuen Immobileigentums, die Erlangung von Grundvermögen, muß in der Gesamtheit aller dieser Veränderungen- gesamtgesellschaftlich - die Verhältnisse der Eigentums- und Vermögensverteilung tangiert haben. Dies müßte sich ausdrücken in der unterschiedlichen Breite der Verteilung des Haus- und Grundvermögens auf die privaten Haushalte der Bundesrepublik im Verhältnis zu anderen Vermögensarten. Die vergleichende Berücksichtigung der Verteilung der unterschiedlichen Vermögensarten wird bereits nahegelegt, durch das propagierte Ziel des Eigenheim-Förderungs-Rechts, die Eigentumsbildung im Wohnungsbau für die "breiten Schichten" des Volkes, i.e. die Bezieher geringer Einkommen (1); deren tatsächlicher Gehalt in ihrer Realisierung müßte sich dabei erweisen.

Generell ist das Ausmaß der Bildung von Vermögen wesentlich bestimmt von der Höhe des zur Verfügung stehenden Einkommens und der Höhe seines Sparzwecken dienenden Anteils, der Sparrate (2). Daher ist im folgenden für die Untersuchung von der Entwicklung der Einkommen und ihrer Verteilung auszugehen.

Seit 1950 hat sich generell die Einkommenssituation für alle Beschäftigten durchschnittlich verbessert; seitdem ist das Einkommen aus unselbständiger Tätigkeit wie aus Unternehmertätigkeit und Vermögen nahezu kontinuierlich im Rhythmus der Wachstumszyklen gestiegen (3). Das durchschnittliche Brutto-Jahres-Einkommen aus unselbständiger Arbeit betrug 1950 je abhängig Arbeitenden 3.289 DM, 1960 7.059 DM und 1971 17.721 DM; das durchschnittliche Brutto-Jahres-Einkommen aus Unternehmertätigkeit und

Vermögen stieg in demselben Zeitraum je Selbständigen von 5.079 DM (1950) auf 15.746 DM (1960) und 39.674 DM (1971). Ausgehend von den Zahlen von 1950 ergibt sich für die unselbständig Beschäftigten ein Einkommenssteigerung von 461 %, für die Selbständigen eine Einkommenssteigerung von 681 % (4).

Die Unterteilung in diese beiden Einkommensgruppen ist allerdings für die Aussage über die tatsächliche Verteilung der Einkommen gerade im Hinblick auf das Ziel dieser Untersuchung wenig ergiebig; das gewählte Unterscheidungsmerkmal ist zu undifferenziert, als daß man die höchst heterogenen Ausprägungen gesellschaftlicher Gruppen unter diese beiden Merkmale fassen könnte. Die offizielle Statistik nimmt diese Einteilung gleichwohl vor und faßt das genannte Grobraster nur gelegentlich etwas enger (5).

Detailliertere Angaben zur Einkommensschichtung der privaten Haushalte nach der sozialen Stellung des Haushaltsvorstands können den Ergebnissen der Einkommens- und Verbrauchsstichprobe 1973 entnommen werden.

Danach lag das am häufigsten auftretende Monatsnettoeinkommen, also das "normale", das typische Monatsnettoeinkommen aller Haushalte 1973 bei 2.000 bis 2.500 DM (18,6 %) - für Haushalte von Selbständigen bei 5.000 bis 10.000 DM (32,3 %), von Beamten und Angestellten jeweils bei 3.000 bis 4.000 DM (28,3 %, bzw. 24 %) und von Arbeitern bei 2.000 bis 2.500 DM (27 %) (6).

Etwa die Hälfte aller Haushalte (53 %) hatte ein (Netto-) Einkommen von bis zu 1.200 DM - 12,1 % der Selbständigen -, 32,7 % der Beamten-, 41,3 % der Angestellten- und 67,8 % der Arbeiterhaushalte (7).

In der obersten Einkommensgruppe (10.000 bis 15.000 DM) waren lediglich Selbständigenhaushalte vertreten (8,7 %) - in den beiden obersten (5.000 DM und mehr): 41 % der Selbständigen -, 5,8 % der Beamten -, 5,6 % der Angestelltenhaushalte und kein Arbeiterhaushalt (8).

Hat sich also insgesamt das allgemeine Einkommensniveau angehoben, so ist nicht zu erkennen, daß die unterschiedliche Einkommensverteilung im Laufe der Zeit ausgeglichen worden wäre; statt Nivellierung zeigt die Statistik der Sozialverteilung der Einkommen eher ein stärkeres Hervortreten der Ungleichheiten (9).

Mit der Erhöhung der Realeinkommen hat sich auch ihr nicht dem Verbrauch dienender Anteil, die Sparquote erhöht. Beispielsweise für einen Vierpersonen-Arbeitnehmerhaushalt mit mittlerem Einkommen stieg die Sparquote von 3,6 % (1950) auf 4,3 % (1960), 4,7 % (1968) und 9,5 % (1971) (10). Gleichwohl zeigen sich - wie schon bei der Einkommensverteilung - sozialspezifische Unterschiede in der Sparquote, so betrug die durchschnittliche Sparrate aller privaten Haushalte in dem Zeitraum von 1960 bis 1970 10,4 % je Haushalt - die der Rentnerhaushalte 4,8 %, die der Arbeitnehmerhaushalte 9,7 % und die der Selbständigenhaushalte 17,2 % (11).

Rekurriert man auf das Verhältnis zwischen Einkommen und Sparguthaben, so zeigt sich eine positive Korrelation zwischen der Höhe des Haushaltseinkommens und der Höhe des Sparguthabens (12). Während hohe Sparguthaben überproportional in den oberen Einkommensgruppen vertreten sind, sind kleine Sparguthaben stärker in den niedrigeren Einkommensgruppen vertreten (13).

Ordnet man das statistische Material über die Höhe der Sparguthaben bei Haushalten mit Sparbüchern (14) nach der beruflichen Stellung des Haushaltsvorstands, so zeigt sich, daß sich hier eine Tendenz aus der Sozialverteilung der Einkommen fortsetzt.

Auch wenn sich seit der Einkommens- und Verbrauchsstichprobe 1969 bei den Sparguthaben die Unterschiede im einzelnen verringert haben und deutlicher ausgeprägt bei den obersten Guthabensklassen auftreten (15), zeigen auch die Ergebnisse der Einkommens- und Verbrauchsstichprobe 1973 die Tendenz, daß über (vergleichsweise) hohe Sparguthaben häufiger Selbständigenhaushalte, über (vergleichsweise) niedrige Sparguthaben häufiger Arbeiterhaushalte verfügen: Fast die Hälfte aller Arbeiterhaushalte (48, 5 %) verfügte 1973 über ein Sparguthaben von weniger als 4.000 DM - 42, 3 % der Selbständigen-, 49, 9 % der Beamten - und 42, 3 % der Angestelltenhaushalte (16).

Über ein Sparguthaben von 20.000 DM und mehr verfügten 15, 9 % der Selbständigenhaushalte, 7, 6 % der Beamten -, 7, 3 % der Angestellten und 5, 3 % der Arbeiterhaushalte (17).

Ist bei der Anlegung von Sparbüchern und der Bildung von Spareinlagen das Ziel dieser Ansammlung heterogen, und läßt es sich nur durch eine Summe von Einzelzielen fassen (18), so liegt bei der Festlegung von Bauspareinlagen die zentrale Bedeutung in der Bildung von Vermögen in Form von Haus- und Grundeigentum (19).

Gliedert man den jährlich ermittelten Vertragsbestand der öffentlichen Bausparkassen nach dem Anteil der einzelnen Berufsgruppen, so zeigt sich seit 1953 ein allmählicher Zuwachs des Anteils der von Arbeitern und Angestellten abgeschlossenen Verträge - bei gleichzeitigem Rückgang des Anteils der von Beamten und Selbständigen abgeschlossenen Verträge. Von allen bestehenden Verträgen bei öffentlichen Bausparkassen gehörten 1953 19, 4 % Arbeitern, 20, 2 % Angestellten, 9, 4 % Beamten und 41, 7 % Selbständigen; zehn Jahre später betrugen die Anteile:

22, 5 % Arbeiter, 27, 1 % Angestellte, 7, 0 % Beamte und 30, 8 % Selbständige (20).

Trotz der Verschiebung in der Sozialverteilung der Bausparer zugunsten von Arbeitern und Angestellten verfügten 1969 die Selbständigenhaushalte am häufigsten über Bausparverträge (21). Die Ergebnisse haben sich seitdem teilweise erheblich verschoben: Verfügten 1969 noch 22, 8 % aller Haushalte über einen (noch nicht zugeteilten) Bausparvertrag, so waren es 1973 bereits 35, 4 % (22).

1973 verfügten über einen Bausparvertrag am häufigsten Beamtenhaushalte (62,4 %), 57,8 % der Selbständigenhaushalte, 48,9 % der Angestell-
ten- und 36,6 % der Arbeiterhaushalte (23).

Eine Ungleichheit der Verteilung der Bausparverträge kommt auch bei der
Erfassung der Bausparsummen zum Ausdruck. So verfügten über Bausparverträge Arbeiterhaushalte nicht nur am seltensten und Beamtenhaushalte
am häufigsten, sondern liefen die Verträge von Arbeiterhaushalten auch
über niedrigere Bausparsummen und die von Beamtenhaushalten über solche
im oberen Skalenbereich:

Von allen Haushalten mit Bausparverträgen verfügten 45,4 % über eine Bausparsumme von weniger als 20.000 DM; über eine Bausparsumme in dieser
Höhe verfügten 36,8 % der Selbständigenhaushalte, 34,5 % der Beamten -,
41,1 % der Angestellten - und (überdurchschnittlich) 51,9 % der Arbeiterhaushalte (24).

Vertragssummen von mehr als 50.000 DM hatten nur 17,9 % aller Haushalte - 25,3 % der Selbständigen -, 29,2 % der Beamten -, 21,5 % der Angestellten - und 11,9 % der Arbeiterhaushalte (25).

Insgesamt zeigt sich also, daß die Verbreitung von Bausparverträgen seit
1969 stark zugenommen hat - und zwar in allen Schichten (26). Dafür mag
die zu Beginn der siebziger Jahre verbreitete "Flucht in die Sachwerte"
(26 a) in der Weise mit ausschlaggebend gewesen sein, daß verstärkt Bausparverträge für den geplanten Eigentumserwerb abgeschlossen wurden.
Im einzelnen hat sich eine Verschiebung allein in der Spitzengruppe zugunsten der Beamtenhaushalte ergeben. Das Statistische Bundesamt hatte bei
der Einkommens- und Verbrauchsstichprobe 1969 den höheren Bausparan-
teil bei Selbständigenhaushalten damit begründet, daß diese Gruppe "vielfach" Bausparverträge zur Finanzierung gemischt (privat und geschäftlich)
genutzter Grundstücke verwenden, während Arbeiter-, Angestellten- und
Beamtenhaushalte Bausparverträge "vorwiegend" zur Finanzierung kleine-
rer und mittlerer Eigenheime verwenden (27). Dann könnte der geringere
Anstieg des Bausparanteils bei Selbständigenhaushalten auf eine lediglich
veränderte Verwendung der geschäftlichen Finanzierungsmittel hinweisen.
Auch wenn die Verbreitung von Bausparverträgen unter Arbeiterhaushalten
zugenommen hat - und nunmehr in etwa dem durchschnittlichen Anteil bei
allen Haushalten entspricht-, verfügen Arbeiterhaushalte weniger häufig
über Bausparverträge als die genannten anderen Haushalte.

Geht man von der erheblichen Einkommensabhängigkeit der allgemeinen
Sparquote aus, dann läßt bereits die eingangs skizzierte Einkommensverteilung zwischen Selbständigen und Arbeitnehmern, insbesondere Arbeitern, eine hinter dieser sozialen Schichtung der Bausparverträge stehende
einkommensspezifische Verteilung der Bausparverträge erwarten. In der
Tat zeigen die Ergebnisse der Einkommens- und Verbrauchsstichprobe
1973, daß mit steigendem Einkommen der auf die jeweilige Einkommensgruppe entfallende Anteil an Bausparverträgen steigt. Beispielsweise verfügten 7,7 % aller Haushalte in der untersten (Monats-) Einkommensgruppe

von "unter 600 DM" über einen Bausparvertrag und 64, 2 % der Haushalte der obersten Einkommensgruppe von 2.500 bis 15.000 DM (28).

Gleichzeitig stieg mit der Höhe der Einkommen auch die Höhe der Abschluß-Summen: Während in der als höchsten ausgewiesenen Einkommensgruppe (2.500 bis 15.000 DM monatlich) fast ein Drittel (31, 8 %) der hierzu zählenden Haushalte über Bausparverträge in Höhe von 50.000 DM und mehr verfügte, erreichten diese Größenordnung beispielsweise nur 14, 2 % der Haushalte in der Einkommensgruppe von 1.200 bis 1.500 DM (29).

Eine im Auftrag des Deutschen Sparkassen- und Giroverbandes durchgeführte Erhebung zu demselben Problemkreis kam zu dem Ergebnis: "Grundsätzlich kann man feststellen, daß mit wachsendem Einkommen zunehmend gespart wird und staatliche Vergünstigungen in Anspruch genommen werden" (30).

Bis zur Änderung des Wohnungsbau-Prämien-Gesetzes von 1952 durch das Steuerreformgesetz von 1974 (31) wurden die Prämien zu einem bestimmten (mit der Zahl der Kinder steigenden) Prozentsatz der Sparsumme, aber ohne Rücksicht auf das Einkommen gewährt, die höchstmögliche Prämie auf 400 DM limitiert (32).

Die staatliche Bausparförderung ging offenbar davon aus, allen Bauinteressenten die Gewährung von Sparprämien gleichermaßen zu offerieren; den Haushalten mit 4, 8-prozentiger Sparquote ebenso wie denen mit 17, 2-prozentiger oder sogar mit achtzigprozentiger Sparquote (33). Letztlich bedeutet dies den Appell an den Sparwillen ohne Zurkenntnisnahme der realen Sparfähigkeit (34); es heißt, daß "die Bausparförderung wie die staatliche Sparförderung insgesamt lediglich die Sparwilligkeit anreizt, ohne gleichzeitig die Sparfähigkeit zu stärken" (35). Im Ergebnis kam die staatliche Förderung des auf Eigentumsbildung gerichteten Bausparens jenen am stärksten zugute, die die höchsten Bauspareinlagen leisteten, d.h. die überhaupt aufgrund ihres Einkommens am ehesten in der Lage waren, die erforderlichen Einlagen zu leisten (36). Vor dem Hintergrund der bisher skizzierten Verteilung von Einkommen sowie Spareinlagen und Sparrate hatte dies die Konsequenz, "einer relativ starken Bevorteilung gerade jener Haushalte, die am wenigsten auf die staatlichen Interventionen angewiesen sind" (37). Das in der Bausparförderung vorhandene Potential, der bestehenden Einkommensverteilung über staatliche Umverteilung durch Vermögensbildung auch nur ansatzweise entgegenzuwirken, wirkte nur zum (kleineren) Teil in dieser Bestimmung; der andere (größere) Teil der öffentlichen Bausparförderungsmittel floß gerade entgegengesetzt, i.e. parallel zum Schema der bestehenden Einkommensverteilung - verstärkte sie letztlich noch.

Damit aber wurde der erhobene Anspruch der Förderung der Eigentumsbildung im Wohnungsbau insbesondere für die "breiten Schichten des Volkes" (38) tendenziell unterlaufen. Staatliche Förderung des Wohnungsbaus, insbesondere des Eigenheimbaus, setzt gerade die Ansammlung von Eigenmitteln in erheblichem Umfang bei den Bauwilligen voraus (39), wozu die staatliche

Spar- und vor allem Bausparförderung gerade beitragen sollte. Wenn aber Bausparförderung und staatliche Wohnungsbauförderung im Rahmen des sozialen Wohnungsbaus (die selbst wieder durch eine "weitgehend einkommensunabhängige Abgrenzung des begünstigten Personenkreises" (40) charakterisiert ist) die notwendige Voraussetzung, die Sparfähigkeit, die Fähigkeit zur Ansammlung von Eigenmitteln unproblematisch als gegeben nimmt, indem sie die sozial- und einkommensspezifischen Unterschiede negiert, dann geht ein Bauspar- und Wohnungsbauförderungsprogramm mit dem Ziel der Bildung von Eigentum insbesondere bei den "breiten Schichten des Volkes" von vornherein von unzureichenden Grundlagen aus und wirft von vornherein Zweifel über die Erfolge dieser Programme auf.

Bevor jedoch auf die Ergebnisse der Eigentumsbildung im Wohnungsbau einzugehen ist, soll kurz dargestellt werden, welcher Stellenwert dieser Form des Eigentums im Rahmen des gesamten privaten Vermögens in der Bundesrepublik zukommt. Diese empirischen Zusammenhänge sind zuletzt 1960 von Krelle, Siebke und Schunck untersucht und in "Überbetriebliche Ertragsbeteiligung der Arbeitnehmer" veröffentlicht worden.

Danach hatten insgesamt 1, 7 % aller Haushalte 1960 ein Gesamtvermögen von 100. 000 DM und mehr; ihr Anteil am privaten Gesamtvermögen betrug 35, 07 %. Demgegenüber machte der Anteil der restlichen 98, 29 % der Haushalte (i. e. die Haushalte mit einem Gesamtvermögen von weniger als 100. 000 DM 64, 9 % am privaten Gesamtvermögen aus (41).

Diese Angaben sind in der nachfolgenden Tabelle weiter aufgeschlüsselt (42):

Anteil der oberen Vermögensgruppen am privaten Gesamtvermögen in der Bundesrepublik und Westberlin am 1.1.1960

Gesamtvermögen von .... bis .... DM	Anteile aller Haushalte in %	Anteil am privaten Gesamtvermögen in %
über 10 Mio	0, 0026	4, 01
1 - 10 Mio	0, 0758	9, 16
0, 1 - 1 Mio	1, 627	21, 90
unter 0, 1 Mio	98, 295	64, 90
	100	100

Unterscheidet man nach einzelnen Vermögensarten, dann zeigt sich, daß in den oberen Vermögensgruppen die produktiven Vermögensformen sich konzentrieren, während in den unteren besonders die unproduktiven Vermögensarten (landwirtschaftliches Vermögen, Grundvermögen, Geldvermögen) vertreten waren: Auf besagte 1, 7 % aller Haushalte entfielen 70, 64 % des Betriebsvermögens und 69, 4 % der Kapitalanteile, wohingegen den 98, 29 % der Haushalte 89, 32 % des landwirtschaftlichen Vermögens, 84 % des Grund- und 79, 7 % des Geldvermögens zuzurechnen waren (43).

Das Grundvermögen war 1960 zu 0,21 % verteilt auf die Haushalte mit einem Gesamtvermögen von über 10 Millionen DM; auf die Haushalte mit einem Gesamtvermögen zwischen einer und 10 Millionen DM zu 2,02 %, auf die Haushalte mit einem Gesamtvermögen zwischen 100.000 DM und einer Million DM zu 13,77 % und auf die Haushalte mit einem Gesamtvermögen von weniger als 100.000 DM zu 84,0 % (44).

Auf der Grundlage der Einkommens- und Verbrauchsstichprobe 1973 des Statistischen Bundesamtes haben Mierheim/Wicke 1978 eine Spezialauswertung über die "personelle Vermögensverteilung in der Bundesrepublik Deutschland" vorgelegt, deren Ergebnisse grundsätzlich in dieselbe Richtung weisen:

So verfügten insgesamt 1 % aller Haushalte über ein Vermögen von einer Million DM und mehr - was einem Anteil von 26,2 % am gesamten privaten Nettovermögen entspricht (45). Dieser Teil der Haushalte erreichte einen Anteil von 63,5 % am Wertpapierbesitz und 44 % am (Nicht-Aktien-) Produktivvermögen; demgegenüber waren 99 % aller Haushalte 78 % des Haus- und Grundbesitzes (46) zuzurechnen (47).

Im Hinblick auf die oben genannte Konzentration des Produktivvermögens in den oberen Vermögensgruppen findet sich hier die Feststellung: "je höher das Nettovermögen der Haushalte ist, desto größer werden die Prozentanteile des Produktivvermögens" (48).

Diese Angaben geben einen allgemeinen Anhalt über die Verteilung des Vermögens auf die Haushalte in der Bundesrepublik; sie sind im Hinblick auf die Ausgangsfragestellung dieses Kapitels für das Immobileigentum zu spezifizieren. Dafür ist es wichtig, zunächst eine generelle Tendenz in der Entwicklung der Verteilung des Immobileigentums aufzuzeigen.

Dabei zeigt sich insgesamt, daß immer mehr Haushalte über Haus- und Grundbesitz verfügen; so waren im Jahr 1950 etwa 27 % aller Haushalte Wohnungseigentümer (49), 1968 dagegen 34 % (50). Von allen Haus- und Wohnungseigentümern waren 1950 13 % Arbeiter, 1968 hingegen 29 %; der Anteil der Angestellten und Beamten stieg von 10 %, bzw. 6 % auf (zusammengefaßt) 19 % (1968) (51).

Bezieht man Haus- und Grundeigentum auf die einzelnen Sozialgruppen selbst, so ergibt sich, daß der Anteil der Wohnungseigentümer unter den Arbeitern von 6,2 % (1950) auf 32 % (1968) gestiegen ist - unter den Angestellten und Beamten von 7,1 % (1950) auf 27 % (1968).

Langfristig hat damit nicht nur die Verbreitung von Haus- und Grundbesitz überhaupt zugenommen, sondern auch unter Arbeitern-, Angestellten- und Beamtenhaushalten.

Nach dieser globalen Skizzierung der Entwicklung der Wohnungs-Eigentumsverteilung soll die bestehende Verteilung, nach Einkommen und sozialer Stellung gewichtet, dargestellt werden.

Das ist möglich durch die Ergebnisse der Einkommens- und Verbrauchsstichprobe 1973. Zwar wurden hier die Angaben von Haus- und Grund-
eigentümern zusammengefaßt; doch ermöglichen sie differenzierte Aussagen
über die Verteilung von Haus- und Grundeigentum nach Einkommen und
sozialer Stellung. Damit wird die im Verhältnis zu den Angaben über
Haus- und Wohnungseigentum erweiterte Fassung der Grundgesamt-
heit durch detailliertere Angaben aufgewogen.

Im einzelnen ergab die Untersuchung - bei Rekurrierung auf die soziale
Stellung der Haushaltsvorstände, daß 1973 über Haus- und Grundbesitz
(überdurchschnittlich) 67,4 % der Selbständigenhaushalte verfügten, 41,4 %
der Beamten-, 37 % der Angestellten- und 40,4 % der Arbeiterhaushalte (52).

Von allen Haushalten mit Haus- und Grundbesitz lag in etwa zwei Drittel
(65,9 %) der Fälle der Grundbesitz unter 20.000 DM - und zwar bei 46,8 %
der Selbständigenhaushalte, 62 % der Beamten-, 61,2 % der Angestellten-
und 71,8 % der Arbeiterhaushalte (53).

Einheitswerte von 60.000 DM und mehr finden sich bei den haus- und grund-
besitzenden Haushalten zu 6,5 % - bei den Selbständigenhaushalten zu 16,6 %,
bei Beamten- zu 6,7 %, bei Angestellten- zu 7,6 % und bei Arbeiterhaushalten zu 3,8 % (54).

Somit findet sich zum einen Haus- und Grundbesitz überhaupt überdurchschnittlich häufig unter den Haushalten von Selbständigen; zum anderen
lagen die unteren Einheitswerte der Immobilien überdurchschnittlich häufig
bei Haushalten der abhängig Beschäftigten, während die oberen Einheitswerte bei den Selbständigenhaushalten überrepräsentiert sind. Damit zeigt
die Verteilung des Haus- und Grundbesitz ein soziales Gefälle, das am ausge-
prägtesten bei den Einheitswerten ausfällt.

Geht man davon aus, daß generell das Ausmaß der Bildung von Vermögen
von der Sparquote und damit letztlich von der Höhe des Einkommens ab-
hängt, so läßt bereits die eingangs wiedergegebene Sozialspezifität der Einkommensverteilung in der Bundesrepublik einen Zusammenhang der Sozialverteilung von Haus-und Grundeigentum mit der der Einkommen vermuten;
dann kann auch die sozialspezifische Verteilung des Immobileigentums aus
der der Einkommen erklärt werden.

Diese Aussage findet ihre Entsprechung in den einkommensmäßig aufgeschlüsselten Ergebnissen der Einkommens- und Verbrauchsstichprobe 1973.

Danach zeigt sich, daß mit steigendem Einkommen auch der Anteil der
Haushalte (in der jeweiligen Einkommensgruppe) steigt, der über Haus-
und Grundeigentum verfügt: Von 20,3 % in der unteren Einkommensgruppe
(von unter 600 DM) auf 61,6 % der höchsten (von 2.500 bis 15.000 DM)
(55). Je höher das monatliche Nettoeinkommen der Haushalte steigt, um
so häufiger verfügen sie über Haus- und Grundeigentum.

Rekurriert man auf die Haus- und Grundstückswerte (gemäß den Einheitswerten von 1964), so ergibt sich mit steigendem Haushaltseinkommen eine
Verlagerung der jeweiligen Anteilssätze in die oberen Wertgruppen: Wäh-

rend die niedrigen Einheitswerte in den unteren Einkommensgruppen überdurchschnittlich häufig vertreten sind, sind die höheren Einheitswerte in
den oberen Einkommensgruppen überrepräsentiert.

So verfügten über Haus- und Grundeigentum mit einem Einheitswert von
100.000 DM und mehr lediglich 2,3 % aller Haushalte, hingegen 6,5 % der-
jenigen mit einem Einkommen 2.500 bis 15.000 DM; bei 65,9 % aller Haushalte lag der Einheitswert unter 20.000 DM - und bei 89,1 % der Haushalte
in der untersten Einkommensgruppe (von unter 600 DM) (56).

Demgemäß steigt auch der durchschnittliche Einheitswert mit steigendem
Einkommen an (57).

Mit wachsendem Einkommen steigt somit nicht nur der Anteil der Haus-
und Grundeigentümer an allen Haushalten der jeweiligen Einkommensgruppe,
sondern es steigt auch der Wert des Immobileigentums.

Diese Darstellung des Vermögensbestandes an Haus- und Bodeneigentum
könnte insofern mißverständlich sein, als damit der Eindruck entstehen
könnte, es handele sich hier wirtschaftlich um bereits in voller Höhe ge-
bildetes Vermögen; als wäre dies der reine Aktiva-Bestand.

Demgegenüber ergab die Einkommens- und Verbrauchsstichprobe 1973,
daß mehr als die Hälfte (56,9 %) aller Haushalte mit Haus- und Grundeigentum noch Hypotheken, Baudarlehen oder andere zum Bau oder Erwerb von
Gebäuden, Eigentumswohnungen oder Grundstücken verwendete Kredite zu
tilgen hatten (58). Zum überwiegenden Teil bestand allerdings das Immobileigentum, für das noch Zahlungen zu leisten waren, in der Form von Ein-
oder Zweifamilienhäusern, die in der Statistik als Eigenheime erfaßt werden (59).

Im Durchschnitt betrugen 1973 die Aufwendungen für Tilgungs- und Zinszahlungen 5.094 DM im Jahr, i.e. 425 DM im Monat; davon waren durchschnittlich 47,8 % für Zinszahlungen bestimmt (60).

Die Verteilung der durchschnittlichen Tilgungs- und Zinszahlungen nach
der sozialen Stellung des Haushaltsvorstands ergab erhebliche Unterschiede
in der Höhe der Aufwendungen zwischen den einzelnen Gruppen:

So wendeten beispielsweise Selbständigenhaushalte mehr als doppelt soviel
für Tilgungs- und Zinszahlungen auf wie Arbeiterhaushalte und mehr als
eineinhalbmal soviel wie Angestellten- oder Beamtenhaushalte, nämlich
durchschnittlich 823 DM monatlich gegenüber 478 DM bei Angestellten-,
462 DM bei Beamtenhaushalten und 310 DM bei Arbeiterhaushalten (61).

Während fast die Hälfte (46,4 %) der Selbständigenhaushalte 500 DM und
mehr im Monat dafür aufwendeten, war das bei 33,3 % der Beamtenhaushalte der Fall - bei 32,8 % der Angestellten- und bei 16,9 % der Arbeiterhaushalte (62).

Diese unterschiedliche Verteilung der monatlichen Tilgungs- und Zinsaufwendungen ist im Zusammenhang mit der sozialspezifischen Verteilung der
Einkommen zu sehen; nach den bereits oben wiedergegebenen Ergebnissen

verfügten Selbständigenhaushalte in der Regel über ein höheres Einkommen als beispielsweise Arbeiterhaushalte.

Nachdem sich gezeigt hat, daß Arbeiterhaushalte über ein relativ geringeres Einkommen verfügen, einen relativ geringeren Teil ihres Einkommens sparen und Bausparverträge in relativ geringerer Höhe abschließen und schließlich über Immobilien mit relativ geringerem Einheitswert verfügen, dürften die geringeren Tilgungs- und Zinsaufwendungen (im Vergleich zu anderen Gruppen) als Folge von Darlehen in geringerer Höhe zu verstehen sein. Wenn die Errichtung eines Hauses in Selbsthilfe bei Arbeitern wesentlich häufiger anzutreffen ist als beispielsweise bei Angestellten und Beamten (63), dann kann diese Ersetzung fremder bezahlter Arbeit (von Bauunternehmen) durch die eigene Arbeitskraft (oft dann auch die von Verwandten) verstanden werden als Vermeidung höherer Kosten und angesichts der relativ geringeren finanziellen Mittel als Vermeidung höherer Darlehen - und damit schließlich der Sicherung relativ geringerer Tilgungs- und Zinsaufwendungen.

Rekurriert man auf die sich hinter der Sozialverteilung der Tilgungs- und Zinsaufwendungen offenbar abzeichnende Verteilung gemäß den Haushaltseinkommen, so zeigt sich, daß bei den Haushalten mit Haus- und Grundeigentum die Höhe der Tilgungs- und Zinszahlungen mit steigendem Einkommen zunimmt. Die Höhe dieser Aufwendungen "steht mit dem Haushaltsnettoeinkommen offenbar in noch engerem Zusammenhang als die Höhe der laufenden Unterhaltskosten" (64).

So wenden Haushalte mit einem Monatseinkommen zwischen 2.500 und 15.000 DM (65) für Tilgungs- und Zinszahlungen mehr als dreimal soviel auf wie die Haushalte mit einem Monatseinkommen bis unter 1.000 DM, nämlich jährlich 8.887 DM im Vergleich zu 2.537 DM (66).

Zwar läßt sich ein Zusammenhang zwischen der Höhe der Aufwendungen und dem Wert des Objekts vermuten (67) - daß also höhere Tilgungs- und Zinsraten auf höherwertige Objekte hindeuteten -, doch sind die für eine gesicherte Aussage erforderlichen Angaben zu der Höhe des Eigenkapitals, der Laufzeit und andere Darlehenskonditionen nicht verfügbar.

Faßt man die hier wiedergegebenen Ergebnisse zur Verteilung von Haus-, Wohnungs- und Grundeigentum zusammen, so ergibt sich, daß bei den Haushalten der Bundesrepublik der Anteil derer, die über Immobileigentum verfügen, seit 1950 zugenommen hat - und zwar auch bei den Haushalten von Arbeitern, Angestellten und Beamten. Gleichwohl ist der Bestand an Immobileigentum (immer noch) abhängig von der Höhe des Haushaltseinkommens; mit steigendem Einkommen steigt in der jeweiligen Einkommensgruppe auch der Anteil der Haushalte mit Haus- und Grundeigentum (gleichzeitig auch dessen Wert) (68).

Dies ist zunächst ein plausibler Vorgang, da mit steigendem Einkommen auch die Sparquote steigt und damit auch der Anteil für eine mögliche Vermögensbildung. Andererseits läßt diese Einkommensabhängigkeit der Bildung von Haus- und Grundeigentum Zweifel an der Realisierung einer (Wohnungsbau-) Politik aufkommen, deren Ziel die Eigentumsbildung im Wohnungsbau insbesondere für die "breiten Schichten des Volkes", d. h. für die Bezieher geringer Einkommen, war - die also offenbar diese Einkommensabhängigkeit der Eigentumsbildung zu lockern intendierte.

Allerdings kann dieses Ergebnis nicht überraschen, wenn man bedenkt, daß die eindeutige Einkommensabhängigkeit der Voraussetzung für den Erwerb von Haus- und Grundeigentum (i. e. die Bildung von Eigenmitteln zur Finanzierung) durch staatliche Interventionen nicht unterbrochen wurde; vielmehr wurden durch die (bis 1974) einkommensunabhängige Gewährung von Bausparprämien gerade die Haushalte mit hohen Einkommen (und daher hoher Sparfähigkeit) begünstigt, also gerade jene Haushalte, "die am wenigsten auf staatliche Intervention angewiesen sind" (69).

Die Einkommensunabhängigkeit der Bausparförderung, d. h. der Förderung der Bildung von Eigenmitteln zum Erwerb von Haus- und Grundeigentum, setzt sich fort in der Wohnungsbauförderung im Rahmen des sozialen Wohnungsbaus, d. h. im Bereich der Restfinanzierung, in einer "weitgehend einkommensunabhängige(n) Abgrenzung des begünstigten Personenkreises" (70).

Im Ergebnis bedeutet dies aber eine Förderung jener Teile der Bevölkerung, die finanziell besser gestellt sind (71) - und gerade nicht jener Teil, die zu den "breiten", den einkommensschwachen Schichten der Bevölkerung gehören.

Die einkommensunabhängige Bausparförderung und die weitgehend einkommensunabhängige Förderung des sozialen Wohnungsbaus schlagen auf die Verteilung von Haus- und Grundeigentum als deutliche Einkommensabhängigkeit durch.

Auch wenn also die Eigenheimförderung gerade nicht zugunsten der "breiten" Schichten wirkt - diese nicht erreicht, bleibt sie dennoch nicht ohne begünstigende Folgewirkung für sie.

Das Recht der Eigenheimförderung wirkt sich unmittelbar im Eigenheim-Wohnungsbau aus: darüber hinaus jedoch ergeben sich mittelbar auch Effekte für die Mietwohnungsversorgung. Die Tatsache, daß Wohnungssuchende ein Eigenheim (oder überhaupt Wohnungseigentum) erwerben, bedeutet nicht nur eine Entlastung der Nachfrage am Mietwohnungsmarkt; vielmehr wird durch den Umzug und das Freiwerden der alten Wohnung in der Regel eine Umzugskette in Gang gesetzt - in der Weise, daß in die freigewordene Wohnung ein Haushalt einzieht und seine alte Wohnung freimacht, in die wieder ein Haushalt nachzieht und eine Wohnung freimacht usf. Auf diese Weise treten meist Wohnwertverbesserungen für die nachziehenden Haushalte ein (72). Insofern wirkt das Eigenheim-Förderungs-Recht aufgrund auftretender Sickereffekte mittelbar auch auf die Mietwohnungsversorgung zurück.

b. Bedeutung des Eigenheim-Förderungs-Rechts für die Mobilität

Bei der Propagierung des Baus oder Erwerbs von Eigenheimen wurde immer wieder die Seßhaftmachung der Bewohner des eigenen Heims, ihre Bindung an Grund und Boden hervorgehoben (1).

In Verhältnissen (vergleichbar etwa denen vor der Industrialisierung beispielsweise im Gebiet des späteren Deutschen Reiches), wo im Regelfall absehbar ist, daß die Familie - einschließlich der Kinder - ihren Wohnort nicht wechseln wird, dürfte Eigentum an Haus und Grundstück kaum als Bindung verstanden werden. Sobald dies aber nicht mehr gewährleistet ist, wird die Seßhaftigkeit auf eigenem Grund und Boden als Bindung zum Problem; sobald nicht mehr abzusehen ist, daß die Eigenheimfamilie ihren Beruf bis zum Rentenalter an ihrem Wohnort oder zumindest in der näheren Umgebung davon wird ausüben können oder daß die Kinder einen ihrer Neigung und Ausbildung entsprechenden Beruf werden ergreifen können, wird Mobilität als Aufhebung derselben zum Problem.

Mobilität soll hier eingeschränkt verstanden werden als real gegebene Möglichkeit, unter der Voraussetzung wirtschaftlich "vernünftigen" Handelns (i. e. im Rahmen kapitalistischer Gesellschaften: auf eigene Vorteilsmaximierung gerichteten Handelns) gemäß der genossenen Ausbildung den Arbeitsplatz wählen und wechseln zu können (2).

Bestimmend für das reale Vorhandenseins dieser Möglichkeit ist nicht allein die rechtliche Garantierung (freie Wahl des Arbeitsplatzes, Freizügigkeit), sondern auch das Fehlen von tatsächlichen Verhältnissen, die einen Arbeitsplatzwechsel ausschließen oder erschweren. Aufhebung von Mobilität bedeutet demgemäß nicht die völlige (Denk-) Unmöglichkeit, den Arbeitsplatz zu wechseln, sondern - an den Verhältnissen des Betreffenden orientiert - dessen Unvermögen angesichts erheblicher Erschwerungen und Hindernisse, die mit dem Arbeitsplatzwechsel verbundenen Folgeprobleme, insbesondere Folgekosten einzugehen, (also dann:) den Arbeitsplatz tatsächlich zu wechseln. Als ein den Arbeitsplatzwechsel beinträchtigender Faktor, als ein Moment, das Mobilität aufhebt, kommt das Eigenheim in Betracht.

Im Bau oder Erwerb eines Eigenheims läßt sich der Wunsch seines Eigentümers erkennen, Vorsorge für die Zukunft zu treffen, seine Familie gegen das Risiko des Verlusts ihrer Wohnstätte abzusichern; er versucht, sich und seine Familie - wenigstens im Wohnbereich - von der sich aus dem Eigentum herleitenden Direktionsgewalt Dritter unabhängig zu machen (3). Diese Sicherung besteht darin, statt zur Miete zu wohnen, Eigentum am Wohnhaus zu bilden (wenn auch in der Regel durch die Übernahme der erheblichen finanziellen Belastung, Abzahlungen auf Hypothekendarlehen auf Jahre hinaus leisten zu müssen).

Diese Bildung von Immobileigentum, die feste Zuordnung von Haus und Grundstück zum jeweiligen Eigenheimbewohner bedeutet zugleich seine und seiner

Familie Bindung an Grund und Boden, ihre Seßhaftmachung (4). So wird man nach dem Bau oder Erwerb des eigenen Heims davon ausgehen können, daß bei der als Eigentümer wohnenden Familie zunächst kaum Neigung und Bereitschaft besteht, die Wohnung zu wechseln (5). Das bedeutet, daß bei Fragen der Arbeitsplatzwahl der eigene Wohnort konstant und Arbeitsort, Anfahrt zur Arbeitsstätte variabel gesetzt werden; auch wenn die Wahl des Ortes für das Eigenheim nicht völlig zufällig erfolgt (abgesehen von den Kosten für den Grundstückserwerb (6) geht in die Wohnortwahl auch die Entfernung zum Arbeitsort als Gesichtspunkt ein), ist der Wohnort als Datum anzusehen, von dem die Eigenheimfamilie bei weiteren Überlegungen (beispielsweise Ausbildung der Kinder oder Arbeitsplatzwechsel) auszugehen hat. Damit werden Arbeitsplätze, die über einen bestimmten Radius (7) hinaus vom Wohnort entfernt liegen, illusorisch.

Aufgrund der bis in die sechziger Jahre günstigen Konjunkturentwicklung in der Bundesrepublik mag diese Problematik, an einen bestimmten Wohnort gebunden zu sein, verdeckt gewesen sein; die sich aber auch in der Bundesrepublik seit einigen Jahren unübersehbar manifestierende Krisenhaftigkeit kapitalistischen Wirtschaftens läßt erwarten, daß aufgrund der deswegen auftretenden Arbeitslosigkeit Mobilität - individuell wie gesamtgesellschaftlich - als Problem deutlich wird.

Generell wird die aufgrund des eigenen Heims gegebene Beschränkung, einen Arbeitsplatz in einem bestimmten Umkreis finden zu müssen, in der Nähe grösserer industrieller Verdichtungsräume (8) weniger stark ausgeprägt sein (9); sonst aber, also in gewerblich weniger entwickelten, insbesondere in (erwerbs-) strukturschwachen Gebieten (10), wo sich das Arbeitsplatzangebot und damit die Möglichkeit der Arbeitsplatzwahl verdichten, sich unter Umständen sogar auf lediglich einen bestimmten Arbeitsplatz reduzieren (11), wird durch feste Bindung an den Wohnort die ohnehin schon vorhandene Einschränkung der Wahl des Arbeitsplatzes verschärft.

Stellt sich das Problem eines Arbeitsplatzwechsels - sei es aufgrund eines Verlusts des Arbeitsplatzes durch Rationalisierung oder auch Betriebsstillegung, sei es aufgrund des Bestrebens, sich beruflich und finanziell zu verbessern - so verbessert sich die Auswahlmöglichkeit durch Einbeziehung auch weiter entfernt liegender Arbeitsplätze; so kommt gegebenenfalls gemäß der eigenen Berufsqualifikation ein neuer Arbeitsplatz als günstig in Betracht, der einen Wechsel des Wohnorts erfordert. (Das Auftreten dieser Konstellation beschränkt sich keineswegs auf Berufstätige in strukturschwachen oder - aufgrund industrieller Monostrukturen - krisenanfälligen Gebieten, sondern ist teilweise berufsbedingt, beispielsweise in Wissenschaft und Forschung (12).) Für den Eigenheimeigentümer und seine Familie stellt sich bei in Aussicht genommener Übernahme dieser mit der Notwendigkeit eines Wohnortwechsels verbundenen Tätigkeit dann das Problem, die bisherige Wohnung im eigenen Heim aufzugeben. Soll das Eigenheim aufgegeben werden, um in der Nähe des neuen Arbeitsorts neues Wohnungseigentum zu erwerben, so kommt in der Regel aus finanziellen Grün-

den nur eine Veräußerung von Haus und Grundstück in Betracht. Was bei
der Mietwohnung durch Kündigung des Mietvertrags zu lösen ist, bedeutet
beim eigenen Haus die Notwendigkeit zum Verkauf, was bei bestehendem
Zeitdruck Zwang zum Verkauf und damit auch die notwendige Inkaufnahme
von Verlusten bedeutet (13). Sieht man einmal ab von den vielschichtigen
gefühlsmäßigen Bindungen an das eigene Heim (14), so zeigt sich in diesem
Zwang zum Verkauf das entscheidende, eine Veräußerung hindernde Moment (15) - sei es aufgrund zu erwartender hoher Verluste, sei es aufgrund fehlender Kaufinteressenten (16); letztlich zeigt sich damit aber im
Eigenheim der Faktor, der die Möglichkeit beeinträchtigt, gemäß den Be-
rufsqualifikationen den Arbeitsplatz zu wechseln - das Moment der Aufhebung von Mobilität (17).

Diese Überlegungen sollen anhand zweier historischer Beispiele, dem des
Bergarbeiterwohnungsbaus und dem des Wohnungsbaus in der Stadt Neckarsulm, gesichert werden (18).

1. Der "Entwurf eines Gesetzes zur Förderung des Bergarbeiterwohnungsbaus im Kohlebergbau" wurde am 26. Juni 1951 von der Bundesregierung
dem Bundestag vorgelegt (19). Zu dieser Zeit war für die konjunkturelle
Situation noch immer der Korea-Boom bestimmend (20). Für jeden wirtschaftlichen Aufschwung ist kennzeichnend, daß die Ausweitung aller Wirt-
schaftsaktivität sich letztlich niederschlägt in einem verstärkten Bedarf
an Gütern der Grundstoffindustrie, insbesondere auch des Kohlebergbaus.
Allerdings war (noch) in den Jahren 1950/1951 die Steigerung des Fördervolumens beeinträchtigt durch eine starke Fulktuation der Kohlebergarbei-
terschaft; die anhaltenden Ab- und Zuwanderungen standen der Herausbil-
dung eines eingearbeiteten Stamms von Arbeitern in den einzelnen Betrieben
entgegen, was sich auf die Förderleistung im Kohlebergbau und dann letztlich auch auf das Produktionsvolumen weiterer (von Kohle abhängiger) Betriebe auswirkte (21). Um dieser, letztlich dem gesamtwirtschaftlichen
Wachstum abträglichen Fluktuation der Arbeiterschaft im Kohlebergbau
entgegen zu wirken, wurde von Bundesregierung und Bundestag angestrebt,
den "Bergmann seßhaft" zu machten (22). Dies sollte durch die staatliche
Förderung des Neu- und Wiederaufbaus von Wohnungen geschehen, die Arbeitern im Kohlebergbau und ihren Familien vorbehalten waren; dabei wurde
dem Bau von Eigenheimen, Kleinsiedlungen und Eigentumswohnungen als
Förderungsobjekt Vorrang vor anderen Baumaßnahmen eingeräumt (23).

Zwar findet sich bei den Beratungen keine ausdrückliche Bezugnahme auf
diese besonderen (von den tatsächlichen Verhältnissen ausgehenden) Bin-
dungswirkungen des Eigentums im Wohnungsbau (insbesondere des Eigenheims) für die Bewohner; vielmehr gewinnt man eher den Eindruck, mit
der bevorzugten Förderung des Eigenheims (und den anderen Formen des
Immobileigentums) werde der grundsätzlichen Orientierung der Wohnungsbaupolitik an der Eigentumsbildung im Wohnungsbau Rechnung getragen.
Gleichwohl läßt sich nachweisen, daß die weiteren Ausführungen zu dieser Grundorientierung gerade auch auf die "Bindung an Grund und Boden",
die "Seßhaftmachung" durch Eigentum zielten (24). Damit aber läßt sich

feststellen, daß die Förderung des Bergarbeiterwohnungsbaus mit der vorrangigen Förderung der Eigentumsbildung im Wohnungsbau gerade auf die Bindungswirkung des Wohnungs- und Hauseigentums für die Bewohner abstellte, auf die Aufhebung der Mobilität, insbesondere durch das Eigenheim (25).

2. Läßt sich der Fall des Bergarbeiterwohnungsbaus lediglich wegen der in seine Förderung eingegangenen Intentionen hier als Beispiel für die Mobilitätshindernisse des Eigenheims anführen, so kann der Fall Neckarsulm für die tatsächliche Aufhebung der Mobilität durch das Eigenheim als exemplarisch gelten.

Das Gebiet um Neckarsulm gehört nicht zu den wirtschaftlich prosperierenden Gebieten der Bundesrepublik; allein drei der Landkreise, die an den von Heilbronn (zu dem Neckarsulm gehört) angrenzen, sind wirtschaftlich gering entwickelt und daher Fördergebiete (26). Neckarsulm selbst ist Sitz eines Automobilwerkes, das für die Wirtschaftsstruktur des Gebiets um Neckarsulm insofern bestimmend ist, als es das Unternehmen mit den meisten Arbeitsplätzen ist (bis zu 13.000 Arbeitsplätze - 1975 nur noch 10.200) (27) und größere Betriebe anderer Branchen dort kaum vertreten sind.

Die durch Absatzschwierigkeiten entstandene Krise der Automobilindustrie (28) hat auch in diesem Werk zu Entlassungen und Kurzarbeit geführt; die vollständige Stillegung stand zur Diskussion (29).

In dieser Situation mangelte es für die dort Beschäftigten an Ausweichmöglichkeiten; zum einen fehlte es in für Pendler erreichbarer Nähe von Neckarsulm an Betrieben mit quantitativ und qualitativ ähnlichem Arbeitsplatzangebot; zum anderen wohnen die dort Beschäftigten meist im eigenen Haus mit Garten. Als Eigentümer eines (oft hypothekarisch noch stark belasteten) Hauses ist ein Abwandern in andere Gebiete mit besserem Arbeitsplatzangebot nahezu ausgeschlossen, da sich gezeigt hat, daß in dieser Situation sich für das Haus kaum ein Käufer finden läßt (30). Das bedeutet, daß die in ihrem Arbeitsplatz Gefährdeten - durch die Bindung an Grund und Boden immobil geworden - den Verlust ihres Arbeitsplatzes nicht selbst aktiv, durch Abwanderung auffangen können.

Die beiden dargestellten Fälle sollten exemplarisch das Eigenheim als Mobilität hemmendes Moment, als Faktor der Aufhebung von Mobilität belegen. Diese Bedeutung des Eigenheims läßt sich - für die Einschätzung der gesellschaftlichen Funktion der staatlichen Förderung des Eigenheims - schließlich auf das Eigenheim-Förderungs-Recht selbst übertragen: Eigenheim-Förderungs-Recht birgt dann seinerseits ein Mobilität einschränkendes Moment, das die - im Hinblick auf die Notwendigkeit des Verkaufs der Arbeitskraft elementar zu nennende - optimale Einsatzmöglichkeit der eigenen Arbeitskraft am Arbeits-"Markt" (31), i. e. die Möglichkeit der Wahl der günstigsten Arbeitsplatzes in tatsächlicher Hinsicht tangiert.

Darüber hinaus zeichnet sich ab, daß diese spezifische Wirkung des Eigenheim-Förderungs-Rechts noch nicht einmal im Sinne kapitalistischen

Wirtschaftens funktional ist. So kommt es durch die Entwicklung und Anwendung neuer Technologien zur Organisierung völlig neuer Produktionsverfahren, sogar zur Entstehung völlig neuartiger Industriezweige und zur
Rückentwicklung, teilweise auch Stillegung bestimmter (dann nicht mehr
profitabler) Branchen. Für den in einem bestimmten Beruf ausgebildeten
Arbeiter bedeutet dies, daß das Risiko des technischen Wandels zunächst
einmal er zu tragen hat (32).

Makroökonomisch hat dies zur Folge, daß Arbeitskräfte beruflich flexibel
sein müssen, also fähig sein müssen, andere als die erlernte Tätigkeit
auszuüben, gegebenenfalls mehrmals den Beruf zu wechseln - damit "die
Beschäftigungsstruktur an den quantitativen Beschäftigungsbedarf angepaßt
werden" kann (33).

Gleichzeitig - und nicht nur, um berufliche Veränderungen zu vermeiden -
bedeutet dies immer auch die Notwendigkeit, daß Arbeitskräfte bei einer
(sich nach der Logik des Profits vollziehenden) Verlegung des Betriebs-
standorts dem Betrieb folgen, also den Arbeitsort und schließlich auch
den Wohnort wechseln. Funktional im Sinne kapitalistischen Wirtschaftens
ist daher eine größtmögliche Flexibilität und Mobilität der Arbeitskraft,
bzw. eine "großzügige Beseitigung von Mobilitätshemmnissen" (34); Mobilitätshemmnisse, wie sie durch das Eigenheim-Förderungs-Recht (buchstäblich) aufgebaut werden, erweisen sich dann als dysfunktional (35).

Insgesamt aber zeigt die Einschätzung des Eigenheim-Förderungs-Rechts
eine Ambivalenz seiner gesellschaftlichen Bedeutung, die hier zumindest
als Problem formuliert werden soll:

Einerseits ist das Eigenheim-Förderungs-Recht notwendiges Instrument
zur Verbreitung von Eigentum in der Form des Eigenheims - zur tatsächlichen und ideologischen Partizipation (36) "breiter" Schichten der Gesellschaft an "dem" Eigentum, um damit letztlich Eigentum als Basisinstitut
der kapitalistischen Gesellschaft zu sichern.

Andererseits haben sich im Sinne kapitalistischen Wirtschaftens dysfunktionale Aspekte gezeigt. Man mag zur Erklärung dieser Ambivalenz allgemein
darauf verweisen, daß sich darin die im Recht sich noch fortsetzenden Widersprüche kapitalistischer Vergesellschaftung ausdrücken. Im Vordergrund
dürfte der Widerspruch zwischen der Entwicklung der Produktivkräfte und
der ihrer gesellschaftlichen Einschätzungen - einschließlich der gesellschaftlichen Ideologien stehen. Auch wenn man berücksichtigt, daß Anfang der
fünfziger Jahre das Ausmaß der weiteren technologischen Entwicklung in
der Bundesrepublik nicht absehbar war, fällt bei der Propagierung des Eigenheimgedankens auf, daß darin die fortgeschrittene Industrialisierung
in Deutschland sich offenbar noch nicht niedergeschlagen hat (37); so liest
sich die Propagierung des eigenen Häuschens im Grünen teilweise wie die
Formulierung einer (vorindustriellen) Idylle - beispielsweise etwa die immer wieder betonte Verwurzelung mit Grund und Boden, die Verbindung
mit der Scholle (38).

Eigenheim-Förderungs-Recht ist daher insofern als Umsetzung tradierter
Vorstellungen zu verstehen, die gleichwohl wegen der Betonung der Rechtsform Eigentum nicht konträr zur kapitalistischen Gesellschaft stehen. Eigenheim-Förderungs-Recht ist eher als Ausdruck konservativer Gesellschafts-
politik zu verstehen, denn (pointiert:) als Normierung der Erfordernisse
kapitalistischer Produktion in der zweiten Hälfte des zwanzigsten Jahrhunderts (39).

c. Bedeutung der familienpolitischen Zielsetzungen des
   Eigenheim-Förderungs-Rechts

Staatliche Wohnungsbaupolitik in der Bundesrepublik stellte in ihrer zentralen Ausrichtung auf die Förderung des Eigenheimbaus mit besonderer
Betonung zugleich auch auf familienpolitische Ziele ab (1). Demgemäß sind
in das Recht der Eigenheimförderung (neben anderen) auch familienpolitische
Intentionen - ausdrücklich als gesetzliche Regelung (2) oder auch nur implizit, nachweisbar in den parlamentarischen Beratungen - eingegangen (3).
Bezeichnungen wie "Familienheim" oder "Wohnungsbau- und Familienheimgesetz" sind Ausdruck davon. In sich war die familienpolitische Komponente
der Eigenheimförderung selbst wieder ein Komplex unterschiedlicher Einzelziele; die Familienpolitik der Bundesregierung im allgemeinen und die familienpolitischen Aspekte der Eigenheimförderung/des Eigenheim-Förderungs-
Rechts im besonderen wurden getragen von unterschiedlich nuancierten Teil-
zielen, die sich zur familienpolitischen Konzeption der Bundesregierung
zusammenfügen (4).

Dem ersten Anschein folgend, waren die familienpolitischen Ziele in der
Eigenheimförderung darauf gerichtet, den spezifischen Interessen an quantitativ und qualitativ ausreichenden Wohnungen Rechnung zu tragen (5).

Im Hinblick auf die Möglichkeiten zur "echten Entfaltung" der Familie (6)
sei das Eigenheim die "beste Grundlage für eine gesunde und sozial gesicherte Entwicklung der Familie" (7). Zugleich war mit der "echten Entfaltung" ein bevölkerungspolitisches Ziel impliziert: die Vergrößerung der
Familien und letztlich das Wachstum der Bevölkerung (8).

Diese realen Bezugspunkte familienpolitischer Zielsetzungen dürfen allerdings nicht darüber hinwegtäuschen, daß diese sich in erster Linie verstehen als Ausformulierung einer ideologischen Orientierung (9), die sich
zum Teil als katholisch-naturrechtlich identifizieren läßt (10) - und daher
impliziert, daß Förderung der Familie die Garantie und Gewährleistung
von Ehe und Familie als Institution bedeutet (11).

Daneben manifestieren sich in den Äußerungen zur Familienpolitik und den
familienpolitischen Aspekten in der Eigenheimförderung deutlich staatspolitische Tendenzen. Familienpolitik, deren eindeutiger Schwerpunkt vom
ehemaligen Bundesfamilienminister auf den familiengerechten Wohnungsbau (12) - in erster Linie den Eigenheimbau also - gelegt worden war, wurde
als "staatspolitische Aufgabe" (13) als Stabilisierungsstrategie des Staates
(14) gesehen.

Im Hinblick auf diese familienpolitischen Intentionen in der staatlichen Förderung des Eigenheimbaus (durch das Eigenheim-Förderungs-Recht) ist es das Ziel der Untersuchung in diesem Kapitel, zum einen zu klären, inwieweit die familienpolitischen Ansprüche der Eigenheimförderungspolitik (i. e. aber auch des Eigenheim-Förderungs-Rechts) realisiert wurden (15).

Da dafür allerdings empirische Erhebungen nicht in dem Umfang zur Verfügung stehen, wie ihn die dargestellten Einzelziele umschreiben, soll zum anderen versucht werden, eine nähere Erläuterung des Stellenwerts der dargestellten Intentionen in dieser Gesellschaft zu geben, eine Einschätzung ihrer gesellschaftlichen Bedeutung also (16). Dabei ist zunächst auf die Ergebnisse der Eigenheimförderung (die Auswirkungen des Eigenheim-Förderungs-Rechts) einzugehen und der Gesichtspunkt zu verfolgen, inwieweit die geschaffenen tatsächlichen Wohnverhältnisse es zulassen, daß Eigenheimförderung die Verfolgung der spezifischen Interessen von Familien für sich reklamieren kann.

Diese Berücksichtigung und Wahrung der spezifischen Interessen von Familien in der Eigenheimförderung ließe sich erkennen, wenn sich anhand der tatsächlichen Unterbringungsverhältnisse nachweisen ließe, daß angesichts der besonderen Betonung des Wohls der Familien das Kriterium "Familie" in der Eigenheimförderung letztlich das gegenüber anderen ausschlaggebende Kriterium war; negativ gewendet, daß die betonte Ausrichtung auf die Familie nicht durch andere Bedingungen unterlaufen wurde.

Das Wohnungsbau- und Familienheimgesetz (II. WoBG), das das Familienheim mit absolutem Vorrang gegenüber anderen Bauvorhaben begünstigt (17), knüpft in den Förderungsbedingungen an das Kriterium "Familie" an, indem es die Nutzung des Familienheims durch die Familie des Eigentümers (oder eines Angehörigen) als Zweckbestimmung festlegt (18). Im Rahmen der Kriterien für die Vergabe von öffentlichen Förderungsmitteln werden zu den zu berücksichtigenden Wohnbedürfnissen "besonderer Personengruppen" an erster Stelle die von kinderreichen Familien gezählt (19). Schließlich besteht die Möglichkeit der Zuteilung von Zusatzdarlehen für Familien mit zwei und mehr Kindern (20).

In diesen Regelungen findet, auch wenn für die Förderung Einkommenshöchstgrenzen festgelegt sind, auch wenn also Familien ab einem bestimmten Einkommen nicht mehr förderungswürdig (förderungsbedürftig) sind (21), grundsätzlich die in den parlamentarischen Beratungen betonte Familienförderung ihren normativen Ausdruck.

Darüber hinaus läßt sich die Einräumung größerer Wohnflächen für Familienheime als für andere Wohnungen - durch die Normierung höherer Wohnflächenobergrenzen - verstehen als Berücksichtigung des (im Hinblick auf die Kinder) erhöhten Raumbedarfs der Familien (22).

Diese Ausrichtung der Eigenheimförderung an der Familie, also als Familienförderung, ist jedoch immer noch auf der Ebene der gesetzlichen Regelung anzusiedeln. Auf der tatsächlichen Ebene der Wohnverhältnisse, auf die die

124

normative durchschlägt, hat sich als ein Ergebnis der genannten Regelungen gezeigt, daß die Wohnraumversorgung in Eigentümerwohnungen besser ist, als in Mietwohnungen: Eigentümerwohnungen verfügen in der Regel über eine größere Wohnfläche, mehr Räume, sind besser ausgestattet und liegen typischerweise in kleineren Gemeinden (23). Das bedeutet, daß die tatsächlichen Wohnverhältnisse in Eigentümerwohnungen, insbesondere in (Familien-) Eigenheimen den Familien in der Regel eine bessere Unterbringung ermöglichen als Mietwohnungen. So sind Eigentümerwohnungen auch seltener mit mehr als einer Person pro Raum belegt als Mietwohnungen (24).

Familien, die als Eigentümer wohnen, insbesondere im Eigenheim, sind demnach in der Regel besser untergebracht als Familien in Mietwohnungen.

Gleichwohl ist damit noch nicht ausgesagt, inwieweit für die tatsächliche Verteilung dieser Art des Wohnens durch die Eigenheimförderung, also letzlich für die Erreichbarkeit dieser Wohnmöglichkeit, die spezifischen Wohnbedürfnisse der Familien ausschlaggebend sind.

Stellt man, gleichsam vom Extremfall ausgehend, auf die Wohnverhältnisse der Familien ab, für die eine ausreichende Wohnungsversorgung noch immer besonders schwierig ist, nämlich auf die kinderreichen Familien, deren Wohnbedürfnisse nach § 28 Abs. 2 II. WoBG bei der Wohnungsbauförderung besonders zu berücksichtigen sind (25), dann scheint staatliche Eigenheimförderung an den spezifischen Wohnbedürfnissen dieser Familien ausgerichtet zu sein und in erster Linie nach dem Kriterium des Familienwohls zu erfolgen: So gehören zwar insgesamt die kinderreichen Familien noch immer zu der Bevölkerungsgruppe, die mit Wohnraum unterversorgt ist (26); für den Kreis der Eigenheim-Eigentümer aber zeigt sich eine deutliche positive Korrelation zwischen Familiengröße und Wohnungs-/Hauseigentum: Mit zunehmender Familiengröße (steigender Kinderzahl) nimmt auch der Anteil der Familien zu, die über ein eigenes Heim (eine eigene Wohung) verfügen (27).

Nach den Ergebnissen der Gebäude- und Wohnungszählung 1968 sinkt mit zunehmender Personenzahl je Wohnpartei (Haushalt) (28) der Anteil der als Mieter oder Untermieter wohnenden Wohnparteien (Haushalte) und steigt gleichzeitig der Anteil der Eigentümerwohnparteien (29): Während der Mieteranteil von 67 % (bei Vier-Personen-Haushalten) auf 28,9 % (bei Neun-Personen-Haushalten) zurückgeht, steigt der Anteil der als Eigentümer Wohnenden von 26,9 % (bei Vier-Personen-Haushalten) auf 68 % (bei Neun-Personen-Haushalten) (30); insgesamt wohnten 50,4 % aller größen Haushalte 1968 als Eigentümer; demgegenüber war das von allen Haushalten nur zu 34,3 % der Fall (31).

Diese Ergebnisse könnten zu der Vermutung Anlaß geben, staatliche Eigenheimförderung sei primär an den Wohnbedürfnissen der Familien orientiert und setze vorrangig bei den Familien an, für die eine ausreichende Wohnversorgung am schwierigsten ist (32). Gleichwohl läßt sich aus den Daten der Gebäude- und Wohnungszählung 1968, die bei wachsender Familiengröße steigende Anteile der Eigentümerwohnparteien ergaben, nicht nachweisen, inwieweit dafür staatliche Förderung des Wohnungsbaus, insbesondere des Eigenheimbaus, maßgebend sind oder aber der bei mehreren Verdienern größere finanzielle Spielraum oder vielmehr die Tatsache, daß Haushalte in dieser Größerordnung (kinderreiche Familien) nur schwer ausreichenden Wohnraum zu günstiger Miete finden können (33) und daher oft geradezu gezwungen sind, unter erheblichen finanziellen Anstrengungen Wohnungseigentum zu erwerben (ein eigenes Haus zu bauen), um ihrem erhöhten Wohnraumbedarf gerecht zu werden (34). Als gleichfalls empirisch noch nicht gesicherte Erklärungsvariante für die positive Korrelation zwischen Familiengröße und Haus-/Wohnungseigentum ist die Vermutung anzusehen, "Streben nach Eigentum und Kinderreichtum" entstammten "ähnlichen psychologischen Strebungen", hätten "einen ähnlichen ideologischen Boden" (35).

Daß die überdurchschnittliche Bildung von Wohnungs-/Hauseigentum bei großen Haushalten einer primär an konkreten Familieninteressen orientierten Wohnungspolitik geschuldet ist, erscheint darüber hinaus fraglich, wenn man die Ergebnisse zur Verteilung von Haus- und Grundeigentum in der Bundesrepublik berücksichtigt (36).

Danach zeigt sich, daß Immobileigentum in dem Sinne einkommens- und sozialspezifisch verteilt ist, daß mit wachsendem Einkommen auch der Anteil der über Haus- und Grundeigentum verfügenden Haushalte steigt und diese Eigentumsart überdurchschnittlich häufig in Haushalten von Selbständigen zu finden ist. Dieser allgemeine Zusammenhang ist zwar speziell für die großen Haushalte 1968 nicht ausgewiesen; jedoch stellte der Erste Familienbericht für 1965 fest, daß der höhere Anteil der Wohnungs-/Hauseigentümer bei den kinderreichen Familien "zum großen Teil auf den hohen Eigentumsanteil bei den kinderreichen Selbständigen zurückzuführen" ist (37).

Diese Angabe kann als Indiz dafür verstanden werden, daß drei Jahre später (1968) die für alle Haushalte allgemein festgestellte einkommens- und sozialspezifische Verteilung von Haus- und Grundeigentum sich auch bei den großen Haushalten fortgesetzt hat, daß Eigentumsbildung im Wohnungsbau trotz aller Propagierungen von Familieninteressen in der staatlichen Wohnungsbauförderung (insbesondere Eigenheimförderung) gerade auch bei den großen Haushalten (kinderreichen Familien) einkommensabhängig geblieben ist. Das bedeutet, daß "Familie" zwar allgemein rechtliche Voraussetzung für die Eigenheimförderung ist, dann aber gegenüber der dominierenden tatsächlichen Bedingung der Einkommenshöhe rezessiv bleibt. Diese These wird weiter erhärtet durch Angaben des Zweiten Familienberichts, wonach Familien in den ersten zehn Ehejahren deutlich seltener über Wohnungseigentum (38) verfügen als Familien mit einer längeren Ehedauer: Lediglich 21 % der Familien mit bis zu zehnjähriger Ehedauer verfügen über Wohnungseigentum - gegenüber 44 % derer mit einer längeren Ehedauer (39). Die Familien benötigen offenbar einen Zeitraum von über zehn Jahren, um eine berufliche Position zu erlangen, die es ihnen ermöglicht, die nötigen finanziellen Eigenmittel anzusparen, und die als ein Moment der Kreditwürdigkeit bei der Aufnahme von Darlehen relevant wird (40).

Deshalb bleibt die Familie, gerade wenn die Kinder noch klein sind (41), aber für ihre gesunde Entwicklung genügend Platz benötigen (42), auf beschränkte Wohnverhältnisse angewiesen: Von den Familien mit bis zu zehnjähriger Ehedauer wohnten 28 % der Einkind-Familien und 15 % der Mehr-Kinder-Familien in Wohnungen mit einer Fläche von bis zu 60 qm von den Familien mit einer längeren Ehedauer war dies demgegenüber nur zu 14 %, bzw. 10 % der Fall (43).

Dies bedeutet aber, daß Familien der Bau/Erwerb eines eigenen Hauses erst dann möglich wird, wenn die Kinder bereits größer sind - und nicht dann, wenn sie als junge Familien mit kleinen Kindern den größeren Wohnraum eines eigenen Hauses (mit Garten) vielleicht dringender benötigen (44).

Im Ergebnis heißt dies, daß Wohnungsbaupolitik und insbesondere Eigenheimförderung zwar die Familie besonders berücksichtigt, aber offenbar in einer ähnlichen Fehleinschätzung wie in der Bausparförderung (45) die reale (am finanziellen Spielraum gemessene) Fähigkeit, Eigentum im Wohnungsbau zu bilden, vernachlässigt, so daß sich letztlich - wie in der Verteilung des Haus-/Wohnungseigentums allgemein (46) die Einkommensspezifität der Eigentumsbildung im Wohnungsbau durchsetzt und familienpolitische Ansätze in der Eigenheimförderung unterläuft. Damit erfährt die besondere Betonung der Verfolgung von Familieninteressen in der Eigenheimförderung eine gewisse Relativierung durch die Ergebnisse über die tatsächliche Verteilung von Haus- und Wohnungseigentum.

Gleichwohl bleibt damit noch ungeklärt, inwieweit staatliche Eigenheimförderung - wenn man nicht mehr alle Familien, sondern nur noch die im eigenen Heim wohnenden, die Eigenheimfamilien ins Gesichtsfeld rückt - tatsächlich, wie beansprucht, dem Bestand, der "echten Entfaltung" und "gesunden" Entwicklung der Familien dient (47). Diese Formulierungen eines Sektors des familienpolitischen Anspruchs der staatlichen Eigenheimförderung sind aber - offenbar als Kurzformeln in der politischen Kontroverse verwendet - selbst komprimierter Ausdruck familienpolitischer Einzelziele, die, um mögliche Mißverständnisse über den intentionalen Gehalt dieses Anspruchs zu vermeiden, skizzenhaft vorgestellt werden sollen.

Für F. J. Wuermeling, der von 1953 bis 1962 Bundesfamilienminister der Bundesrepublik war, läßt sich dieser familienpolitische Anspruch der Eigenheimförderung aus dem Zusammenhang verschiedener Verlautbarungen schärfer fassen (48).

Die Förderung des Bestands, Zusammenhalts und der Entfaltung der Familien durch Familienpolitik - auch soweit sie sich über die Eigenheimförderung vollzog - hatte die Propagierung und Begünstigung der Mehrkinderfamilien (Kinderreichtum) zum Ziel (49); dies implizierte die Propagierung der Mutter- und Hausfrauenrolle für die Frau sowie zugleich die Kritik der Erwerbstätigkeit der Frau.

Schließlich stellte die Familienpolitik in der Amtszeit von Familienminister Wuermeling auf eine Festigung der Familien, ihres "Zusammehalts" durch Erschwerung der Ehescheidung ab (50).

Insgesamt erhärtet sich der Eindruck, daß es Wuermelingscher Familienpolitik "weniger", also jedenfalls nicht primär "um die Sorgen und Belange der Familie als einer hilfsbedrüftigen Kleingruppe", also die sehr konkret zu bezeichnenden besonderen Interessen von Familien, ging (51).

Es läßt sich aber nicht ausmachen, inwieweit diese Abstufung von Bundesregierung (insgesamt) und Bundestag im einzelnen übernommen wurde (52); gerade aufgrund der Lektüre der parlamentarischen Beratungen der Gesetze des Eigenheim-Förderungs-Rechts muß davon ausgegangen werden, daß es im Rahmen der familienpolitischen Intentionen der Eigenheimförderung jedenfalls auch um die Wahrnehmung der Interessen, insbesondere die Befriedigung der Wohnbedürfnisse der Familien (im Gegensatz beispielsweise derer von Alleinstehenden) (53), also letztlich auch um das konkrete Wohl der Familien ging. Soweit die Verfolgung dieses Ziels sich des Mittels der Eigenheimförderung, des Eigenheim-Förderungs-Rechts bedient, läuft das Instrumentarium der Intention aber tendenziell zuwider; im Hinblick auf die Förderung des konkreten Familienwohls wird der Bau oder Erwerb eines Eigenheims, damit aber letztlich auch Eigenheim-Förderungs-Recht selbst tendenziell dysfunktional (54).

Dabei ist an den Fall zu denken, daß der Bau/Erwerb eines Eigenheims die Erwerbstätigkeit der Ehefrau als Zweitverdiener notwendig macht. Nach einer repräsentativen Stichprobenerhebung des Städtebauinstituts Nürnberg (55) zeigt sich, daß bei den Bauherrnfamilien von Eigenheimen der Erwerbskoeffizient (Erwerbstätige je Haushalt) höher lag als der bei allen Haushalten im Bundesdurchschnitt: So waren im gesamten Bundesgebiet durchschnittlich 1, 29 Personen je Haushalt erwerbstätig - gegenüber 1, 80 Erwerbstätigen je Haushalt bei den Eigenheimfamilien der Stichprobe (56).

Die Erklärung für diese höhere Erwerbstätigkeit (fast zwei Personen je Haushalt) sieht die Untersuchung im erhöhten Anteil der berufstätigen Ehefrauen: So waren bei den Eigenheimfamilien der Stichprobe etwa 50 % aller Haus- (Ehe-) Frauen erwerbstätig gegenüber 31, 1 % im Bundesdurchschnitt (57). Hinsichtlich der Gründe für die Erwerbstätigkeit verheirateter Frauen ist bereits oben (58) ausgeführt worden, daß diese wesentlich durch finanzielle Überlegungen, durch die Notwendigkeit, das Haushaltseinkommen zu erhöhen, bestimmt ist.

Dem entspricht es, wenn das Städtebauinstitut Nürnberg aufgrund seiner Untersuchung zu dem Ergebnis kam, daß die überdurchschnittliche Frauenerwerbsquote den Eigenheimfamilien (der Stichprobe) überdurchschnittliche Haushaltseinkommen ermöglichte, die allerdings (59) eine "unbedingt Voraussetzung" für die Bewältigung der erheblichen Finanzlasten darstellten (60).

"Die Bildung von Hauseigentum (...) ist also unter gegebenen durchschnittlichen Einkommensverhältnissen nur mit wesentlicher Beteiligung der Frau
am Erwerbsleben möglich" (61) - was aber für die psycho-soziale Entwicklung innerhalb der Familie nicht ohne Folgen bleibt: So ändert diese Erwerbstätigkeit der Ehefrau beispielsweise im Regelfall nichts an der gegenwärtigen familialen Rollenverteilung; Die Anforderungen der Haushaltsarbeit
und der Kindererziehung bleiben der Ehefrau; die Berufstätigkeit schafft
nur zusätzliche Belastungen, so daß es zu einer Doppelbelastung durch
Haushalt und Beruf kommt (62).

Für die Kinder kann die Erwerbstätigkeit der Mutter dann einen ungünstigen
Einfluß auf ihre Entwicklung nehmen: allerdings läßt sich die mütterliche
Berufstätigkeit nicht in der Weise als Negativfaktor isolieren, daß sie allein
bereits zu einer Beeinträchtigung der kindlichen Entwicklung führt - als
sei die biologische Mutter unersetzlich für eine gesunde Entwicklung des
Kindes. Die Erwerbstätigkeit der Mutter gewinnt allenfalls indirekt, vermittelt Einfluß (beispielsweise über die Einstellung des Ehemanns zur Berufstätigkeit seiner Frau oder die Un-/Zufriedenheit der Mutter mit ihrer
Berufstätigkeit) (63).

Damit verlagert sich das Problem der Erwerbstätigkeit von Müttern: Nicht
die Erwerbstätigkeit als solche, das Fehlen der biologischen Mutter stellt
sich als vorrangiges Problem, sondern inwieweit sich während der Abwesenheit der Mutter eine optimale Betreuung der Kinder organisieren
läßt (64). Allerdings ist nach Aussagen des Zweiten Familienberichts die
Betreuung der Kinder für die Dauer der Abwesenheit der Mutter "nicht
immer in befriedigender Weise zu lösen" (65); so kann bislang nicht davon ausgegangen werden, daß durch öffentliche Erziehungseinrichtungen
(66) oder durch eine Erziehung durch Verwandte (in der Regel die Groß-
eltern) (67) eine zufriedenstellende Lösung für dieses Problem realisiert
wäre.

Dann aber, nicht isoliert, sondern unter den vorfindlichen gesellschaftlichen Verhältnissen betrachtet (68), zeitigt die Berufstätigkeit der Mutter
Tendenzen, die "für die Sozialisation der Kinder nicht förderlich sein"
können (69).

Familienpolitik, soweit sie zur Verfolgung tatsächlich der konkreten Interessen der Familien sich der Förderung des Eigenheims bedient, arbeitet
im Hinblick auf dieses Ziel tendenziell dysfunktional - und schließlich auch
das Eigenheim-Förderungs-Recht selbst, soweit dieses familienpolitische
Ziel Eingang gefunden hat.

Geht es daher - insgesamt - bei der propagierten Förderung der echten
und gesunden Entfaltung der Familien um deren konkretes Wohl, so wird
Eigenheim-Förderungs-Recht im Hinblick darauf tendenziell dysfunktional,
da es zur Erreichung dieses Ziels (notwendig) das Eigenheim als Mittel
einsetzt, für dessen Erreichung aber Änderungen der Lebensweise der
Familien (insbesondere zusätzliche Berufstätigkeit der Mutter) notwendig
werden können, die in ihren Auswirkungen mit den familienpolitischen Zielsetzungen kollidieren.

Abschließend ist noch auf die mehr staatspolitischen Tendenzen in den familienpolitischen Intentionen in der Eigenheimförderung einzugehen (70). Familienpolitik, deren besonderes Anliegen der familiengerechte Wohnungsbau (i. e. vorrangig des Eigenheimbaus) war (71), war nach Auffassung des ehemaligen Bundesfamilienministers Wuermeling "kein soziales Problem im Sinne von Hilfsbedürftigkeit"; "Familienpolitik ist eine staatspolitische Aufgabe" (72).

Dem liegt ein Verständnis der Familie als "natürliche Urzelle und Kraftquelle auch der staatlichen Ordnung" zugrunde (73), als der Gesellschaft "erste Ordnungszelle", deren Ordnung sich auf die Autorität von Vater und Mutter gründet (74); in den Familien seien die "Grundfesten für den Fortbestand von Staat und Gesellschaft" gegeben (75). Damit wird offenbar umschrieben, was in den Sozialwissenschaften zu den typischen Funktionen der Familie gerechnet wird, die Sozialisation des Kindes. Sozialisation bezeichnet den Prozeß, "während dessen der nur mit rudimentären Instinkten geborene Mensch allmählich die Verhaltenssicherheit eines Erwachsenen erwirbt und dabei psychisch wie sozial die Fähigkeit gewinnt, als Individuum zum arbeitsteiligen Reproduktionsprozeß der Gesellschaft beizutragen" (76) - der gesellschaftlich vermittelte Prozeß also des Erwerbs von Verhaltensmuster, Empfindungs-, Denkweisen und Wertvorstellungen einer Gesellschaft (77). Dabei kommt der Familie als Sozialisationsagentur, über deren Vermittlung Sozialisation sich vollzieht, wesentliche Bedeutung zu - zum einen aufgrund ihres Erziehungsmonopols in der frühkindlichen Entwicklung (78), zum anderen aufgrund ihrer Stabilisierungsfunktion für die Gesellschaft (die die oben wiedergegebenen Zitate gerade ausdrücken) (79). Ansetzend bereits in frühester Kindheit, vermittelt die Familie die herrschenden Sozialisationsziele und -methoden, wirkt "praktisch unnachsichtig auf ... Übernahme" (80), auf Anpassung an dieses hin. Dies geschieht allerdings nicht völlig bewußt, spontan, quasi autonom, sondern "fast durchweg unreflektiert" (81).

Die Familie ist Agentur der Gesellschaft, die (selbst Teil der Gesellschaft) überträgt, weitergibt, was beispielsweise an normativen Impulsen der Gesellschaft auf sie einwirkt.

"Sie steht selbst unter kulturellem und sozialem Druck, und diesen Druck gibt sie weiter" (82). Sie nimmt in der familialen Sozialisation bereits die Autoritätsverhältnisse außerhalb der Familie weitgehend vorweg und wendet sie nach innen (83). Damit tritt die "äussere in der Gesellschaft wirksame Gewalt ... dem in der Familie aufwachsenden Kind in der Person der Eltern ... gegenüber" (84). Durch Identifikation mit deren Verboten werden zugleich die Autoritäten außerhalb der Familie verinnerlicht (85).

Auch wenn sich das Autoritätsverhältnis innerhalb der Familie (seit den "Studien über Autorität und Familie") gewandelt hat und sich daher auch die Übertragungsmechanismen für gesellschaftliche Autorität verändert haben (86), ist die Familie noch immer die Agentur der Vermittlung gesellschaftlicher Autoritätsverhältnisse auf die Kinder (87).

Dadurch aber erfahren die wiedergegebenen familienpolitischen Aussagen zur Ordnungsfunktion der Familie eine deutliche Entmystifizierung. Auf der Basis der Kenntnis der skizzierten Zusammenhänge gewinnen sie insofern realen Gehalt, als sie unabhängig von den jeweiligen Vorstellungen und Intentionen ihrer Urheber und in wie ideologisierter Form auch immer reale Prozesse der Anpassung an gesellschaftliche Verhältnisse wiedergeben; Anpassungsprozesse, zu deren gesellschaftlichen Determinanten, wie gezeigt, gerade auch die Familie gehört (88).

Zurückbezogen auf das Eigenheim-Förderungs-Recht, zeichnet es sich auf dieser Folie in seinen familienpolitischen Intentionen als eines der Instrumentarien der Anpassung an die gegebenen Verhältnisse des sozio-ökonomischen Status quo ab.

d. Bedeutung des Eigenheim-Förderungs-Rechts für die Entwicklung des gesellschaftlichen Bewußtseins

Der Gedanke, daß die Förderung der Eigentumsbildung (Eigenheim-Förderungs-Recht) die Verteilung des (Immobil-) Eigentums in der Gesellschaft tangiert haben könnte, scheint unmittelbar einsichtig; das mag ebenfalls noch für den Gedanken gelten, daß das Eigenheim, verstanden als Teil der äußeren Verhältnisse, als buchstäblich versteinerte Bedingung des Lebens, Raum gibt für eine bestimmte Lebensführung (1), zugleich aber ihr bestimmte Grenzen zieht (2).

Ungewöhnlich aber könnte erscheinen, daß diese materiellen Verhältnisse, die versteinerten Lebensumstände, auch Gedanken Grenzen setzen und sie in eine bestimmte Richtung leiten können (3); daß also das Eigenheim (Eigenheim-Förderungs-Recht, wie es sich in Stein und Beton manifestiert) Einfluß nimmt auf das, was und wie Individuen denken (nicht nur hinsichtlich der Gesellschaft, in der sie leben) - auf ihr Bewußtsein also. Ein solcher Zusammenhang ist von Befürwortern des Eigenheims anvisiert worden: Der Arbeiter mit einem Eigenheim "wird eine ganz andere Einstellung" haben (4) (als der in der Mietwohnung); Eigentum, vor allem das eigene Heim, stärke den "Staatsgedanken" (5). Diese und ähnliche Äußerungen aber wecken das Interesse, dem in ihnen unterstellten Konnex im einzelnen nachzugehen, also Zusammenhänge zwischen Eigenheim-Förderungs-Recht in seiner materiellen Manifestation als Eigenheim und gesellschaftlichem Bewußtsein zu untersuchen.

Zunächst aber ist einem gerade bei dieser Art von Problemstellung möglichen Mißverständnis über die Qualität der zu untersuchenden Zusammenhänge zu begegnen. Die Formulierungskombination Eigenheim und Bewußtsein könnte - unterstützt von den oben wiedergegebenen Zitaten - die Annahme fördern, Fragestellung, Art der Erörterung (und dann schließlich die Ergebnisse) seien zu verstehen als Ausdruck eines von Eigenheim auf Bewußtsein verlaufenden eindeutigen Kausalzusammenhangs - als könne man, ausgehend von den vorfindlichen materiellen Verhältnissen, auf ein bestimmtes Bewußtsein schließen.

Demgegenüber soll die Verbreitung des Eigenheims, verstanden als eine Wohnform, die durch eine sepzifische Rechtsform geprägt ist, dazu dienen, bestehende Tendenzen im Denken und Meinen dieser Gesellschaft zu erklären - wie man in den Vorstellungen der Individuen die Spuren ihres realen Lebenszusammenhangs auffinden kann (6).

Während diese Vorgehensweise als Erklärung bestehender Bewußtseinsformen aus den materiellen Verhältnissen (i. e. als bewußtes Sein) zu verstehen ist, soll hier in der umgekehrten Richtung verfahren werden: Ausgehend von den materiellen Verhältnissen soll die Erörterung des Zusammenhangs Eigenheim - Bewußtsein sich auf der Ebene der Formulierung einer Bedingung spezifischer, gleichwohl realer Möglichkeit (von gesellschaftlichem Bewußtsein) bewegen.

Zusammenhänge in der hier thematisierten Richtung sind bereits untersucht für den Konsum als Bedingung der Möglichkeit eines bestimmten Bewußtseins. Daher bietet es sich für die Erörterung der bewußtseinsmäßigen Bedeutung des Eigenheims an, Untersuchungen zur Bedeutung des Konsums (7) für das Bewußtsein der Individuen in den westlichen kapitalistischen Gesellschaften (8) einzubeziehen, da sie als Ergebnisse Denk- und Verhaltensmuster beschreiben, die denen mit der Eigenheimförderung intendierten sehr ähnlich sind oder ihnen sogar gleichen. Der von ihnen begangene Erklärungsweg soll im folgenden zunächst nachgezeichnet werden, ausgehend vom Erklärenden zum Erklärten, in das dann die Eigenheimproblematik einzufügen versucht werden soll.

Aufgrund des nach dem Ende des Zweiten Weltkriegs einsetzenden Wirtschaftswachstums befanden sich die westlichen kapitalistischen Gesellschaften bis in die sechziger Jahre (trotz einiger konjastureller Schwankungen), insgesamt gesehen, in einer Periode wirtschaftlicher Prosperität (9). Diese Entwicklung fand ihren Ausdruck in einer Ausweitung der industriellen Produktion (insbesondere auch der nicht produktiver Verwendung dienenden Waren, der Konsumgüter) und einem Anstieg der Einkommen (10).

Für den Konsumgütersektor der Gesamtwirtschaft bedeutet dies eine (unter gleichzeitiger Differenzierung erfolgende) Aufblähung des (industriellen) Warenangebots und Steigerung der zahlungsfähigen Nachfrage (11) - insgesamt dann eine quantitative Ausweitung des Konsums.

An diese Erscheinungen knüpfen Bezeichnungen dieser Gesellschaften als Konsumgesellschaften oder Überflußgesellschaften an (12). Offenbar kann aber diese Ausweitung des Konsums in ihrer Bedeutung allein aus ökonomischer Sicht nicht hinreichend eingeschätzt werden; in dieses zunächst rein quantitativ zu verstehende Problem von ökonomischem Wachstum geht eine qualitative Dimension in dem Sinne ein, daß diese Ausweitung des Konsums "neue" Qualitäten dieser Gesellschaft freisetzt: Es bildet sich tendenziell, was Marcuse "Muster eindimensionalen Denkens und Verhaltens" genannt hat (13).

Eine solche Einschätzung setzt voraus (14), daß der Gebrauch oder Verbrauch einer Ware sich nicht allein im Sich-Zueignen ihres Gebrauchswerts, ihrer konkreten Nützlichkeit erschöpfte. Vielmehr muß die Ware, bevor sie überhaupt verkauft werden kann, dem Käufer erst einen bestimmten Gebrauchswert verheißen, den Schein eines bestimmten Gebrauchswertes erwecken - muß der Ware also eine dahingehende Erscheinung eigen sein, deren Inhalte sich die Individuen in der Zueignung der Ware zugleich zu eigen machen. Solange der verhießene Gebrauchswert immer noch sich mit dem tatsächlichen deckt, wird "Warenästhetik" (15) nicht zum Problem.

Wachsende Unternehmenskonzentration zu oligopolistischen Angebotskonstellationen sowie technologischer Fortschritt auch bei der Massenproduktion von Konsumgütern aber haben tendenziell zur Vermeidung von Preiskonkurrenz (16) und Einebnung der Qualitätskonkurrenz (17), schließlich zur stärkeren Verlagerung der Konkurrenz auf den Warenschein geführt. Dadurch hat sich die Tendenz ausgeprägt, daß (im Konsumsektor) (18) das Erscheinungsbild der Ware zunehmend zum Transportmittel anderer Informationen wird (19), so daß "Waren kaum mehr" auf der Ebene der Gebrauchswerte konkurrieren und die "Konkurrenz ... sich weitgehend auf die Ebene der Erscheinungsbilder verlagert" hat (20).

Für den Konsumenten, dessen erster Zugang zur Ware notwendig über deren Erscheinung ("Aufmachung") führt, drängt damit ebenfalls die Bedeutung der Erscheinungsbilder in den Vordergrund, so daß für die Wahl eines bestimmten Konsumprodukts gegenüber einem anderen in der praktischen Funktion gleichwertigen Produkt zunehmend der spezifische Warenschein ausschlaggebend wird.

Diese Information der Erscheinungsbilder (21), durch die Ergebnisse empirischer (vor allem tiefenpsychologischer) Untersuchungen auf das Unterbewußtsein der Individuen ausgerichtet (22), bieten den Individuen Möglichkeiten, sich, Teile ihrer Identität, in ihnen wiederzufinden (23), sich letztlich mit dem erscheinenden Bild zu identifizieren; in seiner Konsequenz bedeutet dies: ge- und verkauft wird Persönlichkeit (24).

Dieses Sich-Wiedererkennen im Erscheinungsbild der Ware ist aber nicht allein beschränkt auf die Identifikation mit der konkreten Warenästhetik, sondern zugleich immer auch Identifikation mit der Ware (25) und der Warenproduktion dieser Gesellschaft überhaupt: "Wenn die Individuen sich in den Dingen wiederfinden, die ihr Leben gestalten, dann geschieht dies nicht, indem sie den Dingen das Gesetz geben, sondern indem sie es hinnehmen - nicht das Gesetz der Physik, sondern das ihrer Gesellschaft." (26) In seiner als Tendenz zu verstehenden Konsequenz bedeutet dies eine Identifikation mit der Gesellschaft des Status quo - oder umgekehrt: Integration und Blockade alternativen Denkens und alternativen Handelns (27), was in Marcuses Terminologie das Muster "eindimensionalen Denkens und Verhaltens" (28) umschreibt (29).

Offenbar lassen sich diese Überlegungen auf den Gebrauch einer anderen Ware, der Wohnung (insbesondere des eigenen Heims) übertragen. Wohnen könnte als eine spezifische Form des Konsums verstanden werden. Unterscheidet man - in Anlehnung an die Einteilung des Warenkreislaufs in Produktionssphäre (den Bereich des Herstellens und Erzeugens) und Konsumsphäre (den Bereich der unproduktiven Verwendung) - im tatsächlichen Lebensvollzug der Individuen grundsätzlich zwischen dem Bereich der Arbeit (typischerweise der der Eingliederung in den Produktionsprozeß) und dem zeitlich und räumlich davon getrennten Bereich der Nicht-Arbeit, der "freien" Zeit (der zugleich der des Konsums ist) (30), dann ist Wohnen (im Gegensatz zu gewerblicher Gebäudenutzung) dem Bereich der Nicht-Arbeit, der Sphäre des Konsums zuzurechnen.

Der Begriff "Konsum" selbst mag zwar zunächst dazu tendieren, ihn (mehr philologisch) im Sinne des (unproduktiven) Verzehrs und Verbrauchs von Waren zu verstehen, die der unmittelbaren Befriedigung menschlicher Bedürfnisse dienen, doch werden zu Konsum auch die Inanspruchnahme von Dienstleistungen und die Benutzung von Waren zum Gebrauch gerechnet (soweit diese Verhaltensweisen der unmittelbaren Bedürfnisbefriedigung dienen) (31).

Wohnung ist in unserer Gesellschaft eine Ware, die sich grundsätzlich tauscht wie andere Waren auch (32); mit anderen Waren (33) teilt sie das Phänomen des Warenscheins (zunächst) in der Weise, daß ihre Nutzung dem Bewohner bestimmte Persönlichkeitsmerkmale zuschreiben kann; in einem bestimmten Stadtteil, einer bestimmten Straße eine Wohnung/ein Haus zu haben, kann je nach Art der Wohnlage und auch des Hauses eine spezifische gesellschaftliche Bewertung des Bewohners begründen (34).

Läßt sich Wohnungsnutzung also als eine Form des Konsums verstehen (35), und von daher eine Einbeziehung des Wohnens in den Untersuchungsgegenstand "Konsum" vertreten, so erlaubt dies grundsätzlich eine Erstreckung des Geltungsbereichs der Untersuchungsergebnisse zur Bedeutung des Konsums in den kapitalistischen Gesellschaften auf den Gebrauch der Ware Wohnung.

Demnach läßt sich Wohnen, der Gebrauch der Ware Wohnung und insbesondere der des Eigenheims (36) als einer der Faktoren verstehen, aus denen das geschilderte spezifische gesellschaftliche Bewußtsein, für dessen Charakterisierung Marcuse den Begriff der Eindimensionalität verwendet, sich erklären läßt.

Diese Qualifizierung des Wohnens als Form des Konsums wirft in der Folge die Frage auf, in welcher Weise die Zusammenhänge zwischen Konsum und gesellschaftlichem Bewußtsein für die Wohnung (insbesondere das eigene Heim) konkret zu verstehen sind - die Frage also, wie eindimensionales Bewußtsein aus Spezifika des Wohnens zu erklären ist. Im Hinblick auf die Untersuchungsrichtung der vorliegenden Arbeit soll versucht werden, dies für den Fall des Eigenheims in der Gesellschaft der Bundesrepublik nachzuzeichnen.

In die Warenästhetik des Eigenheims gehen gesellschaftliche Bedeutungsgehalte verschiedener Art ein, die gerade im Kontrast zum Wohnen zur

Miete an Schärfe ihrer Konturen gewinnen. Wohnen im eigenen Heim ist offenbar verbunden mit Vorstellungen, assoziativen Bildern (37) von Sicherheit (38), Unabhängigkeit (39) und Freiheit (40), gestützt auf Eigentum.

Dieser dem eigenen Haus "anhaftende" Warenschein geht mit in das Bewußtsein des Individuums im eigenen Heim ein, wenn es sich mit dieser besonderen Ware, die ihm und seiner Familie auf Jahre hinaus "Zuhause" ist, mit seinem eigenen Heim identifiziert (41); vor allem dann wird dieser Zusammenhang sich ergeben, wenn das Eigenheim ganz oder teilweise von den Bewohnern in Selbsthilfe errichtet wurde, wenn also das eigene Heim zugleich auch deren Werk, Produkt ihrer Hände Arbeit ist (42) und so ein Teil seiner Identität werden kann. Mit der Identifikation mit dem eigenen Heim geht das Selbstverständnis als Eigentümer dieses Hauses, die Identifikation mit diesem Eigenen einher. Überträgt man jedoch auf diese Identifikation mit dem eigenen Heim die oben dargestellten Ergebnisse zum Aufbau der Konsumidentität, dann läßt sich annehmen, daß dieses Hauseigentümer-Selbstverständnis zur Generalisierung in der Weise tendiert, daß sich das Individuum nicht nur als Eigentümer seines Hauses versteht, sondern als Eigentümer schlechthin - daß er sich also mit dem Eigentum als Basisinstitut dieser Gesellschaft grundsätzlich identifiziert.

Dieser von den Befürwortern des Eigenheims meist unterstellte Identifikationszusammenhang vom individuellen Kleineigentum allgemein zum Eigentum als Institut (43) findet sich ausdrücklich formuliert bei O. von Nell-Breuning (44): "Die Institution des Eigentums erfüllt ihren Sinn nur dann, wenn breiteste Kreise am Eigentum beteiligt sind. Der Ausschluß weiter Kreise vom Eigentum an Grund und Boden und von der praktischen Möglichkeit, Eigentum an Grund und Boden zu erlangen, kommt sowohl in der sachlichen Wirkung als auch in der Wirkung auf das Denken, Wollen und Empfinden der Menschen einer Aufhebung der Institution des Eigentums gleich oder mindestens sehr nahe." Auch die Institution des Eigentums setze wie jede rechtliche Institution die Bejahung durch die Menschen voraus. "Die Institution des Eigentums bedarf deshalb, um leben zu können, der Bejahung durch die große Mehrheit der Bevölkerung." (45) Die Bejahung des Eigentums als Institution aber schließt grundsätzlich alle Formen des Eigentums ein. Gerade Eigentum an Produktionsmitteln ist die Grundlage einer kapitalistischen Wirtschaft, die wie jede Form der Produktion und Reproduktion zugleich die spezifischen Lebensverhältnisse prägt und damit Grundlage kapitalistischer Gesellschaften wird.

Zustimmung zum Eigentum als Basisinstitut dieser Gesellschaft bedeutet ein (regelmäßig eher unreflektierter) Konsens über die allgemeinen Grundlagen, auf denen diese Gesellschaft sich entwickelt, und damit über die allgemeinen Grenzen, innerhalb deren die sozio-ökonomische Entwicklung verlaufen kann. Konsens über das Privateigentum als Basisinstitut dieser Gesellschaft bedeutet dann prinzipiell Identifikation mit dem sozio-ökonomischen Status quo.

Verstärkt wird diese Indentifikation noch, wenn der Erwerb des eigenen Heims als Zuwachs an gesellschaftlichem Ansehen verstanden wird. Generell läßt sich feststellen, daß die bestehende, aber auch die fehlende Möglichkeit, über bestimmte Waren zu verfügen, gesellschaftlicher Wertung unterliegt; Eigentum an bestimmten Waren verleiht gesellschaftliches Ansehen; die Warenästhetik überträgt dann gesellschaftliche Vorstellungen von sozialem Status auf den Eigentümer und vermittelt Prestige (46). Welchen Waren im einzelnen diese Funktion zukommt, ist nicht abschließend festzulegen; dies ist abhängig vom jeweiligen Entwicklungsstand der Produktion und der Höhe des verfügbaren Einkommens. Insbesondere läßt sich zu diesen Waren auch das Eigenheim zählen (47). So ist entgegen der immer wieder propagierten Förderung der Eigentumsbildung für die "breiten Schichten" der Erwerb/Bau eines Eigenheims noch immer abhängig von einem überdurchschnittlichen Einkommen (48). Umgekehrt bedeutet dann, sich ein Eigenheim "leisten" zu können, zugleich, für alle deutlich sichtbar sich zur oberen Hälfte der Einkommensgruppen zu zählen (und zählen zu lassen); unabhängig davon, unter welchen besonderen Anstrengungen der Erwerb gegebenenfalls erst möglich wurde (49), läßt sich die Zugehörigkeit zu den "oberen" Einkommensklassen demonstrieren. Über ein hohes Einkommen zu verfügen, verleiht aber in einer aufstiegsorientierten Gesellschaft soziales Ansehen. Damit wird dem Eigenheim-Eigentümer soziale Anerkennung zuteil, die zugleich, weil er diese über sein Eigentum erst bezieht, eine Bestätigung und Bestärkung seines Bewußtseins als Eigentümer schlechthin, seines Eigentümerbewußtseins bedeutet.

Abwehrstrukturen gegen Kritik bezieht diese Vorstellung aus dem vorherrschenden Verständnis dieser Gesellschaft als Leistungsgesellschaft (50). Demzufolge verdanken sich Einkommen und soziales Status der erbrachten Leistung für die Gesellschaft; sozialer Aufstieg, verstanden als Verbesserung der gesellschaftlichen Position (insbesondere durch berufliche und einkommensmäßige Veränderung), wäre prinzipiell für jeden zu erreichen, sofern er nur die entsprechende Leistung erbringt. Ohne die Ungleichheiten (51), insbesondere der ökonomischen Ausgangsbedingungen, einzubeziehen (52) und ohne den Leistungsbegriff zu problematisieren, wird so die Gleichheit der Chancen unterstellt.

"Es zu etwas gebracht zu haben", sich ein überdurchschnittliches Konsumniveau aufgrund eines entsprechenden Einkommens ermöglichen zu können ("materieller Wohlstand"), insbesondere sich ein eigenes Heim "leisten" zu können, erscheint dann ausschließlich eigener Leistung geschuldet. In der Tat hat im Regelfall derjenige, der dies erreicht hat, eine Leistung erbracht und noch zu erbringen; für ihn, individuell, hat sich dieser Zusammenhang zwischen Leistung und materiellem Erfolg bestätigt (53); in seiner Person kann er die Prinzipien der Leistungsgesellschaft bestätigt sehen und bestätigen (54).

Dies gilt in besonderem Maße, wenn die Ermöglichung eines bestimmten Konsumniveaus, vor allem gerade der Erwerb eines eigenen Heims einen sozialen Aufstieg ausdrückt. "Der soziale Aufsteig einzelner 'beweist' ja gerade die Gültigkeit der Ideologie" (55).

Auf diese Weise kann die Stützung der Leistungsgesellschafts- und Auf-
stiegsideologie unternommen werden. Diese kann ihrerseits der gegebenen Einkommens-, (insbesondere aber:) Vermögensverteilung Legitimation verschaffen, indem sie diese als Ergebnis unterschiedlicher individueller (und darum prinzipiell jedem möglicher) Leistung erklärt (56).
Das Sich-Bestätigt-Sehen in Leistungs- und Aufstiegsprinzipien, also das
Einverständnis, insbesondere die Identifikation mit dieser Ideologie bedeutet daher zugleich auch, die als strategisches Muster der Legitimation
der bestehenden sozio-ökonomischen Verhältnisse zu übernehmen und sich
zu eigen zu machen (57).

Dadurch können die Leistungs- und Aufstiegsaspekte der Warenästhetik
des Eigenheims bestehendes Eigentümerbewußtsein noch ergänzen und
eine Identifikation mit dem sozio-ökonomischen Status quo, somit einen
Konsens über die in ihm begründeten Grenzen gesellschaftlicher Entwicklung fördern. Auch wenn das Basisproblem, der Widerspruch zwischen
gesellschaftlicher Produktion und privater Verfügungsgewalt und Aneig-
nung, nicht aufgehoben ist, liegen Alternativen zur kapitalistischen Gesellschaft dann tendenziell außerhalb des gesellschaftlichen Gesichts-
kreises (58).

Zugleich wird so möglichen Interessengegensätzen, die sich zu grundlegenden, die genannten Grenzen dieser Gesellschaft tangierenden Konflikten
auszuweiten drohen könnten, die prinzipielle Schärfe genommen. Dann bedeutet Verbreitung des Eigenheims und des Eigentumsbewußtseins (die
Zustimmung zum Eigentum als Basisinstitut dieser Gesellschaft) tendenziell präventives Stillstehen gesellschaftlicher Konflikte. Die Förderung
des Eigenheims zielt damit im Ergebnis tatsächlich auf Pazifizierung von
gesellschaftlichem Konfliktpotential und letztlich auf Stabilisierung des
sozio-ökonomischen Status quo (59).

e. Die Bedeutung der gesellschaftlichen Auswirkungen des Eigenheim-
   Förderungs-Rechts für den Eigentumsbegriff

Die vorliegende Untersuchung ist daran orientiert, das Eigenheim-Förderungs-Recht in seinem sozio-ökonomischen Zusammenhang auseinanderzusetzen; dies impliziert, dieses Recht als Ausdruck historisch spezifischer gesellschaftlicher Verhältnisse auszuweisen sowie den Rückwirkungen seiner Regelungen auf die Gesellschaft nachzugehen (1).

Nachdem die Untersuchung sich bisher auf diesen beiden Stufen bewegt hat,
soll schließlich in einem letzten Schritt versucht werden zu zeigen, inwieweit gesellschaftliche Veränderungen, die sich auf rechtliche Regelungen
zurückführen lassen, inwieweit also die materiellen Ausprägungen des
Eigenheim-Förderungs-Rechts ihrerseits sich auf der Ebene des Rechts
fortsetzen und zu Veränderungen im normativen Überbau führen.

Folgt man dem Gang der bisherigen Ausführungen, dann bietet sich dafür
als Bezugspunkt auf der Ebene des Rechts das Eigentum an. So zeichnet

sich hinter den Ausführungen zum Recht der staatlichen Eigenheimförderung
immer wieder das Eigentum in Form des Eigenheims als Angelpunkt mit
unterschiedlicher Deutlichkeit ab. In Teil A dieser Arbeit mag der Bezug
zum Eigentum loser erscheinen, da dort über die besonderen Entstehungsbedingungen gerade des Eigenheim-Förderungs-Rechts hinaus die in der
Eigenheimförderung als Teil der Wohnungsbauförderung wirksamen allgemeinen Bedingungen zu berücksichtigen waren. Demgegenüber hatten
die vorstehenden Kapitel dieses Teils B gerade von den besonderen Ausstrahlungen des Eigenheim-Förderungs-Rechts gehandelt, die sich speziell aus dem Eigentum am Wohnhaus, aus dem Wohnen zu Eigentum ergeben; insbesondere wurde dort der Frage nachgegangen, welche tatsächliche Bedeutung dem Eigenheim-Förderungs-Recht für die Eigentumsverteilung und für das gesellschaftliche Bewußtsein, vor allem für die Vorstellungen über das Eigentum hat.

Dann erscheint es plausibel, in dieser Richtung konsequent auch noch den
Schritt von der Untersuchung des Eigentumsbewußtseins in der Gesellschaft
zu der des Eigentumsverständnisses der Rechtswissenschaft zu vollziehen.
Dabei ist der juristische Eigentumsbegriff auf interpretatorische Akzent-
verschiebungen zu prüfen, die sich aus den den bisherigen Befunden zugrundeliegenden Tatsachen ergeben; die vorgelegten Ergebnisse hinsichtlich der Rückwirkungen des Eigenheim-Förderungs-Rechts auf die Gesellschaft sollen auf den aktuellen Eigentumsbegriff projiziert werden, um ihn
auf Übereinstimmung oder mögliche Diskrepanz seiner Elemente mit veränderten gesellschaftlichen Verhältnissen auszuleuchten.

Anzusetzen ist dafür beim Eigentumsbegriff, wie er sich aus dem Grundgesetz ergibt, da dieser der zentrale Bezugspunkt jeder auf Verfassungs-
kompatibilität bedachter Eigentumsdiskussion ist.

Das Eigentum wird in der Bundesrepublik gemäß Art. 14 GG gewährleistet
(2). Diese Gewährleistung birgt zwei Bedeutungsvarianten und legt so um
das Eigentum einen doppelten Abwehrring: Anknüpfend an die Tradition
der liberalen Freiheitsrechte schützt Art. 14 GG das Eigentum als Recht
des Individuums gegen den Staat (subjektives Recht). Darüber hinaus ist
in die Eigentumsgewährleistung eine Konstruktion der Lehre aus der Zeit
der Weimarer Reichsverfassung (3) übernommen worden (4), die Institutsgarantie; demzufolge gewährleistet Art. 14 GG das Eigentum auch als
Institut der Rechtsordnung (5).

Ohne daß dadurch eine verfassungskräftige Entscheidung für ein bestimmtes
Wirtschaftsmodell getroffen wäre (6), bedeutet die Institutsgarantie, daß un-
geachtet aller gesetzlichen Bestimmungen von Inhalt und Schranken des Eigentums immer "etwas" verbleiben muß, was den Namen "Eigentum" ver-
dient (7). Insofern sind die Grenzen des Bedeutungsinhalts der Institutsgarantie enger gezogen als die der Individualrechtsgarantie (8).

Unbeschadet dieses Unterschieds in der Weite der Eigentumsgewährleistung, stellt sich die Frage, was hier unter dem Titel "Eigentum" konkret
geschützt werden soll, was Eigentum in seinem, gemäß der Verfassung
geschützten Inhalt ausmacht.

Nach dem Grundgesetz (Art. 14 Abs. I Satz 2) ist die Bestimmung von Inhalt und Schranken des Eigentums Aufgabe des Gesetzgebers; damit steht die inhaltliche Ausfüllung des Eigentumsbegriffs zur Disposition des Parlaments. Gleichwohl ist der Eigentumsbegriff wesentlich von der Rechtsprechung geprägt worden (9). Dabei knüpfte die Rechtsprechung an den herkömmlichen zivilrechtlichen Eigentumsbegriff an (10); bereichts in einer Entscheidung aus dem Jahr 1952 betonte das Bundesverfassungsgericht, das Grundgesetz schütze das Eigentum, "so wie es das bürgerliche Recht und die gesellschaftlichen Anschauungen geformt haben" (11). So geht in den verfassungsrechtlichen Eigentumsbegriff der traditionelle, der zivilrechtliche mit ein (12). Demgemäß finden sich immer wieder Identifizierungen mit umfassender Sachherrschaft (13), die das Recht des Gebrauchens, der Nutzziehung, aber auch des willkürlichen Verfahrens mit der Sache nach jeweiligem Belieben einschließt (14).

Diese zivilrechtlich geprägte Vorstellung vom Eigentum als Eigentum an Sachen findet in den tatsächlichen Verhältnissen des Eigenheims sinnfälligen Ausdruck (15): Das Eigentum an Haus und Garten gewährt dem Inhaber dauerhafte Behausung und weitgehende, im wesentlichen nur durch bau- und nachbarrechtliche Vorschriften begrenzte Möglichkeit, sein Heim nach der Fertigstellung (16) gemäß seinen Vorstellungen auszugestalten und zu nutzen, wohingegen der Mieter eines solchen Hauses zwar ebenfalls über eine unmittelbare Sachherrschaft (rechtlich: den unmittelbaren Besitz) verfügt und auch im Rahmen der vereinbarten Nutzung zu Veränderungen an der Mietsache befugt ist; die Grenzen für Neugestaltungen durch den Mieter ergeben sich, soweit diese über das Verkehrsübliche der vertraglichen Nutzung hinausgehen, aber aus dem Belieben des Eigentümers - sind somit enger gezogen als beim Eigentümer.

Hier in der Konstellation Eigentümer - Mieter erhält die juristische Konstruktion des Eigentümerbeliebens erhebliche tatsächliche Bedeutung (17). (Dies kann beim Eigenheim relevant werden, sonfern es sich um ein Zwei-Familien-Haus (18) handelt, von dem eine Wohnung vermietet wird.) Bei der Vermietung von Wohnraum verläßt die aus dem Eigentum sich herleitende Rechtsmacht, mit der eigenen Sache nach Gutdünken - prinzipiell beliebig zu verfahren, den individualistischen Rahmen höchst privaten Eigentümereigensinns (der sich in irgendwelchen gesellschaftlich belanglosen Skurillitäten ausdrücken mag) und erhält eminent gesellschaftliche Relevanz (19); Sachherrschaft transzendiert den Sachbezug und gewährt Bestimmungsmöglichkeit über andere Personen. Besonders deutlich treten die gesellschaftserheblichen Züge dieses Eigentümerbeliebens hervor in der Ablehnung kinderreicher Familien als Mieter (20) ebenso wie im Leerstehen- und Verfallenlassen von Wohnhäusern, das dem Ziel dient, sie schließlich zu zerstören und an ihre Stelle Bürohäuser zu profitablerer Nutzung zu errichten (21).

Demgegenüber bleibt für das Eigentümerbelieben beim selbstgenutzten Eigenheim kein Raum; Eigentümerbelieben, das immer auch das willkürliche Verfahren mit der Sache einschließt, enthielte hier auch das Belieben, das eigene Heim funktionswidrig zu nutzen, was letztlich zur Folge hätte, sich seiner Behausung zu berauben. Das bedeutet, daß in diesem Fall das Eigentümerbelieben immer gebunden an eine funktionsgerechte Nutzung bleibt; damit bleibt beim (selbstgenutzten) Eigenheim "die in § 903 BGB vorgesehene Beliebigkeit meist fiktiv" (22).

Beim selbstgenutzten Eigenheim, wie es Gegenstand des Rechts der Eigenheimförderung ist, läßt sich also deutlich Eigentum als unmittelbare Sachherrschaft erkennen; gleichwohl findet hier die Konstruktion eines in der prinzipiellen Unumschränktheit dieser Sachherrschaft implizierten umfassenden Eigentümerbeliebens kaum Angriffspunkte und geht insofern ins Leere; in dieser Hinsicht, für diese Form von Eigentum gewährt die Anerkennung eines Eigentümerbeliebens als Merkmal des Eigentums "eine überschießende, in Ausnahmesituationen praktisch werdende Rechtsmacht" (23).

Gegenwärtig reicht der Inhalt des Eigentums weit über die Sachherrschaft (24) hinaus: Über diese Sachbezogenheit hinaus ist der Eigentumsbegriff in der Weimarer Republik durch das Reichsgericht mit überwiegender Zustimmung der Lehre ausgedehnt worden (25). Anknüpfend an diese Ausweitung des Eigentumsbegriffs schützt Art. 14 GG (in seiner Individualrechtsgarantie) nach einhelliger Auffassung alle vermögenswerten Rechte einer Person (26).

Damit ist der Rahmen dessen, woran Eigentum begründet werden kann, weit gezogen: Er reicht auf der einen Seite von den Sachen des persönlichen Gebrauchs bis zu weniger anschaulichen Formen wie Anteilsrechten (Aktien) auf der anderen Seite. Nach überwiegend vertretener Auffassung enthält Art. 14 GG eine Eigentumsgarantie, die unabhängig ist von unterschiedlichen Formen des Eigentums, also für das Eigentum schlechthin; sie erlaubt keine Differenzierung des Gewährleistungsinhalts nach den jeweiligen konkreten gesellschaftlichen Umständen und den daraus folgenden Funktionsdifferenzierungen unterschiedlicher Eigentumsobjekte (27).

Demgemäß werden dem Eigentum in seiner Abstraktheit Funktionen zugeschrieben, die nicht weiter für einzelne Formen differenziert werden und für das Eigentum schlechthin gelten. Bei diesen Funktionsbestimmungen des Eigentums soll die weitere Untersuchung ansetzen und sie mit den vorgelegten empirischen Ergebnissen konfrontieren; es sollen dabei die Eigentumsfunktionen auseinandergesetzt und dann die gesellschaftlichen Auswirkungen des Eigenheim-Förderungs-Rechts auf diese projiziert werden.

Ein besonders enger funktionaler Zusammenhang wird zwischen Eigentum und Freiheit gesehen, der gelegentlich noch durch Hinweis auf die Würde des Menschen (Art. 1 GG) betont wird (28). Eigentum wird in liberaler Tradition (29) als Voraussetzung und Grundlage menschlicher Freiheit verstanden (30). Orientiert an einem Bild von Gesellschaft, in der die Produzenten noch Herren der Produktion sind: "Hersteller und Aneigner der Produkte" (31) in einer Person sind, in der "Freiheit als Verfügung über sich selbst, seine Leistung und sein Vermögen" (32) sich realisiert (33), erscheint Eigentum als "dingliches Substrat der Freiheit" (34).

Im Beschluß vom 9. /10. 6. 1952 führte der Große Zivilsenat des Bundesgerichtshofs zu dem Verhältnis von Freiheit und Eigentum aus (35): "Der in den Staat eingegliederte Einzelne bedarf um unter seinesgleichen als Person, dh frei und selbstverantwortlich leben zu können und um nicht zum bloßen Objekt einer übermächtigen Staatsgewalt zu werden, also um seiner Freiheit und Würde willen einer rechtlich streng gesicherten Sphäre des Eigentums".

In dieselbe Richtung weisen folgende (exemplarisch zu verstehenden) Formulierungen des Bundesverfassungsgerichts (36): "Das Eigentum ist ein elementares Grundrecht, das in einem inneren Zusammenhang mit der Garantie der persönlichen Freiheit steht. "

Diesem Verständnis entspricht es, wenn nach herrschender Meinung in der Individualrechtsgarantie des Eigentums eine Ausprägung des zentralen Grundrechts auf die freie Entfaltung der Persönlichkeit gesehen wird; rechtstechnisch bedeutet dies: Art. 14 Abs. I GG wird als lex specialis zu Art. 2 Abs. I GG verstanden (37).

In den wiedergegebenen Zitaten zu Eigentum und Freiheit können die Passagen vom Eigentum als Grundlage selbständiger/eigenverantwortlicher Lebensführung als Hinweis auf eine weitere Funktion des Eigentums gesehen werden. Dem Eigentum generell wird - in Anlehnung an das bereits skizzierte Bild der "klassischen Eigentümer-Gesellschaft" (38) von "Eigenproduzenten" (39) - die Funktion zugeschrieben, dem Eigentümer einen Ertrag zu erbringen und auf diese Weise dessen Existenz zu sichern; Eigentum wird hier also unter wirtschaftlichem Aspekt, in seiner Ertragsfunktion (40) (oder auch:) Vermögensfunktion (41) verstanden. Dem entspricht es, wenn das Bundesverfassungsgericht im Eigentum den "Freiheitsraum im vermögensrechtlichen Bereich" erkennt (42) und die Rechtsprechung des Bundesgerichtshofs sich in der Weise verstehen läßt, daß der "Vermögenswert als das Essentiale der Verfassungsgewährleistung auch des selbstgenutzten Eigentums" gesehen wird (43).

Die Diskussion dieser Eigentumsfunktionen für den speziellen Fall des Eigenheims kann an die Erörterung der Sachherrschaftshypothese für das Eigenheim unmittelbar anknüpfen; die Freiheitsimplikate sind bereits im Verfügen, in der Ausübung der Herrschaft über eine Sache offensichtlich, ohne daß es eines Rückgriffs auf das - für das Eigenheim ohnehin problematische - Eigentümerbelieben bedürfte. Die Freiheitsfunktion läßt sich beim Eigenheim, das nur vom Inhaber und seiner Familie bewohnt wird, durch einen Vergleich mit Mietwohnungen weiter verdeutlichen. So verleiht das eigengenutzte Eigenheim einen größeren Handlungsspielraum für die Bewohner als eine Mietwohnung: Abgesehen davon, daß Eigentümerwohnungen in der Regel größer sind als Mietwohnungen (44) und so bereits rein äußerlich mehr Handlungs-Raum gewähren, erlaubt das eigene Heim unabhängigeres und (gerade im Hinblick auf die Kinder) ungezwungeneres Wohn-Verhalten, losgelöst insbesondere von einseitig qua (fremdem) Eigentum erfolgenden Festsetzungen mit normähnlichem Charakter (45) (Hausordnungen). Selbstverständlich unterliegt aber auch das Eigenheim-Eigentum den Schranken insbesondere nachbarrechtlicher und baurechtlicher Regelungen, die insofern auch die Freiheit des Eigentümers begrenzen.

Eine darüber hinausgehende Dimension erhält die Eigentümerfreiheit in der Ausübung des Eigentümerbeliebens - was aber, wie gezeigt - beim Wohnen lediglich im Eigentümer-Mieter-Verhältnis, bei der Mietwohnung relevant wird; die Funktion des Eigentums, Grundlage und Voraussetzung von Freiheit zu sein, weitet sich hier zur Direktionsbefugnis über andere Personen aus; letztlich bedeutet diese Ausweitung der Freiheit qua Eigentum eine Einschränkung der Freiheit der Mieter. Freiheit zur Limitierung der Freiheit anderer aber ist Macht; insofern wird Eigentümerfreiheit zu Eigentümermacht. Die Freiheitsfunktion des Eigentums geht über zur Machtfunktion des Eigentums (46).

Auf der anderen Seite des Mietverhältnisses, für die Mieter nämlich, bedeutet die Machtfunktion des Eigentums - gerade auch in Zeiten des noch ungelösten Wohnungsproblems (47) - soziale Abhängigkeit (48).

Dieser kann sich der Mieter entziehen durch Bildung von Wohnungseigentum, insbesondere durch den Bau oder Erwerb eines Eigenheims; so wird denn auch in Aufhebung der Abhängigkeit vom Vermieter ein wesentlicher Vorteil des Eigenheims gesehen (49).

Allerdings hat sich gezeigt, daß die Chance, in den Genuß dieses Vorteils des Eigenheims zu gelangen, in dieser Gesellschaft ungleich gegeben ist; so ist die Bildung von Haus- und Grundeigentum (noch immer) primär abhängig von der Höhe des Haushaltseinkommens und (in engem Zusammenhang damit:) von der sozialen Stellung des Haushaltsvorstands; Immobileigentum ist in der Bundesrepublik einkommens- und sozialspezifisch verteilt (50).

Bezieht man diese Feststellung auf die nahezu unumstrittene Verknüpfung von Freiheit und Eigentum zurück, so wird diese problematisch: Wenn Eigentum Grundlage und Voraussetzung für Freiheit ist, Eigentum in dieser Gesellschaft aber insgesamt ungleich verteilt ist, dann stellt sich die Frage nach den Konsequenzen für Freiheit, Eigentum sowie die Freiheit-und-Eigentum-Formel. Fragen dieser Art sind verfassungsrechtlich heikel: Abgesehen von einer Leugnung des Problems, die sich einer dem normativen Charakter (51) der Rechtswissenschaft geschuldeten Ausblendung gesellschaftlicher Entwicklungen verdankte (52), könnten sie - unter grundsätzlicher Anerkennung der Freiheit-und-Eigentum-Formel - einerseits zu einer gegenüber den bestehenden Eigentumsverhältnissen affirmativen und daher: restriktiven Bestimmung von Freiheit führen - andererseits zu einer Inhaltsneubestimmung und Schrankensetzung für Eigentum. Schließlich könnte man die bisherige Verknüpfung von Freiheit und Eigentum überhaupt für obsolet erklären - (würde dann allerdings das Eigentum seiner klassischen Legitimation berauben) (53); gleichwohl läuft die Auflösung der Freiheit-und-Eigentum-Formel in letzter Konsequenz in eine der genannten Richtungen.

Luhmann beschreitet diesen zuletzt genannten Weg. Er geht davon aus, die Formel vom Eigentum als Grundlage und Voraussetzung von Freiheit in der Eindeutigkeit ihrer Aussage strikt zu interpretieren und konsequent zu fragen, "wieviel Eigentum zum Leben in Freiheit und Würde notwendig sei" (54); vor allem sei auch nicht einzusehen, weshalb "Freiheit oder gar Würde unter den Menschen in horrender Ungleichheit verteilt sein sollen" (55); eine solche Argumentation, also die Verknüpfung von Freiheit und Eigentum führe daher unmittelbar zum Kommunismus. Demgegenüber sei Eigentum als Möglichkeit zu verstehen, über Geld oder geldäquivalente Sachwerte verfügen zu können; nicht um der Persönlichkeit, sondern um der "Funktionsfähigkeit des Wirtschaftssystems" willen gewähre Eigentum die "spezifische Kommunikationsrolle des Einzelnen im Wirtschaftssystem" (56); Eigentum sei also ein "Komplex von Verwendungsalternativen, der durch eine subjektive Präferenzstruktur geordnet wird" (57).

Zunächst bezeichnet Luhmann in seinem Ausgangspunkt präzis den in der Freiheit-und-Eigentum-Formel angelegten Widerspruch zwischen bürgerlichem Anspruch und gesellschaftlicher Realität (58); er unternimmt es, diesen Widerspruch aufzuheben, indem er, "eine gegebene Verteilung wirtschaftlicher Werte" voraussetzend (59), die Eigentums-Realität anerkennt und den Freiheitsanspruch aufgibt (60). Luhmann entkleidet Eigentum seiner Freiheitsfunktion und geht daran, Eigentum neu zu legitimieren.

Demgegenüber verspricht hier der Rekurs auf das Sozialstaatsprinzip des Grundgesetzes, vor allem in seiner den sozio-ökonomischen Status quo nicht festschreibenden Alternative (61), eine neue Dimension im Verständnis der Freiheit-und-Eigentum-Formel freisetzen zu können. Von zentraler Bedeutung für dieses Sozialstaatsverständnis ist die Überwindung des liberalen Freiheitsbegriffs, der sich wesentlich in seiner Gerichtetheit gegen den Staat bestimmt (62) und die Erstreckung von Freiheit auf Gesellschaft: "Die Freiheit wird in diesem Sozialstaatsmodell in ihren gesellschaftlichen Zusammenhängen gesehen; sie soll materiell gewährleistet werden" (63).

Für den Bereich des Wohnens bedeutet dies, daß die dem Eigentum eigene Freiheitsfunktion, also der aufgrund des Eigentums an Haus- und Grundstück weit gezogene Spielraum individuellen Handelns nicht tangiert ist, soweit sich dieses ausschließlich im Rahmen der Freiheitsfunktion bewegt und deren Grenzen nicht überschreitet. Daher ist das ausschließlich in Eigennutzung stehende Eigenheim für die Neuformulierung des Verhältnisses von Freiheit und Eigentum unproblematisch; aus dem Sozialstaatsprinzip der Verfassung ergeben sich in diesem Zusammenhnag keine Veränderungen, weil hier die ursprüngliche Eigentümerfreiheit die Freiheitsfunktion nicht transzendiert. Wenn allerdings Eigentümerfreiheit umschlägt und Freiheit zur Limitierung der Freiheit anderer wird, wenn Eigentümerfreiheit soziale Abhängigkeit nach sich zieht, also zur Machtfunktion (64) übergeht (Eigentümer-Mieter-Verhältnis), "greift" das Sozialstaatsprinzip.

Dies hat zur Folge, daß auf der einen, der Eigentümerseite, diese Machtfunktion des Eigentums durch die sozialstaatliche Gewährleistung gesellschaftlicher Freiheit nicht mehr als Eigentümerfreiheit gedeckt wird (65)
und daher zurückzubinden ist auf die Freiheitsfunktion (Art. 14 Abs. I
Satz 2 GG, Art. 20 Abs. I GG) (66). (Dadurch wird die Eigentumsfunktion
der Nutzenziehung nicht tangiert (67) - es sei denn, diese wird benutzt,
um auf diese Weise die Machtfunktion aufleben zu lassen.) Auf der anderen, der Mieter-Seite aber, bedeutet dieses Zurücknehmen der die Freiheitsfunktion übersteigenden Eigentümer-Macht, daß die spezifischen sozialen Abhängigkeiten des Mietverhältnisses aufgehoben werden und dem
Eigenheim-Wohnen vergleichbare Freiheiten entstehen (68).

Zurückbezogen auf die Ausgangsfrage nach den Konsequenzen der ungleichen
Eigentumsverteilung im Wohnungssektor für das Verständnis der Freiheit-
und-Eigentums-Formel, bedeutet dies, daß Freiheit in der Gesellschaft
nicht nur durch Eigentum gewährleistet wird, sondern teilweise auch gerade durch Eigentumsbeschränkung (69); insofern bietet sich an, die Freiheit-und-Eigentum-Formel nicht mehr in der Weise zu lesen, daß Eigentum Voraussetzung und Grundlage von Freiheit sei (überspitzt: Freiheit
d u r c h Eigentum), sondern gleichordnend, additiv, im angelsächsischen
Sinn (also: Freiheit und/sowie Eigentum) (70).

Die bisherigen Ausführungen zu Freiheit und Eigentum haben sich beschränkt
auf den Bereich des Wohnens; sie haben insbesondere Bezug genommen auf
die (in den gegebenen gesellschaftlichen Verhältnissen) mit dem Wohnungseigentum (Eigenheim) verbundenen Freiheiten; dies ist die Freiheit, die unmittelbar im Wohnen aktualisierbar ist. Diese Einschränkung soll zwei
möglichen Mißverständnissen vorbeugen:

Zunächst ist so der möglichen, durch die Freiheit-und-Eigentum-Formel
indizierten Fehleinschätzung zu begegnen, Eigentum am Haus auf der Parzelle gewähre bereits Freiheit schlechthin - als könne ein gewisses Maß
an Freiheit in der Konsumsphäre (71) die Verhältnisse der Produktionssphäre gleichsam überspielen und Freiheit allgemein herstellen (72).

Indem dies betont wird, kann der zweiten Fehlinterpretation vorgebeugt
werden, eine Erstreckung der - gegenwärtig an Wohnungseigentum gebundenen - Freiheiten im Wohnen auf die Mietverhältnisse (im Wege der Rücknahme der Machtfunktion des Vermietereigentums, Art. 14 Abs. I Satz 2
GG, Art. 20 Abs. I GG) sei bereits gleichzusetzen mit gesellschaftlicher
Freiheit schlechthin (wie sie in dem hier vertretenen Sozialstaatsmodell
angelegt ist); jene ist ein Teilaspekt davon.

Die Eigentümerfreiheit findet beim selbstgenutzten Eigenheim also ihre
Ausprägung als Freiheit im Rahmen des eigenen Grundstücks und Heims,
als Freiheit im Wohnen; sie ist wesentlich Freiheit vom (Wohnungs-) Eigentümerbelieben und bedeutet allein noch nicht d i e Aufhebung gesellschaftlicher Abhängigkeiten, insbesondere der grundlegenden im Lohnar-
beitsverhältnis (an die die Eigentümerfreiheit des Eigenheim-Eigentümers
überhaupt nicht heranreichen kann); so können - wie die vorliegenden Unter-

suchungen in diesem Teil B ergeben haben - spezifische Abhängigkeiten
(oder auch nur:) Bindungen gerade durch das Eigenheim auftreten. Der
Eigenheim-Eigentümer ist zwar der Pflicht zu regelmäßiger pünktlicher
Mietzahlung enthoben, was zu der Annahme verleiten mag, durch die Aufhebung dieser Verbindlichkeit werde zugleich ein Stück Abhängigkeit aufgehoben (73), der finanzielle Spielraum vergrößere sich so und setze hinsichtlich der Verfügungsmöglichkeit über diesen Teil des Einkommens
das blanke Eigentümerbelieben frei.

Diese Überlegung setzt allerdings voraus, daß die Mietpreiseinsparung
einen Einkommensgewinn tatsächlich zur Folge hat, daß insbesondere die
Eigentumsbildung nicht zu neuen Zahlungsverpflichtungen - nur anderer
Art - führt. Dies aber gerade hat die Untersuchung des Wohnungseigentums ergeben (74).

Danach hatte mehr als die Hälfte (55, 9 %) aller Haushalte mit Haus- und
Grundeigentum noch Hypotheken, Baudarlehen oder andere Kredite zu
tilgen, die im Zusammenhang mit dem Bau bzw. Erwerb des Hauses, der
Eigentumswohnung oder des Grundstücks aufgenommen worden waren (75).
Mit der Aufnahme einer Hypothek für den Erwerb oder Bau eines Eigenheims geht der Inhaber aber neue Abhängigkeit ein; er erkauft sich dann
quasi seine Freiheit von der Mietabhängigkeit, also seine Freiheit im eigenen Heim durch Eingehen neuer Abhängigkeit: der Abhängigkeit von einem Kreditinstitut, die weniger transparent sein mag, aber vor allem bedeutet, daß er auch als Eigenheim-Eigentümer "tributpflichtig" (76) bleibt
(wenn auch nicht für alle Zeiten, so doch aber in der Regel auf Jahrzehnte (77) hinaus) (78).

Diese erhebliche finanzielle Belastung erfordert nach der im Auftrag des
Bundeswohnungsbauministeriums durchgeführten repräsentativen Stichprobenerhebung als "unbedingte Voraussetzung" ein überdurchschnittliches
Haushaltseinkommen, das bei durchschnittlichen Einkommensverhältnissen
durch zusätzliche Erwerbstätigkeit der Ehefrau erst möglich wird (79).

Ist aber insofern der Bau/Erwerb eines Eigenheims notwendig mit der Aufnahme einer Erwerbstätigkeit der Ehefrau verbunden, dann bedeutet dies
wiederum, um der Freiheit im eigenen Heim willen, neue Abhängigkeiten
(aber gegebenenfalls auch Restriktionen für die Erziehung der Kinder) (80)
einzugehen und trübt das Bild von der Freiheit im eigenen Heim.

Schließlich bedeutet das Wohnen als Eigentümer im eigenen Heim eine Bindung an einen bestimmten Wohnort, die die Mobilität der Bewohner, i. e.
das berufliche Fortkommen (und eine damit verbundene einkommensmäßige
Verbesserung) beeinträchtigen kann. So hat die vorliegende Untersuchung
ergeben (81), daß bei beruflichen Veränderungen die Aufnahme einer neuen
Arbeitsstelle dann erschwert oder sogar verhindert werden kann, wenn
diese neue Stelle so weit vom Wohnort der Eigenheim-Familie entfernt
liegt, daß die Frage eines Wohnortwechsels unabweisbar wird; in diesem
Fall stellt sich in der Regel die Alternative eines Verzichts auf den in
Aussicht gestellten Arbeitsplatz oder einer unter Inkaufnahme finanzieller

Verluste erfolgenden Veräußerung des eigenen Heims. Da aber "der Veräußerungsvorgang kostspielig und kompliziert und darüber hinaus mit einer Vermögensentscheidung verbunden ist" (82), die ein finanzielles Risiko darstellt, tendiert die gestellte Alternative vehement zu einer Aufhebung nach der ersten Möglichkeit, also zu einem Verzicht auf einen anderen Arbeitsplatz.

Diese Beeinträchtigung von Mobilität stellt sich auf der Ebene des Rechts als Problem von Freiheit, insbesondere von Freizügigkeit und Berufsfreiheit. Damit soll allerdings lediglich die Ambivalenz der Freiheit des Eigentümers im Eigenheim aufgezeigt - und nicht bereits eine Tangierung von Grundrechten unterstellt werden. Auch wenn das Eigenheim von Staats wegen besonders propagiert wurde, für den Eigenheimgedanken sogar "Erziehungsarbeit" (83) offenbar geleistet wurde und das Eigenheim schließlich vorrangiges Objekt der staatlichen Wohnungsbauförderung immer noch ist (84), entspringen Bau oder Erwerb eines Eigenheims mit allen sich daraus ergebenen Konsequenzen letztlich der eigenen Entscheidung des Eigenheim-Eigentümers.

Faßt man diese Überlegungen zur Bedeutung der Freiheitsfunktion des Eigentums im Fall des Eigenheims zusammen, so zeigt sich die Eigentümerfreiheit in einem durchaus schillernden Bild: Die Eigentümerfreiheit manifestiert sich am klarsten in der Binnensphäre, dem Bereich des Wohnens (wobei sich allerdings gezeigt hat, daß unter Berücksichtigung des Sozialstaatsprinzips diese Freiheit Eigentum nicht notwendig voraussetzt). Die Eigentümerfreiheit wird ambivalent, sobald man die notwendigen Außenbeziehungen, den gesellschaftlichen Bezug berücksichtigt, aus dem sich auch die Eigenheimfamilie auf der eigenen Parzelle bei aller propagierten Idylle (85) nicht eskamotieren kann. Insgesamt aber bedeutet dies, daß die Beziehungen zwischen Eigentum und Freiheit beim Eigenheim nicht durchgängig eindeutig, sondern teilweise deutlich gegenläufig sind und daher ambivalent werden, daß also "Eigentum entgegen der verbreiteten Annahme geradezu zum Hindernis personaler Freiheit" (auch) werden kann (86).

Indem die Freiheitsfunktion des Eigentums unter den Aspekten von Zahlungsverpflichtungen und zusätzlicher Erwerbstätigkeit der Ehefrau erörtert wurde, ist implizit die Ertragsfunktion des Eigentums - die Frage also, inwieweit das Eigentum am (selbstgenutzten) Eigenheim einen Ertrag erbringt, der für den Inhaber und seine Familie Grundlage und Sicherung ihrer Existenz bedeutet - thematisiert worden. Der Befund, daß unter durchschnittlichen Einkommensverhältnissen der Bau oder Erwerb eines eigenen Heims die zusätzliche Erwerbstätigkeit der Ehefrau erfordert, kann bereits als Indiz dafür verstanden werden, daß der vermutete (wirtschaftliche) Ertrag des Eigenheims jedenfalls nicht hoch veranschlagt werden darf.

Ein solcher Ertrag kann sich einmal dadurch eregeben, daß im Eigenheim - in der Form des Zwei-Familien-Hauses - eine Wohnung vermietet wird;

zum anderen dadurch, daß im eigenen Heim keine Mietzahlungen zu leisten sind; die Einsparungen an Mietkosten bedeuten dann einen positiven Einkommenseffekt. Allerdings hat sich gezeigt, daß offenbar für noch nicht einmal die Hälfte aller Inhaber von Immobileigentum, dieser positive Einkommenseffekt von Kosteneinsparung eintritt. Soweit es sich dabei um selbstgenutztes Hauseigentum handelt, bedeutet Eigentum dann also nicht, daß damit für das Wohnen keine Geldleistungen mehr zu erbringen sind - daß Wohnen aufhört, "tributpflichtig" (87) zu machen. Immerhin ließe sich argumentieren, anders als bei Mietzahlungen dienen die Ablösungsleistungen auf die Erwerbskredite (Hypotheken) für das Eigenheim einem bleibenden Effekt: während die Mietzahlungen (für den Mieter) immer nur als Ausgleichszahlungen für in Anspruch genommenes Wohnendürfen fungieren, dienen die für das Eigenheim regelmäßig zu leistenden Hypothekenraten letztlich der Entschuldung erworbenen Eigentums, insgesamt: der Bildung von Eigentum/Vermögen (88) mit allen seinen Vorzügen (im wesentlichen: Freiheits- und Ertragsfunktion).

Die Freiheitsfunktion des Eigentums hat sich beim Eigenheim allerdings als ambivalent herausgestellt. Die Ertragsfunktion hat ebenfalls gewisse Einschränkungen in ihrer tatsächlichen Bedeutung erfahren: Im Ergebnis kann sie, wie gezeigt, beim Eigenheim nur relevant werden, wenn die zweite Wohnung vermietet oder das Eigenheim entschuldet ist. Aber selbst in der günstigsten Konstellation, wenn beide Alternativen zusammen auftreten, wenn also die für den Erwerb oder Bau des Hauses aufgenommenen Kredite zurückgezahlt sind und Einkünfte aus der Vermietung der zweiten Wohnung erzielt werden, erscheint zweifelhaft, ob diese ausreichen, um Grundlage und Sicherung der Existenz für die Familie im eigenen Heim zu sein; selbst angesichts der erheblichen Mietpreissteigerungen in den letzten Jahren (89) erscheint der Mietertrag aus nur einer Wohnung nicht so hoch, daß er die laufenden (Instandhaltungs-) Kosten und zusätzliche die Lebenshaltungskosten der Eigentümer-Familie ausgleichen kann. (Dies ist weit weniger möglich, wenn im Eigenheim zwar noch ein Mietertrag erzielt wird, gleichzeitig aber noch eine Hypothekenschuld zu tilgen ist; der Ertrag beim zwar entschuldeten aber keine Mieteinnahmen erzielenden Eigenheim schließlich läßt sich für die Eigenheim-Familie nur bestimmen als Einsparung von Miete; er kann nicht die genannten Kosten mindern.)

Die sich insoweit ergebenden Zweifel an der Effektivität der Ertrags- und Vermögensfunktion beim Eigenheim lassen sich durch eine überschlägige Kalkulation erhärten (90): Nimmt man an, eine Eigenheim-Familie beabsichtige, lediglich vom Ertrag von Eigentum den Lebensunterhalt zu finanzieren, es verbleibe letztlich ein Restbetrag von 1.000 DM als noch auszugleichende Kosten, so müßte die Eigenheim-Familie bei fünfprozentiger Verzinsung über ein Vermögen von 240.000 DM verfügen. Somit müßte "wenn private Daseins- und Risikovorsorge auf der Grundlage von Privateigentum überhaupt in Betracht kommen soll, zum Eigenheim ein Vermögen von 2 - 300.000 DM pro Familie hinzukommen" (91). Vermögen in dieser Größenordnung findet sich allerdings nur bei einer sehr kleinen Minderheit der Haushalte (92).

Immerhin läßt sich, anknüpfend an die propagierten Ziele der Eigenheimförderung (93), der Gedanke vertreten, das zum Eigenheim gehörende
"nutzbare Land", der Garten (94), könne gegebenenfalls die natürlichen
Subsistenzmittel für die Eigenheim-Familie liefern, so daß diese sich
auf der eigenen Parzelle in dieser Weise selbst zu reproduzieren in der
Lage ist (95). Bedenkt man jedoch die zunehmende Abhängigkeit von öffentlichen Versorgungseinrichtungen (Energie, Wasser, Kanalisation),
dann erweist sich ein solcher Gedanke der Autarkie als wenig realitäts-
gerecht (96) und eher als Formulierung einer vorindustriellen Idylle (97).

Faßt man diese Überlegungen zusammen, dann ergibt sich, daß für die
Vermögens- und Ertragsfunktion beim Eigenheim sich die tatsächlichen
Voraussetzungen kaum finden lassen. Das Eigenheim ist nicht Eigentum,
daß Grundlage (schlechthin) für die Existenz seiner Bewohner sein kann;
dafür ist die Eigenheim-Basis zu schmal (98). Lediglich wenn das Eigenheim zu einer Einkommensentlastung (tatsächliche Einsparungen bis zur
Höhe der sonst zu zahlenden Miete) oder zu einem Einkommenszuschuß
(Ertrag bei Vermietung der einen Wohnung) führt, kann es einen positiven
Einkommenseffekt erzielen und so einen T e i l betrag zur Existenzsicherung leisten. Wesentliche Bedeutung hingegen kommt der staatlich orga-
nisierten Existenzsicherung zu: Sicherung des Arbeitsplatzes, Arbeits-
losenversicherung, Invaliditäts- und Altersversicherung (99). Grundlage
der Existenz ist gegenwärtig für die meisten Menschen in der Bundesrepublik ihr Arbeitseinkommen: es "ist und bleibt die Königin aller Ein-
kommensarten" (100).

Nachdem aufgrund der tatsächlichen Gegebenheiten an Freiheits- und
Ertragsfunktion des Eigentums für den Fall des Eigenheims wesentliche
Relativierungen vorzunehmen waren, ist gerade auch beim Eigenheim
auf das Entstehen einer "neuen" Funktion von Eigentum, der Prestigefunktion, hinzuweisen. Zur Erläuterung der Prestigefunktion des Eigen-
heim-Eigentums kann an die Ausführungen zur Warenästhetik des Eigenheims angeknüpft werden (101). Dort war auseinandergesetzt worden, wie
- gesellschaftlich vermittelt - das Eigenheim mit Vorstellungen besetzt
werden kann, die über das bloße Erfahren des Gebrauchswerts des Eigenheims hinausgehen. So ließ sich die Tendenz aufweisen, daß der Eigenheim-
Eigentümer nicht allein als Eigentümer an Haus und Garten angesehen
wird, was ein relativ freies, ungezwungeneres Wohnverhalten erlaubt,
sondern bereits als Eigentümer schlechthin; daß das Eigenheim-Eigentum
beruflichen Erfolg ausdrückt und so in einer auf Leistung orientierten Gesellschaft Ansehen verleiht; Eigenheim-Eigentum ist Symbol für gesellschaftlichen Status, gewährt Prestige (102). Insofern kann hier dem Eigentum eine Prestigefunktion zukommen (103).

Am Anfang der Problematisierung der Eigentumsfunktion stand die Frage,
inwieweit die tatsächlichen Befunde der Untersuchung gesellschaftlicher
Rückwirkungen des Eigenheim-Förderungs-Rechts zu Modifikation des Eigentumsbegriffs führen; die Beantwortung wurde durch eine dahin gehende
Spezifizierung der Fragestellung angegangen, inwieweit im Falle des Eigen-

148

heims den dem Eigentum abstrakt zugeschriebenen Funktionen tatsächliche Bedeutung zukommt. Die Auseinandersetzung damit hat ergeben, daß die dem Eigentum in seiner Abstraktheit zugeschriebenen Funktionen sich im Eigenheim nicht durchgängig realisieren, sich sogar in ihrer ursprünglichen Richtung umkehren können und daß schließlich das Eigentum als Eigenheim über diese ("klassichen") Funktionen hinaus noch funktionale Bedeutung hinzugewinnen kann.

Die dargestellten Ergebnisse zu den Funktionen des Eigentums in der Form des Eigenheims sind allerdings nicht in der Weise zu lesen, sie erlaubten eine Reformulierung der Funktionsbestimmungen unter Beibehaltung ihrer Abstraktheit; vielmehr gelten die Befunde ausschließlich für das Eigenheim; andere Eigentumstypen zeigen teilweise unterschiedliche Modifikationen der Eigentumsfunktionen (104).

Indem die dem Eigentum schlechthin beigemessenen Funktionen in einer Eigentumsart, dem Eigenheim, wesentliche Modifikationen erfahren, hat dies für die Eigentumsfunktionen zur Folge, daß eine prinzipielle Zuordnung von Eigentum und Eigentumsfunktionen, daß also eine abstrakte Formulierung der Funktionen des Eigentums fragwürdig wird; das Prinzip wird brüchig. Wenn aber statt der Funktionen des Eigentums lediglich formuliert werden kann, Eigentum könne im einzelnen unterschiedliche Funktionen haben, und diese Unterschiede aus den verschiedenen Arten des Eigentums herrühren (die von dem "konkreten" Eigentum an persönlichen Gegenständen bis zum "abstrakten" Eigentum an Unternehmensanteilen reichen), dann kann auch nicht länger das Eigentum affirmativ zugrunde gelegt werden. Ein von gesellschaftlichen Verhältnissen und Entwicklungen abstrahierendes Verständnis (105) von Eigentum, also die Formulierung eines abstrakten Eigentumsbegriffs, ist nicht in der Lage, die unterschiedlichen Bedeutungsgehalte hinreichend zu erklären und greift daher zu kurz. An die Stelle des Eigentums in seiner Abstraktheit tritt (ohne damit bereits eine abschließende Systematik vorzeichnen zu wollen): Persönliches Eigentum, selbst- oder fremdgenutztes Haus- und Grundeigentum, Produktionsmitteleigentum, Eigentum an Rechten (106).

Die Frage: abstrakter oder differenzierender Eigentumsbegriff mag akademisch erscheinen; sie ist dies jedoch weder in ihrem Ausgangspunkt noch in ihren Folgen: Sie nimmt ihren Ausgang bei gesellschaftlichen Fehlentwicklungen - seit einigen Jahren vor allem denen im Städtebau (107) - und erhält Brisanz durch die Festlegung des Gewährleistungsumfangs des Eigentums, die je nach Art der Entscheidung der ersten Frage unterschiedlich ausfällt. Wird Eigentum als abstraktes, absolutes verstanden, so werden die Grenzen der Eigentumsgewährleistung ebenso allgemein gezogen: "Die Eigentumsgarantie differenziert also prinzipiell nicht zwischen mehr oder weniger schutzwürdigem Eigentum" (108); Art. 14 GG gewährleistet demnach das Eigentum schlechthin; rechtliche Modifikationen von Inhalt und Schranken auch nur einer Art tangieren zugleich unmittelbar jede Art von Eigentum.

Demgegenüber wird auf dem Boden eines differenzierenden Eigentumsbegriffs die Notwendigkeit gesehen, "den unterschiedlichen Gewährleistungsinhalt der Eigentumsgarantie für das individuelle Gebrauchs-, Verbrauchs- und Versorgungseigentum, für das von der Urbanisierung erfaßte Grundeigentum, für das ernährungswirtschaftlich genutzte Eigentum der agrarischen Urproduktion, für das industrielle Unternehmens-Eigentum und für andere Eigentumskategorien herauszuarbeiten" (109). Für unterschiedliche Eigentumsarten gelten demnach unterschiedliche Reichweiten der verfassungsmäßigen Gewährleistung.

Was auf der Grundlage eines differenzierenden Eigentumsverständnisses lediglich eine spezifische, auf eine bestimmte Eigentumsart ausgerichtete Eigentumsbindung durch Gesetz (beispielsweise durch Restriktion der die Freiheitsfunktion transzendierenden Machtfunktion) bedeutet, wodurch alle anderen Arten des Eigentums gleichwohl nicht betroffen wären, implizierte auf der Grundlage eines abstrakten Eigentumsbegriffs einen Vorstoß auf das Eigentum schlechthin; durch Hinweis auf die nach diesem Verständnis notwendigen Mitbetroffenheit anderer Eigentumsarten ließe sich die "Sinnwidrigkeit" einer vorgesehenen gesetzlichen Inhalts- und Schrankenbestimmung einer bestimmten Art von Eigentum veranschaulichen. Ein abstraktes Eigentumsverhältnis ermöglicht es, den Bindungsregelungen einer spezifischen Art von Eigentum dadurch Grundlage und Legitimität zu entziehen, indem diese eingeschränkte Regelung auf einen uneingeschränkten, abstrakten Eigentumsbegriff projiziert und dadurch auf alle Eigentumsarten, also auf das Eigentum schlechthin, ausgedehnt werden kann. Im Ergebnis läßt sich eine Differenzierung des Gewährleistungsinhalts von Eigentum auf diese Weise, insbesondere durch behauptete Betroffenheit gerade nicht erfaßter einzelner Eigentumsarten unterminieren (110).

Diese Funktion des abstrakten Eigentumsbegriffs läßt sich anhand der Ausführungen zur Inhalts- und Schrankenbestimmung vermieteten Wohnungseigentums (im Wege der Beschränkung der Machtfunktion auf die Freiheitsfunktion des Eigentums) verdeutlichen: Ein abstrakter Eigentumsbegriff löst in diesem Fall unmittelbare Mitbetroffenheit gerade auch des Eigentums am nichtvermieteten, also ausschließlich selbstgenutzten Eigenheim aus. Diese Limitierung der (Macht-) Position auch nur eines Eigentümers löst die Abwehrreaktion des sich als Eigentümer schlechthin verstehenden Eigenheim-Eigentümers (111), die "politische Solidarität mit den formal ebenfalls als Eigentum ausgewiesenen Positonen sozialer und politischer Macht" (112) aus.

Damit erweisen sich Eigenheim und Eigenheim-Förderungs-Recht in seinen Auswirkungen als tragende Teile in diesem Funktionszusammenhang. Mit dem Eigenheim-Förderungs-Recht sind als Auswirkungen nicht nur Eigenheime und ein größerer Kreis von Haus-Eigentümern geschaffen, sondern ist gleichsam auch ein "cordon sanitaire" um das Eigentum gelegt worden; der mit dem abstrakten Eigentumsbegriff um das Eigentum gelegte dritte Schutzring (nach Individualrechts- und Institutsgarantie) ist durch die Verbreitung des Eigenheims gefestigt worden.

III. Zusammenfassung

Die vorliegende Untersuchung ist in diesem Teil B den Ausstrahlungen des Eigenheim-Förderungs-Rechts nachgegangen; sie ist dabei der inneren Logik der gesetzgeberischen Intentionen gefolgt, durch Änderung von Teilbereichen der materiellen Lebensverhältnisse auf die geistige Orientierung der Individuen einzuwirken, und hat Rückwirkungen des "Überbau"-Phänomens Recht auf die "Basis" untersucht sowie schließlich diese auf Bewußtsein und Theorie rückbezogen, i. e. (ideelle) Rückwirkungen der (materiellen) Rückwirkungen geprüft.

Thematisch war der Gang der Untersuchung an den Zielsetzungen des Gesetzgebers ausgerichtet. So wurden Rückwirkungen des Eigenheim-Förderungs-Rechts auf die Eigentumsverteilung, die Mobilität und die Familienverhältnisse geprüft und schließlich auf ihre Bedeutung für das gesellschaftliche Bewußtsein und die juristische Dogmatik (Eigentumsbegriff) rückbezogen. Zu welchen Ergebnissen dies im einzelnen geführt hat, soll nachfolgend zusammengestellt werden.

Für die intendierte Verbreiterung der Eigentumsbildung im Wohnungsbau hat die vorliegende Untersuchung gezeigt, daß - gemessen am Stand von 1950 - der Anteil der Haushalte in allen Sozialschichten zugenommen hat, die über Haus-, Wohnungs- und Grundeigentum verfügen; insofern hat sich die Verteilung von Immobileigentum relativ verbreitet.

Gleichwohl haben im Rahmen des Eigenheim-Förderungs-Rechts die Einkommensunabhängigkeit der Bausparförderung und die weitgehende Einkommensunabhängigkeit der Förderung des sozialen Wohnungsbaus dazu geführt, daß die Einkommensabhängigkeit der Eigentumsbildung nicht durchbrochen, sondern vielmehr aufrechterhalten wurde, daß daher insbesondere die bei den parlamentarischen Beratungen immer wieder zitierten "breiten", i. e. einkommensschwachen Schichten im Ergebnis gerade nicht zu den vorrangig Begünstigten gehörten. Damit aber ist die Verteilung von Haus-, Wohnungs- und Grundeigentum in der Gesellschaft von der Höhe des Einkommens abhängig geblieben.

Demgegenüber kann die mit dem Eigenheim-Förderungs-Recht intendierte "Seßhaftmachung" der Bevölkerung in der Weise als realisiert betrachtet werden, daß das Eigenheim für die Eigentümerfamilie der wesentliche mobilitätshemmende Faktor darstellt - daß dem Eigenheim-Förderungs-Recht also ein Moment der Aufhebung von Mobilität eigen ist. Auch wenn in diesem Sinn das Recht der Eigenheimförderung seinen Zielsetzungen gemäß gewirkt hat, haben sich Zweifel erhoben, inwiefern die Erreichung dieses Ziels überhaupt "sinnvoll" ist angesichts der Geschwindigkeit der Entwicklung neuer Technologien und der dadurch bedingten Umwandlungsprozesse von Produktionsverfahren und ganzer Produktionszweige, aber auch angesichts sich verstärkt manifestierender Krisenhaftigkeit kapitalistischer Wirtschaft; dies bedeutet umgekehrt: Es haben sich Anhaltspunkte

dafür aufweisen lassen, daß das Eigenheim-Förderungs-Recht im ökonomischen Sinne anachronistische Ziele realisiert, nach kapitalistischer
Logik also dysfunktional wirkt.

Im Hinblick auf die mit dem Eigenheim-Förderungs-Recht verfolgten familienpolitischen Zielsetzungen hat die vorliegende Untersuchung ergeben,
daß die Umsetzung des Eigenheim-Förderungs-Rechts prinzipiell Familieninteressen gerecht wird, insoweit es hinsichtlich Größe, Ausstattung
und Lage bessere Wohnungen zur Förderungsnorm erhoben hat. Gleichwohl hat die Eigenheimförderung, indem sie - abstrakt - "die Familie"
als Bezugspunkt nahm, die auf sehr viel konkreterer Ebene liegenden
Schwierigkeiten insbesondere finanzieller Art gerade der Familien der
"breiten" Schichten vernachlässigt, so daß sich hinter den familienpolitischen Idealen die Realitäten der einkommensbedingten Unterschiede der
Finanzierungsmöglichkeiten durchgesetzt haben und Familienförderung
mit den Mitteln des Eigenheim-Förderungs-Rechts einkommensspezifisch
geblieben ist.

Gerade weil dies sich so verhält, ist eine Familie typischerweise erst dann
in der Lage, ein eigenes Heim zu bauen, bzw. zu erwerben, wenn die Kinder älter sind, und erfordert der Bau/Erwerb eines eigenen Heims unter
durchschnittlichen Einkommensverhältnissen die zusätzliche Erwerbstätigkeit der Ehefrau.

Wie aber die Untersuchung der Zielsetzungen des Gesetzgebers oben (A. II. d.)
gezeigt hat, waren die mit dem Eigenheim-Förderungs-Recht verknüpften
familienpolitischen Intentionen zu einem erheblichen Teil von "staatspolitischen" Erwägungen getragen, die im Ergebnis auf eine Perpetuierung gesellschaftlicher Abhängigkeitsverhältnisse zielten.

Die Untersuchung dieser Funktion wurde vertieft in dem Kapitel über die
Bedeutung des Eigenheim-Förderungs-Rechts für die Entwicklung des gesellschaftlichen Bewußtseins. Dort konnte die Tendenz einer durch das
Eigenheim-Förderungs-Recht forcierten Identifikation mit dem Eigentum
als Basisinstitut dieser kapitalistischen Gesellschaft herausgearbeitet werden, die zugleich die Ausblendung grundsätzlicher Alternativen zu den gegebenen sozio-ökonomischen Verhältnissen vornimmt, die letztlich ein
präventives Stillstellen grundlegender gesellschaftlicher Konflikte betreibt;
dies ließ sich identifizieren als eine über das Eigenheim-Förderungs-Recht
vollzogene Pazifizierungsstrategie zur Stabilisierung des sozio-ökonomischen Status quo.

Die Identifikation mit dem Eigentum, die diese Politik voraussetzt und zugleich verstärkt, wurde begünstigt durch einen von der Rechtswissenschaft
entwickelten und überwiegend vertretenen abstrakten Eigentumsbegriff, der
unabhängig von tatsächlichen Verhältnissen die unterschiedlichsten Gegen-
stände als mögliche Eigentumsobjekte erfaßt, so daß beispielsweise ein Re-
genschirm, ein Ein-Familien-Haus oder ein Unternehmens-Anteil gleichermaßen Eigentum (schlechthin) sein können.

Dieses abstrakte Eigentumsverständnis hat sich jedoch aufgrund der Ergebnisse der Untersuchung der Rückwirkungen des Eigenheim-Förderungs-Rechts als unzureichend erwiesen, insofern der abstrakte Eigentumsbegriff nicht in der Lage ist, die herausgearbeiteten Modifikationen der tatsächlichen Verhältnisse beim Eigenheim-Eigentum zu erfassen. Damit zeichnete sich für die Interpretation des Eigentumsbegriffs vor dem Hintergrund der vorgelegten Untersuchungsergebnisse die Notwendigkeit eines differenzierenden Eigentumsbegriffs ab (wie er in der Rechtswissenschaft teilweise bereits vertreten wird).

Insgesamt lassen sich die Ergebnisse der Untersuchungen in diesem Teil als Bestätigung jenes Wirkungszusammenhangs verstehen, den der Gesetzgeber in seinen mit der Eigenheimförderung, dem Eigenheim-Förderungs-Recht implizierten Zielsetzungen verfolgt hat: Eine periphere, die kapitalistische Grundstruktur der Gesellschaft aussparende Veränderung materieller Lebensverhältnisse, um das Bewußtsein, das Gesellschaftsbild der Individuen im Sinne einer Identifikation mit der kapitalistischen Gesellschaftsstruktur zu beeinflussen und so auf die Stabilisierung des sozioökonomischen Status quo hinzuwirken.

C. ABSCHLIESSENDE EINSCHÄTZUNG

Die vorliegende Untersuchung der Entstehungsbedingungen und Funktionen des Rechts staatlicher Eigenheimförderung ist von einem Rechtsverständnis ausgegangen, wonach Recht Ausdruck historisch besonderer sozioökonomischer Verhältnisse ist; dabei wird Recht nicht als bloße (eindeutige) Abbildung von Produktions- und Reproduktionsverhältnissen verstanden; vielmehr wird - unter der Annahme einer wechselseitigen Beeinflussung zwischen "Basis" und "Überbau" auf der Grundlage "der in letzter Instanz stets sich durchsetzenden ökonomischen Notwendigkeit" - Recht selbst als Moment verstanden, das, einerseits abhängig von gesellschaftlichen Verhältnissen, andererseits selbst wieder auf die Gesellschaft zurückwirkt.

Dementsprechend ist in dieser Arbeit das Eigenheim-Förderungs-Recht in seinem sozio-ökonomischen Entstehungszusammenhang und seinen sozio-ökonomischen Rückwirkungen auseinandergesetzt worden. Die Untersuchung hat damit eingesetzt (Teil A), Eigenheim-Förderungs-Recht zu erklären aus der ökonomischen Entwicklung, der Bevölkerungsentwicklung, der Entwicklung im Wohnungssektor und der der Zielsetzungen des Staates - sowie jeweils die Rückwirkungen der gesetzlichen Regelungen auf diese Entwicklungen mit zu verfolgen; sie ist dann (in Teil B) den staatlichen Zielsetzungen des Eigenheim-Förderungs-Rechts nachgegangen, die über die Beeinflussung der Entstehungsbedingungen hinausgehende (partei-) politisch besondere Vorstellungen beinhalten, deren Verfolgung gleichwohl nicht zufällig, sondern Ausdruck der politischen Kräfteverhältnisse war. Dabei wurde untersucht, inwieweit vom Recht der Eigenheimförderung - entsprechend dieser mit ihm verfolgten "überschießenden" Zielsetzungen - Rückwirkungen auf die gesellschaftlichen Verhältnisse ausgingen, in welcher Weise, in welchem Umfang diese Ziele mittels des Eigenheim-Förderungs-Rechts realisiert worden sind und welcher gesellschaftliche Stellenwert dieser Realisierung im einzelnen zukommt. So wurden die Rückwirkungen des Eigenheim-Förderungs-Rechts auf die Eigentumsverteilung, die Mobilität, die Familienverhältnisse, das gesellschaftliche Bewußtsein und schließlich auf den juristischen Eigentumsbegriff herausgearbeitet.

In diesen Untersuchungen hat sich das Recht der Eigenheimförderung in sehr unterschiedlichen Bedingungs-/Wirkungszusammenhängen gezeigt - gleichsam als (ein) Schnittpunkt verschiedener sozio-ökonomischer Kraftfelder, zu denen es im Verhältnis wechselseitiger Beeinflussung steht. Dabei haben sich diese Bedingungs-/Wirkungszusammenhänge als nicht zufällig erwiesen: zum einen ist das Eigenheim-Förderungs-Recht zweckhaft im Hinblick auf bestimmte Auswirkungen auf die sozio-ökonomischen Verhältnisse normiert worden, zum anderen haben sich - trotz gelegentlich auch dysfunktionaler Aspekte - die vom Recht der Eigenheimförderung ausgehenden Rückwirkungen als der Entwicklung der sozio-ökonomischen Verhältnisse der Bundesrepublik "angemessen", als funktonal gezeigt. Insofern lassen sich dem Eigenheim-Förderungs-Recht unterschiedliche Funktionen zuordnen. Dabei lassen sich einzelne Funktionen eher als Tendenzen formulieren, andere als ausgeprägte Zusammenhänge. Eine entsprechende Gewichtung der Funktionen ist im einzelnen in den vorangegangenen Kapiteln vorgenommen worden. Nachfolgend sollen die unterschiedlichen Funktionen des Eigenheim-Förderungs-Rechts, wie sie sich jeweils in den konkreten Ergebnissen der vorliegenden Untersuchung gezeigt haben, zusammenfassend dargestellt werden; insoweit wird damit zugleich der Versuch einer Einschätzung der gesellschaftlichen Bedeutung dieses Rechtsgebiets unternommen.

Im Vordergrund aller Bestimmungen der Funktionen des Eigenheim-Förderungs-Rechts steht die w o h n u n g s p o l i t i s c h e F u n k t i o n , die sich schließlich auch in der Bezeichnung dieses Rechtsgebiets und seiner Einzelgesetze niedergeschlagen hat. Das Recht der Eigenheimförderung gehört neben dem der allgemeinen Wohnungsbauförderung zu den rechtlichen Instrumentarien, mit denen die Wohnungsnot nach dem Zweiten Weltkrieg beseitigt wurde: So wurde zum einen das qualitative Niveau der Wohnungen durch Normierung von Mindestanforderungen an Wohnungsgröße und -ausstattung als Voraussetzungen der staatlichen Förderung angehoben - zum anderen der absolute Wohnungsfehlbestand durch Forcierung der Neubau-Tätigkeit weitgehend beseitigt. Diese wohnungspolitische Funktion des Eigenheim-Förderungs-Rechts wird jedoch teilweise gebrochen durch den weitergehenden, anderen Intentionen verpflichteten Regelungsgehalten der gesetzlichen Regelung:

So treten typischerweise die wohnungspolitisch positiven Effekte speziell der Eigenheimförderung primär bei den Beziehern überdurchschnittlicher Einkommen ein. Bessere Wohnformen zu erreichen, hängt regelmäßig von der Bildung von Eigentum ab und ist somit abhängig von der Höhe des Einkommens.

Weiterhin tritt durch die marktwirtschaftliche Orientierung des Eigenheim-Förderungs-Rechts (wie sie sich insb. in der Ausklammerung der Sphäre der Wohnungsproduktion zeigt) wohnungspolitisch der Effekt ein, daß das Fördererergebnis der staatlichen Leistungen in erheblichem Maße bestimmt wird von den Preisbildungsmechanismen in der Wohnungsproduktion.

Schließlich ist wohnungspolitisch durch die Etablierung marktwirtschaftlicher Prinzipien in der Wohnungsversorgung - gerade auch durch die Gesetze des Eigenheim-Förderungs-Rechts - trotz weitgehender Beseitigung des absoluten Wohnungsmangels lediglich eine Verlagerung des Problemschwerpunkts zu einem relativen Wohnungsmangel, einem Mangel an preisgünstigen Wohnungen eingetreten.

Damit ist zugleich der strukturelle Aspekt der ö k o n o m i s c h e n F u n k t i o n des Eigenheim-Förderungs-Rechts benannt. Das Recht der Eigenheimförderung ist Teil des normativen Instrumentariums, mit dem die schrittweise Strukturierung der Wohnungsversorgung nach marktwirtschaftlichen Prinzipien unternommen wurde, die mit dem "Abbaugesetz" ihren

Abschluß fand. Dabei steht das Eigenheim-Förderungs-Recht auch in in-
haltlicher Korrespondenz zu diesem Prozeß: Zum einen flankiert es diese
marktwirtschaftliche Umstrukturierung, indem es die Förderung der alternativen Rechtsform des Wohnens, des Eigenheims, regelt und so für einen
bestimmten Personenkreis die Möglichkeit bietet, sich den durch ein marktkonformes Mietrecht etablierten Mechanismen des Wohnungsmarkts (individuell) zu entziehen. Zum anderen forciert es zentrale Positionen des ideologischen Selbstverständnis der Gesellschaft der Bundesrepublik, die marktwirtschaftliche Orientierung:

Es macht die entsprechende Wohnform abhängig von der Bildung von Eigentum und normiert den Vorrang der Eigentumsförderung im Wohnungsbau.
Grundsätzlich wird damit eine Modifizierung der Eigentumsverteilung betrieben, die zugleich der Verbreitung des Eigentums als Basisinstitut einer kapitalistischen Gesellschaft bedeutet.

Insoweit mit der Förderung der Eigentumsbildung im Wohnungsbau das
Ziel einer "breiteren" gesellschaftlichen Verteilung des Eigentums in
Rede steht, ist dies zunächst dahingehend zu differenzieren, daß damit
lediglich eine der Arten von Eigentum angesprochen ist. Diese gehört
nicht zu den Eigentumsarten, die mit Positionen gesellschaftlicher Macht
verbunden sind, kann daher deren Verteilung nicht tangieren - auch wenn
durch die Eigentumsförderung im Wohnungsbau die Vorstellung einer realen
Teilhabe an dem Eigentum schlechthin gefördert werden sollte.

Darüber hinaus ist hinsichtlich der Effekte der Förderung der Eigentumsbildung im Wohnungsbau zu beachten, daß insgesamt zwar mehr Haushalte
über Haus- und Grundeigentum verfügen als zu Beginn der Förderung; damit wurde jedoch nicht - wie der Anspruch der Eigentumsbildung für die
"breiten" Schichten erwarten ließ - die Einkommens- und Sozialspezifität
seiner Verteilung aufgehoben: Die staatliche Förderung hat aufgrund der
weitgehend einkommensunabhängigen Bestimmung der Begünstigungsgrenzen die Abhängigkeit der Eigentumsbildung von der Höhe des Einkommens
nicht durchbrochen, sondern aufrecht erhalten.

Nicht spezifisch für das Recht der Eigenheimförderung, sondern für das
Eigenheim-Förderungs-Recht als Teil der Wohnungsbauförderung allgemein ist der konjunkturelle Aspekt seiner ökonomischen Funktion; das Recht
der Wohnungsbauförderung gehört aufgrund der konjunkturell exponierten
Stellung der Bauwirtschaft zu den Instrumentarien staatlicher Steuerung
der konjunkturellen Entwicklung in gesamtwirtschaftlichem Rahmen.

Darüber hinaus kommt dem Wohnungsbau, der staatlichen Wohnungsbauförderung und somit auch der Eigenheimförderung gesamtwirtschaftliche
Bedeutung zu, insofern dieser Wirtschaftssektor, bzw. dieser Bereich
staatlichen Handelns der Herstellung und Gewährleistung allgemeiner Bedingungen der Reproduktion der Arbeitskraft dient. Im Hinblick darauf
haben sich allerdings für die sozio-ökonomische Entwicklung dysfunktionale Tendenzen ergeben, die daraus resultieren, daß die staatliche Förderung der Schaffung ausreichender Wohnraumverhältnisse vorrangig auf

eine Wohnungsversorgung in der Form des Wohnungseigentums, insbesondere des Eigenheims abstellte und Eigenheim-Förderungs-Recht durch die Förderung einer mit der Rechtsform Eigentum verknüpften Wohnform auf eine Einschränkung der (gesellschaftlich notwendigen) regionalen Mobilität hinwirkt.

Neben dieser ökonomischen Funktion kam der staatlichen Förderung einer Verbesserung der räumlichen Wohnverhältnisse gerade durch das Eigenheim-Förderungs-Recht eine bevölkerungspolitische Funktion zu. Generell setzt die Gründung von Familien und damit das Wachstum der Bevölkerung offenbar die Gewährleistung einer quantitativ und qualitativ ausreichenden Wohnraumversorgung voraus. Dementsprechend sind Regelungen des Eigenheim-Förderungs-Rechts, vor allem des Wohnungsbau- und Familienheimgesetzes, ausdrücklich mit dem Ziel normiert worden, durch die Förderung günstiger Wohnverhältnisse, wie sie im Haus mit Garten für die kindliche Entwicklung gegeben sind, eine Erhöhung der Geburtenzahl zu erreichen, um so eine langfristig die Reproduktion der Gesellschaft gefährdende Überalterung der Bevölkerung zu verhindern. Indizien für diesen Zusammenhang konnten in der vorliegenden Untersuchung herausgearbeitet werden, obwohl auch hier dysfunktionale Tendenzen deutlich wurden, die auf der mangelnden Berücksichtigung ökonomischer Zusammenhänge beruhen.

Allerdings ist die bevölkerungspolitische Funktion des Eigenheim-Förderungs-Rechts nur selten ausdrücklich formuliert und meist familienpolitisch verbrämt worden; sie läßt sich aber als reale Grundlage der familienpolitischen Positionen ausweisen.

Insoweit damit an konkreten Familieninteressen orientierte Ziele verfolgt wurden, hat sich gezeigt, daß die rechtlichen Regelungen auf Wohnverhältnisse hinwirken, die prinzipiell Familieninteressen gerecht werden, indem sie hinsichtlich Größe, Ausstattung und Lage bessere Wohnungen zur Förderungsnorm erhoben haben; allein die Bezugnahme auf "die Familie" - also ohne Berücksichtigung der unterschiedlichen einkommensmäßigen Voraussetzungen der Familien - hat wegen der Verkettung dieser Wohnform mit der Rechtsform Eigentum verhindert, daß diese Effekte durchgängig einkommensunabhängig eintreten konnten.

Dabei gingen in die mit dem Eigenheim-Förderungs-Recht verfolgten familienpolitischen Zielen (bis Mitte der sechziger Jahre nachweisbar) auch ordnungspolitische, "staatspolitische" Überlegungen ein. Hier ergänzen sich somit die staatspolitischen Aspekte der familienpolitischen Ziele des Eigenheim-Förderungs-Rechts und die der eigentumspolitischen Ziele.

Unter staatspolitischen Zielen sind hier alle Überlegungen zusammengefaßt, die darauf abzielten, durch Förderung der Eigentumsbildung im Wohnungsbau (Eigenheimförderung) auf die Ausbildung eines spezifischen gesellschaftlichen Bewußtseins hinzuwirken, das das Privateigentum als Basisinstitut der Gesellschaft affirmativ einbezieht und das die Legitima-

tionsfrage des sozio-ökonomischen Status quo nicht erst aufwirft. In Einklang mit einem abstrakten Eigentumsbegriff der Rechtswissenschaft, der
zwischen verschiedenen Eigentumsarten nicht unterscheidet und der daher
sein gesellschaftliches Substrat nicht mehr adäquat zu erfassen vermag,
ist das Recht der Eigenheimförderung ausgerichtet auf eine forcierte Identifikation mit dem Eigentum schlechthin. Wie im Rahmen dieser Untersuchung als bestehende Tendenzen herausgearbeitet werden konnte, erfüllt
Eigenheim-Förderungs-Recht damit gesellschaftliche Stabilisierungs-
funktionen, insofern es als Instrument der Pazifizierung auf ein präventives Stillstehen gesellschaftlicher Antagonismen hinwirkt.

ANMERKUNGEN

Einleitung

1   Vgl. : Negt, Thesen; Perels, Kapitalismus; Preuß, Legalität;
    Seifert, Kampf um Verfassungspositionen (den gleichnamigen Sam-
    melband); auch: Gotthold, Wirtschaftliche Entwicklung; unter
    methodologischem Aspekt s. Rottleuthner, Rechtstheorie.

2   Beispiele für dieses Verständnis finden sich (exemplarisch) wie-
    dergegeben bei Ritsert, Theoriebildung, S. 121 f. ; s. dazu auch
    die wieder entfachte Diskussion der Abbildtheorie, vgl. Greiff/
    Herkommer, Probleme des Klassenkampf, Heft 16, S. 151 ff.
    (mit weiteren Nachweisen zur aktuellen Kontroverse); Negt, Mar-
    xismus als Legitimationswissenschaft (insb. S. 39 ff.) und The-
    sen, S. 23 f. Schließlich auch die Kritik von Maus (Basis als Über-
    bau) an einem vergleichbaren (Einbahn-) Verfahren in der Rechts-
    ontologie Maihofers.

3   Vgl. dazu beispielsweise Marx/Engels, Deutsche Ideologie, S. 26;
    Marx, Zur Kritik der politischen Ökonomie, Vorwort, S. 8 f.

4   Ritsert, Theoriebildung, S. 125.

5   Eine kausale Anbindung noch dieser Rückwirkungen an die "Basis"
    führt konsequent zu einem infiniten Regreß, vgl. Ritsert, Theorie-
    bildung, S. 123. "Die politische, rechtliche, philosophische, reli-
    giöse, literarische, künstlerische etc. Entwicklung beruht auf der
    ökonomischen. Aber sie alle reagieren auch aufeinander und auf
    die ökonomische Basis. Es ist nicht, daß die ökonomische Lage
    U r s a c h e , a l l e i n a k t i v ist und alles andere nur passive Wir-
    kung. Sondern es ist Wechselwirkung auf der Grundlage der i n
    l e t z t e r I n s t a n z stets sich durchsetzenden ökonomischen Not-
    wendigkeit", Engels an H. Starkenburg, S. 206 (Hervorhebungen
    im Original), vgl. auch Engels an J. Bloch, S. 462, 465.

6   Zum Problem nicht-kausaler Erklärungen s. Ritsert, Gründe und
    Ursachen gesellschaftlichen Handelns; insb. im Hinblick auf einen
    materialistischen Ansatz, s. S. 36 ff.

7   In die Richtung einer Ableitung von Recht aus dem Kapital im All-
    gemeinen führt Preuß, Legalität; zu diesem Problem s. Blanke/
    Sachße, KJ 1975, S. 30 ff.
    Zu vergleichbaren Problemen bei Ableitungsversuchen des Staates
    s. Blanke/Jürgens/Kastendiek, Kritik der Politischen Wissenschaft
    Bd. 2, S. 416 f.

8   Gleichwohl soll damit nicht geleugnet werden, daß es das vorläufige
    Ende einer nun etwa hundertjährigen Entwicklung der Eigenheim-
    förderung bildet. Da die Kenntnis diese historischen Entwicklungs-
    prozesses der gegenwärtigen Eigenheimförderung den Ausführungen

dieser Arbeit zugrunde liegt (und in historischen Verweisungen im Text seinen Ausdruck findet), soll die Geschichte der Eigenheimförderung als Exkurs im Anschluß an diese Einleitung skizziert werden.

9   Vgl. zu dieser Restauration exemplarisch Hartwich, Sozialstaatpostulat, S. 61 ff.; Huster et al., Determinanten, S. 42 ff., S. 58 ff. und Kapitel III (S. 69 ff.).

10 Zu den anderen Schulen des Neoliberalismus, s. Behlke, Neoliberalismus, S. 37 ff.

11 Vgl. beispielsweise Eucken, Wirtschaftspolitik, S. 166 ff.; Hayek, Gesellschaftsordnung, S. 115 (§ 26).

12 Rittstieg, Eigentum, S. 343.

13 Müller-Armack, Soziale Marktwirtschaft, S. 390.

14 Zu Entsprechungen im Verständnis von Marktwirtschaft und Demokratie s. Eynern, Politische Wirtschaftslehre, S. 67 ff.; Blanke/ Jürgens/Kastendieck, Kritik der Politischen Wissenschaft 2, S. 339 ff.; auch/ Hayek, Gesellschaftsordnung, S. 108 (§ 3).

15 Smith, Wealth of Nations, S. 40, 363 f. und insb. S. 43.

16 Vgl. Eucken, Wirtschaftspolitik, S. 170 ff. Zu den bisher angedeuteten Zusammenhängen zwischen "Warenproduktion und Privatrechtssystem" insb. Perels, Kapitalismus, S. 9 ff. und S. 13 ff. Zu Zusammenhängen zwischen ökonomischer Entwicklung und Verfassungsrecht s. Gotthold, Wirtschaftliche Entwicklung.

17 Vgl. Badura (DÖV 1968, S. 447): "Privatautonomie und Privateigentum, die grundlegenden Institutionen der kapitalistischen Wirtschaft, sollen durch diese Vergesellschaftung nicht aufgehoben, sondern korrigiert werden."

18 S. dazu F. Neumann, Ökonomie und Politik im zwanzigsten Jahrhundert, S. 171 ff.; Hirsch, Wissenschaftlich-technischer Fortschritt, S. 11 ff.; Gotthold, Wirtschaftliche Entwicklung, S. 19 ff., 58 ff. und 126 ff.

19 Vgl. Müller-Armack, Soziale Marktwirtschaft; W. Eucken, Wirtschaftspolitik, S. 187 ff.; Hayek, Gesellschaftsordnung, S. 123 (§ 51), auch S. 121 (§ 45).

20 S. BGHZ 6, 270 (287).

21 In diesem Sinne besonders deutlich: Hämmerlein, Wohnungspolitik, S. 26.

22 Maßnahmen, die indirekt der Förderung der Eigentumsbildung im Wohnungsbau dienen (wie beispielsweise die Bausparförderung), bleiben hier zunächst unberücksichtigt.

23 Zur Bedeutung von "Marktkonformität" s. Behlke, Neoliberalismus, S. 74 ff.

24 Nach 1968 bestand rein rechnerisch (und daher im Ergebnis eher euphemistisch:) ein Defizit von etwa einer Million Wohnungen, vgl. Wirtschaft und Statistik 1970, S. 383 (Tab. 3) in Verbindung mit S. 569 (Tab. 1); im einzelnen s. A. II c. 4.1.

25 Die Folgeprobleme dieser Lösung werden sich in der vorliegenden Untersuchung zeigen.

26 S. Kleinhenz/Lampert, Ordo XXII, S. 122.

27 Beispielsweise ist zu erwarten, daß die Selbsthilfe beim Bau von
Eigenheimen und Eigentumswohnungen eine unterschiedliche Rolle
spielt, woraus dann wieder unterschiedliche Einschätzungen der
Förderung von Eigenheimen und von Eigentumswohnungen abzuleiten wären. S. dazu z. B. Herlyn/Herlyn, Wohnverhältnisse, S. 95.

28 Ohne das Bestehen der Wohnungsfrage auf deutsche Verhältnisse
einengen zu wollen, muß sich die Darstellung im Rahmen dieser
Arbeit auf die deutsche Entwicklung beschränken; zur Wohnungsfrage z. B. in England s. Engels, Die Lage der arbeitenden Klasse in England, S. 256 ff.

29 Vgl. dazu als Überblick das Kapitel "Wohnungsnot und Industrialisierung" bei Häring, Wohnungssektor, S. 11 ff.

30 Zum bisherigen vgl. Born, Strukturwandel, S. 271 ff. (insb. S. 271
ff.); Rosenberg, Wirtschaftskonjunktur, S. 233 f. ; Grebing, Arbeiterbewegung, S. 48 f. und S. 69 ff.

31 Born, Strukturwandel, S. 273.

32 Beschreibung dazu s. Häring, Wohnunssektor, S. 12 ff. ; Berger-
Thimme, Wohnungsfrage, S. 23 ff. Ebenfalls Engels, Die Lage
der arbeitenden Klasse in England, S. 256 ff. Auch wenn diese
Schrift sich auf England bezieht, scheint sie im Gebiet des späteren Deutschen Reiches "kaum weniger beachtet worden zu sein als
der Weberaufstand", J. Janssen, Wohnungsnot, S. 53; das läßt auf
ähnliche Verhältnisse in "Deutschland" schließen.

33 Janssen, Wohnungsnot, S. 70; Engels, Zur Wohnungsfrage, S. 222 ff.
und S. 239 ff. ; s. auch von Einem et al. , Arch plus, Heft 17, S. 63 ff.,
insb. Kapitel IV und V; Heinrich, Wohnungsnot, S. 91 ff.

34 Vgl. beispielsweise die bei Engels (Zur Wohnungsfrage, S. 239, 244)
wiedergegebenen Zitate von Sax mit VerhBT. (1. WP), 245. Sitzung,
S. 11683 f. , 11687 und Lücke, BBauBl. 1960, S. 642. Einen Aspekt
der Kontinuität betont Hämmerlein (Wohnungspolitik, S. 29): Es
sei "für das Verständnis der wohnungspolitischen Gesetzgebung
und Verwaltungspraxis vielleicht nicht unbeachtlich, daß sowohl in
der Ministerialebene als auch auf der Verbandsebene seit der Weimarer Zeit bis zum Wohnungsbau in der Bundesrepublik die gleichen
Personen in einflußreichen Positionen den Gang der wohnungspolitischen Entwicklung bestimmen konnten".

35 Die Verwendung des Ausdrucks "Verwurzeln", "Wurzeln" vgl. im
Zitat von Sax bei Engels, Zur Wohnungsfrage, S. 239; desgleichen
in einem Zitat von Damaschke, bei Janssen, Wohnungsnot, S. 74.

36 Janssen, Wohnungsnot, S. 70.

37 Vgl. dazu Schlandt, Kruppsiedlung, S. 96 ff. ; Heinrich, Wohnungsnot, S. 142 ff. ; auch: Weisser, Arbeiterkolonien, S. 22 ff. und 34 ff.

38 Vgl. Schlandt, a. a. O. , S. 105 ff. ; Janssen, a. a. O. , S. 71 f. ; Heinrich,
a. a. O. , S. 166 ff. ; allg. : Grebing, Arbeiterbewegung, S. 73 ff.

39 Hansen, Kleineigenheime, S. 13.

40 Hansen, a. a. O. ; s. auch die Beispiele bei Janssen, Wohnungsnot,
S. 72 und Schlandt, Kruppsiedlung, S. 95 ff. ; vgl. auch Eppinger
et al. , Arch plus 1970, Heft 11, S. 9; Weisser, Arbeiterkolonien,
S. 7 ff. ; Heinrich, Wohnungsnot, S. 91 ff.

41   Hansen, Kleineigenheime, S. 13.
42   Hansen, a. a. O.
43   RGBL 1920, S. 962. Zur Heimstätten-Kampagne bis zum Reichsheimstättengesetz s. Berger-Thimme, Wohnungsfrage, S. 107 ff.
44   Hansen, Kleineigenheime, S. 14.
45   Handwörterbuch des Städtebaus, Erster Band, S. 496 und Dritter
Band, S. 1325; s. auch Hansen, a. a. O. , S. 25 ff.
46   Zu den Siedlungsplänen der Nationalsozialisten s. H. Berndt, Gesellschaftsbild, S. 21 f.

Kapitel A. I. Einleitung

1   Vgl. das Verlaufsschema bei Rottleuthner, Rechtstheorie, S. 247.

Kapitel A. II. a.

1   Der sich über rechtliche Formen vollziehende Umstrukturierungs-
prozeß selbst wird - u. a. - Gegenstand von Kapitel A. II. e. sein.
2   Die Ergebnisse davon werden in B. II. a. zu untersuchen sein.
3   Dies als Ziel der staatlichen Förderung des Eigenheims wird Gegenstand von Kapitel A. II. d. sein. Die Auswirkungen dieser Tendenz der Wohnungsbaupolitik werden in B. II. a. und B. II. d. zu untersuchen sein.
4   Vgl. Hulpke, BBauBl. 1967, S. 386.
5   S. statt aller: Galbers Wirtschaftslexikon II, S. 371.
6   Kommunalpolitik und Stadtentwicklungsplanung, S. F5. Zu dieser
Schlüsselstellung der Bauwirtschaft vgl. Häring, Wohnungssektor,
S. 28 und S. 73; H. K. Schneider, Konjunkturproblem, S. 25 ff. ;
Jonas, Arch plus, Heft 19, S. 35.
7   S. auch Rosenbrock, Bauproduktion, S. 97 ff.
8   Dazu im einzelnen: unten, A. II. c. 2.
9   H. K. Schneider, Konjunkturproblem, S. 22; Duwendag, Kapitel-
markt, S. 111 ff.
10   Zu den Zielsetzungen im einzelnen: unten, A. II. d.
11   Vgl. z. B. Bundeswohnungsbauminister, BBauBl. 1975, S. 209
(Übersicht 7).
12   Vgl. VerhBT. (1. WP), 53. Sitzung, S. 1933, §§ 1, 14 Erstes
Wohnungsbaugesetz vom 24. 4. 1950, BGBl. I, S. 83.
13   Vgl. die Einnahmen des Bundes, Statistisches Jahrbuch 1953,
S. 446; 1954, S. 414; 1955, S. 408.
14   Auf den Zusammenhang: Eigentumsbildung - Sparquote - Einkommenshöhe und die Verschuldung wird unten, B. II. a. einzugehen
sein.
15   Vgl. z. B. VerhBT. (1. WP), 53. Sitzung, S. 1941.

16 Vgl. dazu Bergmann/Jacobi/Müller-Jentsch, Gewerkschaften, S. 103 und S. 105 f.

17 In diesem Zusammenhang, der lediglich auf eine allgemeine Einkommensverbesserung abstellt, erübrigt sich eine nähere Aufschlüsselung. Zur Problematik dieser Art der Unterteilung vgl. z. B. Bergmann/Jacobi/Müller-Jentsch, a. a. O., S. 400, Anm. 188. Zur Einkommensverteilung im einzelnen, s. B. II. a.

18 S. Osterland et al., Materialien, S. 143.

19 Zu diesem Problem, vgl. bereits oben, Einleitung zu diesem Teil A.

20 Die Periodisierung lehnt sich an die Wachstumszyklen der Wirtschaft der Bundesrepublik an; vgl. Vogt, Wachstumszyklen, S. 3; Jahresgutachten 1964, BTDrS. IV/2890, S. 13 f. (dort insb. Ziff. 10); einen anschaulichen Überblick über die Wirtschaftsentwicklung bis 1973 vermittelt das Schaubild "Daten zur politischen und ökonomischen Entwicklung der Bundesrepublik Deutschland", Beilage zu Brandes, Perspektiven.

21 Vgl. Huster et al., Determinanten, S. 34.

22 Huster et al., Determinanten, S. 95; Winkel, Wirtschaft, S. 47.

23 Huster et al., Determinanten, S. 95.

24 Begründung zum Regierungsentwurf eines Ersten Wohnungsbaugesetzes, BTDrS. (1. WP) Nr. 567, Anlage 1a, S. 11; sowie Amtliche Begründung zum Ersten Wohnungsbaugesetz, BAnZ. 1950, Nr. 87, S. 8.

25 Vgl. Stolper/Häuser/Borchardt, Deutsche Wirtschaft, S. 261 f.; Huster et al., Determinanten, S. 109 f.; Winkel, Wirtschaft, S. 61.

26 Vgl. WWI, Deutschland in Zahlen 1950, S. 212 (Tab. 213).

27 A. a. O.

28 Amtliche Begründung zum I. Wohnungsbaugesetz, BAnZ. 1950, Nr. 87, S. 8.

29 Vgl. Hartwich, Sozialstaatspostulat, S. 104 f.

30 Vgl. WWI, Deutschland in Zahlen 1950, S. 59 (Tab. 66 b) und S. 100 (Tab. 86).

31 WWI, Deutschland in Zahlen 1950, S. 125; ebenso: Geschäftsbericht der Bank Deutscher Länder 1948/1949, S. 5; Wallich, Wiederaufstieg, S. 146.

32 Vgl. Stolper/Häuser/Borchardt, Deutsche Wirtschaft, S. 263; Hartwich, Sozialstaatspostulat, S. 111; Huster et al., Determinanten, S. 101 ff. und S. 109 ff.

33 Stolper/Häuser/Borchardt, Deutsche Wirtschaft, S. 263; vgl. auch Wallich, Wiederaufstieg, S. 151 f.; Winkel, Wirtschaft, S. 63; Huster et al., Determinanten, a. a. O.; zur Steuerpolitik im einzelnen vgl. Hartwich, Sozialstaatspostulat, 2. Teil, Kapitel III.

34 Vgl. z. B. Jahreswirtschaftsbericht 1976, BTDrS. 7/4677, S. 7 ff. (Ziff. 13), auch: Anlage 2 (S. 41 ff.).

35 Nach § 7 c EStG (Zweites Gesetz zur Neuordnung von Steuern vom 20. 4. 1949, WiGBL. 1949, S. 69) wurden Zuschüsse und unverzinsliche Darlehen, die Vollkaufleute zur Förderung des Wohnungsbaus

an bestimmte gemeinnützige oder staatliche Wohnungsbau-Unternehmen leisteten, begünstigt durch die Möglichkeit, die Leistungen steuerlich als Betriebsausgaben abzusetzen.

36 Vgl. Geschäftsbericht der Bank Deutscher Länder 1948/1949, S. 5; WWI, Deutschland in Zahlen 1950, S. 125; Winkel, Wirtschaft, S. 63.

37 Vgl. Osterland et al., Materialien, S. 112.

38 WWI, Deutschland in Zahlen 1950, S. 128.

39 Geschäftsbericht der Bank Deutscher Länder 1948/1949, S. 6; ähnlich: Stolper/Häuser/Borchardt, Deutsche Wirtschaft, S. 263; Pohl, Wiederaufbau, S. 130.

40 WWI, Deutschland in Zahlen 1950, S. 49.

41 WWI, Deutschland in Zahlen 1950, S. 47.

42 Amtliche Begründung zum Ersten Wohnungsbaugesetz, BAnZ. 1950, Nr. 87, S. 8.

43 Vgl. Begründung zum Regierungsentwurf eines Ersten Wohnungsbaugesetzes, BTDrS. (1. WP), Nr. 567, Anlage 1 a, S. 8.

44 WWI, Deutschland in Zahlen 1950, S. 47.

45 Vgl. dazu im einzelnen Pohl, Wiederaufbau, S. 94 ff.

46 Pohl, Wiederaufbau, S. 94 f.

47 Regierungsentwurf: BTDrS. (1. WP), Nr. 567, Anlage 1; Erstes Wohnungsbaugesetz vom 24.4.1950, BGBl. S. 83.

48 Vgl. Geschäftsbericht der Bank Deutscher Länder 1950, S. 7.

49 Vgl. Geschäftsbericht der Bank Deutscher Länder 1950, S. 5 f.

50 Vgl. Winkel, Wirtschaft, S. 70; Wallich, Wiederaufstieg, S. 4; vgl. auch Jahresgutachten 1964, BTDrS. IV/2890, S. 17 (Ziff. 19 und Schaubild 9).

51 Vgl. Geschäftsbericht der Bank Deutscher Länder 1950, S. 6.

52 Fischer-Dieskau/Pergande/Schwender, I. WoBG, S. 8 der Einführung; vgl. auch VerhBT. (1. WP), 232. Sitzung, S. 10644.

53 Jahresgutachten 1964, BTDrS. IV/2890, S. 73 (Tab. 38).

54 Vgl. VerhBT. (1. WP), 188. Sitzung, S. 8019 und 8021.

55 Vgl. Projektgruppe Branchenanalyse, Kursbuch 27, S. 123; Brede/Kohaupt/Kujath, Wohnungsversorgung, S. 93; Mairose/Orgaß, Wohnungspolitik, S. 15.

56 Hartwich, Sozialstaatspostulat, S. 266; s. auch Bohlen, Vermögensbildungs-Pläne, S. 70.

57 Vgl. Begründung zum Regierungsentwurf, BTDrS. (1. WP), Nr. 2388, S. 6.

58 BTDrS. (1. WP), 2388; Bergarbeiterwohnungsbau-Gesetz vom 23.10.51, BGBl. I, S. 865; im einzelnen s. A. II. e. 4.

59 Im einzelnen s. dazu unten, B. II. b.

60 Vgl. die Erklärung der Krise 1966/1967 bei Mandel, Wirtschaftskrise, S. 9 ff.

61 Bruttoinlandsprodukt ist "derjenige Teil der wirtschaftlichen Leistung einer Volkswirtschaft, der während eines Beobachtungszeitraums innerhalb der Landesgrenzen erbracht wird, gleichgültig, ob durch Inländer oder Ausländer erstellt"; Gablers Wirt-

schaftslexikon I, S. 786 (entsprechend Stichwort); das Inlandspro-
dukt unterscheidet sich vom Sozialprodukt dadurch, daß erstes die
von Ausländern im Inland bezogenen Erwerbs- und Vermögensein-
kommen enthält, letzteres jedoch nicht; dafür enthält letzteres
die von Inländern im Ausland verdienten Einkommen (vgl. Gablers
Wirtschaftslexikon I, S. 1986).

62   Osterland et al., Materialien, Tab. 6 im Anhang.

63   Vgl. Vogt, Wachstumszyklen, S. 8.

64   S. dazu Jahresgutachten 1964, BTDrS. IV/2890, S. 12 (Ziff. 7).

65   Vogt, a.a.O.; vgl. auch Jahresgutachten 1964, BTDrS. IV/2890,
S. 13 f.

66   Auf die daraus resultierende technologische Rückständigkeit der
Bauwirtschaft wird unten, A. II. a. und A. II. c. 2. (hier insb. auf
deren Bedeutung für die Baukosten-Steigerungen) näher einzugehen
sein.

67   Gesetz zur Neuordnung der Steuern vom 16.12.1954, BGBl. I,
S. 375; Hartwich, Sozialstaatspostulat, S. 227; im einzelnen vgl.
dort auch S. 242 ff.; vgl. auch Winkel, Wirtschaft, S. 85.

68   Jahresgutachten 1964, BTDrS. IV/2890, S. 29 (Ziff. 52).

69   Öffentliche Mittel für vollgeförderte reine Wohnbauten, Fey,
BBauBl. 1959, S. 175.

70   Menge, BBauBl. 1974, S. 337 (Übers. 4).

71   Bundeswohnungsbauminister, BBauBl. 1958, S. 56 f.

72   Jahresgutachten 1964, BTDrS. IV/2890, S. 73 (Tab. 38).

73   Statistisches Jahrbuch 1966, S. 492.

74   Basisdaten, S. 341.

75   Osterland et al., Materialien, Tab. 69 im Anhang.

76   Vgl. Jahresgutachten 1964, BTDrS. IV/2890, S. 58 (Schaubild 22).

77   Dies ist auch im Zusammenhang mit dem erwähnten Einsatz neuer
Technologien zu sehen, die meist eine Ausweitung der Produktion
erfordern.

78   Vgl. Jahresgutachten 1964, BTDrS. IV/2890, S. 29 (Schaubild 6)
und S. 161 (Tab. 79).

79   Gesetz zur Änderung steuerrechtlicher Vorschriften vom 26.7.1957,
BGBl. I, S. 848; Gesetz zur Änderung steuerrechtlicher Vorschriften auf dem Gebiet der Steuern von Einkommen und Ertrag und des
Verfahrensrechts vom 18.7.1958, BGBl. I, S. 473; dazu vgl. Hartwich, Sozialstaatspostulat, S. 228 f.

80   Vgl. Shonfield, Kapitalismus, S. 336 ff.; Winkel, Wirtschaft, S. 85.

81   Gesetz zur Neuregelung des Rechts der Rentenversicherung der
Arbeiter vom 23.2.1957, BGBl. I, S. 45; Gesetz zur Neuregelung
des Rechts der Rentenversicherung der Angestellten vom 23.2.1957,
BGBl. I, S. 88; vgl. dazu auch Winkel, Wirtschaft, S. 85.

82   Vgl. Jahresgutachten 1964, BTDrS. IV/2890, S. 10 (Schaubild 1)
und S. 11 f.

83   Osterland et al., Materialien, Tabelle 6 im Anhang.

84   A.a.O.

85 Vgl. Jahresgutachten 1964, BTDrS. IV/2890, S. 17 (Ziff. 19 und Tab. 9); vgl. auch Vogt, Wachstumszyklen, S. 8.

86 Vgl. Baethge et al., Produktion, S. 31.

87 Vgl. Vogt, Wachstumszyklen, S. 8.

88 Vgl. Jahresgutachten 1964, BTDrS. IV/2890, S. 162 (Tab. 80).

89 Vgl. Jahresgutachten 1964, a.a.O.

90 Vgl. Fey, BBauBl. 1959, S. 175 (Übersicht 5); Bundeswohnungs- bauminister, BBauBl. 1960, S. 241 (Übersicht 5). (Die Zahlen von 1958 sind hier noch zu berücksichtigen, weil die Förderungsmittel erst mit einer gewissen Zeitverzögerung konjunkturell wirksam werden; vgl. Duwendag, Kapitalmarkt, S. 113.)

91 Vgl. Menge, BBauBl. 1975, S. 287 (Übersicht 4).

92 Vgl. Jahresgutachten 1964, BTDrS. IV/2890, S. 159 (Tab. 77).

93 Vgl. Basisdaten, S. 341.

94 Vgl. Jahresgutachten 1964, a.a.O., S. 73 (Tab. 38) - "verketteter" Index.

95 Vgl. Osterland et al., Materialien, Tabelle 96 im Anhang.

96 Steueränderungsgesetz vom 30.7.1960, BGBl. I, S. 616.

97 Vgl. Jahresgutachten 1964, BTDrS. IV/2890, S. 13 (Ziff. 13).

98 Vgl. Jahresgutachten 1964, a.a.O., S. 159 (Tab. 77).

99 Gesetz vom 8.6.1962, BGBl. I, S. 365.

100 Vgl. Jahresgutachten 1964, a.a.O., S. 35 (Ziff. 64); Jahresgut- achten 1965, BTDrS. V/123, S. 31 (Tab. 8).

101 Gesetz zur Einschränkung des § 7 b Einkommensteuergesetz, BGBl. I, S. 319.

102 Vgl. Jahresgutachten 1964, BTDrS. IV/2890, S. 35 (Ziff. 64); Jahresgutachten 1965, BTDrS. V/123, S. 31 (Tab. 8); s. auch Duwendag, Kapitalmarkt, S. 75.

103 Vgl. Menge, BBauBl. 1975, S. 286 (Übers. 3).

104 Zum Kapazitätsauslastungsgrad vgl. Jahresgutachten 1964, a.a.O., S. 58 (Schaubild 22); s. auch Baethge et al., Produktion. S. 32; Mandel, Wirtschaftskrise, S. 9.

105 S. dazu Jahresgutachten 1964, BTDrS. IV/2890, S. 35 (Ziff. 63); Jahresgutachten 1967, BTDrS. V/2310, S. 46 (Ziff. 68 f.).

106 Vgl. Jahresgutachten 1964, a.a.O., S. 161 (Tab. 79).

107 Vgl. Osterland et al., Materialien, Tabelle 6 im Anhang.

108 Vgl. Jahresgutachten 1964, BTDrS. IV/2890, S. 12 (Ziff. 7).

109 Vgl. Jahresgutachten 1964, a.a.O., S. 17 (Tab. 9); s. auch Vogt, Wachstumszyklen, S. 8.

110 Vgl. Jahresgutachten 1964, a.a.O., S. 19 (Ziff. 27) und S. 26 (Ziff. 43).

111 Jahresgutachten 1966, BTDrS. V/1160, S. 15 (Ziff. 6); s. auch Jahresgutachten 1964, a.a.O., S. 33 (Ziff. 61).

112 Jahresgutachten 1967, BTDrS. V/2310, S. 40 (Schaubild 12).

113 Vgl. Jahresgutachten 1964, a.a.O., S. 35 (Ziff. 63).

114 Vgl. Jahresgutachten 1967, BTDrS. V/2310, S. 44 ff. (Ziff. 63 f. und 68 ff.).

115   Vgl. dazu Jahresgutachten 1964, BTDrS. IV/2890, S. 35 (Ziff. 64); zum Baustoppgesetz s. bereits oben.
116   Vgl. Jahresgutachten 1964, a.a.O., S. 35.
117   Vgl. Fey, BBauBl. 1965/a, S. 150 (Übers. 6).
118   Vgl. Menge, BBauBl. 1975, S. 287 (Übers. 4).
119   Vgl. Jahresgutachten 1965, BTDrS. V/123, S. 28 (Tab. 5 und Ziff. 29 f.); vgl. dazu auch den Rückgang der Baugenehmigungen im Wohnungsbau, Menge, a.a.O., S. 286 (Übers. 3).
120   Vgl. Jahresgutachten 1967, BTDrS. V/2310, S. 39 f. (Tab. 6 und Schaubild 12).
121   Zur sinkenden Kapazitätsauslastung s. Jahresgutachten 1972, BRDrS. 612/72, S. 51 (Schaubild 14); Jahresgutachten 1967, BTDrS. V/2310, S. 54 f. (Ziff. 83) und S. 57 f. (Ziff. 91 ff.).
122   Mandel, Wirtschaftskrise, S. 12.
123   Vgl. Mandel, a.a.O., S. 10; Jahresgutachten 1972, a.a.O. , Der Sachverständigenrat bezieht die Frage "Rezession eine Folge von Überinvestition? " allerdings nur auf den letzten Boom - ohne Überproduktion/Überinvestition langfristig zu sehen; vgl. Jahresgutachten 1967, a.a.O., S. 43 ff. (Ziff. 62 ff.).
124   Jahresgutachten 1967, a.a.O., S. 41 ff. (Ziff. 57 ff.), S. 17 (Ziff. 3, 5).
125   Jahresgutachten 1967, a.a.O., S. 39 (Tab. 6).
126   Vgl. Menge, BBauBl. 1975, S. 286 (Übers. 3).
127   Eigene Berechnungen nach Menge, BBauBl. 1975, S. 287 (Übers. 5).
128   Die Effektivverdienste stiegen 1966 um 6, 6 % und 1967 um 3, 2 %; vgl. Osterland et al., Materialien, Tabelle 69 (im Anhang).
129   I. e. eine Arbeitslosenquote von 2, 5 %; vgl. Jahresgutachten 1967, BTDrS. V/2310, S. 53 (Tab. 10).
130   Mittlere jährliche Wachstumsraten in Preisen von 1954; Zahlen abgelesen aus Schaubild 22 in Jahresgutachten 1966, BTDrS. V/1160, S. 52.
131   Vgl. Jahresgutachten 1966, BTDrS. V/1160, S. 50 (Ziff. 62) und S. 52 (Schaubild 23). Zur Entwicklung der Struktur des Bauvolumens 1970 - 1980 s. Bauenquete I, S. 159 ff.
131 a S. Gemes, Bauproduktion, S. 90.
132   S. dazu Abschlußbericht (der Bundesregierung) über das Erste Konjunkturprogramm und das Zweite Programm für besondere konjunktur- und strukturpolitische Maßnahmen, BTDrS. V/3630.
133   Für die Zeit in der Rezession s. Jahresgutachten 1967, BTDrS. V/2310, S. 17 (Ziff. 4, 6) und S. 41 (Ziff. 57), S. 46 (Ziff. 65 f.), S. 81 ff. (Ziff. 144).
134   S. Gotthold, Wirtschaftliche Entwicklung, S. 188 ff.
135   Gesetz zur Förderung der Stabilität und des Wachstums der Wirtschaft, BGBl. I, S. 582.
136   Gesetz vom 11.4.1967, BGBl. I, S. 401; zum Ersten Konjunkturprogramm s. im einzelnen: Abschlußbericht, BTDrS. V/3630, S. 9 ff.

137   Vgl. Abschlußbericht, a.a.O., S. 10 (Ziff. 14); damit sind aller-
      dings die Folgewirkungen (Multiplikatoreffekt) auf die Gesamtwirt-
      schaft nicht erfaßt; s. Abschlußbericht, a.a.O., S. 16 (Ziff. 19).
138   Vgl. Abschlußbericht, a.a.O., S. 21 (Ziff. 36).
139   Vgl. Abschlußbericht, a.a.O., S. 33 (Ziff. 45).
140   Osterland et al., Materialien, Tabelle 6 im Anhang.
141   Vgl. Menge, BBauBl. 1975, S. 286 f. (Übers. 3 und 4).
142   Vgl. Menge, BBauBl. 1975, S. 287 (Übers. 5).
143   Vgl. Jahresgutachten 1969, BTDrS. VI/100, S. 9 (Ziff. 27).
144   Vgl. Jahresgutachten 1968, BTDrS. V/3550, S. 6 f. (Ziff. 22 ff.).
145   Vgl. Blechschmidt, Löhne-Preise-Gewinne, S. 109 und S. 119 ff.;
      Jahresgutachten 1970, BTDrS. VI/1470, S. 9 (Ziff. 18).
146   Jahresgutachten 1968, BTDrS. V/3550, S. 6 (Tab. 1).
147   Von 1967 bis 1969 erhöhte sich die Produktion von Maschinen für
      die Bauwirtschaft von 227.000 t auf 428.000 t, bzw. von 1,6 auf
      2,7 Mrd. DM, vgl. Statistisches Jahrbuch 1970, S. 209.
148   S. Jahresgutachten 1970, BTDrS. VI/1470, S. 29 (Ziff. 73). Zum
      Vergleich: Die offenbar erste gesamtwirtschaftlich relevante Ra-
      tionalisierungswelle der übrigen Wirtschaftssektoren lag im Kon-
      junkturzyklus 1955-1958, - dazu s. oben.
149   S. Jahresgutachten 1965, BTDrS. V/123, S. 27 (Ziff. 28); Jahres-
      gutachten 1970, a.a.O., S. 29 (Ziff. 72 f.); Bauenquete I, S. 952 ff.
      u. S. 976 ff.
150   S. Jahresgutachten 1970, a.a.O., S. 28 f. (Ziff. 71); Mairose/
      Orgaß, Wohnungspolitik, S. 25; Brede/Kohaupt/Kujath, Wohnungs-
      versorgung, S. 31; DER SPIEGEL, Nr. 30/1970, S. 48 u. S. 50;
      Wirtschaft und Statistik 1973, S. 115 f.
151   S. Projektgruppe Branchenanalyse, Kursbuch 27, S. 99 ff.; Brede/
      Kohaupt/Kujath, a.a.O., S. 27 ff.; DER SPIEGEL, Nr. 30/1970,
      S. 45 ff.; Rosenbrock, Bauproduktion, S. 101 ff. Zu einem Bei-
      spiel für eine Industrialisierung des Bauens (Wohnungsbau der DDR)
      s. Wallert, Geographische Rundschau 1974, S. 181 f.
152   S. Projektgruppe Branchenanalyse, a.a.O.; Döring, Architektur,
      S. 76 ff. u. S. 87 f.; s. auch Bauenquete I, S. 716 ff.; Gemes,
      Bauproduktion, S. 98 ff.
153   Vgl. Fey, BBauBl. 1971, S. 313 (Übers. 4) und Menge, BBauBl.
      1974, S. 338; s. auch Projektgruppe Branchananalyse, Kursbuch 27,
      S. 107 f.
154   Vgl. Jahresgutachten 1970, BTDrS. VI/1470, S. 29 (Tab. 7);
      Projektgruppe Branchenanalyse, a.a.O., S. 113 ff.; s. auch
      Städtebaubericht 1970, BTDrS. VI/1497, S. 44; Bauenquete I,
      S. 722 ff. Nach Herlyn/Herlyn (Wohnverhältnisse, S. 139) wurde
      die Aufrechterhaltung dieser kleinbetrieblichen Struktur gerade
      durch den "nicht unerheblichen Anteil" des Eigenheims gestützt.
155   S. Brede/Kohaupt/Kujath, Wohnungsversorgung, S. 31.
156   Brede/Kohaupt/Kujath, a.a.O., S. 30 f.
157   Jahresgutachten 1970, BTDrS. VI/1470, S. 29.

158 S. oben, Fn. (150); beispielsweise zum Einschreiten des Bundes-kartellamtes gegen 300 Bauunternehmen s. FAZ, Nr. 113/1975 und DIE ZEIT, Nr. 16/1975.

159 S. Brede/Kohaupt/Kujaht, a.a.O., S. 28; s. auch die Anmerkung von Döring (Architektur, S. 36): "Ein VW-Käfer, im Stil des Bau-hauptgewerbes hergestellt, würde heute 55.000 DM kosten"; das Buch erschien 1970. S. auch Städtebaubericht 1970, BTD S. VI/ 1497, S. 44. Auf die Bedeutung dieser Preissteigerungen für den Wohnungsbau wird im einzelnen unten, A.II.c. einzugehen sein. Zu strukturellen Besonderheiten der Bauproduktion sowie zur Baupreisentwicklung s. Bauenquete I, S. 726 ff., bzw. S. 607 ff.

160 Jahresgutachten 1970, BTDrS. VI/1470, S. 27 (Ziff. 64).

161 Jahresgutachten 1972, BRDrS. 612/72, S. 261 (Tab. 95); s. auch Jahresgutachten 1970, a.a.O., S. 27 (Schaubild 20).

162 Vgl. Menge, BBauBl. 1975, S. 287 (Übers. 5); hinsichtlich der Eigentumswohnungen s. Wirtschaft und Statistik 1971, S. 759 f.

163 Wirtschaft und Statistik 1972, S. 245.

164 S. Jahresgutachten 1974, BTDrS. 7/2848, S. 106; Wirtschaft und Statistik a.a.O.; IfO-Institut, Wirtschaftskonjunktur 8/1974, S. 23.

165 S. Jahresgutachten 1970, BTDrS. VI/1470, S. 28 (Ziff. 68); Jahresgutachten 1971, BTDrS. VI/2847, S. 22 (Ziff. 37); Bauen-quete I, S. 447, 459 f.

166 S. Wirtschaft und Statistik 1972, S. 245.

167 Vgl. Menge, BBauBl. 1975, S. 285 (Übers. 2).

168 Vgl. Jahresgutachten 1970, a.a.O., S. 27 (Ziff. 64).

169 Vgl. Jahresgutachten 1970, a.a.O., S. 27 (Tab. 6).

170 Bauenquete I, S. LIX f.

171 Vgl. Jahresgutachten 1972, BRDrS. 612/72, S. 64 (Schaubild 23).

172 Vgl. Jahresgutachten 1971, BTDrS. VI/2847, S. 18 (Tab. 5).

173 Vgl. Osterland et al., Materialien, Tabelle 69 im Anhang.

174 S. Jahresgutachten 1970, BTDrS. VI/1470, S. 46 (Ziff. 122) u. S. 9 (Ziff. 19 ff.); Jahresgutachten 1971, a.a.O., S. 20 (Ziff. 26 f.).

175 S. Jahresgutachten 1971, a.a.O., S. 24 ff. (Ziff. 49, 53 und Schaubild 10).

176 S. Jahresgutachten 1972, a.a.O., S. 45 (Schaubild 9).

177 Vgl. Osterland et al., a.a.O., Tabelle 6 im Anhang.

178 S. Jahresgutachten 1972, BRDrS. 612/72, S. 43 (Ziff. 123).

179 Jahresgutachten 1972, a.a.O., S. 47 (Ziff. 139).

180 S. Jahresgutachten 1972, a.a.O. (Ziff. 135-138).

181 Jahresgutachten 1974, BTDrS. 7/2848, S. 104 (Ziff. 231).

182 Vgl. Jahresgutachten 1972, a.a.O., S. 47 (Ziff. 136).

183 Vgl. Menge, BBauBl. 1975, S. 286 (Übers. 3).

184 Vgl. Jahresgutachten 1974, a.a.O., S. 105 (Ziff. 235).

185 S. dazu die Zahlen der Baugenehmigungen für Eigenheime bei Menge, a.a.O., S. 287 (Übers. 5).

186 So stieg der Anteil der genehmigten Wohnungen von Nicht-Woh-nungsunternehmen von 6,5 % 1966 auf 10,2 % 1971 und 1972 an; vgl. Menge, a.a.O., S. 293 (Übers. 12).

187   S. Jahresgutachten 1974, BTDrS. 7/2848, S. 105 (Ziff. 234);
Wirtschaft und Statistik 1972, S. 245 sowie 1975, S. 271 f. S. auch
IfO-Institut, Wirtschaftskonjunktur 8/1974, S. 23, 26; Bauenquete
I, S. 447, 456.

188   Nach den Angaben in: Jahresgutachten 1973, BTDrS. 7/1273,
S. 40 f. (Ziff. 97) - in Verbindung mit: Jahresgutachten 1974,
BTDrS. 7/2848, S. 61 (Ziff. 124).

189   Vgl. Menge, BBauBl. 1974, S. 335 u. 1975, S. 286.

190   Vgl. Menge, BBauBl. 1975, S. 286 (Übers. 3).

191   S. Menge, BBauBl. 1977, S. 292 (Übers. 2); IfO-Institut, Wirtschaftskonjunktur 8/1974, S. 24 f.

192   Steueränderungsgesetz 1973 vom 26.6.1973, BGBl. I, S. 676.

193   S. Jahresgutachten 1973, BTDrS. 7/1273, S. 32 (Ziff. 70);
Wirtschaft und Statistik 1975, S. 271.

194   S. Jahresgutachten 1974, BTDrS. 7/2848, S. 106 (Ziff. 236 f.).

195   A. a. O. , S. 53 (Ziff. 101) u. S. 44 ff. (Ziff. 75).

196   Vgl. Süddeutsche Zeitung Nr. 7/1975.

197   IfO-Institut, Wirtschaftskonjunktur 8/1974, S. 26.

198   S. Menge, BBauBl. 1975, S. 288 f.; Jahresgutachten 1974, BTDrS.
7/2848, S. 107 (Ziff. 242). Insofern ist es mißverständlich, "eine
zum Teil gesättigte Nachfrage" anzunehmen; (so: Wirtschaft und
Statistik 1975, S. 271; differenzierend: IfO-Institut, a. a. O. ,
S. 25 f.)

199   S. bereits oben, A. II. a.

200   S. Wirtschaft und Statistik, a. a. O. ; Jahresgutachten 1974,
a. a. O. , S. 107 (Ziff. 241).

201   Jahresgutachten 1974, a. a. O. (Ziff. 242).

202   S. Projektgruppe Branchenanalyse, Kursbuch 27, S. 128 f.

203   Jahresgutachten 1975, BTDrS. 7/4326, S. 1 (Ziff. 1); s. dazu:
Konjunkturprogramm der Bundesregierung, Bulletin, Nr. 153/1974,
S. 1556 ff. sowie insb. Gesetz zur Förderung von Investitionen
und Beschäftigung vom 23.12.1974, BGBl. I, S. 3676; Gesetz
über Investitionszuschüsse für Mietwohnungen, Genossenschafts-
wohnungen und Wohnheime im sozialen Wohnungsbau vom 27.12.1974,
BGBl. I, S. 3698; s. auch IfO-Institut, Wirtschaftskonjunktur
8/1974, S. 23.

204   S. IfO-Institut, a. a. O. , S. 25 (Tab. 3).

205   Vgl. Wirtschaft und Statistik 1975, S. 128 (Tab. 4).

206   Vgl. Baukonjunkturspiegel vom 10.4.1975, S. 9 (Übers. 9).

207   S. Wirtschaft und Statistik 1975, S. 125 f.

208   Wirtschaft und Statistik 1975, S. 125.

209   S. Frankfurter Rundschau Nr. 41/1975; Süddeutsche Zeitung Nr.
83/1975; Hoppstock, Strukturprobeleme, S. 176 f.

210   Vgl. Jahresgutachten 1973, BTDrS. 7/1273, S. 101 (Tab. 27).

211   Vgl. Jahresgutachten 1974, BTDrS. 7/2848, S. 117 (Tab. 29).

212   Vgl. Jahresgutachten 1974, a. a. O.

1   Im einzelnen wird darauf in Teil A. II. d. einzugehen sein.

2   Vom 24. 8. 1965, BGBl. I, S. 945.

3   Darauf wird im einzelnen in Teil A. II. c. 5. einzugehen sein.

4   Statistisches Jahrbuch 1974, S. 34 (Tab. 1).

5   Vgl. Statistisches Jahrbuch 1965, S. 60.

6   Vgl. Regierungserklärung vom 20. 10. 1953, Bulletin des Presse-
    u. Informationsamts Nr. 204/1953, S. 27; Wuermeling, Bulletin
    Nr. 174/1954, S. 1536. Zum Problem der Überalterung, s. Horst-
    mann, Bulletin Nr. 7/1954, S. 51 f.

7   Die erste Beratung dieses Gesetzes fand am 21. 1. 1953 statt, vgl.
    VerhBT. (1. WP) 245. Sitzung, S. 11683 ff.; Gesetz vom 27. 6. 1956,
    BGBl. I, S. 523. Auf die genannte Zielrichtung dieses Gesetzes
    wird in A. II. d. einzugehen sein; vgl. hier z. B. VerhBT. (1. WP)
    245. Sitzung, S. 11684; Regierungserklärung vom 24. 10. 1953, Bul-
    letin Nr. 204/1953, S. 14 und 27 f.; s. auch Lowinski, Wohnungs-
    baupolitik, S. 83 f.

8   Statistisches Jahrbuch 1965, S. 60.

9   1966 betrug er 364. 024, Statistisches Jahrbuch 1974, S. 53.

10 Statistisches Jahrbuch 1974, S. 54.

11 Gesetz vom 24. 8. 1965, BGBl. I, S. 945; im einzelnen s. A. II. e. 3.

12 Vgl. Milhoffer, Familie und Klasse, S. 91.

13 S. Neidhardt, Familie, S. 40.

14 S. dazu: Bleuel, Kinder in Deutschland, S. 77 ff., s. auch Zweiter
    Familienbericht, BTDrS. 7/3502, S. 121 f. Zu den in der Familien-
    politik hergestellten Zusammenhängen zwischen Erwerbstätigkeit
    der Ehefrau und generativem Verhalten s. Heinsohn/Knieper,
    Familienrecht, S. 99 ff.

15 S. Kätsch, Frauenerwerbstätigkeit, S. 54.

16 Projekt Klassenanalyse, Materialien, S. 22 f. Diesen Zusammen-
    hang implizieren die Ausführungen von Haensch, Familienpolitik,
    S. 108 f.

17 Wirtschaft und Statistik 1973, S. 149 (Tab. 2); s. auch S. 150 f.
    (Ziff. 1. 5. 1.).

18 Wirtschaft und Statistik 1973, S. 149 (Tab. 2).

19 Wirtschaft und Statistik 1973, S. 151.

20 A. a. O.

21 Vgl. die Untersuchung von Kätsch, Frauenerwerbstätigkeit, S. 53
    (Tab. 12) und S. 62 ff.; Pfeil, Berufstätigkeit, S. 76 und 84 ff.

22 S. Pfeil, Berufstätigkeit, S. 76; im Ergebnis ebenso Städtebau-
    institut Nürnberg, Selbsthilfe, S. 17.

23 Auf eine ähnliche Dysfunktionalität in den familienpolitischen
    Aspekten der Eigenheimförderung wird in B. II. c. einzugehen sein.

24 Vgl. Statistisches Jahrbuch 1955, S. 48 und 1965, S. 51; zu den
    sich daraus ergebenden Wanderungsgewinnen vgl. Projekt Klassen-
    analyse, Materialien, S. 21 (Tab. 2).

25 Vgl. Statistisches Jahrbuch 1965, S. 51.

26 Zum zyklischen Verlauf, Nikolinakos, Politische Ökonomie der Gastarbeiterfrage, S. 45 ff.

27 Vgl. Bundesanstalt für Arbeit, Ausländische Arbeitnehmer 1972/73, S. 5 (Angaben jeweils bezogen auf den Monat September).

28 A. a. O.

29 Vgl. Raumordnungsbericht 1966, BTDrS. V/1155, S. 16; Raumordnungsbericht 1970, BTDrS. VI/1340, S. 11.

30 Vgl. Raumordnungsbericht 1966, a. a. O. , S. 16 und S. 12 ff.

31 BTDrS. VI/1497, S. 28 f. ; ebenso Raumordnungsbericht 1970, a. a. O. , S. 12 f.

32 Vgl. Brede/Dietrich/Kohaupt, Wohnungsfrage, S. 73 f. u. S. 90 ff. Zu der regionalen Verteilung von Eigentümerwohnungen s. z. B. Wirtschaft und Statistik 1970, S. 563 (Tab. 1).

33 Städtebaubericht 1975, BTDrS. 7/3583, S. 16 (Ziff. 23 f.).

34 Städtebaubericht 1970, BTDrS. VI/1497, S. 28; vgl. Städtebaubericht 1975, a. a. O. und Raumordnungsbericht 1970, BTDrS. VI/1340, S. 12 f.

34 a S. Frankfurter Rundschau Nr. 99/1977; DIE ZEIT Nr. 34/1978; Frankfurter Allgemeine Zeitung Nr. 248/1978. Stadt Frankfurt: Stadtflucht aus Frankfurt?

35 Vgl. Städtebaubericht 1970, BTDrS. VI/1497, S. 28; Neef, Kursbuch 27, S. 43 f. ; Brede/Dietrich/Kohaupt, Wohnungsfrage, S. 69 ff. , s. auch bereits Engels, Zur Wohnungsfrage, hier: insb. S. 215.

36 Zur historischen Entwicklung im Westend vgl. Appel, Heißer Boden, S. 7 f. , 27 ff. und S. 38 f. ; Häuserrat Frankfurt, Wohnungskampf in Frankfurt.

37 Städtebaubericht 1970, a. a. O. , S. 12; Raumordnungsbericht 1970, BTDrS. VI/1340, S. 46; dazu auch: Berndt, Gesellschaftsbild, S. 126 f.

38 Vgl. dazu Bentmann/Müller, Villa, Kapitel 19 (S. 130 ff.) und 20 (S. 138 ff.); Berndt, Gesellschaftsbild, S. 75 ff. ; Bergmann, Agrarromantik.

39 Es zeigt sich (im Vergleich zu ländlichen Gebieten) in den Großstädten ein häufigeres Auftreten von Infarkten, Krebserkrankungen (vor allem Bronchialkarzinom) und Schizophrenie, vgl. Süddeutsche Zeitung Nr. 111/1975; s. auch Frankfurter Rundschau Nr. 196/1973.

40 Raumordnungsbericht 1970, BTDrS. VI/1340, S. 12; vgl. auch Städtebaubericht 1975, BTDrS. 7/3583, S. 36 ff.

41 Vgl. Wirtschaft und Statistik 1970, S. 343.

42 Vgl. Wirtschaft und Statistik 1970, S. 343.

43 Vgl. Wirtschaft und Statistik a. a. O.

44 Vgl. Projekt Klassenanalyse, Materialien, S. 42 (Tab. 8).

45 Vgl. Erster Familienbericht, BTDrS. V/2532, S. 33.

46 Vgl. Projekt Klassenanalyse a. a. O. ; Steger, Bevölkerungsentwicklung, S. 115 ff.

47 S. Steger, Bevölkerungsentwicklung, a. a. O.
48 Steger, Bevölkerungsentwicklung, S. 126.
49 S. Wirtschaft und Statistik 1970, S. 344 (II. 1.); Projekt Klassenanalyse, Materialien, S. 43 f.
50 Vgl. Projekt Klassenanalyse, a. a. O. , S. 42 (Tab. 8).
51 Genau: 25, 8 %; vgl. Wirtschaft und Statistik 1970, S. 344 (Tab. 2).
52 Vgl. Wirtschaft und Statistik, a. a. O. (Tab. 3).
53 Nach: Statistisches Bundesamt, Wohnungsstichprobe 1972, Heft 4,
S. 21. Im einzelnen s. dazu A. II. c. 4. 1.

Kapitel A. II. c.

1 Vgl. dazu oben A. II. a.
2 A. a. O.
3 Das wird in A. II. d. und A. II. e. 3. im einzelnen zu zeigen sein.
4 Aus Gründen, die im einzelnen in A. II. d. zu zeigen sein werden.
4 a So wies der damalige Bundeswohnungsbauminister Lücke darauf
hin, daß "die vielfach zu niedrigen Mieten... den Wunsch nach
einem Eigenheim oft nicht aufkommen" lassen; eine entsprechende
Mietpreisgestaltung könne "mithelfen, daß die rechten Verhältnisse hergestellt werden" (Lücke, BBauBl. 1960, S. 639). Auch wenn
das Zitat sich in erster Linie auf den Werkwohnungsbau bezieht,
kann ihm doch allgemeinere Bedeutung zugemessen werden.
5 Daß die Darstellung nicht gemäß der Unterscheidung der drei Förderungsarten sich in freifinanzierten, steuerbegünstigten und
sozialen Wohnungsbau einteilt, sondern nur in die des sozialen
und schließlich des gesamten Wohnungsbaus, ist der Einteilung
des vorliegenden statistischen Materials geschuldet; vgl. beispielsweise Menge, BBauBl. 1975, S. 286 ff. (Übers. 3, 4, 5, 8).
6 S. dazu bereits oben, A. II. a. Vgl. Duwendag, Kapitalmarkt, S. 111
ff. ; Jahresgutachten 1966, BTDrS. V/1160, S. 52 (Schaubild 22);
zu den Veränderungsraten des Bruttoinlandsprodukts, s. Osterland
et al. , Materialien, Tabelle 6 im Anhang.
7 Eigene Berechnungen nach: Jahresgutachten 1976, BTDrS. 7/5902,
S. 246 (Tab. 19).
8 Vgl. Offe/Ronge, Leviathan 1973, S. 200 ff.
9 Vgl. oben, Anm. 7.
10 Vgl. H. K. Schneider, Konjunkturproblem, S. 22; Duwendag,
Kapitalmarkt, S. 107 ff.
11 Vgl. Menge, BBauBl. 1975, S. 286 (Übers. 3).
12 A. a. O.
13 A. a. O.
14 Vgl. Menge, BBauBl. 1977, S. 293 (Übers. 3).
15 Vgl. BBauBl. 1961, S. 356.

16 Vgl. Städtebaubericht 1970, BTDrS. VI/1497, S. 46; Glatzer, Wohnungsversorgung, S. 621 (Tab. 1 a). Darauf wird in A. II. c. 4. 1. näher einzugehen sein.

17 S. dazu oben, A. II. a.

18 S. Bundesminister für Wohnungsbau, Jahresbericht 1972, S. 18; DER SPIEGEL, Nr. 30/1970, S. 40; s. dazu auch oben, A. II. a.

19 Jahresgutachten 1970, BTDrS. VI/1470, S. 27 (Ziff. 64).

20 Max Schlereth (Geschäftsführer des Wohnungsunternehmens "Deba") nach: DER SPIEGEL, Nr. 30/1970, S. 40.

21 S. Jahresgutachten 1970, a. a. O., S. 28 (Ziff. 68); Jahresgutachten 1971, BTDrS. VI/2847, S. 22 (Ziff. 37).

22 Menge, BBauBl. 1974, S. 336.

23 Vgl. Menge, BBauBl. 1975, S. 285 (Übers. 2).

24 Vgl. Jahresgutachten 1975, BTDrS. 7/4326, S. 289 (Tab. 55); Preisindex 1974: eigene Berechnung danach.

25 Vgl. Jahresgutachten 1970, BTDrS. VI/1470, S. 27 (Ziff. 64).

26 Vgl. Menge, BBauBl. 1974, S. 335 (Übers. 2).

27 Vgl. DER SPIEGEL, Nr. 30/1970, S. 38.

28 S. Bauenquete I, S. 716 ff.; Gemes, Bauproduktion, S. 98 ff.; Städtebaubericht 1970, BTDrS. VI/1497, S. 44 ff. Im einzelnen s. dazu bereits oben, A. II. a.

29 Vgl. Menge, BBauBl. 1974, S. 337 und 1977, S. 295 (jeweils: Übers. 6).

30 S. Wirtschaft und Statistik 1973, S. 363 f. und 1974, S. 397.

31 Vgl. Süddeutsche Zeitung, Nr. 7/1975.

32 S. H. K. Schneider, Konjunkturproblem, S. 23.

33 Das I. WoBG vom 24. 4. 1950 (BGBl. I, S. 83) ging in § 1 von einem Zielwert von 1, 8 Millionen Wohnungen in 6 Jahren aus; das WoBÄndG vom 25. 8. 1953 (BGBl. I, S. 1037) erhöhte diesen in § 1 auf 2 Millionen Wohnungen im Zeitraum von 1951 bis 1956; das II. WoBG vom 27. 6. 1956 (BGBl. I, S. 523) nannte in § 1 als Zielwert: 1, 8 Millionen Wohnungen für die Jahre 1957 bis 1962.

34 Vgl. Menge, BBauBl. 1974, S. 337 (Übers. 4); Fey, BBauBl. 1952, S. 53 und 1956, S. 210 sowie 1959, S. 175.

35 S. H. K. Schneider, Konjunkturproblem, S. 263; Bauenquete I, S. 225 ff.

36 Vgl. Fey, BBauBl. 1965, S. 150; Klein, BBauBl. 1971, S. 263 (Übers. 4); s. auch Häring, Wohnungssektor, S. 48 ff. und S. 234 (Tab. II a).
Bezieht man sämtliche von der öffentlichen Hand gewährten finanziellen Vergünstigungen für Wohungsbau und Wohnungswirtschaft ein, so ist ein Anstieg des Gesamtvolumens der (direkten und indirekten) öffentlichen Finanzhilfen zu verzeichnen; s. Häring, a. a. O., insb. S. 51 (Tab. 2).

37 Vgl. Menge, BBauBl. 1974, S. 337 (Übers. 4).

38 Vgl. Menge, BBauBl. 1977, S. 293 f. (Übers. 3, 4); Prozentangaben: eigene Berechnungen danach.

39   Vgl. Menge, a. a. O. , S. 294 (Übers. 4); Wirtschaft und Statistik
     1972, S. 339 f. ; Jahresgutachten 1971, BTDrS. VI/2847, S. 22
     (Ziff. 37).
40   Eigene Berechnungen nach Menge, a. a. O.
41   Vgl. Menge, BBauBl. 1974, S. 337 (Übers. 4) und Fey, BBauBl.
     1965, S. 150.
42   Nach: Fey, BBauBl. 1966, S. 191 (Übers. 3).
43   Nach: Menge, BBauBl. 1977, S. 292 (Übers. 2).
44   S. Wirtschaft und Statistik 1972, S. 340; 1973, S. 363; 1975, S. 753 f. ;
     1974, S. 397.
45   S. Wirtschaft und Statistik 1974, S. 396 f. "Relativ am teuersten
     waren die Wohnungen in Einfamilienhäusern" (a. a. O.).
46   Wirtschaft und Statistik 1973, S. 363.
47   Gesetz vom 28. 6. 1956, BGBl. I, S. 523 (§ 72 Abs. I).
48   S. DER SPIEGEL, Nr. 30/1970, S. 40.
49   S. Bauwelt 19/1974, S. 710.
50   DER SPIEGEL, Nr. 45/1972, S. 80.
51   Gesetz vom 23. 6. 1960, BGBl. I, S. 389.
52   Art. II, Ziff. 3 (i. e. §§ 3a, 3b WoRBewG).
53   Art. II, Ziff. 3 (i. e. §§ 3c, 3d, WoRBewG); Kreise mit einem
     Wohnungsdefizit wurden "Schwarze Kreise" genannt. S. Häring,
     Wohnungsversorgung, S. 208 ff.
54   Art. I (i. e. § 15, II. BMietG.).
55   VerhBT. (1. WP), 5. Sitzung, S. 23.
56   Darauf wird in A. II. e. näher einzugehen sein.
57   Vgl. Münch, Wohnungsbaupolitik, S. 26.
58   Vgl. Wirtschaft und Statistik 1962, S. 414 (Tab. 1).
59   Vgl. V. B. , BBauBl. 1963, S. 328 ff. , insb. S. 330 f.
60   VerhBT. (1. WP), 5. Sitzung, S. 23.
61   Im einzelnen s. dazu A. II. e. 2. und A. II. e. 3.
62   S. Brede/Kohaupt/Kujath, Wohnungsversorgung, S. 69 und S. 93.
     Zu profitableren Anlagemöglichkeiten anderer Branchen s. bereits
     oben, A. II. a.
63   Im einzelnen s. dazu A. II. c. 4. 2.
64   Nach § 8 a WoBindG ist im Rahmen der für Sozialwohnungen vorge-
     schriebenen Kostenmiete eine Verzinsung des vom Bauherrn einge-
     setzten Eigenkapitals in Höhe von 4 % zulässig.
65   Vgl. Fey, BBauBl. 1963, S. 226 (Übers. 5) und Menge, BBauBl.
     1974, S. 343 (Übers. 12). Die Anteile betrugen 1970 bis 1976 durch-
     schnittlich 15, 2 %, bzw. 23, 2 % (eigene Berechnung nach Menge,
     BBauBl. 1977, S. 300 (Übers. 12).
66   S. hier zunächst Wirtschaft und Statistik 1975, S. 549 ff. Glatzer,
     Wohnungsversorgung.
67   Gesetz vom 24. 4. 1950, BGBl. S. 83; im übrigen s. oben, A. II. a.
68   Vgl. (auch zu den folgenden Angaben) Amtl. Begründung zum
     I. WoBG, BAnZ 1950, Nr. 87, S. 8.
69   Ausgehend von einem Verhältnis von einer Wohnung pro Haushalt
     errechnet sich dies aus den am 13. 9. 1950 bestehenden 15, 396 Mil-

lionen Haushalten und 9, 438 Millionen Wohnungen; am 25. 9. 1956:
16, 569 Millionen Haushalte und 12, 727 Millionen Wohnungen; Angaben aus: Statistisches Bundesamt, Wohnungsstatistik 1956/1957,
Heft 1, S. 74 (Tab. 1) u. S. 77 (Tab. 4).

70   Statistisches Bundesamt, Wohnungsstatistik 1956/1957, Heft 1,
S. 80.

71   A. a. O. , S. 78; unter "Normalwohnungen" wurden im Rahmen der
Wohnungszählung Wohnungen verstanden, die eine voll ausgebaute
Küche oder Kochnische hatten (letzteres nur zusammen mit mindestens einem Raum von mindestens 6 m^2), die nicht im Kellergeschoß lag und nicht im Dachgeschoß, deren Eignung zum dauernden Wohngebrauch vom Wohnungsinhaber nicht verneint wurde und
die weiterhin sich nicht in einem Notwohngebäude befand (i. e. Behelfsheime unter 30 m^2 Fläche, Baracken, Bretterbuden, Wohnlauben, Bunkern, Wohnwagen u. ä. , a. a. O. , S. 10).

72   Vgl. Statistisches Bundesamt, Wohnungsstatistik 1956/1957,
Heft 2, S. 12.

73   A. a. O.

74   Statistisches Bundesamt, Wohnungsstatistik 1956/1957, Heft 1,
S. 78 (Tab. 6).

75   Statistisches Bundesamt, Wohnungsstatistik 1956/1957, Heft 1,
S. 79; als Notwohnungen galten Wohnungen, die keine voll ausgebaute Küche oder Kochnische hatten, sich in einem Notwohngebäude
befanden, im Kellergeschoß oder im Dachgeschoß lagen und für die
der Wohnungsinhaber die Eignung zum dauernden Wohngebraucht
verneint hatte o d e r die zwar eine voll ausgebaute Kochnische
hatten, die aber nur Räume unter 6 m^2 aufwiesen; s. a. a. O. , S. 10.

76   Vgl. Statistisches Bundesamt, Wohnungsstatistik 1956/1957,
Heft 2, S. 12 (Prozentangaben: eigene Berechnungen).

77   Vgl. Statistisches Bundesamt, Wohnungsstichprobe 1972, Heft 1,
S. 6 u. S. 28 f. Nach der Totalerhebung von 1968 standen 20, 66
Millionen Haushalten insgesamt 19, 65 Millionen Wohnungen zur
Verfügung (Wohnungen in Wohngebäuden u. in bewohnten Nichtwohngebäuden - jedoch nicht in Kellergeschossen und nicht mit nur behelfmäßiger Küche); vgl. Wirtschaft und Statistik 1971, S. 694
(Fn. 1). Zu Abgrenzungsproblemen beim Haushaltsbegriff s.
Glatzer, Wohnungsversorgung, S. 619 f.

78   Das sind etwas mehr als eine Million Menschen.

79   Vgl. Wirtschaft und Statistik 1970, S. 385 (Tab. 5) und S. 569.

80   Vgl. Städtebaubericht 1970, BTDrS. VI/1497, S. 46. Vergleichbare Zahlen sind in der 1 %-Stichprobe nicht ausgewiesen; festgehalten werden kann nur, daß 1972 insgesamt 135.000 Haushalte
in Wohnungen in Unterkünften lebten; vgl. Statistisches Bundesamt, Wohnungsstichprobe 1972, Heft 4, S. 22 f.

81   Eigene Berechnungen nach: Statistisches Bundesamt, Wohnungsstichprobe 1972, Heft 4, S. 21; n. b. : es wurden, dem vorliegenden Zahlenmaterial entsprechend, nur Haushalte in Wohnungen
i n G e b ä u d e n berücksichtigt.

82 "Als Eigentümerwohnungen gelten die vom Gebäudeeigentümer in seinem Gebäude selbst bewohnten Wohnungen und selbst bewohnte Eigentumswohnungen"; Wirtschaft und Statistik 1970, S. 563.

83 Vgl. Wirtschaft und Statistik 1975, S. 35 (Tab. 2).

84 Eigene Berechnungen nach: Wirtschaft und Statistik 1975, S. 35 (Tab. 2). Die entsprechenden Zahlen der Totalerhebung 1968 finden sich in Wirtschaft und Statistik 1970, S. 563 (Tab. 1).

85 A. a. O.

86 Eigene Berechnungen nach: Wohnungsstichprobe, Heft 2, S. 42. Dazu findet sich in Wirtschaft und Statistik 1975, S. 41 die Kommentierung: "Die Wohnungsgröße ist in starkem Maße von dem Eigentumsverhältnis abhängig". Nach der Wohnungsumfrage Frankfurt waren 1976 Eigentümerwohnungen "im Durchschnitt um über ein Zimmer größer als der Durchschnitt aller Wohnungen" (Stadt Frankfurt, Wohnungsumfrage, S. 115).

87 Vgl. Wirtschaft und Statistik 1971, S. 698 (Tab. 2); s. auch Stadt Frankfurt, Wohnungsumfrage. S. 182 ff.

88 Vgl. Wirtschaft und Statistik 1975, S. 37 (Tab. 5). Würde beispielsweise ein 4-Personen-Hauptmieterhaushalt über die Durchschnittswohnfläche von 24, 7 qm pro Person verfügen, so müßte die Wohnung 98, 8 qm groß sein; allerdings verfügen nur 13 % dieser Mieterhaushalte über eine Wohnfläche von 100 qm und mehr. Demgegenüber müßte eine Eigentümerwohnung für vier Personen (4x28, 4qm) 113, 6 qm groß sein; über eine Wohnfläche von 120 qm und mehr verfügen 30 % dieser Eigentümerhaushalte - über 100 qm und mehr: 51 %.

90 S. Familie und Wohnen, S. 26 ff. (insb. S. 29, Tab. 2). Zu anderen Standards s. Glatzer, Wohnungsversorgung, S. 591 ff. § 40 II. WoBG vom 28. 6. 1956, BGBl. I, S. 531.

91 Eigene Berechnungen nach: Wirtschaft und Statistik 1975, S. 277 (Tab. 4). Nach der Frankfurter Wohnungsumfrage waren 1976 die Eigentümerwohnungen "im Durchschnitt am besten ausgestattet . . . Sozialwohnungen sind im Durchschnitt am schlechtesten ausgestattet" (Stadt Frankfurt, Wohnungsumfrage, S. 129).

92 A. a. O.

93 Eigene Berechnungen nach: Statistisches Bundesamt, Wohnungsstichprobe 1972, Heft 2, S. 76 f.

94 Vgl. Wirtschaft und Statistik 1975, S. 277 (Tab. 4) (Wohnungen mit 2 WC, wovon das zweite nicht im Bad lag, wurden nur als "WC nicht im Bad" gezählt) (a. a. O. , S. 276).

95 Der Anteil der 3- oder 4-Generationenhaushalte an allen Mehrpersonenhaushalten ging von 8, 6 % (1961) auf 3, 9 % (1974) zurück; vgl. Steger, Bevölkerungsentwicklung, S. 116. 1969 waren 25, 8 % aller Haushalte Einpersonenhaushalte; i. e. 72 % mehr als 1957; vgl. Wirtschaft und Statistik 1970, S. 344 (Tab. 2, 3); im übrigen s. bereits oben, A. II. b.

96   Dazu s. Glatzer, Wohnungsversorgung, S. 613 ff.

97   Vgl. Statistisches Bundesamt, Wohnungsstatistik 1956/1957, Heft 1, S. 80 - Zahlen: gemäß S. 79 f. (Tab. 7, 8); zur Verminderung der Untermieterhaushalte s. bereits oben.

98   S. dazu Bahrdt (Humaner Städtebau, S. 78), der diesen Zusammenhang als "Zwangsvorstellung, daß das wirklich richtige Wohnen eben doch nur in einem eigenen Haus möglich sei" bezeichnet.

99   S. dazu bereits oben, A. II. c. 3. sowie A. II. e. 2. und A. II. e. 3.

100   Vgl. Städtebaubericht 1970, BTDrS. VI/1497, S. 46; Neef, Kursbuch 27, S. 40 f. u. S. 45. Zu diesen Abwanderungstendenzen s. bereits A. II. b.

101   Eigene Berechnungen nach Jahresgutachten 1972, BRDrS. 612/72, S. 264 (Tab. 98).

102   Vgl. Statistisches Jahrbuch 1973, S. 464.

103   Vgl. DIW-Wochenberichte Nr. 11/1971, S. 72.

104   Vgl. Statistisches Jahrbuch 1968, S. 474 und 1975, S. 484 f. Die Mietbelastung der dritten Haushaltsgruppe ist erst ab 1964 nachgewiesen (1964: 13,4 %). Zum Niveau der Wohnungsmieten und der Mietbelastung s. auch Statistisches Bundesamt, Wohnungsstichprobe 1972, Heft 3.

105   Glatzer, Wohnungsversorgung, S. 640 (zur Grenze tragbarer Mietbelastung: a.a.O. , S. 604 ff.).

106   S. Städtebaubericht 1970, BTDrS. VI/1497, S. 46; Wissenschaftlicher Beirat, Bulletin Nr. 180/1970, S. 1963; DIW-Wochenberichte Nr. 11/1971, S. 72; Wirtschaft und Statistik 1973, S. 398.

107   Vgl. Brede/Kohaupt/Kujath, Wohnungsversorgung, S. 21.

108   Stadt Frankfurt, Wohnungsumfrage, S. 202 (Tab. 3. 5. 7); DER SPIEGEL, Nr. 45/1972, S. 75.

109   Vgl. Häring, Wohnungssektor, S. 108; Wirtschaft und Statistik 1972, S. 342.

110   S. DER SPIEGEL, Nr. 91/1975, S. 39 f.

111   Vgl. Neef, Kursbuch 27, S. 45 ff. ; Brede/Kohaupt/Kujath, Wohnungsversorgung, S. 46 ff.

112   S. Brede/Kohaupt/Kujath, a.a.O. , S. 49; Wirtschaft und Statistik 1976, S. 293 ff.

113   S. z. B. Städtebaubericht 1970, BTDrS. VI/1497, S. 22 f. ; Bundeswohnungsbauminister, Jahresbericht 1972, S. 1; s. auch Brede/ Kohaupt/Kujath, a.a.O. , S. 44.

114   S. statt aller Brede/Dietrich/Kohaupt, Wohnungsfrage, S. 210 ff.

115   Vgl. Jansen, Kursbuch 27, S. 24; s. auch Neef, Kursbuch 27, S. 43. Nach Tiemann (Der Städtetag 11/1970, S. 572) ergab sich zwischen 1960 und 1969 allein durch Umwidmung von Ackerland zu Bauland, also nicht durch Leistung des Eigentümers, ein Wertzuwachs von insgesamt 50 Mrd. DM.

116   Vgl. Tiemann, a.a.O. , S. 571.

117   Zahlen abgelesen aus dem Schaubild in: Bauwelt 47/48, 1971, S. 1905.

118 Vgl. Brede/Kohaupt/Kujaht, Wohnungsversorgung, S. 44; Jonas (arch plus Heft 19, S. 40) geht in seiner Musterkalkulation von einem Anteil von 13-15 % der Grunderwerbskosten an der Miete aus.

119 Vgl. Brede/Kohaupt/Kujaht, Wohnungsversorgung, S. 44 ff.; Wirtschaft und Statistik 1974, S. 395.

120 Vgl. Jahresgutachten 1974, BTDrS. 7/2848, S. 281 (Tab. 52); zu den Preissteigerungen im Wohnungsbau und ihren Ursachen vgl. bereits oben, A. II. a. und A. II. c. 2.

121 Vgl. Brede/Kohaupt/Kujath, Wohnungsversorgung, S. 26; s. auch Jonas, arch plus Heft 19, S. 37 ff.

122 Vgl. Brede/Kohaupt/Kujath, Wohnungsversorgung, S. 16.

123 DIW-Wochenbericht Nr. 11/1971, S. 73; s. auch Wissenschaftlicher Beirat, Bulletin Nr. 180/1970, S. 1964.

124 Vgl. Brede/Kohaupt/Kujath, Wohnungsversorgung, S. 16; Neef, Kursbuch 27, S. 46; s. auch Häring, Wohnunssektor, S. 38.

125 Wie bereits oben angeführt, kann die vorliegende Darstellung wegen der Art der Gruppierung des statistischen Materials nur die Unterscheidung zwischen sozialem und gesamten Wohnungsbau (der alle drei Arten vereinigt) wiedergeben.

126 S. oben, A. II. c. 2. und A. II. c. 3.

127 Hier ist auf eine unterschiedliche Verwendung des Begriffs "Eigenheim" bei Gesetzgeber und Wohnungsstatistik hinzuweisen: Nach § 9 Abs. 1 II. WoBG ist "Eigenheim" ein "im Eigentum einer natürlichen Person stehendes Grundstück mit einem Wohngebäude, das nicht mehr als zwei Wohnungen enthält, von denen eine Wohnung zum Bewohnen durch den Eigentümer oder seine Angehörigen bestimmt ist"; demgegenüber wird in der Wohnungsstatistik - offenbar aus erhebungstechnischen Gründen - als Eigenheim jedes Wohngebäude mit nicht mehr als zwei Wohnungen gezählt; inwieweit tatsächlich eine Wohnung für den Eigentümer oder seine Angehörigen bestimmt ist, wird somit nicht erfaßt; vgl. z. B. Menge, BBauBl. 1974, S. 337 (Übers. 5); soweit im folgenden auf der Grundlage dieser Wohnungsstatistik argumentiert wird, liegt dem daher immer der Eigenheim-Begriff der Wohnungsstatistik zugrunde.

128 Vgl. Menge, BBauBl. 1977, S. 294 (Übers. 5).

129 A. a. O.

130 Da oben bei den Fertigstellungszahlen der Eigenheimbegriff der Statistik (Ein- und Zweifamilienhäuser) zugrundegelegt werden mußte, ist er hier beibehalten worden, um die Zahlen aufeinander beziehen zu können.

131 Vgl. Bundeswohnungsbauminister, BBauBl. 1958, S. 56 f. und Fey, BBauBl. 1965/b, S. 256. Im übrigen ist darauf hinzuweisen, daß die Statistik für den sozialen Wohnungsbau nicht von Fertigstellungen, sondern von "geförderten Wohnungen" ausgeht, also von den jährlich erteilten Bewilligungsbescheiden.

132 S. bereits oben, A. II c. 3.
133 Vgl. Bundeswohnungsbauminister, BBauBl. 1975, S. 205.
134 Nach Fey, BBauBl. 1963, S. 226. Die Statistik weist bis 1960 die Zweifamilienhäuser nicht gesondert aus; insofern geben die Zahlen bis dahin nur ein ungefähres Bild der Entwicklung.
135 Nach Menge, BBauBl. 1974, S. 343 u. 1977, S. 300 (Übers. 12). Die Statistik weist nach 1961 die Kleinsiedlerstellen nicht mehr gesondert aus, offenbar aufgrund ihrer immer geringer werdenden Bedeutung: 1953 lagen 6, 3 % aller Wohnungen in Kleinsiedlerstellen, 1960 nur noch 2, 2 %; vgl. Fey, BBauBl. 1963, S. 226.
136 Hier ist nochmals darauf zu verweisen, daß die Statistik lediglich auf die Wohnform abstellt - im Unterschied zur gesetzlichen Regelung; s. oben, Fn. 127.
137 Vgl. Fey, BBauBl. 1966, S. 198 (Übers. 7). Als Maßstab gilt der Anteil der Eigentümerwohnungen; es sind nur Angaben über voll geförderte reine Wohnbauten erfaßt.
138 Eigene Berechnungen nach: Menge, BBauBl. 1974, S. 343 (Übers. 12) und 1977, S. 300 (Übers. 12).
139 Menge, BBauBl. 1974, S. 336.
140 VerhBT. (1. WP), 245. Sitzung, S. 11683; s. auch VerhBT. (2. WP), 142. Sitzung, S. 7381; s. jüngst: Regierungsentwurf einer gesetzlichen Regelung des Wohnbesitz-Modells, BTDrS. 7/577, S. 1; Mairose/Orgaß, Wohnungspolitik, S. 73.
141 S. DER SPIEGEL, Nr. 8/1975, S. 108. Im Auftrag der Zeitschrift DER SPIEGEL führte EMNID 1974 eine Untersuchung auf der Basis von 2. 000 repräsentativ ausgewählten Personen durch, deren Ergebnisse in den Heften Nr. 6-8/1975 wiedergegeben sind.
142 VerhBT. (1. WP), 245. Sitzung, S. 11683.
143 VerhBT. (2. WP), 36. Sitzung, S. 1709; s. auch VerhBT. (1. WP), 232. Sitzung, S. 10643.
144 S. VerhBT. (1. WP), 232. Sitzung, S. 10646 sowie 245. Sitzung, S. 11683.
145 VerhBT. (1. WP), 245. Sitzung. S. 11694.
146 A. a. O. ; s. auch Forstmann, Volksheimstätte, 1952, S. 6.
147 VerhBT. (1. WP), 245. Sitzung. S. 11683.
148 VerhBT. (1. WP), 245. Sitzung. S. 11694.
149 Zu den ideologischen Grundlagen, vgl. Berndt, Gesellschaftsbild, S. 50 ff.
150 Vgl. Wohnungsstatistik 1956, Heft 3, S. 18 (Tab. 1); s. auch die Angaben bei G. Ipsen, Daseinsformen, S. 139.
151 Vgl. zunächst den Überblick bei Berndt, Gesellschaftsbild, S. 138 ff.
152 Vgl. Eckart, DIE ZEIT Nr. 24/1964; G. Ipsen, Daseinsformen, S. 137 und 141; Zapf et al. , Stadt am Stadtrand, S. 187 f.
153 G. Ipsen, Daseinsformen, S. 137; zum Trend "Wohnen im Grünen", vgl. oben, Teil A. II. b.
154 S. Eckart, DIE ZEIT Nr. 24/1964; ebenso den bei Berndt, Gesellschaftsbild, S. 137 f. widergegebenen Fall.

155   Vgl. dazu den Überblick bei Berndt, Gesellschaftsbild, S. 136 ff. ;
      G. Ipsen, Daseinsformen, S. 141 f. ; vgl. auch die Fragestellung
      von EMNID (DER SPIEGEL, Nr. 8/1975, S. 108): "Wenn Sie vor
      die Wahl gestellt würden, ob Sie lieben in einem Eigenheim im
      Grünen oder in einer komfortablen Stadtwohnung leben möchten
      - egal, ob zu Eigentum oder Miete - wofür würden Sie sich ent-
      scheiden? ".
156   Vgl. dazu oben, Teil A. II. c. 4. 1. ("Wohnverhältnisse"); vgl. auch
      die unterschiedlichen Größenanforderungen für Eigenheime und
      andere Wohnungen in § 39 II. WoBG.
157   Der genaue Haushaltsstand zu diesem Zeitpunkt ist nicht festzustel-
      len; jedoch läßt sich von der Tatsache, daß die einprozentige Be-
      fragung auf der Basis von 168. 000 Haushalten erfolgte, auf eine
      Gesamtzahl von etwa 16, 8 Millionen Haushalte schließen; s. Sta-
      tistisches Bundesamt, Wohnungsstatistik 1956/1957, Heft 3, S. 17.
158   Zu dieser Abgrenzung von Wohnungswünschen und Wohnungsbedarf
      s. Statistisches Bundesamt, a. a. O.
159   Statistisches Bundesamt, a. a. O. , S. 18.
160   Statistisches Bundesamt, a. a. O. , S. 19.
161   Wirtschaft und Statistik 1975, S. 624.
162   Vgl. Wirtschaft und Statistik 1975, S. 626 (Tab. 3); in 19 % der
      Fälle wurde Streben nach eigener Wohnung, eigenem Haus oder ei-
      gener Haushaltsführung als Grund angegeben (a. a. O.); s. auch den
      Beitrag "Wohnungswechsler und ihre Umzugsgründe", Wirtschaft
      und Statistik 1975, S. 624 ff.
163   Im Ergebnis so auch Wirtschaft und Statistik 1975, S. 626.
164   S. dazu oben, A. II. c. 4. 1. (Zur regionalen Verteilung s. Wirtschaft
      und Statistik 1970, S. 563 (Tab. 1).
165   S. dazu oben, A. II. c. 4. 1.
166   S. dazu oben, A. II. a. sowie unten, B. II. a.
167   Lücke, BBauBl. 1960, S. 639.
168   S. dazu oben, A. II. a.
169   Vgl. Jahresgutachten 1970, BTDrS. VI/1470, S. 28 (Ziff. 68)
      u. Jahresgutachten 1971, BTDrS. VI/2847, S. 22 (Ziff. 37).
170   S. a. a. O. u. DER SPIEGEL, Nr. 30/1970, S. 40, 42; Wissen-
      schaftlicher Beirat, Bulletin Nr. 180/1970, S. 1964 f. (Ziff. 7).
171   Vgl. Menge, BBauBl. 1977, S. 294 (Übers. 5).

Kapitel A. II. d.

1   VerhBT. (3. WP), 90. Sitzung, S. 4880.
2   S. Rasehorn, Wohnen, S. 49 f.
3   Zur Gewährleistung allgemeiner Produktionsbedingungen durch
      den Staat s. bereits Smith, Wealth of Nations, S. 364; sowie (im

Rahmen der neueren Diskussion um Ansätze einer materialistischen Staatstheorie) Altvater, Prokla 3 (z. B. S. 9).

4   Vgl. Mairose/Orgaß, Wohnungspolitik, S. 16 ff.; ebenso Münch, Wohnungsbaupolitik, S. 30 ff., 95 ff.; speziell zur Wohnungspolitik in Großbritannien s. Clarke/Ginsburg, Kapitalistate, 4-5/1976, 81 ff.

5   Zu den finanziellen Implikationen dieser Alternativprogramme vgl. bereits oben, A. II. a.

6   S. A. II. e.

7   Die staatspolitischen Zielsetzungen der staatlichen Eigenheimförderung werden im einzelnen in B. II. d. und die familienpolitischen in B. II. c. zu untersuchen sein.

8   Bundesregierung, s. Regierungserklärung vom 20.9.1949, VerhBT. (1. WP), 5. Sitzung, S. 23 f.

9   BTDrS. (1. WP) 567.

10   Gesetz vom 24.4.1950, BGBl. I, S. 83.

11   Vgl. Amtl. Begr. zum I. WoBG, BAnZ. 1950, Nr. 87, S. 8.

12   Vgl. z. B. Regierungserklärung vom 20.9.1950, VerhBT. (1. WP), 5. Sitzung, S. 23 ff.; sowie die Ausführungen des Bundeskanzlers zur ersten Beratung des I. WoBG, VerhBT. (1. WP), 41. Sitzung, S. 1388; i. Ü. vgl. oben Teil A. II. a.

13   Amtl. Begr. zum I. WoBG, a. a. O. (Allg. Teil, VI).

14   VerhBT. (1. WP), 41. Sitzung, S. 1394; vgl. dazu auch schon die erste Beratung des Wohnungseigentumsgesetzes, VerhBT. (1. WP), 23. Sitzung, S. 719.

15   Regierungserklärung vom 20.9.1950, VerhBT. (1. WP), 5. Sitzung, S. 23 ff.

16   S. oben, A. II. a.

17   Vgl. Amtl. Begr. zum I. WoBG, BAnZ. 1950, Nr. 87, S. 8 (Allg. Teil, Ic); s. dazu bereits oben, A. II. a.; Wohnungsbauminister Wildermuth, VerhBT. (1. WP), 41. Sitzung, S. 1390; s. auch VerhBT. (1. WP), 53. Sitzung, S. 1938.

18   Amtl. Begr. zum I. WoBG, a. a. O. (Allg. Teil, Ia).

19   Begründung zum Entwurf eines I. WoBG, BTDrS. (1. WP), 567, Anlage 1 a, S. 8; diese Formulierung ist in die Amtl. Begr. nicht übernommen worden; wie die folgenden Zitate zeigen, klang dieses Thema in den Beratungen des I. WoBG aber immer wieder an und wurde bei denen des II. WoBG wieder aufgenommen.

20   VerhBT. (1. WP), 41. Sitzung, S. 1395; vgl. auch a. a. O., 53. Sitzung, S. 1933; 115. Sitzung, S. 4384, 4390; 188. Sitzung, S. 8021.

21   Die Beratungsprotokolle zeigen, daß die Wohnungspolitik der Bundesregierung im Grunde allein von der KPD abgelehnt wurde, bei den Beratungen zum WoBÄndG 1953 zeigt sich die ausdrückliche Bejahung der Eigenheimpolitik durch die SPD-Fraktion, vgl. VerhBT. (1. WP), 232. Sitzung, S. 10641, 10643.

22   VerhBT. (1. WP), 53. Sitzung, S. 1941.

23   S. oben, A. II. a.

24 Ein ausdrücklicher Hinweis auf diese Grenzen findet sich in den parlamentarischen Beratungen, s. VerhBT. (1. WP), 53. Sitzung, S. 1933.

25 Gesetz vom 17.3.1952, BGBl. I, S. 139.

26 § 19, Abs. 2, BGBl. I, S. 1037 (NF.: S. 1047).

27 Vgl. z.B. VerhBT. (1. WP), 232. Sitzung, S. 10640 ff.; ebenso 280. Sitzung, S. 14138 ff.

28 VerhBT. (1. WP), 232. Sitzung, S. 10643.

29 § 1 Abs. 2 II. WoBG (i.d. Fassung von 1956); zu den Wohnverhältnissen, s. oben, Teil A.II.c.4.

30 § 1 Abs. 5. Dazu und zum folgenden s. auch Begründung zum Regierungsentwurf des II. WoBG, VerhBT. (2. WP), 36. Sitzung (Anlage 3), S. 1709 ff.

31 § 1 Abs. 2, s. ebenso die Rangfolge in § 30 Abs. 1.

32 S. Begründung zum Regierungsentwurf, a.a.O., S. 1710.

33 Dies findet seinen Ausdruck darin, daß das II. WoBG - Untertitel: "Wohnungsbau- und Familienheimgesetz" - bei der Förderung besonders auf die Familien abstellt. Das wird noch im einzelnen unten, A.II.e., zu zeigen sein.

34 Vgl. VerhBT. (1. WP), 245. Sitzung, S. 11685.

35 VerhBT. (1. WP), 245. Sitzung, S. 11687; vgl. auch z.B. VerhBT. (1. WP), 245. Sitzung, S. 11683 f. und 11691; ebenso: Lücke, BBauBl. 1960, S. 642 und 1962, S. 572.

36 Wuermeling, Kirchenzeitung Nr. 49/1953.

37 S. dazu oben, B.II.b.

38 VerhBT. (2. WP), 142. Sitzung, S. 7380; s. auch bereits VerhBT. (1. WP), 53. Sitzung, S. 1940.

39 S. z.B. VerhBT. (1. WP), 245. Sitzung, S. 11683 f., Regierungserklärung vom 20.10.1953, Beilage zu Bulletin Nr. 204/1953, S. 28. Inwieweit staatliche Wohnungspolitik tatsächlich auf besondere Bedürftigkeit abstellte, wird in B.II.c. zu untersuchen sein.

40 VerhBT. (1. WP), 245. Sitzung, S. 11684.

41 Prävalenz der Geburtenpolitik in der Familienpolitik ist eine zentrale Aussage bei Heinsohn/Knieper, Familienrecht, s. (zur BRD), S. 106 f.

42 Vgl. VerhBT. (1. WP), 245. Sitzung, S. 11684; ebenso: Regierungserklärung vom 20.10.53, Beilage zu Bulletin Nr. 204/1953, S. 27 f. Zum Stellenwert der Bevölkerungspolitik in der Familienpolitik s. Haensch, Familienpolitik, S. 77 und S. 89 ff.; Heinsohn/Knieper, Familienrecht, S. 99 ff. (insb. 104 ff.).

43 Vgl. Haensch, Familienpolitik, S. 92.

44 Wuermeling, Bulletin Nr. 223/1953, S. 1851. Aber auch bei Wuermeling kommen gelegentlich Überlegungen zum Ausdruck, die als bevölkerungspolitisch einzuschätzen sind; s. z.B. Bulletin Nr. 174/1954, S. 1534. Dazu, daß familienideologische Absichten und Kontroversen nicht ihrer bevölkerungspolitischen Basis entbehren, s. Heinsohn/Knieper, Familienrecht, z.B. S. 106 f.

45 VerhBT. (2. WP), 142. Sitzung, S. 7380.

46 VerhBT. (1. WP), 245. Sitzung. S. 11687.

47 A. a. O.

48 Gleichwohl lesen sich die Eigenheim-Forderungen gelegentlich
    wie die Beschreibung einer Idylle; z. B. : VerhBT. (1. WP), 41.
    Sitzung, S. 1395 oder: Lücke, BBauBl. 1960, S. 642; zur Agrar-
    romantik, s. Bergmann, Agrarromantik.

49 Zur ökonomischen Entwicklung s. oben, A. II. a.

50 Vgl. auch den entspr. Hinweis bei Ehrenforth, II. WoBG, S. 85.

51 VerhBT. (1. WP), 245. Sitzung, S. 11687; s. auch 188. Sitzung,
    S. 4390 und 232. Sitzung, S. 10643; Lücke, BBauBl. 1960, S.
    642 und BBauBl. 1962, S. 572. Zu vergleichbaren Vorstellungen
    der (konservativen) britischen Regierung zu Beginn der fünfziger
    Jahre s. Clarke/Ginsburg, Kapitalistate 4-5/1976, S. 82 und 91.

52 S. VerhBT. (1. WP), 245. Sitzung, S. 11684 und S. 11691; s. auch
    VerhBT. (2. WP), 142. Sitzung, S. 7573.

53 Dazu im einzelnen: B. II. d.

54 Zum Zusammenhang von politischer und ökonomischer Krise s.
    statt aller Autorenkollektiv, Gesellschaft 8/9, S. 53 ff.

55 Zu Wohnungspolitik u. Antikommunismus s. Janssen, Wohnungs-
    not, S. 84 f. ; Riege, Staatliche Wohnungspolitik, S. 89; s. auch
    Haensch, Familienpolitik, S. 117 f. , 138. Als Beispiele s. Lücke,
    Die Aufgaben der nächsten Jahre, S. 28; Wuermeling, Kirchen-
    zeitung Nr. 49/1953.

56 VerhBT. (1. WP), 245. Sitzung, S. 11694.

57 Vgl. dazu Begründung des Reg. Entwurfs, VerhBT. (2. WP),
    36. Sitzung, S. 1709 f. ; s. auch VerhBT. (1. WP), 245. Sitzung,
    S. 11686 und § 72 II. WoBG von 1956, BGBl. I, S. 523; s. auch
    bereits Regierungserklärung vom 20. 9. 1949, VerhBT. (1. WP),
    5. Sitzung, S. 23.

58 BTDrS. (2. WP), 1110, S. 15.

59 Gesetz vom 23. 6. 1960, BGBl. I, S. 389; dazu s. Riege, Wohnungs-
    politik, S. 93.

60 Nach der Volks- und Gebäudezählung standen am 6. Juni 1961 den
    19, 4 Millionen Privathaushalten insgesamt 15, 5 Millionen Woh-
    nungen zur Verfügung; vgl. Wirtschaft und Statistik 1962, S. 651
    und 1964, S. 338.

61 S. oben, A. II. c. 5.

62 Lücke, BBauBl. 1960, S. 639.

63 Begr. zum Regierungsentwurf, BTDrS. (3. WP), 1234, S. 48;
    dort auch: "nicht alle Vermieter sind wohlhabend und nicht alle
    Mieter sind einkommensschwach!"

64 VerhBT. (3. WP), 90. Sitzung, S. 4901; ebenso (a. a. O.): VerhBT.
    S. 4892 und 4900; anders: VerhBT. , 4896; vgl. auch Begr.
    zum Regierungsentwurf, a. a. O. , S. 48 und 50.

65 Begr. zum Regierungsentwurf, BTDrS. (3. WP) 1234, S. 49.

66 Begr. zum Regierungsentwurf, BTDrS. (3. WP) 1234, S. 53;
    s. auch Wissenschaftlicher Beirat, Bulletin Nr. 180/1970,

S. 1964; aus der Beratung des Abbaugesetzes: VerhBT. (3. WP), 90. Sitzung, S. 4887, 4899, aber auch S. 4896.

67 Begr. zum Regierungsentwurf, a. a. O. , S. 50.

68 Begr. zum Regierungsentwurf des WoBauÄndG 1965, BTDrS. IV/2891, S. 21.

69 Begr. zum Regierungsentwurf des WoBauÄndG 1965, a. a. O.

70 Vgl. VerhBT. (4. WP), 163. Sitzung, S. 8044.

71 Zu dem bei der besonderen Förderung von jungen Ehepaaren und kinderreichen Familien implizierten bevölkerungspolitischen Aspekt, s. bereits oben, A. II. b.

72 Vgl. Wirtschaft und Statistik 1970, S. 383 (Tab. 3) und S. 569 (Tab. 1); im übrigen s. bereits oben, A. II. c. 4. 1.

73 BTDrS. VI/2117, S. 9; zum Rückgang der Bautätigkeit, s. bereits oben, A. II. c. 2. und A. II. c. 3.

74 BTDrS. VI/2117, S. 9.

Kapitel A. II. e.

1 BGBl. I, S. 83.

1 a S. dazu oben, A. II. a.

1 b S. dazu oben, A. II. b. und A. II. c. 4. 1.

2 Nach Fischer-Dieskau/Pergande/Schwender (I. WoBG, § 26, Anm. 2) sind die öffentlichen Mittel "bis auf verschwindende Ausnahmen als Darlehen eingesetzt worden". S. Richtlinien über die Verwendung von Bundeshaushaltsmitteln für den sozialen Wohnungsbau für das Jahr 1950 vom 14. 3. 1950 (GMBl. S. 14); s. auch § 26 I. WoBG i. d. F. von 1953 (BGBl. I, S. 1047).

3 Der Bewilligungsbescheid ist jedoch Verwaltungsakt und somit gerichtlich nachprüfbar; vgl. BVerwG, DVBl. 1955, S. 258 f.

3 a S. dazu bereits oben, A. II. a. und A. II. d. sowie (zum WoBPrämG) A. II. e. 5.

4 BTDrS. (1. WP), 1705; beraten in VerhBT. (1. WP), 108. Sitzung, S. 4072 ff. (Abstimmung s. S. 4088).

5 So der damalige Bundeswohnungsbauminister Wildermuth, VerhBT. (1. WP), 108. Sitzung, S. 4084.

6 Gesetz vom 23. 6. 1960, BGBl. I, S. 389.

7 BGBl. I, S. 1037; Neufassung in BGBl. I, S. 1047. Im folgenden wird nach der Neufassung zitiert.

8 S. Fischer-Dieskau/Pergande/Schwender, I. WoBG, § 38.

9 Fischer-Dieskau/Pergande/Schwender, I. WoBG, § 30, Anm. 8.

10 Die vom Vermieter selbstverantwortlich gebildete Miete durfte die geltende Richsatzmiete jedoch nur um höchstens 50 % übersteigen; § 30 Abs. 2.

11 "Für den Vermieter besteht Vertragsfreiheit innerhalb eines gesetzlichen Rahmens", Fischer-Dieskau/Pergande/Schwender,
I. WoBG, § 30, Anm. 11.

12 Übersteigt diese die Höhe der Kostenmiete, so kann die Miete auf
Antrag des Mieters von der Preisbehörde auf die Kostenmiete,
mindestens aber auf die um 50 % erhöhte Richtsatzmiete festgelegt werden; § 45 Abs. 2.

13 Vgl. folgende Änderungen: Gesetz vom 27. 6. 1956, BGBl. I, S. 523;
Gesetz vom 28. 9. 1957, BGBl. I, S. 1393; Gesetz vom 23. 6. 1960,
BGBl. I, S. 389; Gesetz vom 21. 7. 1961, BGBl. I, S. 1041; Gesetz
vom 14. 7. 1964, BGBl. I, S. 457; Gesetze vom 24. 8. 1965, BGBl.
I, S. 945 und S. 969; Gesetz vom 17. 1. 1968, BGBl. I, S. 821.

14 BGBl. I, S. 523.

15 Nach § 124 Abs. 4 können für den Bauherrn günstigere Regelungen
des II. WoBG auch auf dem I. WoBG unterliegende Wohnungen
Anwendung finden.

15 a Nach: Menge, BBauBl. 1977, S. 293 f. (Übers. 3, 4).

15 b Nach: Statistisches Bundesamt, Wohnungsstatistik 1956/1957,
Heft 1, S. 74 (Tab. 1) und S. 77 (Tab. 4); im einzelnen s. bereits
oben, A. II. c. 4. 1.

15 c S. Sozialenquete, S. 336. Zu Bevölkerungsentwicklung und Woh-
nungssituation s. oben, A. II. b. und A. II. c. 4.

16 Bauherrn von Familienheimen mit mehr als zwei Kindern kann gemäß § 45 ein zinsloses Zusatzdarlehen (zu dem öffentlichen Baudarlehen) in Höhe von 1. 500 DM für das dritte und jedes weitere
Kind gewährt werden; für Schwerbeschädigte und Kriegerwitwen
gilt Ähnliches; im einzelnen s. Ehrenforth, II. WoBG, § 45.

16 a S. bereits oben, A. II. d. Auf ihre Bedeutung wird in B. II. c. näher
einzugehen sein.

17 Im einzelnen s. Fischer-Dieskau/Pergande/Schwender, Wohnungsbaurecht I, § 7; s. auch HessVGH. , DÖV 1975, S. 540.

18 S. auch Ehrenforth, II. WoBG, § 33, Anm. 1.

19 Diese Grenze erhöht sich um jeweils 840 DM für jeden vom Wohnungssuchenden zu unterhaltenden Familienangehörigen sowie bei
Schwerbeschädigten; schließlich um weitere 360 DM bei kinderreichen Familien (§ 25).

20 Die subjektiven Voraussetzungen beim Bauherrn entsprechen denen
nach § 21 I. WoBG; s. im einzelnen Ehrenforth, II. WoBG, § 33.

20 a S. dazu bereits oben, A. II. a. Zu Angaben, die die Anhebung des
Lebensstandards ausdrücken, s. Osterland et al. , Materialien,
S. 137 ff.

21 Ein Über- oder Unterschreiten der Wohnflächengrenzen ist zulässig, § 39 Abs. 4 u. 5.

22 Erg. : "es sei denn, daß die Wohnung für ältere Ehepaare oder
Alleinstehende bestimmt ist", § 39 Abs. 2.

22 a Nach den im Ersten Familienbericht (BTDrS. V/2532, S. 36 f.
- Tab. 23 - u. S. 166 - Tab. 4) zusammengestellten Befragungs-
ergebnissen lagen bei allen zwischen 1950 und 1958 durchgeführten

Untersuchungen die häufigsten Nennungen bei "2 Kinder"; s. auch
(a.a.O., S. 36): Das "vorherrschende Leitbild der Eltern ...
(liegt) ... bei 2 bis 3 Kindern".

23 Zur gerichtlichen Nachprüfbarkeit des Bewilligungsbescheids s.
Ehrenforth, II. WoBG, § 33, Anm. 4; Fischer-Dieskau/Pergande/
Schwender, Wohnungsbaurecht 1, § 33, Anm. 15; VGH BadWürth.,
DÖV 1969, S. 402; grds. auch schon BVerwG, DVBl. 1955,
S. 258 f.

24 Zu Verfahren und Berechnung im einzelnen vgl. Ehrenforth,
§ 72, Anm. 4.

25 Das trifft den Fall des nach § 7 c EStG begünstigten Wohnungsbaus,
vgl. § 95.

26 Zu dieser Gruppe zählen Alleinstehende mit einem Jahreseinkommen bis zu 2.400 DM und Familien mit einem Jahreseinkommen
bis zu 3.600 DM bei zwei Personen zuzüglich 1.200 DM für jeden
weiteren Familienangehörigen (§ 27 Abs. 1); kinderreiche Familien,
Schwerbeschädigte und Kriegerwitwen sind "Wohnungssuchende
mit geringem Einkommen" gleichgestellt, sofern sie nach § 25
Begünstigte im sozialen Wohnungsbau sind; § 27 Abs. 2.

27 Im einzelnen s. Ehrenforth, II. WoBG, § 73.

28 Vgl. Ehrenforth, § 73, Anm. 3. Erst durch die Änderung im Jahre
1961 wurde für die Miet- und Lastenbeihilfe ein Rechtsanspruch
gewährt.

29 S. oben, A.II.c.2. und A.II.c.4.1.

30 Zu diesem Prinzip: Marktprinzip und staatliche Randkorrekturen
s. bereits oben: Einleitung; zur Individualförderung im einzelnen
s. A.II.e.6.

31 Gesetz zur Änderung des Ersten Wohnungsbaugesetzes und des
Zweiten Wohnungsbaugesetzes, BGBl. I, S. 1393.

32 Gesetz zur Neuregelung des Rechts der Rentenversicherung der
Angestellten vom 23.2.1957, BGBl. I, S. 88.

33 S. Ehrenforth, II. WoBG, § 25, Anm. 1 (S. 244).

34 Gesetz zur Änderung des Zweiten Wohnungsbaugesetzes anderer
wohnungsbaurechtlicher Vorschriften und über die Rückerstattung
von Baukostenzuschüssen, BGBl. I, S. 1041.

35 Zu den Neuregelungen der Miet- und Lastenbeihilfe im einzelnen
s. Ehrenforth, II. WoBG (Nachtrag), § 73.

35 a S. im einzelnen A.II.e.6.

36 Gesetz zur Änderung des Gesetzes über Wohnbeihilfen, BGBl. I,
S. 140 (Art. III); Neufassung des Wohngeldgesetzes vom 1.4.1965,
BGBl. I, S. 177.

36 a S. BTDrS. (3. WP), 1234, S. 49; BTDrS. IV/2891, S. 21.

37 BTDrS. IV/2891, S. 21.

37 a A.a.O.

37 b Gesetz zur Verstärkten Eigentumsbildung im Wohnungsbau und zur
Sicherung der Zweckbestimmung von Sozialwohnungen (WoBÄndG
1965), BGBl. I, S. 945 (NF: vom 1.9.1965, BGBl. I, S. 1617).

37 c BTDrS. IV/2891, S. 26.

38   § 19 a, nach dessen Wortlaut 210 Millionen DM bereitgestellt wer-
      den, kam aufgrund des Haushaltssicherungsgesetzes vom 20.12.1965
      (BGBl. I, S. 2067) für 1965 u. 1966 nicht zur Anwendung; durch das
      Finanzplanungsgesetz vom 23.12.1966 (BGBl. I, S. 697) wurde der
      Betrag auf 150 Millionen DM gekürzt - unter Anrechnung der durch
      Zinszuschüsse mobilisierten Kapitalmarktmittel bis zu 30 Millionen
      DM; im einzelnen s. Fischer-Dieskau/Pergande/Schwender, Woh-
      nungsbaurecht 1, § 19 a.

39   Wirtschaft und Statistik 1975, S. 754; s. auch Menge, BBauBl. 1975,
      S. 205.

39 a BTDrS. IV/2891, S. 24.

40   S. zu folgenden Gruppen: Junge Ehepaare: 2. Familienbericht,
      BTDrS. 7/3502, S. 99 u. Wirtschaft und Statistik 1971, S. 698;
      kinderreiche Familien: 2. Familienbericht, a.a.O., S. 98 f. u.
      Wirtschaft und Statistik 1972, S. 37 ff. u. Häring, Wohnungsver-
      sorgung, S. 189 ff.; alte Menschen: Wirtschaft und Statistik 1971,
      S. 642 ff.

40 a S. bereits oben, A. II. b.

41   S. bereits oben, A. II. a. und A. II. c. 4. 1.

41 a VerhBT. (5. WP), 78. Sitzung, S. 3591.

41 b Gesetz zur Fortführung des sozialen Wohnungsbaus vom 17.1.1968,
      BGBl. I, S. 821 (Art. I - WoBindÄndG, NF als Gesetz zur Siche-
      rung der Zweckbestimmung von Sozialwohnungen vom 1.8.1968,
      BGBl. I, S. 889.

42   S. Derleder/Winter, JZ 1976, S. 657 ff.

42 a Gesetz zur Durchführung des langfristigen Wohnungsbauprogramms
      vom 17.12.1971, BGBl. I, S. 1993; s. dazu die Begründung des
      Regierungsentwurfs: BTDrS. VI/2117.

43   Begründung zum Regierungsentwurf des WoBÄndG 1971, BTDrS.
      VI/2117, S. 9.

44   Fischer-Dieskau/Pergande/Schwender, Wohnungsbaurecht 2,
      Anm. 1 zu § 88 (S. 993 f.)

44 a Gesetz zur Änderung des Wohnungsbindungsgesetzes 1965 und
      des Zweiten Wohnungsbaugesetzes vom 21.12.1973, BGBl. I,
      S. 1970.

44 b S. bereits oben, A. II. c. 4. 1.

45   S. den tabellarischen Überblick bei Häring, Wohnungsversorgung,
      S. 68 u. S. 70.

45 a Vgl. Häring, Wohnungssektor, S. 69.

46   S. Häring, Wohnungssektor, S. 69.

47   Eigene Berechnungen nach: Statistisches Bundesamt, Wohnungs-
      stichprobe 1972, Heft 4, S. 21 und Menge, BBauBl. 1977, S. 294
      (Übers. 4).

47 a Häring, Wohnungssektor, S. 72.

47 b Den Angaben liegen folgende Jahreseinkommengrenzen zugrunde:
      18.000 DM; 18.000 DM u. 9.000 DM; 18.000 DM u. 9.000 DM u.
      4.200 DM u. 4.200 DM - (§ 25 Abs. 1 II. WoBG i. d. F. des ÄndG
      1973).

48   Statistisches Jahrbuch 1975, S. 482 f. (Hervorhebung nicht im
     Original).
49   Als Belege für ein einkommensspezifisches Verständnis des Be-
     griffs "breite Schichten" vgl. beispielsweise VerhBT. (1. WP),
     280. Sitzung, S. 14141; VerhBT. (2. WP), 142. Sitzung, S. 7383
     und S. 7385.
50   Daß diese weit gefaßte Begrenzung nicht neu ist, belegt das Bei-
     spiel bei Häring (Wohnungssektor, S. 70): Zu Beginn der öffent-
     lichen Wohnungsbauförderung gehörten demnach die Haushalte
     mit "relativ hohem Einkommen zu den Wohnberechtigten, so bei-
     spielsweise die Familien der in den öffentlichen Dienst eintre-
     tenden Universitätsabsolventen".
51   Häring, Wohnungssektor, S. 71.
52   Begründung zum Regierungsentwurf, BTDrS. (1. WP) 2388, S. 6.
53   BGBl. I, S. 865.
54   Begründung zum Regierungsentwurf, BTDrS. (1. WP) 2388, S. 6.
55   S. oben, A. II. e. 2. (insb. Fn. 2).
56   Vgl. Einkommensgrenze nach dem I. WoBG und dem Änderungs-
     gesetz 1953 dazu, s. oben A. II. e. 2.
57   BGBl. I, S. 297.
58   Vgl. die Änderungsgesetze vom 29. 10. 1954, a. a. O. ; Zweites
     Gesetz zur Änderung des Gesetzes zur Förderung des Bergar-
     beiterwohnungsbaus im Kohlebergbau vom 4. 5. 1957, BGBl. I,
     S. 416; Drittes Gesetz zur Änderung des Gesetzes zur Förde-
     rung des Bergarbeiterwohnungsbaus im Kohlebergbau vom
     24. 8. 1965, BGBl. I, S. 909.
59   Vgl. Mairose/Orgaß, Wohnungspolitik, S. 15; Brede/Kohaupt/
     Kujath, Wohnungsversorgung, S. 93; s. auch VerhBT. (1. WP),
     188. Sitzung, S. 8019. Zur wirtschaftlichen Situation s. bereits
     oben, A. II. a.
60   Gesetz über die Gewährung von Prämien für Wohnbausparer
     Wohnungsbau-Prämiengesetz), BGBl. I, S. 139.
61   Hartwich, Sozialstaatspostulat, S. 198. Auf die Auswirkungen
     der Bausparförderung auf die Bezieher niedriger Einkommen
     wird u. a. in B. II. a. einzugehen sein.
62   Gesetz zur Neuordnung von Steuern, BGBl. I, S. 373.
63   Gesetz zur Änderung des Einkommensteuergesetzes, des Körper-
     schaftsteuergesetzes, des Gewerbesteuergesetzes und des Woh-
     nungsbauprämiengesetzes vom 30. 7. 60, BGBl. I, S. 616.
64   Zweites Gesetz zur Überleitung der Haushaltswirtschaft des Bun-
     des in eine mehrjährige Finanzplanung vom 23. 12. 1966, BGBl. I,
     S. 702.
65   Neufassung aufgrund dieser Änderung vom 21. 2. 1968, BGBl. I,
     S. 137.
66   Gesetz zur Änderung des Zweiten Gesetzes zur Förderung der
     Vermögensbildung der Arbeitnehmer vom 27. 6. 1970, BGBl. I,
     S. 925.

67 Gesetz zur Reform der Einkommenssteuer, des Familienlastenausgleichs und der Sparförderung vom 5.8.1974, BGBl. I, S. 1769
(1852); Neufassung des WoPrämG vom 28.8.1974, BGBl. I, S. 2105.

68 S. z. B. VerhBT. (1. WP), 53. Sitzung, S. 1941; im übrigen s.
bereits oben A.II.d.

69 BGBl. I, S. 1041; im übrigen s. oben, A. II.e.3.

70 Ausschließlich M i e t - Beihilfe wurde bereits durch das Bundes-
mietengesetz vom 27.7.1955, BGBl. I, S. 458 (§§ 15 ff.) eingeführt.

71 S. z. B. Begründung des Entwurfs der Bundesregierung zum Abbaugesetz, BTDrS. (3. WP), 1234, S. 53 u. S. 75; s. auch bereits
oben, A.II.e.3. u. Einleitung.

72 Gesetz über die Gewährung von Miet- und Lastenbeihilfe vom
23.6.1960, BGBl. I, S. 389 (399).

73 Im einzelnen s. Ehrenforth, II. WoBG (Nachtrag), § 73, Anm. III.

74 Dabei konnte es zu Unterschieden zu den parallelen Regelungen
des II. WoBG kommen: z. B. hinsichtlich der als benötigt anzusehenden Wohnfläche für eine Familie mit vier Personen: nach
dem (für bis zum 31.12.1961 bezugsfertige öffentlich geförderte
Wohnungen geltenden) § 73 II.WoBG (a. F.) betrug die benötigte
Wohnfläche 50 qm; nach dem (für nach dem 31.12.1961 bezugsfertige öffentlich geförderte Wohnungen geltenden) § 73 II.WoBG
(n. F.) 60 qm und nach dem Mietbeihilfegesetz 65 qm; vgl. Ehrenforth, II. WoBG (Nachtrag) § 73, Anm. IV 1.

75 Gesetz über Wohnbeihilfen, BGBl. I, S. 508; dazu im einzelnen
s. Pergande-Schwerz, WoGG, Einführung, S. 6.

76 S. dazu oben, A. II. c. 3.

77 BGBl. I, S. 177.

78 Im einzelnen s. Hans, Mietrecht II, Einführung zum WoGG. ,
S. 13 f.

79 S. auch Hans, Mietrecht II, Einführung zum WoGG., S. 14.

80 Zu diesen s. oben, A.II.a.

81 BGBl. I, S. 1637.

82 Vgl. Anlage zum II. WoGG.

83 § 8 II. WoGG.

84 Gesetz zur Änderung des Zweiten Wohngeldgesetzes vom 15.7.1971,
BGBl. I, S. 974.

85 Zweites Gesetz zur Änderung des Zweiten Wohngeldgesetzes vom
24.11.1971, BGBl. I, S. 1837.

86 Drittes Gesetz zur Änderung des Zweiten Wohngeldgesetzes vom
10.12.1973, BGBl. I, S. 1855; Neufassung vom 14.12.1973,
BGBl. I, S. 1862 - Berichtigung dazu vom 15.1.1974, BGBl. I,
S. 106.

86 a Zur Mietpreisentwicklung und ihre Determinanten, insbesondere
die Baukostenentwicklung s. bereits oben, A.II.c.4.2. und A.II.a.

86 b Häring, Wohnungssektor, S. 116.

86 c Vgl. Wohngeld- und Mietenbericht 1975, BTDrS. 7/4460, S. 7
(Tab. 2 und Ziff. 7).

86 d   Nach: Wohngeld- und Mietenbericht 1975, a.a.O. (Tab. 2).
86 e   Wirtschaft und Statistik 1971, S. 359.
87   BGBl. I, S. 1.
88   S. oben, A. II. a. und A. II. e. 5.
89   S. dazu insbesondere Hartwich, Sozialstaatspostulat, S. 224 ff.
90   Gesetz zur Einschränkung des § 7 b Einkommensteuergesetz vom
       16. 5. 1963, BGBl. I, S. 319; s. dazu auch oben Teil A. II. a.
91   BGBl. I, S. 353.
92   Das Niveau der oben genannten Abschreibungsmöglichkeiten nach
       § 7 b - noch in der Neufassung vom 23. 9. 1958, BGBl. I, S. 673 -
       wurde seitdem nicht mehr erreicht.
93   Hartwich, Sozialstaatspostulat, S. 241.

Kapitel A. III.   Zusammenfassung

1   Regierungserklärung vom 20. 9. 1949, VerBT. (1. WP), 5. Sitzung,
       S. 24.
2   § 91 II. WoBG, wonach die Bundesregierung zur "Senkung der Bau-
       kosten und Rationalisierung des Bauvorgangs" die Bauforschung
       und Standardisierung fördert, greift in die Bauproduktion nicht
       ein; die geringen Effekte dieser Regelung haben sich schließlich
       in den Steigerungen der Baupreise und den strukturellen Besonder-
       heiten der Bauwirtschaft gezeigt; s. oben A. II. a. und A. II. c. 2.
2 a   Im Hinblick auf die genannten Bindungen s. Verordnung über woh-
       nungswirtschaftliche Berechnungen (Zweite Berechnungsverord-
       nung) vom 17. 10. 1957, BGBl. I, S. 1719 - zuletzt geändert:
       18. 5. 1977, BGBl. I, S. 750.
       Gesetz zur Sicherung der Zweckbestimmung von Sozialwohnungen
       (Wohnungsbindungsgesetz) - als Art. II des WoBÄndG 1965, BGBl. I,
       S. 945 (954), zuletzt geändert: 23. 3. 1976, BGBl. I, S. 737.
3   S. oben, A. II. c. 4. 2.
4   S. oben, A. II. c. 3.
5   Dabei ist nicht ausgeschlossen, daß bereits Mieten von öffentlich
       geförderten Sozialwohnungen durch die Beihilfe ein weiteres
       Mal subventioniert werden; zum Problem der Doppelförderung
       s. Häring, Wohnungssektor, S. 159 ff.
6   S. dazu bereits oben, A. II. c. 2. und A. II. c. 3.
7   BTDrS. (1. WP), 567, S. 15 f.
8   Regierungserklärung vom 20. 9. 1959, VerhBT. (1. WP), 5. Sitzung,
       S. 23.
9   Begründung des Regierungsentwurfs zum Abbaugesetz, BTDrS.
       (3. WP), 1234, S. 75.
10   S. oben, A. II. c. 4. 1.

11 Zu erinnern ist hier an das frühliberale Prinzip: Jeder ist seines Glückes Schmied.

12 Die Merkmale des Bau-Marktes, in dessen Mechanismen Wohnungssuchende dann geraten, sind oben, A. II. a. und A. II. c. 2. beschrieben worden.

13 § 16 Abs. 3 I. WoBG vom 24. 4. 1950, BGBl. I, S. 83.

14 Vgl. bereits den einstimmigen Bundestagsbeschluß vom 15. 12. 1950, VerhBT. (1. WP), 108. Sitzung, S. 4088, gemäß dem Antrag, BTDrS. (1. WP), 1705.

15 VerhBT. (1. WP), 188. Sitzung, S. 8019; im einzelnen, insbes. zum ideologischen Charakter, s. oben, A. II. d. und A. II. e. 3. (am Ende).

16 VerhBT. (1. WP), 188. Sitzung, S. 8026.

17 Dies zeigt sich auch in der Erhöhung der Wohnflächengrenzen im sozialen Wohnungsbau; so wurde die Mindest-Wohnfläche für Eigenheime und Kleinsiedlungen auf 50 qm, für alle anderen öffentlich geförderten Wohnungen auf 40 qm erhöht und die Höchstgrenze einheitlich auf 80 qm.

18 VerhBT. (1. WP), 232. Sitzung, S. 10646.

19 VerhBT. (1. WP), 232. Sitzung, S. 10643.

20 Vgl. VerhBT. (1. WP), 245. Sitzung, S. 11683; VerhBT. (2. WP), 142. Sitzung, S. 7381.

21 VerhBT. (1. WP), 245. Sitzung, S. 11694.

22 S. z. B. BVerwG. NJW 1966, S. 994; im einzelnen oben, A. II. d.

23 VerhBT. (1. WP), 245. Sitzung, S. 11684 f. Auf den (statistischen) Zusammenhang von Eigenheim und Kinderreichtum wird unten, B. II. c. einzugehen sein.

24 Auf den abstrakten Eigentumsbegriff, insbesondere seine Funktion wird unten, B. II. e. einzugehen sein.

25 In welchem Ausmaß dies tatsächlich der Fall ist, wird unten, B. II. a. zu zeigen sein.

26 Im einzelnen wird auf den "staatspolitischen" Aspekt unten, B. II. d. , einzugehen sein.

27 Das bestätigen auch die Ergebnisse der 1 %-Wohnungsstichprobe 1972; s. insgesamt A. II. c. 4. 1.

28 Gesetz zur Einschränkung des § 7 b EStG, BGBl. I, S. 319.

29 BTDrS. (3. WP), 1234, S. 49.

30 BTDrS. IV/2891, S. 21.

30 a Auf die Einkommensabhängigkeit der Eigentumsbildung auch im Wohnungsbau wird in B. II. a. näher einzugehen sein.

31 BTDrS. IV/2891, S. 24 (zu Nr. 5 und 7).

32 S. VerhBT. (5. WP), 78. Sitzung, S. 3590.

Kapitel B. I. Einleitung

1   Als besonders deutliches Beispiel (hier statt aller) s. Heusinger,
    Bodenreform, S. 31 f.
2   Als Intentionen staatlicher Förderung des Eigenheimbaus waren
    diese Punkte Gegenstand des Teils A. II. d.

Kapitel B. II. a.

1   S. dazu oben Teil A. II. d.; zu dem Verständnis der "breiten
    Schichten" als Bezieher geringer Einkommen vgl. z. B. VerhBT.
    (1. WP), 280. Sitzung, S. 14141 und VerhBT. (2. WP), 142.
    Sitzung, S. 7383, im übrigen vgl. oben, A. II. e. 2. am Ende.
2   Krelle, Schunck, Siebke, Ertragsbeteiligung, S. 42 f.; Huffschmid,
    Politik des Kapitals, S. 19; Föhl, Vermögensbildung, S. 28 f.;
    Jahresgutachten 1972, BRDrS. 612/72, S. 164 f. (Ziff. 511 f.).
3   Zum zyklischen Anstieg vgl. Bergmann/Jacobi/Müller-Jentsch,
    Gewerkschaften, S. 105 f.
4   Jahresgutachten 1972, BRDrS. 612/72, S. 210 f. (Tab. 61 und 62);
    Bergmann/Jacobi/Müller-Jentsch, Gewerkschaften, S. 353
    (Tab. 14).
    Zu den jeweiligen Anteilen am Volkseinkommen s. Osterland et
    al., Materialien, S. 24 und Tab. 43 im Anhang; Huffschmid, Politik
    des Kapitals, S. 12 ff.; Bergmann/Jacobi/Müller-Jentsch, a. a. O.,
    S. 110 ff. und dazu S. 356 ff. (Tab. 17, 18 und 19).
5   S. z. B. Statistisches Jahrbuch 1975, S. 515; s. auch die Modell-
    rechnungen in Wirtschaft und Statistik 1973, S. 397 ff. u. S. 400 ff.
    Zur Kritik dieser ungenügenden Präzsierung s. Bergmann/Jacobi/
    Müller-Jentsch, Gewerkschaften, S. 400 (Anm. 188); schließlich:
    DER SPIEGEL, Nr. 31/1969, S. 39: "Das Statistische Bundesamt
    in Wiesbaden, das Jahr für Jahr auf Kosten der Steuerzahler aus-
    gewählte Obstkulturen, abgemagerte Schlachttiere und die Freunde
    des deutschen Männergesangs akribisch zählt, durfte die Klassen-
    unterschiede in der westdeutschen Gesellschaft nie erforschen."
6   Vgl. Wirtschaft und Statistik 1977, S. 735 (Tab. 1).
7   Eigene Berechnungen nach Wirtschaft und Statistik 1977, S. 735
    (Tab. 1).
8   Angaben aus, bzw. nach Wirtschaft und Statistik a. a. O. (Monats-
    einkommen von mehr als 15.000 DM wurden nicht genannt.)
9   Hier ist an die eingangs allgemein wiedergegebenen Ungleichheiten
    beim Wachstum der Einkommen zu erinnern.
10 Vgl. Osterland et al., Materialien, S. 143.

11 Vgl. Monatsberichte der Deutschen Bundesbank vom Juli 1968, S. 75; zum Vergleich: Föhl bringt in seiner 1964 erschienenen Untersuchung das Beispiel, daß bei einem Brutto-Jahreseinkommen von einer Million DM die Sparrate bei "mindestens 80 %" liegt, Föhl, Vermögensbildung, S. 32.

12 S. Materialien zur Vermögensbildung, S. 26 u. S. 25 (Tab. 13).

13 A. a. O.

14 90, 9 % aller Haushalte verfügten 1973 über ein Sparbuch; vgl. Wirtschaft und Statistik 1975, S. 364 (Tab. 1).

15 S. Wirtschaft und Statistik 1975, S. 364 (Tab. 1).

16 Eigene Berechnungen nach Wirtschaft und Statistik 1975, S. 364 (Tab. 1). Die entsprechenden Ergebnisse der Einkommens- und Verbrauchsstichprobe 1969 finden sich in: Wirtschaft und Statistik 1970, S. 605 (Tab. 1).

17 Vgl. Wirtschaft und Statistik 1975, S. 364 (Tab. 1). Zum Bestand der Spareinlagen 1963 vgl. Krelle/Schunck/Siebke, Ertragsbeteiligung, S. 338 ff. (insb. Tab. 22. IV und 22. V).

18 S. Materialien zur Vermögensbildung, S. 31 ff.

19 Die in Bausparverträgen angesammelten und gebundenen Mittel sind "Vermögensbestände besonderer Art", da sie im Hinblick auf das angestrebte Haus- und Grundeigentum nur vorübergehender Natur sind; vgl. Wirtschaft und Statistik 1970, S. 608; zum Vermögensbegriff vgl. Krelle/Schunck/Siebke, Ertragsbeteiligung, S. 13 ff.

20 Krelle/Schunck/Siebke, Ertragsbeteiligung, S. 346 (Tab. 22. VII); zum Vergleich: 1962/1963 waren von allen Haushalten 9, 9 % Selbständigenhaushalte, 5, 9 % Beamten-, 14, 5 % Angestellten- und 33, 4 % Arbeiterhaushalte; eigene Berechnungen nach: Jahresgutachten 1972, BRDrS. 612/72, S. 143 (Tab. 36).

21 Vgl. Wirtschaft und Statistik 1971, S. 61 (Tab. 3).

22 Vgl. Wirtschaft und Statistik a. a. O. und 1975, S. 365 (Tab. 3).

23 A. a. O.

24 Eigene Berechnungen nach: Wirtschaft und Statistik 1975, S. 365 (Tab. 3).

25 Eigene Berechnungen, a. a. O.

26 Vgl. Wirtschaft und Statistik 1971, S. 61 (Tab. 3) und 1975, S. 365 (Tab. 3).

26 a S. bereits oben, A. II. a.

27 So Krelle/Schunck/Siebke, Ertragsbeteiligung, S. 348.

28 Vgl. Wirtschaft und Statistik 1975, S. 365 (Tab. 3).

29 Vgl. Wirtschaft und Statistik 1975, S. 365 (Tab. 3); es wurde diejenige Einkommensgruppe gewählt, bei der erstmals für alle Bausparsummen-Spalten der Tabelle Werte nachgewiesen sind.

30 Materialien zur Vermögensbildung, S. 49; ebenso Osterland et al., Materialien, S. 150; Wirtschaft und Statistik 1975, S. 366.

31 Gesetz zur Reform der Einkommensteuer, des Familienlastenausgleichs und der Sparförderung vom 5. 8. 1974, BGBl. I, S. 1769 (1852).

32   S. dazu oben, A. II. e. 5.
33   Zu den Zahlenangaben s. oben, Fn. 11.
34   S. Häring, Wohnungssektor, S. 179; Als Beispiel der Verken-
     nung der realen Sparfähigkeit ein Zitat aus den Beratungen des
     Wohnungsbau-Prämien-Gesetzes, VerhBT. (1. WP), 188. Sit-
     zung, S. 8026: "Das Gesetz will die kleinen Wohnungssparer
     endlich auch etwas begünstigen".
35   Häring, Wohnungssektor, S. 179; so auch Bohlen, Vermögens-
     bildungs-Pläne, S. 79 f.
36   S. auch Hartwich, Sozialstaatspostulat, S. 198.
37   Häring, a. a. O., S. 183; desgleichen Osterland et al., Materialien,
     S. 379; Bahrdt, Humaner Städtebau, S. 77 f.; zu ähnlichen Effek-
     ten im Bereich der Einkommensteuer-Gesetzgebung s. Hartwich,
     Sozialstaatspostulat, S. 241.
38   Vgl. z. B. VerhBT. (1. WP), 53. Sitzung, S. 1941; im übrigen
     vgl. dazu oben, A. II. d. Daß "breite Schichten" zu verstehen sind
     als Bezieher geringer Einkommen wurde bereits oben, A. II. e. 2.
     am Ende ausgeführt; vgl. dazu z. B. VerhBT. (1. WP), 280. Sit-
     zung, S. 14141.
39   Vgl. z. B. Bundesminister für Raumordnung, Bauwesen und
     Städtebau, Merkblatt über die Förderung von Eigenheimen und
     Eigentumswohnungen, S. 10.
40   Häring, Wohnungssektor, S. 71; im übrigen vgl. dazu bereits
     oben, A. II. e. 3. (am Ende).
41   Krelle/Siebke/Schunck, Ertragsbeteiligung, S. 378 (Tab. 23 I)
     und S. 379.
42   A. a. O.
43   Krelle/Schunck/Siebke, Ertragsbeteiligung, S. 379 (Tab. 23 II).
44   Krelle/Schunck/Siebke, a. a. O.
45   Mierheim/Wicke, Vermögensverteilung, S. 56 (Tab. 7) und
     S. 58.
46   Nach: Mierheim/Wicke, a. a. O., S. 68 f. (Tab. 11).
47   Die geringeren Anteile der oberen Vermögensgruppen am Haus-
     und Grundbesitz beruhen "hauptsächlich darauf, daß neben dem
     Vermögen an Haus- und Grundbesitz auch überdurchschnittlich
     hohe Anteile an Produktivvermögen und Wertpapierguthaben vor-
     handen sind"; Mierheim/Wicke, Vermögensverteilung, S. 75.
48   Mierheim/Wicke, a. a. O., S. 70.
49   Statistisches Bundesamt, Wohnungsstatistik 1956/1957, Heft 1,
     S. 78.
50   Wirtschaft und Statistik 1971, S. 757.
51   A. a. O. und Osterland et al., Materialien, S. 170.
52   Vgl. Wirtschaft und Statistik 1975, S. 371 (Tab. 11).
53   Nach Wirtschaft und Statistik 1975, S. 371 (Tab. 11); Einheits-
     wert: 1. 1. 1964.
54   Nach Wirtschaft und Statistik a. a. O.
55   Vgl. Wirtschaft und Statistik 1975, S. 371 (Tab. 11); s. bereits
     Pfeil, Wohnwünsche der Bergarbeiter, insb. S. 31 f.

56   Vgl. Wirtschaft und Statistik 1976, S. 371 (Tab. 11).

57   A. a. O.

58   Vgl. Wirtschaft und Statistik 1975, S. 372 (Tab. 13). u. S. 707
     (Tab. 3). In der Einkommens- und Verbrauchsstichprobe 1969
     (a. a. O. , 1971, S. 261) findet sich der Hinweis, "daß sich die
     Antworten der Haushalte hinsichtlich der laufenden Aufwendungen
     für Haus- und Grundbesitz ohne genauere Kenntnisse über Art,
     Baualter, Lage, Ausstattung und baulichen Zustand der Grundstücke
     und Gebäude nicht kontrollieren und nur grob analysieren ließen".

59   S. Wirtschaft und Statistik 1975, S. 371.

60   Vgl. Wirtschaft und Statistik 1975, S. 707 (Tab. 3).

61   A. a. O.

62   A. a. O. Der im Text angeführte Monatsbetrag von 500 DM und
     mehr entspricht in der Tabelle der Jahresaufwandsgruppe von
     6. 000 DM und mehr.

63   S. Osterland et al. , Materialien, S. 171 f.

64   Wirtschaft und Statistik 1971, S. 263.

65   Höhere Einkommen wurden nicht erfaßt.

66   Vgl. Wirtschaft und Statistik 1975, S. 707 (Tab. 3).

67   S. Wirtschaft und Statistik 1971, S. 263.

68   S. auch Zapf et al. , Stadt am Stadtrand, S. 214 f.

69   Häring, Wohnungssektor, S. 183; so auch Loesch, Vermögens-
     bildung, S. 115, 120.

70   Häring, Wohnungssektor, S. 71.

71   S. Bahrdt, Humaner Städtebau, S. 77 f. und derselbe, Neue
     Heimat 1964, S. 4 f. ; Hartwich, Sozialstaatspostulat, S. 266.

72   S. Weissbarth/Thomae, Sickereffekte verschiedener Formen
     der Wohnungsbau- und Bausparförderung.

Kapitel B. II. b.

1   S. dazu bereits oben, A. II. d. Zu den Formulierungen s. z. B.
    Heusinger, Bodenreform, S. 31.

2   Zu den vielfältigen Verwendungen des Begriffs "Mobilität" durch
    unterschiedliche attributive Kombinationen s. Stichwort "Mobilität",
    in: Lexikon zur Soziologie.

3   S. dazu Bahrdt, Neue Heimat, S. 6 f. ; Haensch, Familienpolitik,
    S. 78; Rittstieg, Eigentum, S. 326.

4   Zur Formulierung s. z. B. Lowinski, Eigenheimbau, S. 23; im
    übrigen s. dazu bereits oben, A. II. d.

5   S. Bahrdt, Humaner Städtebau, S. 74; VerhBT. (7. WP), 36. Sitzung,
    S. 2019.

6   Zum typischen Standort von Eigentümerwohnungen, insbes. Eigen-
    heimen, s. oben, A. II. c. 4. 1.

7   S. dazu z. B. Raumordnungsbericht 1974, BTDrS. 7/3582, S. 65;
    Ballerstedt, Verkehrsversorgung, S. 494 ff.

8   Die Ministerkonferenz für Raumordnung grenzte 1968 24 solcher
    Räume mit hoher Einwohner- und Arbeitsplatzdichte ab; in diesen
    Verdichtungsräumen der Bundesrepublik, die 7,3 % der Gesamt-
    fläche der Bundesrepublik ausmachen, arbeiteten 1970 55,4 %
    aller Beschäftigten; Raumordnungsbericht 1974, BTDrS. 7/3582,
    S. 24; s. auch S. 21 ff.

9   S. Raumordnungsbericht 1974, a. a. O. , S. 65 ff.

10 S. Raumordnungsbericht 1974, a. a. O. , S. 65 und 68.

11 S. Raumordnungsbericht 1974, a. a. O. , S. 65 ff. ; s. auch Kratsch,
    WWI-Mitteilungen Heft 5/1958, S. 116; Osterland et al. , Materialien,
    S. 42; die ohnehin gegebene Einschränkung der Arbeitsplatzwahl
    zeigt sich beispielsweise für die Schulabgänger in einer Beschrän-
    kung der erlernbaren Berufe und damit in einer faktischen Ein-
    schränkung ihrer Berufswahl.

12 Im einzelnen stehen aber detaillierte Untersuchungen zu solchen
    und ähnlichen Aspekten der Binnenwanderung noch aus; vgl. Boden-
    höfer, Arbeitsmobilität, S. 69 f. ; Adebahr, Binnenwanderung und
    Lohnhöhe, S. 231; Harloff, Psychische Faktoren, S. 27.

13 S. Bahrdt, Neue Heimat 1964, S. 7; Georgii, Wohnungsfürsorge,
    S. 53 und 70.

14 Zu solchen gefühlsmäßigen Bindungen, s. Harloff, Psychische
    Faktoren, S. 117 ff. (im übrigen wird auf deren Bedeutung noch
    unten, B. II. d. , einzugehen sein); s. auch Lücke, BBauBl. 1960,
    S. 641.

15 Im Ergebnis so auch Bahrdt, Neue Heimat 1964, S. 7 und Huma-
    ner Städtebau, S. 72; ebenso Rittstieg, Eigentum, S. 327; Tebert/
    Schmelzer, Mobilität, S. 113 f.

16 Wenn man einmal von dem untypischen Kreis derer absieht, für
    die aufgrund ihres Einkommens/Vermögens Verkauf und Neukauf
    problemloser sind; s. dazu Bahrdt, Humaner Städtebau, S. 73;
    zur Verteilung von Einkommen und Vermögen, s. bereits oben
    B. II. a.

17 So bereits Engels, Zur Wohnungsfrage, S. 239 f.

18 Zu der ebenfalls für diesen Fragenkreis relevanten Eigentums-
    bildung im Werkwohnungsbau vor dem Ersten Weltkrieg s. Hein-
    rich, Wohnungsnot, S. 91 ff. und 142 f. ; Hanssen, Wohnungsnot,
    S. 72; Schlandt, Kruppsiedlung, S. 96 ff. Zu dem Versuch, die
    Abwanderung von Facharbeitern aus dem sog. Zonenrandgebiet
    durch Eigenheimförderung zu verhindern s. Lücke, BBauBl.
    1960, S. 640 f.

19 BTDrS. (1. WP) 2388; zum Inhalt des Gesetzes im einzelnen s.
    oben, A. II. e. 4.

20 S. dazu bereits oben, A. II. a.

21 S. dazu Begründung zum Regierungsentwurf, BTDrS. (1. WP),
    2388, S. 6; VerhBT. (1. WP), 164. Sitzung, S. 6657. Zum Zu-

sammenhang zwischen Eigenheim und Produktionssteigerung
s. auch N.N. ,
Die Volksheimstätte 1952, Heft 10, S. 12 f.

22   VerhBT. (1. WP), 164. Sitzung, S. 6657; vgl. Regierungsentwurf, a.a.O.; s. auch Lücke, BBauBl. 1960, S. 640.

23   Vgl. § 3 des Bergarbeiterwohnungsbaugesetzes vom 23.10.1951,
BGBl. I, S. 865; aus den Beratungen dieses Gesetzes s. VerhBT.
(1. WP), 164. Sitzung, S. 6662, 6664 f.

24   Dies wurde bereits oben, A. II. d. , im einzelnen ausgeführt. Zur
Seßhaftmachung der Bergarbeiter s. Stenzel, Die Volksheimstätte
1952, Heft 10, S. 11; Heuer, Volkswirtschaftliche Auswirkungen,
S. 115 ff.; Bahrdt, Humaner Städtebau, S. 74; Forstmann, Die
Volksheimstätte 1951, Heft 10, S. 5 und 1952, Heft 12, S. 5.

25   Nach Heuer (Volkswirtschaftliche Auswirkungen, S. 115) hatte
diese Politik Erfolg.

26   Vgl. Michaels, DIE ZEIT Nr. 5/1975; Faerber, Frankfurter
Rundschau Nr. 10/1975.

27   A.a.O.

28   Vgl. Jahresgutachten 1975, BTDrS. 7/4326, S. 49 (Ziff. 91);
zur Entstehung ökonomischer Krisen, s. oben, A.II.a.

29   Vgl. Michaels, DIE ZEIT Nr. 5/1975; Faerber, Frankfurter
Rundschau Nr. 10/1975.

30   Faerber, a.a.O.

31   Zu dem in der Volkswirtschaftslehre der Bundesrepublik vorherrschenden Marktmodell s. oben, Einleitung.

32   Vgl. Kern/Schumann, Industriearbeit, S. 281.

33   Mühlhäuser, Beschäftigungseffekte, S. 60.

34   Mühlhäuser, Beschäftigungseffekte, S. 60. Als Beleg (lediglich)
für den Umfang noch bestehender Mobilitätshemmnisse kann die
Meldung der FAZ vom 5.4.1976 (Nr. 81) gelten (die allerdings
auf die Hemmfaktoren wie Eigenheim u. ä. nicht eingeht), wonach
drei Viertel der Arbeitslosen, die ein Jahr und länger arbeitslos
waren, nicht bereit waren, zur Aufnahme einer neuen Tätigkeit
den Wohnsitz zu wechseln.

35   Vgl. dazu Harloff, Psychische Faktoren, S. 39; Bahrdt, Neue
Heimat 1964, S. 7; Osterland et al. , Materialien, S. 43 ff.; Mühlhäuser, a.a.O.; Kern/Schumann, Industriearbeit, S. 281; Galbraith, Industriegesellschaft, S. 272 f.; s. auch Kommunalpolitik
und Stadtentwicklungsplanung, S. F 69 f.

36   S. oben A.II.d. und B.II.a. sowie unten B.II.d.

37   S. bereits Marx, Vorwort zur Kritik der Politischen Ökonomie
insb. S. 9: "Mit der Veränderung der ökonomischen Grundlage
wälzt sich der ganze ungeheure Überbau langsamer oder rascher
um."

38   S. z.B. VerhBT. (1. WP), 41. Sitzung, S. 1395; s. auch Heusingers
Hervorhebung des Bauern als Vorbild und des Eigenheims als bäuer-
liche Wohnform (Bodenreform, S. 21 und 28). Dazu s. Bentmann/
Müller, Villa, S. 116 ff. , 134 f. Zu dem Zusammenhang: Industriali-

sierung - Binnenwanderung - Eigenheim im letzten Jahrhundert
s. oben, Einleitung (Exkurs).

39 "Moderner" ist beispielsweise die Politik der Vermögensbildung,
die auf die Bindung an "das" Eigentum ohne die besonderen immo-
bilisierenden Effekte gerichtet ist.

Kapitel B. II. c.

1 Das drückt auch der sich auf das (Familien-) Eigenheim beziehen-
de Satz des ehemaligen Bundesministers für Wohnungsbau Lücke
aus: "Wohnungsbau ist angewandte Familienpolitik", BBauBl. 1962,
S. 159; s. auch Regierungserklärung vom 20. 10. 1953, Bulletin
Nr. 204/1953, S. 14 und 27 f.

2 S. beispielsweise folgende Bestimmung des II. WoBG (i. d. F. vom
27. 6. 1956): § 7 (Familienheim), § 30 (Vorrang des Baus von Familienheimen) § 45 (Familienzusatzdarlehen). S. auch HessVGH,
DÖv 1975, S. 540.

3 S. beispielsweise VerhBT. (1. WP), 232. Sitzung. S. 10647 oder
245. Sitzung, S. 11683; im übrigen s. dazu bereits oben, A. II. d.
und A. II. e.

4 Die Untersuchung stützt sich im folgenden auf familienpolitische
Ziele der Bundesregierung in den fünfziger Jahren, die schließlich in den Beratungen und der Abfassung der Gesetze des Eigenheim-Förderungs-Rechts ihren Niederschlag gefunden haben (s.
dazu insges. Haensch, Familienpolitik, S. 74 ff. u. S. 122 ff.;
hinsichtlich der Teilziele, wie sie im Eigenheim-Förderungs-
Recht auftreten, s. oben, A. II. d.). Zwar zeigt sich seit Mitte
der sechziger Jahre ein grundlegender Wandel in der Familienpolitik der Bundesregierung, insofern familienideologische Positionen abgebaut worden sind; gleichwohl hat dieser Wandel, wenn
man die verschiedenen Äußerungen im Eigenheim-Förderungs-
Recht betrachtet (s. oben, A. II. e.), sich noch nicht im Recht
fortgesetzt; zum Wandel der familienpolitischen Zielvorstellun-
gen, s. Zweiter Familienbericht, BTDrS. 7/3502, S. 74.

5 S. beispielsweise VerhBT. (1. WP), 245. Sitzung, S. 11684;
in den Beratungen der Wohnungsbaugesetze erscheint dies immer wieder auch in der Formulierung "das familiengerechte
Heim", so z. B. VerhBT. (1. WP), 232. Sitzung, S. 10647.

6 Wuermeling (Bundesminister für Familienfragen), Kirchenzeitung Nr. 49/1953.

7 VerhBT. (1. WP), 245. Sitzung, S. 11687 (auch S. 11684).

8 S. dazu Wuermeling, a. a. O. ; derselbe, Bulletin Nr. 216/1953,
S. 1795 u. Bulletin Nr. 223/1953, S. 1852; desgleichen Bundes-

minister für Wohnungsbau, VerhBT. (1. WP), 245. Sitzung,
S. 11687; im übrigen s. dazu bereits A. II. b.

9 S. z. B. Wuermeling, Kirchenzeitung Nr. 49/1953; derselbe,
Bulletin Nr. 174/1954, S. 1534; s. dazu insges. Haensch,
Familienpolitik, S. 75 ff.

10 S. z. B. Wuermeling, Kirchenzeitung Nr. 49/1953 sowie derselbe,
Bulletin Nr. 223/1953, S. 1851 und 1854.

11 S. dazu bereits oben, A. II. d.

12 "Das A und O der Familienpolitik ist der familiengerechte Woh-
nungsbau", Wuermeling, Kirchenzeitung Nr. 49/1953; ebenso
Lücke (BBauBl. 1962, S. 159): "Wohnungsbau ist angewandte
Familienpolitik".

13 S. z. B. Wuermeling, a. a. O.

14 S. Wuermeling, a. a. O. und derselbe, Die neue Ordnung, 1956,
S. 259 sowie Bulletin Nr. 223/1953, S. 1851 ff., Nr. 174/1954,
S. 1534 ff.

15 Vergleichbar der Vorgehensweise in B. II. a.

16 Vergleichbar der Vorgehensweise in B. II. b.

17 § 26 II. WoBG; im übrigen s. dazu bereits oben, A. II. e. 3.

18 § 7 II. WoBG; zum Familien-Kriterium s. HessVGH, DÖV 1975,
S. 540.

19 § 28 II. WoBG, i. d. F. vom 1. 9. 1965, BGBl. I, S. 1617; eine ähnliche Vorschrift galt aber im II. WoBG von Anfang an, s. §§ 27, 28
II. WoBG, i. d. F. vom 28. 6. 56 (BGBl. I, S. 523).

20 § 45 II. WoBG, ab WoBÄndG 1961 (BGBl. I, S. 1064); nach § 45
II. WoBG, i. d. F. von 1956, galt dies nur für Familien ab dem
dritten Kind.

21 Zu den Einkommenshöchstgrenzen s. im einzelnen oben, A. II. e. 3.;
zu ihrem Charakter s. B. II. a.

22 Zur Bedeutung der Wohnverhältnisse, insbes. Wohnungsgröße,
für die Sozialisation des Kindes s. allgemein Zweiter Familienbericht, BTDrS. 7/3502, S. 96 f.; Familie und Wohnen, S. 16 ff.;
speziell zur Entwicklung von Intelligenz u. Leistungsmotiv beispielsweise s. Trudewind, Häusliche Umwelt, S. 74 und 120 f.

23 S. dazu oben, A. II. c. 4. 1.

24 A. a. O.

25 Seit dem Gesetz zur Förderung von Wohnungseigentum und Wohn-
besitz im sozialen Wohnungsbau (vom 23. 3. 76, BGBl. I, S. 737):
§ 26. Zur numerischen Bedeutung der kinderreichen Familien
in der Bundesrepublik s. bereits oben, A. II. b.

26 Vgl. Erster Familienbericht, BTDrS. V/2532, S. 150 f.; Zweiter
Familienbericht, BTDrS. 7/3502, S. 98 f.; Häring, Wohnungssektor, S. 189 ff.

27 S. Wirtschaft und Statistik 1972, S. 39; Erster Familienbericht,
BTDrS. V/2532, S. 214 f.; vgl. dazu auch die Ergebnisse der
Untersuchung des Städtebauinstituts Nürnberg (Selbsthilfe),
S. 16 f. S. auch Haensch, Familienpolitik, S. 82 f.

28 Ebenso: Wohnungsstichprobe 1972, Wirtschaft und Statistik 1975,
S. 41; die Begriffe Wohnpartei u. Haushalt sind synonym; - s.
z. B. Wirtschaft und Statistik 1971, S. 694.

29 Dies gilt mit Ausnahmen der Wohnparteien (Haushalte) mit 10
und mehr Personen; a. a. O.

30 Bei Haushalten mit zehn und mehr Personen liegt das Verhältnis
von Mieter- und Eigentümerwohnpartei bei 30 %, bzw. 65, 7 %.
Es bleibt darauf hinzuweisen, daß diesen Angaben eine gegenüber
früheren Untersuchungen unterschiedliche Klassifizierung zugrunde liegt: erfaßt wurden nur die Haushalte mit mindestens vier
Personen und mindestens drei unverheirateten Personen unter
21 Jahren (daher auch dort der Begriff "große Haushalte" anstelle
"kinderreiche Familien"); s. Wirtschaft und Statistik 1972, S. 37 f.

31 Vgl. Wirtschaft und Statistik 1972, S. 38 (Tab. 1); Wirtschaft und
Statistik 1970, S. 569; im übrigen s. bereits oben A. II. c. 4. 1.; zu
den entsprechenden Zahlen von 1965 für kinderreiche Familien s.
Erster Familienbericht, BTDrS. V/2532, S. 146.

32 S. Zweiter Familienbericht, BTDrS. 7/3502, S. 98.

33 S. dazu oben, Fn. 26.

34 S. Wirtschaft und Statistik 1972, S. 39.

35 Haensch, Familienpolitik, S. 83.

36 S. dazu oben, B. II. a.

37 Erster Familienbericht, BTDrS. V/2532, S. 146.

38 Der Begriff "Wohnungseigentum" wird dort allgemein verwendet,
im Sinne von "Eigentümerwohnung", so daß Eigentumswohnungen
wie Hauseigentum darunter fallen; s. Zweiter Familienbericht,
BTDrS. 7/3502, S. 99.

39 A. a. O.

40 S. Städtebauinstitut Nürnberg, Selbsthilfe, S. 16.

41 Nach der Stichprobe des Städtebauinstituts Nürnberg (Selbsthilfe,
S. 16, Tab. 9) betrug das Durchschnittsalter der Kinder der
Eigenheimfamilien bei Baubeginn 9, 6 Jahre.

42 "Wahrscheinlich bedeutsame Kriterien für Prognosen über Verlauf
und Ergebnis von Sozialisation sind - bezogen auf die Wohnung -
die Belegungsdichte von Wohnungen, die Art bzw. Nutzungsmög-
lichkeiten der verfügbaren Räume, die bautechnische Qualität (z. B.
Schallschutz), die Ausstattung der Wohnung (z. B. sanitäre Einrichtungen), die Siedlungsstruktur, insbesondere dabei die Lage
der Wohnung, Einrichtung und Dienstleistungen in der näheren
Umgebung, die Verkehrsanschließung, die soziale Struktur der
Wohngegend"; Zweiter Familienbericht, BTDrS. 7/3502, S. 96;
s. auch Familie und Wohnen, S. 16 ff. Beispielsweise ergibt sich
nach von Trudewind (Häusliche Umwelt, S. 120 u. 74) bestätigten
Befunden eine "sehr signifikante positive Korrelation zwischen
Intelligenzalter ... und Wohnungsgröße"; desgleichen "scheint"
für die Genese der Leistungsmotivation "wichtig zu sein", wieviel Raum (i. e. für Kleinkinder: Wohnraum) dem kindlichen Er-
kundungsstreben gegeben ist.

43 Vgl. Zweiter Familienbericht, BTDrS. 7/3502, S. 99; s. dort auch zu den Wohnungsproblemen junger Familien überhaupt; dazu auch Wirtschaft und Statistik 1971, S. 698 ff.

44 So auch Bahrdt, Neue Heimat 1964, S. 4 f.; ebenso Rittstieg, Eigentum, S. 327.

45 S. dazu oben B. II. a.

46 S. oben B. II. a.

47 Zu den Begriffen s. Wuermeling, Kirchenzeitung Nr. 49/1953; VerhBT. (1. WP), 245. Sitzung, S. 11687; im übrigen s. bereits oben A. II. d.

48 Dazu insges. Haensch, Familienpolitik, S. 89 ff. und 101 ff.

49 S. z. B. Wuermeling, Bulletin Nr. 226/1954, S. 2081 f.; so auch Lowinski, Wohnungspolitik, S. 83 f. und derselbe, Eigenheimbau, S. 22 f.

50 S. z. B. Wuermeling, Bulletin Nr. 223/1953, S. 1854.

51 Haensch, Familienpolitik, S. 74.

52 Auf eine unterschiedliche Bewertung in der Familienpolitik zwischen dem Bundesfamilienminister und der Bundesregierung wurde bereits hingewiesen; s. Haensch, Familienpolitik, S. 93.

53 S. z. B. VerhBT. (1. WP), 245. Sitzung, S. 11684; im übrigen s. dazu bereits oben A. II. d.

54 Die (ähnlich gelagerte) tendenzielle Dysfunktionalität des Eigenheim-Förderungs-Rechts im Hinblick auf die bevölkerungspolitischen Intentionen war bereits Gegenstand der Untersuchung in A. II. b.

55 Diese wurde durchgeführt im Auftrag des Bundesministers für Wohnungswesen und Städtebau zur Untersuchung der baulichen Selbsthilfemaßnahmen bei der Erstellung von Familienheimen innerhalb der Demonstrativvorhaben in Oberasbach, Nürnberg-Gebersdorf, Penzendorf und Georgensgemünd (s. Städtebauinstitut Nürnberg, Selbsthilfe, S. 5); zwar bezieht sich diese Untersuchung also nur auf Haushalte, die ihr Eigenheim ganz oder teilweise in Selbsthilfe gebaut haben, doch ist aufgrund der dadurch bedingten Kosteneinsparungen (s. a. a. O., S. 47 ff.) bei den Ergebnissen dieser Erhebung eine Überschätzung der Notwendigkeit zur Erwerbstätigkeit der Ehefrau nicht zu befürchten; eher kann angenommen werden, daß die Angaben über das Ausmaß der Erwerbstätigkeit der Ehefrau zu niedrig gegenüber nicht in Selbsthilfe erstellten Eigenheimen ausfallen.

56 Städtebauinstitut Nürnberg, Selbsthilfe, S. 17; diese 1967 erschienene Untersuchung nimmt die Vergleichszahlen des Bundesdurchschnitts aus dem Jahr 1961.

57 Städtebauinstitut Nürnberg, Selbsthilfe, S. 17; zu Erwerbstätigkeit von Frauen, insbes. verheirateter Frauen, s. bereits oben A. II. b.

58 S. A. II. b.

59 Städtebauinstitut, Selbsthilfe, S. 17: "trotz Selbsthilfe".

60 A. a. O.

61 Städtebauinstitut Nürnberg, Selbsthilfe, S. 17. Natürlich drücken diese Ergebnisse bereits eine Dysfunktionalität aus, wenn man den Anspruch der Wohnungspolitik (Eigenheim für die "breiten Schichten") ernstnimmt und die Position Wuermelings vertritt (Rolle der Ehefrau nur als Hausfrau und Mutter).

62 S. Zweiter Familienbericht, BTDrS. 7/3502, S. 65; Pfeil, Berufstätigkeit, S. 325.

63 "Nicht die Variable, mütterliche Berufstätigkeit, ist persönlichkeitsprägend, sondern das Erziehungsverhalten der Eltern, das jedoch unter bestimmten Bedingungen und nur in gewissen Grenzen von der Berufstätigkeit der Mutter beeinflußt wird"; Lehr, Rolle der Mutter, S. 114; s. zu diesem Problem insges. auch Lehr, a.a.O., Kapitel 5 (S. 69 ff. mit einer Zusammenfassung auf S. 112 ff.); ebenso Thomae, Familie und Sozialisation, S. 798 f.

64 S. dazu Ulshoefer, Mutter im Beruf, S. 400.

65 BTDrS. 7/3502, S. 65.

66 Zum notorischen Fehlbestand an Kindergärten und -horten s. Bleul, Kinder in Deutschland, S. 77 ff. und Zweiter Familienbericht, BTDrS. 7/3502, S. 121 f. Zur zahlenmäßig u. ausbildungsmäßig unzureichenden personellen Versorgung der Kindergärten u. -horte, s. Zweiter Familienbericht, a.a.O.

67 S. dazu die empirische Untersuchung von Pfeil, Berufstätigkeit, S. 333; ein Überblick über andere empirische Untersuchungen dazu findet sich bei Lehr, Rolle der Mutter, S. 77 f.

68 Nach Ulshoefer (Mutter im Beruf, S. 403) ergibt sich, "daß das Phänomen erwerbstätige Mutter sich nicht unabhängig von Gesellschaft, Familienverfassung und Stellung des Kindes diskutieren läßt" (Hervorhebung nicht im Original).

69 Zweiter Familienbericht, BTDrS. 7/3502, S. 65.

70 Im Hinblick auf die Erörterung der an das Eigenheim anknüpfenden staatspolitischen Tendenzen in der Eigenheimförderung sind hier lediglich die staatspolitischen Tendenzen in der Familienpolitik, in den familienpolitischen Intentionen der Eigenheimförderung von Bedeutung - auch wenn sich beides nicht immer klar trennen läßt (da Eigenheimförderung z.T. Familienpolitik ist und Familienpolitik sich auch über Eigenheimförderung vollzieht).

71 S. beispielsweise VerhBT. (1. WP), 232. Sitzung, S. 10647.

72 Kirchenzeitung Nr. 49/1953; ebenso Bulletin Nr. 174/1954, S. 1534 ff.

73 Wuermeling, Kirchenzeitung Nr. 49/1953.

74 Wuermeling, Bulletin Nr. 223/1953, S. 1851; zu Stellenwert und Tradition der Betonung der "Ordnung" s. Berndt, Gesellschaftsbild, S. 91 f.

75 Wuermeling, Kirchenzeitung Nr. 49/1953; dort findet sich auch der Satz: "Millionen innerlich gesunder Familien mit rechtschaffen erzogenen Kindern sind als Sicherung gegen die drohende Gefahr der kinderfreudigen Völker des Ostens mindestens so wichtig wie alle militärischen Sicherungen."

76   Pressel, Sozialisation, S. 126.
77   Zum Sozialisations-Begriff s. auch statt aller Lexikon zur Sozio-
     logie, Stichwort "Sozialisation".
78   "Die Erlebnisse, die ein Mensch in seiner frühen Kindheit und
     Jugend hat, sind für die Bildung des Charakters von größerer
     Bedeutung als die Erlebnisse späterer Jahre", Fromm, Autorität
     und Familie, S. 85 f.; s. auch Pressel, Sozialisation, S. 143;
     Milhoffer, Familie und Klasse, S. 101; Claessens, Familie und
     Wertsysteme, S. 154.
79   "Die Familie besorgt, als eine der wichtigsten erzieherischen
     Mächte, die Reproduktion der menschlichen Charaktere, wie sie
     das gesellschaftliche Leben erfordert, und gibt ihnen zum großen
     Teil die unerläßliche Fähigkeit zu dem besonders gearteten auto-
     ritären Verhalten, von dem der Bestand der bürgerlichen Ord-
     nung in hohem Maße abhängt", Horkheimer, Autorität und Familie,
     S. 49 f.; s. auch Pressel, Sozialisation, S. 143; im einzelnen
     Haensch, Familienpolitik, S. 31 ff.
80   Claessens, Familie und Wertsystem, S. 156.
81   Pressel, Sozialisation, S. 142 f.
82   Claessens, Familie und Wertsystem, S. 156. "Die Kinder erlei-
     den vermittelt die Unterdrückung, die den Eltern widerfährt",
     Milhoffer, Familie und Klasse, S. 131. Da der Druck je nach
     gesellschaftlicher Stellung unterschiedlich ist, ist er auf die Kin-
     der ebenfalls je nach Schichtzugehörigkeit unterschiedlich; in den
     Sozialwissenschaften firmiert dies Problem unter "schichtspezi-
     fischer Sozialisation", s. beispielsweise Milhoffer, a.a.O., Kapi-
     tel V (S. 153 ff.).
83   "In dieser familialen Situation, die für die Entwicklung des Kindes
     bestimmend ist, wird bereits die Autoritätsstruktur der Wirklich-
     keit außerhalb der Familie weitgehend vorweggenommen", Hork-
     heimer, Autorität und Familie, S. 51.
84   Fromm, Autorität und Familie, S. 84.
85   S. Fromm, a.a.O.
86   Als Ausdruck dieses Wandels sind folgende Zitate zu verstehen:
     Zum einen: "Die äußere in der Gesellschaft wirksame Gewalt tritt
     dem in der Familie aufwachsenden Kind in der Person der Eltern
     und in der patriarchalischen Kleinfamilie speziell in der des Va-
     ters gegenüber"; der "Familienvater ist ... dem Kind gegenüber
     (zeitlich gesehen) der erste Vermittler der gesellschaftlichen Auto-
     rität"; Fromm, Autorität und Familie, S. 84 und 88; zum anderen:
     "Wie die Familie weitgehend aufgehört hat, die ihr eigene Form
     der Autorität über ihre Mitglieder auszuüben, so ist sie zum
     Übungsspielplatz für Autorität schlechthin geworden ... Die sozial
     bedingte Schwäche des Vaters, die durch gelegentliche Ausbrü-
     che von Männlichkeit nicht widerlegt wird, verwehrt dem Kind,
     sich wahrhaft mit ihm zu identifizieren. ... Heute geschieht es
     leicht, daß der Vater von einem Kollektiv ersetzt wird, von der

Schulklasse, dem Team, dem Verein oder dem Staat", Horkheimer, Autorität und Familie in der Gegenwart, S. 85 f.

87   S. dazu Horkheimer, Autorität und Familie, insbes. S. 84 ff.
und Autorität und Familie in der Gegenwart; Milhoffer, Familie
und Klasse, S. 130 ff.; Haensch, Familienpolitik, S. 42 ff.

88   "Massenloyalität beruht ... a u c h auf den politischen und kulturellen 'Vorleistungen', die das System 'unpolitischer' Zwangs-
verhältnisse in Arbeit und Familie in den Lebenssphären von
Konsum, Freizeit, Erziehung und Wohnen vorgibt", Narr/Offe,
Wohlfahrtsstaat, S. 35 (Hervorhebung im Original); s. auch
Lefebvre, Alltagsleben, S. 201; zum Eigenheim als "Stütze der
elterlichen Autorität", s. Lowinski, Eigenheimbau, S. 22 f.

Kapitel B. II. d.

1   Dies drückt sich als Bedingungen bestimmter Möglichkeit in den
unterschiedlichen Wohnverhältnissen (insb. Lage, Wohnungsgröße,
Freizeitmöglichkeiten, Garten) von Eigentümerwohnungen (insb.
Eigenheim) und Mietwohnungen aus; s. oben A. II. c. 4. 1.

2   Diese zeigen sich beispielsweise für die Mobilität der Eigenheim-
Bewohner (s. oben B. II. b.), aber auch für das Leben in der Familie (s. oben B. II. c.).

3   S. dazu die Darstellung der Ausgangsposition der vorliegenden
Untersuchung, oben, Einleitung.

4   Lücke, BBauBl. 1960, S. 639; Lücke bezieht sich im wiedergegebenen Zitat auf die Eigentumsbildung im Werkwohnungsbau und die
Einstellung zum Betrieb; gleichwohl drückt das Zitat den oben bezeichneten Zusammenhang aus.

5   VerhBT. (1. WP), 245. Sitzung, S. 11687; s. auch Lücke, BBauBl.
1960, S. 642 und 1962, S. 572; auch Georgii, Wohnungsfürsorge,
S. 51; im übrigen s. dazu oben A. II. d. ; Heusinger (Bodenreform,
S. 31 f.) formuliert den bezeichneten Zusammenhang:
"Es ist ein Geheimnis, daß das erarbeitete Gut von dem einzelnen
nicht allein als ein unverletzliches Recht und Eigentum, als ihm
gehörig empfunden und voll beherrscht wird, sondern umgekehrt
das auch ihn voll beherrscht, gefangen nimmt und in seinen
Bann zwingt. Subjekt und Objekt verschmelzen kraft des lebendi-
gen Lebens zu einer Einheit. Es liegt in der Natur der Sache, daß
diese geheimnisvollen, wechselseitigen Kräfte bei dem Grundeigentum ein Einfamilienhaus mit Hausgarten wegen der Größe der Bedeutung, Sichtbarkeit, Vielgestaltigkeit der Bedürfnisse des Objekts sehr viel größer sein müssen, als sie bei dem beweglichen
Eigentum an Kleidung, Hausrat, Wohnungseinrichtung oder an dem
unsichtbaren, in einem Sparkassenbuch verzeichneten Kapital sein

können. Durch diese Dämonie der Kräfte des Grundeigentums ist seine zentrale Bedeutung für den Menschen und den Staat gegeben."

6   Vgl. dazu beispielsweise Marx/Engels, Deutsche Ideologie, S. 26; s. auch bereits oben, Einleitung.

7   Zum Begriff des Konsums, auf den noch einzugehen sein wird, s. hier Scherhorn, Soziologie des Konsums, S. 834 ff.

8   I. e.: USA, Großbritannien, BRD, Frankreich, Italien, Schweden, Norwegen, Dänemark, Belgien, Niederlande, Schweiz, Kanada; s. auch Shonfield, Geplanter Kapitalismus, S. 5, Fn. 5.

9   Vgl. Shonfield, Geplanter Kapitalismus, S. 70 ff.; für die Bundesrepublik s. bereits oben A. II. a.

10 Vgl. Shonfield, Geplanter Kapitalismus, S. 70; für die Bundesrepublik s. zum Anstieg der Einkommen bereits oben A. II. a. und B. II. a.

11 Dabei differenziert diese sich dahingehend, daß der Teil der "reinen" (physiologisch notwendigen) Subsistenzmittel zurückgeht; vgl. Mandel, Spätkapitalismus, S. 357.

12 Zur Verwendung dieser oder ähnlicher Begriffe vgl. beispielsweise Schrader, Die soziale Bedeutung des Besitzes in der modernen Konsumgesellschaft; den Titel des Buches von Galbraith, Gesellschaft im Überfluß; ähnlich auch Rinsche, Verbrauch, S. 124.

13 Marcuse, Der eindimensionale Mensch, S. 32 (exemplarisch). Es bleibt auch zum Verständnis des folgenden auf ein Marcuse-Zitat (a. a. O., S. 20) hinzuweisen: "Im Brennpunkt meiner Analyse stehen Tendenzen in den höchstentwickelten gegenwärtigen Gesellschaften. Es gibt weite Bereiche innerhalb und außerhalb dieser Gesellschaften, wo die beschriebenen Tendenzen nicht herrschen - ich würde sagen: noch nicht herrschen. Ich entwerfe diese Tendenzen und biete einige Hypothesen, nichts weiter."

14 Bei Marcuse findet sich diese Voraussetzung nicht näher ausgeführt.

15 Zum Begriff s. Haug, Warenästhetik.

16 S. Baran, Thesen zur Werbung, S. 124 f.

17 S. Weller, Das Argument Heft 25, S. 39; Qualität verstanden als vom Warenschein zu trennende Beschaffenheit der Ware (mißverständlich: das in Barans These 3 (a. a. O.) wiedergegebene Zitat, das aber - s. These 4 - einen weitergefaßten Qualitätsbegriff verwendet).

18 Zu ähnlichen Tendenzen in der Produktionsmittelproduktion s. Kreikebaum, Prestigemotiv; Haug, Warenästhetik, S. 18 (Fn. 2).

19 "Die Konsumgüter sind Massenkommunikationen", Hunziker, Erziehung, S. 92.

20 Haug, Warenästhetik, S. 17: "Das Ästhetische der Ware im weitesten Sinne: sinnliche Erscheinung und Sinn ihres Gebrauchswertes, löst sich hier von der Sache ab. Schein wird für den Vollzug des Kaufakts so wichtig - und faktisch wichtiger - als Sein"; s. ebenso: S. 36. S. auch Negt/Kluge, Öffentlichkeit, S. 288, Fn. 19.

21   "Die Dinge haben eine Seele", Dichter, Strategie, S. 101; zum
     Symbolgehalt der Konsumgüter auch Hunziker, Erziehung, S. 92 ff.
22   Zu entsprechenden Strategien der Werbung s. Dichter, Strategie;
     sowie (in kritischer Absicht:) Packard, Verführer.
23   S. Marcuse, Der eindimensionale Mensch, S. 29; Weller, Das
     Argument Heft 25, S. 41, 43; Negt/Kluge, Öffentlichkeit, S. 287 ff.
24   S. Dichter, Strategie, S. 276; s. auch Galbraith, Industriegesell-
     schaft, S. 226 f.
25   "Jede Ware, mit der jemand sich identifiziert, weil er sie kaufen
     kann, vermittelt eine - am Einkommen orientierte - Konsumiden-
     tität", Horn, Innerlichkeit, S. 346; s. auch Hunziker, Erziehung,
     S. 35 f.; Lefebvre, Alltagsleben, S. 128 ff.
26   Marcuse, Der eindimensionale Mensch, S. 31; Dichter (Strategie,
     z.B. S. 199) betrachtet Konsum als "Weltanschauung"; s. bei Horn
     (Innerlichkeit, S. 342) die Kapitelüberschrift "Die neue Weltan-
     schauung: Der identitätsstiftende konsumtive Besitz"; s. auch Haug,
     Warenästhetik, S. 17, 64, 137; Lefebvre, Alltagsleben, S. 113;
     Negt/Kluge, Öffentlichkeit, S. 288 f.; Weller, Das Argument
     Heft 25, S. 41; Hunziker, Erziehung, S. 92 ff.; Galbraith, Indu-
     striegesellschaft, S. 52 u. 235; s. auch Schrader, Bedeutung des
     Besitzes, z.B. S. 127; zu "Wohnkultur" in diesem Zusammen-
     hang s. Janssen, Wohnungsnot, S. 65.
27   S. Benedict, Politisierung, S. 71 f., 144; Lefebvre, Alltagsleben,
     S. 112 f.
28   Marcuse, Der eindimensionale Mensch, S. 32.
29   Um nochmals den tendenziellen Charakter dieser Aussage zu be-
     tonen, sei auf folgende Stelle bei Marcuse (Der eindimensionale
     Mensch, S. 17) verwiesen:
     "Der Eindimensionale Mensch wird durchweg zwischen
     zwei einander widersprechenden Hypothesen schwanken: 1. daß
     die fortgeschrittene Industriegesellschaft imstande ist, eine
     qualitative Änderung für die absehbare Zukunft zu unterbinden;
     2. daß Kräfte und Tendenzen vorhanden sind, die diese Eindäm-
     mung durchbrechen und die Gesellschaft sprengen können. Ich
     glaube nicht, daß eine klare Antwort gegeben werden kann. Beide
     Tendenzen bestehen nebeneinander - und sogar die eine in der
     anderen. Die erste Tendenz ist die herrschende, und alle Vorbe-
     dingungen eines Umschwungs, die es geben mag, werden benutzt,
     ihn zu verhindern." (Hervorhebung im Original).
30   Zu dieser Unterscheidung s. z.B. Hunziker, Erziehung, S. 18 ff.
31   S. dazu Scherhorn, Soziologie des Konsums, S. 834.
32   S. bereits oben, in der Einleitung.
33   Damit sind typischerweise Waren des (unproduktiven) Konsums
     gemeint; offenbar gilt dies jedoch teilweise auch für Produktions-
     mittel; s. dazu Haug, Warenästhetik, S. 18 (Fn. 2); Kreikebaum,
     Prestigemotiv.
34   S. dazu Rinsche, Verbrauch, S. 155 f.; Breidenstein, Eigentum,
     S. 53.

35 Marcuse bezieht Wohnen offenbar ebenfalls in seine Überlegungen zur Bedeutung des Konsums ein, s. Der eindimensionale Mensch, S. 31; ebenso Rinsche, Verbrauch, S. 155 ff.; Narr/Offe, Wohlfahrtsstaat, S. 35.

36 Wohnungseigentum als Konsumgut, s. Simon, Eigentum (S. 72); ebenso Loesch, Vermögensbildung, S. 8; Schmölders, Eigentum, S. 220 f.

37 Diese lassen sich aus der Propagierung des Eigenheims, vor allem auch aus der kommerziellen Werbung der Bausparkassen reflexiv gewinnen, als Widerspiegelung tatsächlicher Vorstellungen, an die Werbung anknüpft.

38 Vgl. beispielsweise das Prospekt der Deutschen Bausparkasse Darmstadt, Bausparen ist so einfach, S. 3; s. auch Bahrdt, Neue Heimat 1964, S. 6; Haensch, Familienpolitik, S. 78; im übrigen s. bereits oben A. II. d., B. II. b.

39 A. a. O.

40 Vgl. beispielsweise das Prospekt der Landesbausparkasse, Auf eigenem Grund und Boden, S. 8; zu dem am Konsum orientierten Freiheitsverständnis, s. Kirchheimer, Privatmensch und Gesellschaft, S. 94 ff.

41 Das Augenmerk dieser Überlegungen richtet sich in erster Linie auf die, die das eigene Heim erworben oder gebaut haben, die Eltern in der Eigenheimfamilie, und weniger auf deren Kinder.

42 Die Bedeutung dieser Arbeit für das Individuum wird besonders deutlich, wenn man sie seiner täglichen - entfremdeten - Arbeit im Betrieb gegenüberstellt.

43 S. dazu bereits oben A. II. d.

44 Die Volksheimstätte 1951, Heft 8, S. 10.

45 A. a. O.; ebenso Fertsch-Röver, Unternehmer, S. 182 f.; Schleyer, in: Wirtschaftstag der CDU 1965, S. 266; Lowinski, Eigenheimbau, S. 16 ff.

46 Auf die Prestigefunktion von Eigentum wird im einzelnen noch unter B. II. e. einzugehen sein.

47 S. Gehlen, Eigentumsproblem, S. 171; Küng, Eigentum, S. 38.

48 S. Städtebauinstitut, Selbsthilfe, S. 17; im übrigen s. bereits oben B. II. a.

49 Zu denken ist hier an die Bevölkerungsgruppen, die nur durch Mehrarbeit (Selbsthilfe beim Bau oder Erwerbstätigkeit der Ehefrau) ein Eigenheim erlangen können; s. insbesondere Städtebauinstitut, Selbsthilfe; im übrigen s. bereits oben B. II. a.; B. II. c.

50 S. dazu Offe, Leistungsprinzip, insbs. S. 42 ff., 161 ff.; K. U. Mayer, Ungleichheit und Mobilität, S. 105 ff.; Negt, Gesellschaftsbild, S. 410 ff.; Schmidt-Relenberg/Luetkens/Rupp, Familiensoziologie, S. 110 ff.

51 S. dazu beispielsweise W. Müller, Familie-Schule-Beruf, insb. Kapitel I (S. 14 ff.); N. Weber, Privilegien.

52 Zur Vermögensverteilung s. bereits oben B. II. a.

53 Erst durch Verallgemeinerung, indem dieser Zusammenhang
   zum allgemeinen Prinzip erhoben wird, wird dies ideologisch.

54 Anhand solcher Einzelfälle, die allerdings exemplarisch verstanden werden, kann von Vertretern der Prinzipien der Leistungsgesellschaft dem Vorwurf mangelnden Realitätsbezugs
   begegnet und der Anschein von Realitätsnähe der mit Allgemein-
   gültigkeitsanspruch vertretenen Prinzipien erweckt werden.

55 Ortmann, Arbeiterfamilie, S. 170.

56 S. Offe, Leistungsprinzip, (z. B.) S. 8 ff. , 43 f. , 166;
   K. U. Mayer, Ungleichheit und Mobilität, S. 117.

57 S. dazu insb. Ortmann, Arbeiterfamilie, S. 166 ff.

58 S. Hartwich, Sozialstaatspostulat, S. 266: "Die Eigenheimpolitik
   hatte in erster Linie eine Funktion als Instrument sozialer Integration der 'breiten Massen', ohne die gegebenen Besitzverhält-
   nisse anzutasten, die mit dieser Politik zugleich vor revolutio-
   närer Begehrlichkeit geschützt wurden." u. S. 355: "Soziale Integration bedeutet zugleich, Integration der breiten Massen in das
   gesellschaftliche System. Sie ist damit die für das pluralistisch-
   rechtsstaatliche, parlamentarisch-demokratische System typische
   Methode zu verhindern - oder zumindest, um die Möglichkeit
   abzuschwächen -, daß die breiten Massen durch bewußte und kon-
   sequente Nutzung der Willensbildungsmechanismen des liberalen
   Systems alternative gesellschaftspolitische Konzeptionen nicht nur
   vertreten, sondern auch durchsetzen." S. auch Narr/Offe, Wohlfahrtsstaat, S. 23; Benedict, Politisierung, S. 71.

59 S. Narr/Offe, Wohlfahrtsstaat, S. 23 u. 35 f. ; Berndt, Gesell-
   schaftsbild, S. 50 f. ; Negt, Gesellschaftsbild, S. 376 f. ; Jansen,
   Kursbuch 27, S. 22; Janssen, Wohnungsnot, S. 71, 76 f. , 83 ff. ;
   Projektgruppe Branchenanalyse, Kursbuch 27, S. 124 f. ; Eppin-
   ger et al. , arch plus, Heft 11, S. 11; Einem, arch plus, Heft 17,
   S. 75; Riege, Staatliche Wohnungspolitik, S. 89 f. S. auch (affir-
   mativ) außer den oben, A. II. d. , genannten Stellen: Lücke, Die
   Volksheimstätte 1951, Heft 2, S. 3; derselbe, BBauBl. 1960,
   S. 642; Georgii, Wohnungsfürsorge, S. 50 f. ; Fertsch-Röver,
   Unternehmer, S. 182 f. ; N. N. , Die Volksheimstätte 1951, Heft 2,
   S. 4; Schrader, Die soziale Bedeutung des Besitzes in der moder-
   nen Konsumgesellschaft, z. B. S. 139, 146 f. ; Küng, Eigentum,
   S. 7, 15. (Zu Entsprechungen in Großbritannien s. Clarke/Gins-
   berg, Kapitalistate 4-5/76, S. 82 und 91)

1   Im einzelnen s. bereits oben in der Einleitung zur gesamten
    Arbeit.
2   Teilweise wird das Eigentum als vorstaatliches Recht verstanden;
    so beispielsweise BGHZ 6, 270. Dazu kritisch: Rittstieg, Eigen-
    tum, S. 290 ff. Zu naturrechtlichen Einflüssen in der Rechtspre-
    chung der Bundesrepublik s. Rosenbaum, Naturrecht und positives
    Recht, S. 126 ff. ; Lau, KJ 1975, S. 244 ff. (insb. S. 249 f.).
3   So insb. M. Wolff, Reichsverfassung und Eigentum. Zur Auswei-
    tung des Eigentumsrahmens s. Ridder, Die soziale Ordnung des
    Grundgesetzes, S. 41: "Mit höchst aktueller Vorsorglichkeit hin-
    gegen begann die Lehre ... mit der textlich nicht abstützbaren,
    freien Erfindung von 'Instituten' ... Das wichtigste hierhin gehö-
    rende Beispiel ... ist die an Art. 153 Abs. 1 Satz 2 WRV vorge-
    nommene Verfassungsamputation, die der Zivilrechtler M a r t i n
    W o l f f im Wege einer schlichten, unbegründeten Behauptung voll-
    bracht hat und die von der gesamten Staatsrechtslehre widerspruchs-
    und diskussionslos übernommen worden ist" (Hervorhebung im
    Oridinal). Dazu s. weiterhin: Kirchheimer, Eigentumsgarantie
    in Reichsverfassung und Rechtsprechung; derselbe, Die Grenzen
    der Enteignung; Rittstieg, Eigentum, S. 252 ff. ; Sieling-Wendeling,
    Entwicklung des Eigentumsbegriffs, S. 100 ff. ; Perels, Kapitalis-
    mus, S. 39 ff.
4   Dazu Rittstieg (Eigentum, S. 288 f.): "Wurde die Eigentumsgewähr-
    leistung der Weimarer Republik ausgebaut, um Einbrüche des Ge-
    setzgebers in den gesellschaftlichen Status quo abzuwehren, so
    kann ihre judizielle Entwicklung unter dem Grundgesetz eher als
    Prophylaxe gegenüber äußeren Alternativen in Gestalt der deut-
    schen Nachbarrepublik verstanden werden. "
5   Zur Garantie als subjektives Recht u. Institut statt aller s. Maunz
    in: Maunz-Dürig-Herzog, Art. 14 RN 3 f. Zur Konnexität zwischen
    Rechts- und Institutsgarantie s. Badura, Verh. 49. JT, Bd. II,
    Teil 2, S. T 13 ff. ; ebenfalls BVerfGE 24, 367 (389).
6   Die wirtschaftspolitische Neutralität wird weitgehend unstreitig
    vertreten; s. Hesse, Verfassungsrecht, S. 178; Maunz in: Maunz-
    Dürig-Herzog, Art 14 RN 8 (mit weiteren Nachweisen); a. A. insb.
    Nipperdey, Die soziale Marktwirtschaft in der Verfassung der
    Bundesrepublik; dazu Ehmke, Wirtschaft, S. 18 ff. sowie (auch
    zu anderen Abweichungen) Däubler, Mitbestimmung, S. 163 ff.
    Gleichwohl ist die Argumentation der Vertreter wirtschaftspoliti-
    scher Neutralität nicht immer konsequent, so daß dann eine Präfe-
    renz des Grundgesetzes für die bestehende Wirtschaftsordnung
    zum Ausdruck kommt; s. Dicke in: Münch, Grundgesetz, Art. 14
    RN 2 u. 96; Maunz in: Maunz-Dürig-Herzog, Art. 14 RN 8;
    W. Weber, Eigentum und Enteignung, S. 356 u. 359; Herzog,

Sperre für den Sozialismus. Dazu: Hartwich, Sozialstaatspostulat,
S. 388; Däubler, Eigentum, S. 155 f.; s. auch Ridder, Die soziale
Ordnung des Grundgesetzes, S. 97.

7 S. bereits M. Wolff, Reichsverfassung und Eigentum, S. 6;
ebenso BVerfGE 24, 367 (389); W. Weber, Eigentum, S. 324 f.

8 S. statt aller Maunz in: Maunz-Dürig-Herzog, Art. 14 RN 30;
BVerfGE 24, 367 (389).

9 "Nicht die Gesetzgebung bestimmt danach den Inhalt des Eigentums, wie es Art. 14 Abs. I Satz 2 GG vorgesehen hatte; ihre
Stelle wird durch ein aus der Tiefe richterlichen Rechtsgefühl
geschöpftes Leitbild eingenommen, dessen historische Bedingt-
heit nicht gesehen wird"; Rittstieg, Eigentum, S. 307 (s. auch
S. 286 ff.); s. auch Sendler, DöV 1971, S. 18 f.; Badura, Verh.
49. JT, Bd. II, Teil 2, S. T 20, Däubler, Eigentum, S. 156.

10 S. Ipsen, AöR 91, S. 88; Däubler, Eigentum, S. 156.

11 BVerfGE 1, 264 (278).

12 S. statt aller Knieper, KJ 1977, S. 148.

13 S. beispielsweise BVerfGE 24, 367 (389); zur Zivilrechtsdogmatik
s. Baur. Sachenrecht, S. 207 f.; Westermann, Sachenrecht, S. 114;
Wolff/Raiser, Sachenrecht, S. 173.

14 Zum traditionellen Eigentumsbegriff s. Sieling-Wendeling, Entwicklung des Eigentumsbegriffs, S. 80 ff.; Rittstieg, Eigentum,
S. 205 f.

15 "Das Eigenheim prägt weithin die Vorstellungen vom Eigentum";
es ist "ganz deutlich Muster für zahlreiche Regelungen des bürgerlichen Eigentums"; Rittstieg, Eigentum, S. 326.

16 Die Möglichkeit, sich "sein" Häuschen nach ganz individuellem
Belieben zu bauen (bauen zu lassen), darf jedoch nicht überschätzt
werden; auch (oder: gerade) beim Eigenheim verwenden Architekten standardisierte Baupläne für bestimmte Eigenheimtypen, die
nur geringfügige individuelle Abweichungen erlauben; zu den Grenzen individueller Ausgestaltung s. Zapf/Heil/Rudolfph, Stadt am
Stadtrand, S. 213; Sendler, DöV 1974, S. 83.

17 Nach Rittstieg (Eigentum, S. 321) ist für das Eigentümerbelieben
der "Anwendungsbereich ... das mit wirtschaftlicher Macht verbundene Eigentum".

18 § 9 II. WoBG i. d. jew. Fassung; im übrigen s. oben, A. II. e. 3.

19 S. dazu Rittstieg, Eigentum, S. 334 f.

20 Zu den kinderreichen Familien und ihren Wohnungsproblemen
s. oben A. II. b. und B. II. c.

21 Dazu s. oben A. II. b. Für diese Form des Eigentümerbeliebens
(usus, fructus, a b u s u s) hat sich inzwischen der Begriff
"Zweckentfremdung" durchgesetzt.

22 Däubler, Eigentum, S. 210.

23 Däubler, Eigentum, S. 210.

24 Daß Eigentum kein rein s a c h l i c h e s Verhältnis (Person-
Objekt) bezeichnet, sondern immer auch eine "Person-Person-

Beziehung" ist, gehört zu den zentralen Punkten eines materialistischen Rechtsverständnis; s. beispielsweise Knieper, KJ 1977, S. 154.

25   S. dazu die bereits oben zur Entwicklung der Institutsgarantie angegebene Literatur (Fn. 3 u. 5); sowie Rosenbaum, Naturrecht und positives Recht, S. 89.

26   Statt aller: BGHZ 6, 270 (278); BVerfGE 1, 264 (277); Maunz in: Maunz-Dürig-Herzog, Art. 14 RN 30, 32; Hesse, Verfassungsrecht, S. 179 f. Im einzelnen ist die Bestimmung der Grenzen des Eigentumsbegriffs noch in der Diskussion; s. beispielsweise zur Anerkennung von Mieterrechten als Eigentum: Derleder/Winter, JZ 1976, S. 657.

27   H. M. ausdrücklich: W. Weber, Eigentum, S. 319; Leisner, Eigentum, S. 46 ff.; a.A. (zunächst statt aller:) Rittstieg, Eigentum, S. 314 f.

28   So beispielsweise BGHZ 6, 270 (276); Maunz in: Maunz-Dürig-Herzog, Art. 14, RN 6. Zur Verzahnung von Menschenwürde und Eigentum s. Hoffmann, KJ 1970, S. 49 ff.; zu dem historischen Menschenbild der Identifizierung des Eigentümers als Menschen schlechthin s. Macpherson, Theorie des Besitzindividualismus; Kühnl, Formen bürgerlicher Herrschaft, S. 31 ff.

29   S. Rittstieg, Eigentum, S. 222 ff., 294 ff.; Badura, Verh 49. JT. Bd. II, Teil 2, S. T 6 f.; Kofler, Geschichte der bürgerlichen Gesellschaft, S. 615 ff.; Habermas, Strukturwandel, S. 124 f.; Kühnl, Formen bürgerlicher Herrschaft, S. 36 f.

30   S. beispielsweise Dicke in: Münch, Grundgesetz, Art. 14 RN 1 und 94 ff.; Weber, Eigentum, S. 318, 328; Stein, Eigentumsbegriff, S. 515 ff.; Wolff-Raiser, Sachenrecht, S. 171.

31   Perels, Kapitalismus, S. 11; s. auch Habermas, Politische Beteiligung, S. 20.

32   Preuß, Legalität und Pluralismus, S. 43.

33   Zu dieser Gesellschaftsform als Grundlage s. Badura, Verh. 49. JT, Bd. II, Teil 2, S. T 7 f.; Ott, Eigentum und Städtebau, S. 49; derselbe, Bodenrecht, S. 146; dazu generell Preuß, Legalität und Pluralismus, S. 42 ff.

34   F. Werner, Verfassung, Rechtsgefühl und Städtebau, S. 29; ähnlich: Benda, Industrielle Herrschaft, S. 310.

35   BGHZ 6, 270 (276).

36   BVerfGE 24, 367 (389).

37   S. beispielsweise Dicke in: Münch, Grundgesetz, Art. 14 RN 93 und Maunz in Maunz-Dürig-Herzog, Art. 14 RN 15 (mit weiteren Nachweisen).

38   Ott, Eigentum und Städtebau, S. 49.

39   Däubler, Eigentum, S. 211.

40   S. Küng, Eigentum, S. 49 ff.; W. Weber, Eigentum und Enteignung, S. 352 f.

41   S. Rittstieg, Eigentum, S. 327.

42   So BVerfGE 24, 367 (389).

43 Rittstieg, Eigentum, S. 328; aus der Rspr. des BGH s. insb. VerwRspr. Bd. 9, S. 407.

44 S. oben A. II. c. 4. 1.

45 S. Rittstieg, Eigentum, S. 328.

46 Dazu s. Küng, Eigentum, S. 5 ff. ; Breidenstein, Eigentum, S. 317 f. ; Sendler, Döv 1974, S. 76; s. auch schon Wieacker, Wandlungen der Eigentumsverfassung, S. 16 f. ; s. auch oben Fn. 24.

47 S. dazu bereits oben A. II. c. 4.

48 So auch Breidenstein, Eigentum, S. 317 f. ; Rittstieg, Eigentum, S. 329; Bahrdt, Humaner Städtebau, S. 79.

49 So Breidenstein, Eigentum, S. 317; im übrigen s. dazu bereits oben A. II. d.

50 S. oben B. II. a. ; als noch ausgeprägter haben sich die Ungleichheiten in der Verteilung produktiven Vermögens gezeigt.

51 Habermas, Logik der Sozialwissenschaften, S. 127 ff.

52 A. a. O. ; insb. aber auch Ridder, Die soziale Ordnung des Grundgesetzes, S. 10; Rottleuthner, Rechtswissenschaft als Sozialwissenschaft, S. 245 ff.

53 Zu versuchen, Eigentum neu zu legitimieren, s. Däubler, Eigentum, S. 219 ff.

54 Luhmann, Grundrechte, S. 122 (Hervorhebung im Original).

55 A. a. O. ; s. auch Luhmann, Der Staat, Bd. 12 (1973), S. 16; "Man darf sich durch die institutionell eingebaute und funktionsnotwendige Reichtumstoleranz (erg. : der Eigentumsgewährleistung, S. N.) nicht täuschen lassen: das Prinzip ist nicht Verteilung . . . "; vgl. dazu auch Wagner, VVdStl. 27, S. 72.

56 Luhmann, Grundrechte, S. 123; so auch Luhmann, Der Staat, Bd. 12 (1973), S. 15 sowie S. 16: "Das Prinzip ist nicht Verteilung, sondern Steigerung von Möglichkeiten zur Verteilung von Leistungen". . . ("Leistungssteigerungen in der Wirtschaft"). S. bereits die (implizierte) Rechtfertigung des Privateigentums bei A. Smith (Wealth of Nations, S. 40 ff.), wonach das "jährliche Einkommen der Gesellschaft", das "allgemeine Wohl" gefördert werden, indem "jedermann sucht, sein Kapital" im Hinblick auf "den größten Wert" anzulegen (S. 43). Zu beiden Ansätzen s. Knieper, KJ 1977, S. 157 f.

57 Luhmann, Grundrechte, S. 123.

58 Zur historischen Dimension dieses Widerspruchs s. Kofler, Bürgerliche Gesellschaft, S. 615 ff. ; Habermas, Strukturwandel, S. 96 ff. und 124 ff. ; Däubler, Eigentum, S. 221.

59 Luhmann, Grundrechte, S. 124, Fn. 45 (Hervorhebung im Original). Zur Rechtfertigung des Status quo bei Luhmann, s. statt aller Habermas, Theorie der Gesellschaft oder Sozialtechnologie, S. 170 et passim.

60 S. auch Däubler, Eigentum, S. 221 f.

61 Das in Art. 20, 28 GG verankerte Sozialstaatsprinzip ist Ausdruck eines Formelkompromisses gesätzlicher gesellschaftlicher Interessen (s. Abendroth, Demokratischer und sozialer Rechtsstaat, S. 143 f.). Es lassen sich zwei - von den beiden stärksten Fraktionen

im Parlamentarischen Rat untereinander kontrovers vertretene
- Hauptvarianten von Sozialstaatsmodellen identifizieren, die in
diesen Kompromiß - ohne aufgehoben zu sein - eingegangen sind
und nach dem Grundgesetz weiter bestehen (s. Abendroth, a. a. O. ;
Hartwich, Sozialstaatspostulat, S. 59. Eine Darstellung der beiden
Hauptvarianten findet sich bei Hartwich, a. a. O. , S. 49 ff.).

62   S. beispielsweise Habermas, Politische Beteiligung, S. 35; F. Neumann, Freiheit, S. 78 ff.

63   Hartwich, Sozialstaatspostulat, S. 57.

64   S. Ott, Eigentum und Städtebau, S. 59, 64; zum Begriff s. auch
Breidenstein, Eigentum, S. 28 ff.

65   Nach Rittstieg (Eigentum, S. 329) kann "ein Mehr an Freiheit für
den Eigentümer, das auf Kosten der Freiheit des Nichteigentümers
entsteht, nicht Rechtfertigung des Eigentums sein"; ebenso Ott,
Eigentum und Städtebau, S. 64; a. A. Benda, Industrielle Herrschaft, S. 311.

66   Für eine Beziehung des Sozialstaatsprinzips auf Art. 14 Abs. I
Satz 2: Abendroth, Demokratischer und sozialer Rechtsstaat,
S. 123; Stein, Eigentumsbegriff, S. 518 f. ; BVerfGE 14, 263.
(Anwendung über Art. 14 Abs. II: Ipsen, AöR 91, S. 97 f.)
Dieser hier hergestellte Zusammenhang zwischen Sozialstaats-
prinzip und Art. 14 Abs. I Satz 2 wird in Literatur und Rspr.
jedoch überwiegend ignoriert; s. Hesse, Verfassungsrecht, S. 181;
er wird ausdrücklich verneint von: Geiger, Eigentumsgarantie,
S. 199; Leisner, Eigentumsbegriff, S. 62 ff. (m. w. N.).

67   Zum Vermögenswert als das "Essentiale" der Eigentumsgewährleistung s. oben, insb. Fn. 42, 43.

68   Im Ergebnis ebenso: Ott, Eigentum und Städtebau, S. 67 f. ; s. auch
Häberle, VVdStL. 30, S. 96.

69   S. dazu auch Loesch, Vermögensbildung, S. 135 f.

70   S. Rittstieg, Eigentum, S. 294.

71   Zum Wohnen als Teil der Konsumsphäre s. oben B. II. d.

72   Das kommt auch bei Befürwortern einer breiten Eigentumsbildung,
wenn auch verdeckt, zum Ausdruck; so ist bei Küng im Zusammenhang mit "persönlichem Eigentum" nicht die Rede von "Freiheit",
"Unabhängigkeit", sondern von dem "Gefühl", bzw. "Bewußtsein"
davon (s. Küng, Eigentum, z. B. S. 5, 16, 31, 40).

73   Um die Bedeutung dessen zu verdeutlichen, sei auf eine Stelle bei
Rittstieg (Eigentum, S. 328 f.) verwiesen: "Die freiheitsbeschnei-
dende Wirkung des Mietverhältnisses für den Mieter liegt aber auch
darin, daß er in Gestalt des Mietzinses dem Eigentümer dauernd
tributpflichtig bleibt. "

74   S. oben B. II. a.

75   Vgl. die Einkommens- und Verbrauchsstichprobe 1969 des Statistischen Bundesamtes, Wirtschaft und Statistik 1971, S. 261
(Tab. 1).

76   Rittstieg, Eigentum, S. 329.

77   So Loesch, Vermögensbildung, S. 8.

78 S. Breidenstein, Eigentum, S. 49 f.; S. 318, Bahrdt, Neue Heimat 1964, S. 4; ders., Humaner Städtebau, S. 74 f.
79 Städtebauinstitut, Selbsthilfe, S. 17; im übrigen s. oben A. II. b., B. II. c.
80 S. oben, B. II. c.
81 S. oben, B. II. b.
82 Rittstieg, Eigentum, S. 327.
83 VerhBT. (1. WP), 245. Sitzung, S. 11694; im übrigen s. oben A. II. d. und A. II. c. 5.
84 Nach Bahrdt (Humaner Städtebau, S. 75) stellt sich der staatliche Einfluß durch die Eigenheimförderung in der Weise dar, daß "die verschiedenen deutschen Bundesregierungen ... immer mehr Menschen in eine Seßhaftigkeit drängten"; schließlich (a. a. O., S. 77): "Es ist nicht Aufgabe einer staatlichen Wohnungspolitik, durch Lenkung öffentlicher Mittel einem großen Teil der Bevölkerung eine bestimmte Lebensweise a u f z u d r ä n g e n , evtl. sogar a u f z u n ö t i g e n" (Hervorhebungen nicht im Original).
85 S. oben, A. II. d.
86 Rittstieg, Eigentum, S. 318. (Das Zitat bezieht sich unmittelbar auf das personale Eigentum "moderner Konsumgegenstände" in seiner Funktion als Statussymbol und Prestigeobjekt; es kann aber auch sinngemäß für das Eigenheim als Ware mit vergleichbaren Phänomenen - s. B. II. d. - übernommen werden.)
87 Rittstieg, Eigentum, S. 329; s. bereits oben, bei der Erörterung der Freiheitsfunktion; im übrigen s. oben, B. II. a.
88 Seit einigen Jahren wird der noch 1956 als "Eigentumsbildung im Wohnungsbau" propagierte Eigenheimbau in der öffentlichen Diskussion als Aspekt der "Vermögensbildung" verstanden; zum Eigenheim als Form der Vermögensbildung s. Loesch, Vermögensbildung, S. 8.
89 S. oben A. II. c. 4. 2.
90 S. Breidenstein, Eigentum, S. 38 f.
91 Ott, Eigentum und Städtebau, S. 57.
92 Zur Vermögensverteilung in der Bundesrepublik s. oben B. II. a.
93 S. oben A. II. d.
94 § 7 Abs. 1 II. WoBG i. d. jeweiligen Fassung.
95 Bei der Kleinsiedlung ist dieser Zweck im Gesetz ausdrücklich formuliert, s. § 10 II. WoBG i. d. jeweiligen Fassung.
96 S. auch Loesch, Vermögensbildung, S. 8.
97 S. Loesch, a. a. O., S. 122 ff.; s. auch Bergmann, Agrarromantik.
98 S. Ott, Bodenrecht, S. 157 f.; derselbe, Eigentum und Städtebau, S. 56 f.; ebenso Wagner, VVdStL 27, S. 72.
99 K. Neumann, Vermögensverteilung, S. 98: "Die Sicherheit des einzelnen wird heute überwiegend durch Leistungen und Vorleistungen der Gesellschaft garantiert (z. B. Konjunktur-, Struktur-, Bildungs- und Sozialpolitik)"; ebenso: Stein, Eigentumsbegriff, S. 505; Häberle, VVdStL 30, S. 100 f.; Gotthold, Wirtschaftliche Entwicklung, S. 125.

100	Breidenstein, Eigentum, S. 39 (auch S. 313); ebenso: Sendler, Döv 74, S. 75.
101	S. oben B. II. d.
102	S. Gehlen, Eigentumsproblem, S. 171; Küng, Eigentum, S. 38.
103	Zur Prestigefunktion von Eigentum s. Breidenstein, Eigentum, S. 51 ff.; Gehlen, Eigentumsproblem, S. 171; Küng, Eigentum, S. 38 ff.; Rittstieg, Eigentum, S. 318 ff.; Stein, Eigentumsbegriff, S. 505; s. auch Däubler, Eigentum, S. 209 f.
104	S. Rittstieg, Eigentum, S. 313 ff.; Däubler, Eigentum, S. 207 ff.; Badura, Verh. 49. JT, Bd. II, Teil 2, S. T 7 ff.; Ott, Eigentum und Städtebau, S. 67 ff.; Breidenstein, Eigentum, S. 21 ff.
105	Der mangelnden Kenntnisnahme gesellschaftlicher Entwicklungen dürfte die Bezeichnung "Autistische 'Wissenschaft' vom öffentlichen Recht" geschuldet sein; s. Ridder, Die soziale Ordnung des Grundgesetzes, S. 10; s. auch Ott, Bodenrecht, S. 145.
106	Zu dieser Einteilung s. Rittstieg, Eigentum, S. 313 ff.; Däubler, Eigentum, S. 207 ff. Ebenfalls für einen differenzierenden Eigentumsbegriff: Ott, Bodenrecht, S. 157 ff.; derselbe, Eigentum und Städtebau, insb. S. 67 ff.; Breidenstein, Eigentum, insb. S. 50 u. S. 310 ff.; Badura, Verh. 49. JT. Bd. II, Teil 2, S. T 11 f.; Saladin, Grundrechte im Wandel, S. 319 ff. (395); Böckenförde, Eigentum, S. 226 ff. (der allerdings "besondere durch einen unterschiedlichen Rechtsinhalt gekennzeichneten Eigentumsarten" erst vom Gesetzgeber über Art. 14 Abs. I Satz 2 GG für realisierbar hält) (S. 227); auch Carlo Schmid in den Verhandlungen des Parlamentarischen Rats, JöR 1, S. 146; s. ebenfalls Däubler, Mitbestimmung, S. 251 ff.; Stein, Eigentumsbegriff, S. 517 ff.; Sendler, Döv 1974, S. 73 ff. (79); auch schon Schumpeter, Kapitalismus, Sozialismus, Demokratie, S. 228 ff. u. S. 256; O. v. Gierke, Die soziale Aufgabe des Privatrechts, S. 20 f.; s. auch Wieacker, Wandlungen d. Eigentumsverfassung (z. B. S. 9 ff.).
107	S. beispielsweise Ott, Eigentum und Städtebau sowie derselbe, Bodenrecht; Böckenförde, Eigentum; K. Neumann, Vermögensverteilung.
108	W. Weber, Eigentum, S. 319; ebenso: Benda, Industrielle Herrschaft, S. 311 ff.; W. Geiger, Eigentumsgarantie, S. 189 ff.
109	Badura, Verh. 49. JT. Bd. II, Teil 2, S. T 12, ebenso: Ott, Eigentum und Städtebau, S. 69 f.; derselbe, Bodenrecht, S. 158; Sendler, Döv 1974, S. 79 f.; Rittstieg (Eigentum, S. 313 f.) geht demgegenüber davon aus, daß die Frage des Eigentumsbegriffs von der der "Rechtsfolgeseite" zu trennen sei: "Der verfassungsrechtliche Eigentumsbegriff umschreibt zunächst nur den Anwendungsbereich der Gewährleistung; ihre materielle Tragweite ist dadurch nicht präjudiziert"; a. a. O., S. 314.
110	S. dazu beispielsweise die Argumentationsweise bei Benda, Industrielle Herrschaft, S. 312 f.; W. Geiger, Eigentumsgarantie, S. 189 ff.
111	Lücke, Die Aufgaben der nächsten Jahre, S. 28 und derselbe, Die Volksheimstätte 1951, Heft 2, S. 3; s. auch Nell-Breuning, Die

Volksheimstätte 1951, Heft 8, S. 10; Fertsch-Röver, Unternehmer, S. 182 f.; im übrigen s. bereits oben, B. II. d.

112 Ott, Bodenrecht, S. 158; ebenso: derselbe, Eigentum, S. 60 f.; desgleichen Rittstieg, Eigentum, S. 322 und S. 336.

LITERATURVERZEICHNIS

ABENDROTH, Wolfgang: Zum Begriff des demokratischen und sozialen Rechtsstaates im Grundgesetz der Bundesrepublik Deutschland, in: Forsthoff, Ernst (Hrsg.), Rechtsstaatlichkeit und Sozialstaatlichkeit, Darmstadt 1968, S. 114 ff. (zit.: Abendroth, Demokratischer und sozialer Rechtsstaat).

ADEBAHR, Hubertus: Binnenwanderung und Lohnhöhe - Eine Analyse der Binnenwanderungen in der Bundesrepublik in den Jahren 1957-1967 im Hinblick auf die Frage, ob Wanderungen "lohngerichtet" sind, in: Szell, György (Hrsg.), Regionale Mobilität - Elf Aufsätze, München 1972 (zit.: Adebahr, Binnenwanderung und Lohnhöhe).

ALTVATER, Elmar: Zu einigen Problemen des Staatsinterventionismus, in: Probleme des Klassenkampfs, Nr. 3, S. 1 ff. (1972) (zit.: Altvater, Prokla 3).

APPEL, Rudolf Heinrich: Heißer Boden - Stadtentwicklung und Wohnprobleme in Frankfurt am Main (Eine Publikation des Presse- und Informationsamtes der Stadt Frankfurt aus der Schriftenreihe "Frankfurter Probleme - Frankfurter Antworten"), Frankfurt, 1974 (zit.: Appel, Heißer Boden).

AUTORENKOLLEKTIV: Klassenbewegung und Staat in der Bundesrepublik Deutschland, in: Gesellschaft - Beiträge zur Marxschen Theorie 8/9, S. 51 ff. (zit.: Autorenkollektiv, Gesellschaft 8/9).

BADURA, Peter: Eigentum im Verfassungsrecht der Gegenwart, in: Verh. 49. JT (1972), Band II/Teil 2, (zit.: Badura, Verh. 49. JT, Band II/Teil 2).

BADURA, Peter: Auftrag und Grenzen der Verwaltung im sozialen Rechtsstaat, in: DÖV 1968, S. 446 ff. (zit.: Badura, DÖV 1968).

BAETHGE, M./GERSTENBERGER, F./KERN, H./SCHUMANN, M./ STEIN, H.W./WICKEMANN, E.: Produktion und Qualifikation - eine Vorstudie zur Untersuchung von Planungsprozessen im System der beruflichen Bildung, Hannover, 1974 (zit.: Baethge et al., Produktion).

BAHRDT, Hans Paul: Humaner Städtebau - Hamburg, 1968.

- Das Eigenheimdogma, in: Neue Heimat - Monatshefte für neuzeitlichen Wohnungsbau 1964, Heft 7, S. 1 ff. (zit.: Bahrdt, Neue Heimat 1964).

BALLERSTEDT, Eike: Zieldimensionen und Indikatoren der Verkehrsversorgung, in: Zapf, Lebensbedingungen, S. 463 ff. (zit. Ballerstedt, Verkehrsversorgung).

BARAN, Paul A.: Thesen zur Werbung, in: derselbe, Zur politischen Ökonomie der geplanten Wirtschaft, Frankfurt, 1968, S. 124 ff.

BASISDATEN: Zahlen zur sozio-ökonomischen Entwicklung der Bundesrepublik Deutschland - bearbeitet von Roland Ermich, Bonn-Bad Godesberg, 1974 (zit.: Basisdaten).

BAUR, Fritz: Lehrbuch des Sachenrechts, 9. Aufl., München, 1977 (zit.: Baur, Sachenrecht).

BAUWIRTSCHAFT, Enquete über die .., herausgegeben von Kirner, Wolfgang/Guicciardi, Rene/Menkhoff, Herbert/Zinkhan, Willy - (im Auftrag des Bundesministers für Wirtschaft), Teil I und II, Stuttgart, 1973 (zit.: Bauenquete I/II).

BEHLKE, Reinhard: Der Neoliberalismus und die Gestaltung der Wirtschaftsverfassung in der Bundesrepublik Deutschland, Berlin, 1961 (zit.: Behlke, Neoliberalismus).

BENDA, Ernst: Industrielle Herrschaft und sozialer Staat - Wirtschaftsmacht von Großunternehmen als gesellschaftspolitisches Problem, Göttingen, 1966 (zit.: Benda, Industrielle Herrschaft).

BENEDICT, Hans-Jürgen: Kleinbürgerliche Politisierung - zur Partizipation des Vereinslebens und der Verbandstätigkeit, in: Bahr, Hans-Eckehardt (Hrsg.), Politisierung des Alltags - gesellschaftliche Bedingungen des Friedens, Darmstadt/Neuwied, 1968, S. 70 ff. (zit.: Benedict, Politisierung).

BENTMANN, Reinhard/MÜLLER, Michael: Die Villa als Herrschaftsarchitektur - Versuch einer kunst- und sozialgeschichtlichen Analyse, 2. Aufl., Frankfurt, 1971 (zit.: Bentmann/Müller, Villa).

BERGER-THIMME, Dorothea: Wohnungsfrage und Sozialstaat - Eine Untersuchung zu den Anfängen staatlicher Wohnungspolitik in Deutschland (1873-1918), Frankfurt/Bern, 1976 (zit.: Berger-Thimme, Wohnungsfrage).

BERGMANN, Klaus: Agrarromantik und Großstadtfeindlichkeit, Meisenheim am Glan, 1970 (zit.: Bergmann, Agrarromantik).

BERGMANN, Joachim/JACOBI, Otto/MÜLLER-JENTSCH, Walther: Gewerkschaften in der Bundesrepublik, Frankfurt/Köln, 1975 (zit.: Bergmann/Jacobi/Müller-Jentsch, Gewerkschaften).

BERNDT, Heide: Das Gesellschaftsbild bei Stadtplanern, 2. Auflage, Stuttgart/Bern, 1968 (zit.: Berndt, Gesellschaftsbild).

BLANKE, Bernhard/JÜRGENS, Ullrich/KASTENDIEK, Hans: Kritik der Politischen Wissenschaft 2 (Band 2) - Analysen von Politik und Ökonomie in der bürgerlichen Gesellschaft, Frankfurt/New York, 1975 (zit.: Blanke/Jürgens/Kastendiek, Kritik der Politischen Wissenschaft 2).

BLANKE, Thomas/SACHSSE, Christoph: Verfassungstheorie (Rezension), in: Kritische Justiz 1975, S. 26 ff. (zit.: T. Blanke/Sachße, KJ 1975).

BLECHSCHMIDT, Aike: Löhne, Preise, Gewinne 1967-1973 - Materialien zur "Lohn-Preis-Spirale" und Inflation, Lampertheim, 1974 (zit.: Blechschmidt, Löhne-Preise-Gewinne).

BLEUEL, Hans Peter: Kinder in Deutschland, 2. Aufl., München, 1974.

BODENHOEFER, Hans-Joachim: Arbeitsmobilität und regionales Wachstum, Berlin, 1969 (zit.: Bodenhoefer, Arbeitsmobilität).

BÖCKENFÖRDE, Ernst-Wolfgang: Eigentum, Sozialbindung des Eigentums, Enteignung, in: Duden, Konrad/Külz, Helmut/Ramm, Thilo/Scharnberg, Reinhold: Gerechtigkeit in der Industriegesellschaft -

Rechtspolitischer Kongreß der SPD vom 5., 6. und 7. Mai 1972 in Braunschweig / Dokumentation, Karlsruhe, 1972, S. 215 ff. (zit.: Bockenförde, Eigentum).

BOHLEN, Waltraud: Die volkswirtschaftlichen Auswirkungen von Vermögensbildungs-Plänen - (Schriftenreihe des Forschungsinstituts der Friedrich-Ebert-Stiftung), Hannover, 1969 (zit.: Bohlen, Vermögensbildungs-Pläne).

BORN, Karl Erich: Der soziale und wirtschaftliche Strukturwandel Deutschlands am Ende des 19. Jahrhunderts, in: Wehler, Hans-Ulrich (Hrsg.), Moderne deutsche Sozialgeschichte, 4. Aufl., Köln, 1973, S. 271 ff. (zit.: Born, Strukturwandel).

BRANDES, Volkhard (Hrsg.): Handbuch 1, Perspektiven des Kapitalismus, Frankfurt/Köln, 1974 (zit.: Brandes, Perspektiven).

BREDE, Helmut/DIETRICH, Barbara/KOHAUPT, Bernhard: Politische Ökonomie des Bodens und der Wohnungsfrage, Frankfurt, 1976 (zit.: Brede/Dietrich/Kohaupt, Wohnungsfrage).

BREDE, Helmut/KOHAUPT, Bernhard/KUJATH, Hans Joachim: Ökonomische und politische Determinanten der Wohnungsversorgung; Frankfurt, 1975 (zit.: Brede/Kohaupt/Kujath, Wohnungsversorgung).

BREIDENSTEIN, Gerhard: Das Eigentum und seine Verteilung - Eine sozialwissenschaftliche und evangelisch-sozialethische Untersuchung zum Eigentum und zur sozialen Gerechtigkeit, Stuttgart/Berlin, 1968, (zit.: Breidenstein, Eigentum).

BUNDESANSTALT FÜR ARBEIT: Ausländische Arbeitnehmer 1972/1973, Beschäftigung, Anwerbung, Vermittlung - Erfahrungsbericht 1972/1973, Nürnberg, 1974 (zit.: Bundesanstalt für Arbeit, Ausländische Arbeitnehmer 1972/1973).

BUNDESWOHNUNGSBAUMINISTER: Merkmale und Entwicklungstendenzen des sozialen Wohnungsbaues unter dem Zweiten Wohnungsbaugesetz (Wohnungsbau- und Familienheimgesetz), in: BBauBl. 1958, S. 55 ff. (zit.: Bundeswohnungsbauminister, BBauBl. 1958).

- Der soziale Wohnungsbau in der Bundesrepublik im Gesamtjahr 1959, in: BBauBl. 1960, S. 237 ff. (zit.: Bundeswohnungsbauminister, BBauBl. 1960).

BUNDESWOHNUNGSBAUMINISTER: Jahresbericht 1972 - Auszug aus "Jahresberichte der Bundesregierung", Bonn, o.J. (zit.: Bundeswohnungsbauminister, Jahresbericht 1972).

- Merkblatt über die Förderung von Eigenheimen und Eigentumswohnungen, Bonn, o.J. (1975).

- Sozialer Wohnungsbau: Jahresbericht 1973, in: BBauBl. 1975, S. 205 ff. (zit.: Bundeswohnungsbauminister, BBauBl. 1975).

CLAESSENS, Dieter: Familie und Wertsystem, Berlin, 1962.

CLARKE, Simon/GINSBURG, Norman: The Political Economy of Housing, in: Kapitalistate (Working Papers on the Capitalist State) 4-5/1976, S. 66 ff. (zit.: Clarke/Ginsburg, Kapitalistate 4-5/1976).

DÄUBLER, Wolfgang: Eigentum und Recht in der BRD, in: Däubler, Wolfgang/Sieling-Wendeling, Ulrike/Welkoborsky, Horst: Eigentum und

Recht - Die Entwicklung des Eigentumsbegriffs im Kapitalismus, Darmstadt/Neuwied, 1976, S. 141 ff. (zit.: Däubler, Eigentum).
- Das Grundrecht auf Mitbestimmung und seine Realisierung durch tarifvertragliche Begründung von Beteiligungsrechten, Frankfurt, 1973 (zit.: Däubler, Mitbestimmung).
DENNINGER, Erhard: Staatsrecht - Einführung in die Grundprobleme des Verfassungsrechts der Bundesrepublik Deutschland - 1. Die Leitbilder: Leerformeln? Lügen? Legitimationen? Hamburg, 1973 (zit.: Denninger, Staatsrecht).
DERLEDER, Peter/WINTER, Gerd: Zur verfassungsrechtlichen Stellung des Mieters: Das Beispiel der Mobilisierung öffentlicher Wohnungsbaumittel, in: JZ 1976, S. 657 ff. (zit.: Derleder/Winter, JZ 1976, S. 657).
DEUTSCHE BAUSPARKASSE (DBS) E G DARMSTADT: Bausparen ist so einfach, o.O., o.J. (Werbebroschüre).
DICHTER, Ernest: Strategie im Reich der Wünsche, Düsseldorf, 1961 (zit.: Dichter, Strategie).
DICKE, Detlev Chr.: (Kommentierung zu) Art. 14, in: Münch, Ingo von (Hrsg.): Grundgesetz-Kommentar, Bd. 1, Frankfurt, 1974 (zit.: Dicke, in: Münch, Grundgesetz Art. 14).
DÖRING, Wolfgang: Perspektiven einer Architektur, Frankfurt, 1973 (zit.: Döring, Architektur).
DUWENDAG, Dieter: Kapitalmarkt - Baumarkt - Bauinvestitionen: Interdependenzen, in: Schneider, Hans Karl (Hrsg.): Wohnungs- und Städtebau in der Konjunktur, S. 39 ff. (zit.: Duwendag, Kapitalmarkt).
ECKART, Joerg: Das Eigenheim im Grünen, in: Die Zeit Nr. 24/1964 (zit.: Eckart, Die Zeit 24/1964).
EINEM, Eberhard von/FASSBINDER, Helga/LANG, Georg/RINKLEFF, Frank: Die Entwicklung von der sozialkritischen Bodenreformbewegung zur reformistischen Bodenpolitik, in arch plus Heft 17 (1973), S. 63 ff. zit.: Einem et al., arch plus H. 17).
EHMKE, Horst: Wirtschaft und Verfassung - Die Verfassungsrechtsprechung des Supreme Court zur Wirtschaftsregulierung, Karlsruhe, 1961 (zit.: Ehmke, Wirtschaft).
EHRENFORTH, Werner: Zweites Wohnungsbaugesetz - Wohnungsbau- und Familienheimgesetz, Kommentar, Köln/Berlin/Bonn, 1958 (zit.: Ehrenforth, II. WoBG).
- Zweites Wohnungsbaugesetz, Kommentar - Nachtrag, Köln/Berlin/Bonn/München, 1962 (zit.: Ehrenforth, II. WoBG (Nachtrag).
ENGELS, Friedrich: Die Lage der arbeitenden Klasse in England, nach: Marx/Engels, Werke Band 2, Berlin, 1972, S. 225 ff.
- Zur Wohnungsfrage, nach: Marx/Engels, Werke Band 18, Berlin, 1969, S. 209 ff.
- An J. Bloch, nach: Marx/Engels, Werke Band 37, Berlin, 1967, S. 462 ff.
- An H. Starkenburg, nach: Marx/Engels, Werke Band 39, Berlin, 1968, S. 205 ff.

EPPINGER, Karl Albrecht/HOPPE, Ingo/JANSEN, Bernd/MAYFART,
Rainer: Wohnen, Politik und Wohnungspolitik, in: arch plus, Heft 11/
1970, S. 3 ff. (zit.: Eppinger et al., arch plus H. 11).

ESSER, Josef: Einführung in die Grundbegriffe des Rechts und des Staates
- Eine Einführung in die Rechtswissenschaft und in die Rechtsphilo-
sophie, Wien, 1949 (zit.: Esser, Grundbegriffe).

EUCKEN, Walter: Grundsätze der Wirtschaftspolitik (herausgegeben von
Edith Eucken-Erdsiek und K. P. Hensel), Hamburg, 1969 (zit.:
Eucken, Wirtschaftspolitik).

EYNERN, Gert von: Grundriß der Politischen Wirtschaftslehre I, 2. Aufl.,
Opladen, 1972 (zit.: Eynern, Politische Wirtschaftslehre).

FAERBER, Renate: Die Stadt der Angst - Neckarsulm bangt um sein Auto-
mobilwerk und seine Zukunft, in: Frankfurter Rundschau Nr. 10/1975
(vom 8.3.1975) - (zit.: Faerber, Frankfurter Rundschau Nr. 10/1975).

FAMILIE UND WOHNEN - Analysen und Empfehlungen zur Wohnungsversorgung der Familien und zur Förderung familiengerechten Wohnens
in der Bundesrepublik Deutschland, Hrsg. Bundesminister für Jugend,
Familie und Gesundheit, Stuttgart/Berlin/Köln/Mainz, 1976 (zit.:
Familie und Wohnen).

FAMILIENBERICHT: 1. Bericht der Bundesregierung über die Lage der
Familien in der Bundesrepublik Deutschland, BTDrS. V/2532 (zit.:
Erster Familienbericht, BTDrS. V/2532).

- 2. Bericht der Bundesregierung über die Lage der Familien in der
Bundesrepublik Deutschland, Zweiter Familienbericht, BTDrS.
7/3502 (zit.: Zweiter Familienbericht, BTDrS. 7/3502).

FERTSCH-RÖVER, Dieter: Der selbständige Unternehmer in unserer
Zeit, in: Lutzeyer, August (Hrsg.), Jahrbuch des deutschen Unter-
nehmers 1965, Freudenstadt, 1965, S. 181 ff. (zit.: Fertsch-Röver,
Unternehmer).

FEY, Walter: Die Investitionen im Wohnungsbau 1951 und ihre Aufbringung, in: BBauBl. 1952, S. 50 ff. (zit.: Fey, BBauBl. 1952).

- Die Finanzierung der Wohnbauleistung 1955, in: BBauBl. 1956,
S. 207 ff. (zit.: Fey, BBauBl. 1956).

- Die Quellen der Wohnungsbaufinanzierung in der Bundesrepublik
im Jahre 1958, in: BBauBl. 1959, S. 170 ff. (zit.: Fey, BBauBl.
1959).

- Tendenzen und Merkmale des Wohnungsbaues 1961 mit einem Ausblick auf 1962, in: BBauBl. 1962, S. 221 ff. (zit.: Fey, BBauBl.
1962).

- Tendenzen und Merkmale des Wohnungsbaues 1962 - Mit einem
Ausblick auf 1963, in: BBauBl. 1963, S. 219 ff. (zit.: Fey, BBauBl.
1963).

- Die Quellen der Wohnungsbaufinanzierung im Jahr 1964, in: BBauBl.
1965, S. 142 ff. (zit.: Fey, BBauBl. 1965/a).

- Der öffentlich geförderte soziale Wohnungsbau in der Bundesrepublik im Jahre 1964, in: BBauBl. 1965, S. 254 ff. (zit.: Fey, BBauBl.
1965/b).

- Tendenzen und Merkmale des Wohnungsbaus 1965, in: BBauBl. 1966, S. 187 ff. (zit.: Fey, BBauBl. 1966).

FISCHER-DIESKAU, J (oachim)/PERGANDE, H (ans) G (ünther)/SCHWEN-DER H (einz Werner): Das Erste Wohnungsbaugesetz der Bundes-republik, 2. Aufl., Köln-Braunsfels, 1954 (zit.: Fischer-Dieskau/Pergande/Schwender, I. WoBG).

- Wohnungsbaurecht I (Band 1): Das Zweite Wohnungsbaugesetz, Kommentar, Essen, 1976 (zit.: Fischer-Diskau/Pergande/Schwender, Wohnungsbaurecht 1).

- Wohnungsbaurecht, Kommentar, Teilband II: Zweites Wohnungs-baugesetz, Köln-Braunsfeld, 1977 (zit.: Fischer-Dieskau/Pergande/Schwender, Wohnungsbaurecht 2).

FÖHL, Carl: Kreislaufanalytische Untersuchung der Vermögensbildung in der Bundesrepublik und der Beeinflußbarkeit ihrer Verteilung - Gutachten erstellt im Auftrage des Bundeswirtschaftsministeriums (unter Mitarbeit von Manfred Wegner und Leo Kowalski), Tübingen, 1964 (zit.: Föhl, Vermögensbildung).

FORSTMANN, Walter: Bauliche Selbsthilfe bei Kleinsiedlungen, in: Die Volksheimstätte 1951, Heft 10, S. 5 ff. (zit.: Forstmann, Die Volksheimstätte 1951).

- Wohnstätten-Gesellschaften schaffen Eigenheime für Bergleute, in: Die Volksheimstätte 1952, Heft 12, S. 5 f. (zit.: Forstmann, Die Volksheimstätte 1952).

FROMM, Erich: Sozialpsychologischer Teil, in: Studien über Autorität und Familie - Forschungsberichte aus dem Institut für Sozialfor-schung, Paris, 1936, S. 77 ff. (zit.: Fromm, Autorität und Fami-lie).

GALBRAITH, John Kenneth: Gesellschaft im Überfluß, München/Zürich, 1963.

- Die moderne Industriegesellschaft, Frankfurt/Wien/Zürich, 1969 (zit.: Galbraith, Industriegesellschaft).

GEHLEN, Arnold: Soziologische Aspekte des Eigentumsproblems in der Industriegesellschaft, in: Eigentum und Eigentümer in unserer Gesellschaftsordnung - Veröffentlichungen der Walter-Raymond-Stiftung, Bd. I, Köln/Opladen, 1966, S. 164 ff. (zit.: Gehlen, Eigentumsproblem).

GEIGER, Willi: Die Eigentumsgarantie des Artikel 14 (Grundgesetz) und ihre Bedeutung für den sozialen Rechtsstaat, in: Eigentum und Eigentümer in unserer Gesellschaftsordnung - Veröffentlichungen der Walter-Raymond-Stiftung, Bd. 1, Köln/Opladen, 1966, S. 185 ff. (zit.: W. Geiger, Eigentumsgarantie).

GEORGII, Peter: Betriebliche Wohnungsfürsorge - Möglichkeiten und Probleme, Baden-Baden/Frankfurt, 1957 (zit.: Georgii, Woh-nungsfürsorge).

GESCHÄFTSBERICHT DER BANK DEUTSCHER LÄNDER für die Jahre 1948 und 1949, Frankfurt/Butzbach, 1950.

GIERKE, Otto: Die soziale Aufgabe des Privatrechts, Berlin, 1889.

GLATZER, Wolfgang: Ziele, Standards und soziale Indikatoren für die Wohnungsversorgung, in: Zapf, Lebensbedingungen, S. 575 ff. (zit.: Glatzer, Wohnungsversorgung).

GOTTHOLD, Jürgen: Wirtschaftliche Entwicklung und Verfassungsrecht, Köln, 1975 (zit.: Gotthold, Wirtschaftliche Entwicklung).

GREBING, Helga: Geschichte der deutschen Arbeiterbewegung - Ein Überblick, München, 1970 (zit.: Grebing, Arbeiterbewegung).

GREIFF, Bodo von/HERKOMMER, Hanne: Die Abbildtheorie und "Das Argument", in: Probleme des Klassenkampfs, Heft 16 (1974), S. 151 ff. (zit.: Greiff/Herkommer, Probleme des Klassenkampfs, Heft 16).

GABLERS WIRTSCHAFTSLEXIKON, herausgegeben von R. Sellien und H. Sellien, Erster Band und Zweiter Band, jeweils: 8. Aufl., Wiesbaden, 1971 (zit.: Gablers Wirtschaftslexikon I/II).

HABERMAS, Jürgen: Über den Begriff der politischen Beteiligung, in: derselbe/Friedeburg, Ludwig von/Oehler, Christoph/Weltz, Freidrich: Student und Politik - Eine soziologische Untersuchung zum politischen Bewußtsein Frankfurter Studenten (zit.: Habermas, Politische Beteiligung).

-        Strukturwandel der Öffentlichkeit - Untersuchung zu einer Kategorie der bürgerlichen Gesellschaft, 4. Aufl., Neuwied/Berlin, 1969 (zit.: Habermas, Strukturwandel).

-        Zur Logik der Sozialwissenschaften, Materialien, 3. Aufl., Frankfurt, 1973 (zit.: Habermas, Logik der Sozialwissenschaften).

-        Theorie der Gesellschaft oder Sozialtechnologie? - Eine Auseinandersetzung mit Niklas Luhmann, in: derselbe/Luhmann, Niklas: Theorie der Gesellschaft oder Sozialtechnologie - was leistet die Systemforschung? Frankfurt, 1971 (zit.: Habermas, Theorie der Gesellschaft oder Sozialtechnolgoie?)

HÄBERLE, Peter: Grundrechte im Leistungsstaat, in: VVdStL 30 (1971), S. 43 ff. (zit.: Häberle, VVdStL 30).

HÄMMERLEIN, Hans: Die verwaltete Wohnungspolitik, Baden-Baden, 1968 (zit.: Hämmerlein, Wohnungspolitik).

HAENSCH, Dietrich: Repressive Familienpolitik - Sexualunterdrückung als Mittel der Politik, Reinbek bei Hamburg, 1969 (zit.: Haensch, Familienpolitik).

HÄRING, Dieter: Zur Geschichte und Wirkung staatlicher Intervention im Wohnungssektor - Gesellschaftliche und sozialpolitische Aspekte der Wohnungspolitik in Deutschland, Hamburg, 1974 (zit.: Häring, Wohnungssektor).

HÄUSERRAT FRANKFURT: Wohnungskampf in Frankfurt, München, 1974,

HANS, Wilhelm: Das neue Mietrecht in den weißen Kreisen - Kommentar zum Mietrecht des BGB und zum Prozeßrecht, zum Wohngeld- und Wohnungsbindungsgesetz sowie Sammlung des gesamten Miet-, Wohn- und Wohnungsbaurechts einschließlich des Abgabenrechts, Band II, Percha am Starnberger See, 1977 (zit.: Hans, Mietrecht II).

HANSEN, Walter: Die Kleineigenheime in Deutschland, ihre wirtschaft-
lich-sozialen Probleme und Erfolge, Hamburg, 1939 (zit. : Hansen,
Kleineigenheime).

HARLOFF, Hans Joachim: Der Einfluß psychischer Faktoren auf die
Mobilität der Arbeit, Berlin 1970 (zit. : Harloff, Psychische
Faktoren).

HARTWICH, Hans-Hermann: Sozialstaatspostulat und gesellschaftlicher
status quo, Köln/Opladen, 1970 (zit. : Hartwich, Sozialstaatspostulat).

HAUG, Wolfgang Fritz: Kritik der Warenästhetik, Frankfurt, 1971
(zit. : Haug, Warenästhetik).

HAYEK, F (riedrich) A (august) von: Grundsätze einer liberalen Gesellschaftsordnung, in: derselbe, Freiburger Studien - Gesammelte
Aufsätze, Tübingen, 1969, S. 108 ff. (zit. : Hayek, Gesellschaftsordnung).

HEINRICH, Adolf: Die Wohnungsnot und Wohnungsfürsorge privater Ar-
beitgeber in Deutschland im 19. Jahrhundert, Marburg, 1970 (zit. :
Heinrich, Wohnungsnot).

HEINSOHN, Gunnar/KNIEPER, Rolf: Theorie des Familienrechts: Ge-
schlechtsrollenaufhebung, Kindesvernachlässigung, Geburtenrückgang, Frankfurt, 1974 (zit. : Heinsohn/Knieper, Familienrecht).

HERLYN, Ingrid/HERLYN, Ulfert: Wohnverhältnisse in der BRD, Frankfurt, New York, 1976 (zit. : Herlyn/Herlyn, Wohnverhältnisse).

HERZOG, Roman: Sperre für den Sozialismus, in: Kremendahl, Hans/
Meyer, Thomas (Hrsg.): Sozialismus und Grundgesetz, Kronberg/Ts. ,
1974, S. 169.

HESSE, Konrad: Grundzüge des Verfassungsrechts der Bundesrepublik
Deutschland, 5. Aufl. , Karlsruhe, 1972 (zit. : Hesse, Verfassungsrecht).

HEUER, Jürgen: Die volkswirtschaftlichen Auswirkungen des verstärkten
Eigenheimbaues - Möglichkeiten und Zweckmäßigkeit, volkswirtschaftlich betrachtet, in: derselbe/Lowinski, Leonhard: Das Eigenheim - Eine soziologische und volkswirtschaftliche Analyse, Köln-
Braunsfeld, 1955, S. 61 ff. (zit. : Heuer, Volkswirtschaftliche Auswirkungen).

HEUSINGER, Adolf von: Die Notwendigkeit einer städtischen Bodenreform,
Oldenburg, 1950 (zit. : Heusinger, Bodenreform).

HIRSCH, Joachim: Wissenschaftlich-technischer Fortschritt und politisches System - Organisation und Grundlagen administrativer Wis-
senschaftsförderung in der BRD, 2. Aufl. , Frankfurt, 1970 (zit. :
Hirsch, Wissenschaftlich-technischer Fortschritt).

HOPPSTOCK, Robert: Strukturprobleme und Krise - Zur Entwicklung der
Bau- und Textilindustrie, in: Huffschmid, Jörg/Schui, Herbert (Hrsg.),
Gesellschaft im Konkurs? - Handbuch zur Wirtschaftskrise 1973-1976
in der BRD, Köln, 1976, S. 160 ff. (zit. : Hoppstock, Strukturprobleme).

HORKHEIMER, Max: Allgemeiner Teil, in: Studien über Autorität und
Familie - Forschungsberichte aus dem Institut für Sozialforschung,
Paris, 1936, S. 3 ff. (zit. : Horkheimer, Autorität und Familie).

HORN, Klaus: Zur Formulierung der Innerlichkeit - Demokratie als psychologisches Problem, in: Schäfer, Gert/Nedelmann, Carl (Hrsg.): Der CDU-Staat (Band 2) - Analysen zur Verfassungswirklichkeit der Bundesrepublik, Frankfurt, 1969, S. 315 ff. (zit. : Horn, Innerlichkeit).

HORSTMANN, Kurt: Der Anteil der alten Leute steigt dauernd an - Zur bevölkerungspolitischen Lage in der Bundesrepublik Deutschland, in: Bulletin des Presse- und Informationsamtes der Bundesregierung Nr. 7/1954, S. 51 ff. (zit. : Horstmann, Bulletin Nr. 7/1954).

HUFFSCHMID, Jörg: Die Politik der Kapitals - Konzentration und Wirtschaftspolitik in der Bundesrepublik, 2. Aufl. , Frankfurt, 1969 (zit. : Huffschmid, Politik des Kapitals).

HULPKE, Erwin: Wohnungsbau und Konjunkturprogramm, in: BBauBl. 1967, S. 386 ff. (zit. : Hulpka, BBauBl. 1967).

HUNDHAUSEN, Kurt: Eigentumsidee stark verankert, in: Die Volksheimstätte 1952, Heft 12, S. 12 f. (zit. : Hundhausen, Die Volksheimstätte 1952, Heft 12).

HUNZIKER, Peter: Erziehung zum Überfluß - Soziologie des Konsums, Stuttgart/Berlin/Köln/Mainz, 1972 (zit. : Hunziker, Erziehung).

HUSTER, Ernst-Ulrich/KREIKER, Gerhard/SCHERER, Burkhard/ SCHLOTMANN, Friedrich-Karl/WELTECKE, Marianne: Determinanten der westdeutschen Restauration 1945-1949, Frankfurt, 1972 (zit. : Huster et al. , Determinanten).

IPSEN, Gunter (Hrsg.): Industrielle Großstadt - 1. Daseinsformen der Großstadt - Typische Formen sozialer Existenz in Stadtmitte, Vorstadt und Gürtel der industriellen Großstadt, Tübingen, 1959 (zit. : G. Ipsen, Daseinsformen).

IPSEN, Hans-Peter: Das Bundesverfassungsgericht und das Privateigentum, in: AöR 91 (1966), S. 85 ff. (zit. : Ipsen, AöR 91).

JAHRESBERICHT 1963, (Hrsg. :) Geschäftsstelle Öffentlicher Bausparkassen im Deutschen Spar- und Giroverband eV, Bonn, 1964 (zit. : Jahresbericht der öffentlichen Bausparkassen 1963).

JAHRESGUTACHTEN DES SACHVERSTÄNDIGENRECHTES zur Begutachtung der gesamtwirtschaftlichen Entwicklung; für 1964: BTDrS. VI/2890; 1965: BTDrS. V/123; 1966: BTDrS. V/1160; 1967: BTDrS. V/2310; 1968: BTDrS. V/3550; 1969: BTDrS. VI/100; 1970: BTDrS. VI/1470; 1971: BTDrS. VI/2847; 1972: BRDrS. 612/72; 1973: BTDrS. 7/1273; 1974: BTDrS. 7/2848; 1975: BTDrS. 7/4326 (zit. : Jahresgutachten - nach Jahr und DrS.).

JANSEN, Bernd: Wohnungspolitik, Leitfaden durch ein kalkulierbares Chaos, in· Kursbuch 27 (1972), S. 12 ff. (zit. : Jansen, Kursbuch 27).

JANSSEN, Jörn: Sozialismus, Sozialpolitik, Wohnungsnot, in: Helms, Hans G. / Janssen, Jörg (Hrsg.): Kapitalistischer Städtebau, 3. Aufl. , Neuwied/Berlin, 1971. S. 49 ff. (zit. : Janssen, Wohnungsnot).

Zweihundert Jahre Bodenreformbewegung - für Liberale, Kleinbürger, Reformer, Utopisten und Interessenten, in: Blätter für deutsche und internationale Politik 7/1973, S. 727 ff. (zit. : Janssen, Blätter f. d. u. int. Pol. 7/1973).

JONAS, Carsten: Mietkalkulation und Mietenentwicklung im Wohnungsbau, in: arch plus, Heft 19 (1973), S. 31 ff. (zit.: Jonas, arch plus, H. 19).

KÄTSCH, Elke Maria: Langfristige Bestimmungsgründe für die Erwerbstätigkeit verheirateter Frauen, Köln/Opladen, 1965 (zit.: Kätsch, Frauenerwerbstätigkeit).

KERN, Horst/SCHUMANN, Michael: Industriearbeit und Arbeiterbewußtsein- Eine empirische Untersuchung über den Einfluß der aktuellen technischen Entwicklung auf die industrielle Arbeit und das Arbeiterbewußtsein, Teil I, Frankfurt, 1970 (zit.: Kern/Schumann/ Industriearbeit).

KIRCHHEIMER, Otto: Privatmensch und Gesellschaft, in: derselbe: Politische Herrschaft - Fünf Beiträge zur Lehre vom Staat, Frankfurt, 1967, S. 92 ff.

-      Die Grenzen der Enteignung - Ein Beitrag zur Auslegungsgeschichte des Enteignungsinstituts und zur Auslegung des Art. 153 der Weimarer Verfassung, in: derselbe, Funktionen des Staates und der Verfassung - Zehn Analysen, Frankfurt, 1972, S. 223 ff. (zit.: Kirchheimer, Die Grenzen der Enteignung).

-      Eigentumsgarantie in Reichsverfassung und Rechtsprechung, in: derselbe, Funktionen des Staates und der Verfassung - Zehn Analysen, Frankfurt, 1972, S. 7 ff.

KLEIN, Albrecht: Wohnungsbaufinanzierung und Wohnungsbauförderung 1970/71, in: BBauBl. 1971, S. 260 ff. (zit.: Klein, BBauBl. 1971).

KLEINHENZ, Gerhard/LAMPERT, Heinz: Zwei Jahrzehnte Sozialpolitik in der Bundesrepublik - Eine kritische Analyse, in: Ordo XXII. Band, S. 103 ff. (zit.: Kleinhenz/Lampert, Ordo XXII).

KNIEPER, Rolf: Eigentum und Vertrag, in: KJ 1977, S. 147 ff. (zit.: Knieper, KJ 1977).

KOFLER, Leo: Zur Geschichte der bürgerlichen Gesellschaft - Versuch einer verstehenden Deutung der Neuzeit, 5. Aufl., Wien/Berlin (zit.: Kofler, Bürgerliche Gesellschaft).

KOMMUNALPOLITIK UND STADTENTWICKLUNG, Diplomseminar Lehrgebiet Wohnbau / Sommersemester 1971, Aachen TU 1971 (zit.: Kommunalpolitik und Stadtentwicklung).

KRATZSCH, Konrad: Arbeitnehmer und Wohneigentum, in: WWI-Mitteilungen Heft 5/1958, S. 116 ff. (zit.: Kratzsch, WWI-Mitteilungen Heft 5/1958).

KREIKEBAUM, Hartmut: Das Prestigemotiv im Investitionsverhalten, in: derselbe/Rinsche, Günter, Das Prestigemotiv in Konsum und Investition - Demonstrative Investition und aufwendiger Verbrauch, Berlin, 1961, S. 9 ff.

KRELLE, Wilhelm/SCHUNCK, Johann/SIEBKE, Jürgen: Überbetriebliche Ertragsbeteiligung der Arbeitnehmer - Mit einer Untersuchung über die Vermögensstruktur der Bundesrepublik Deutschland, Band II, Tübingen, 1968 (zit.: Krelle/Schunck/Siebke, Ertragsbeteiligung).

KÜHNL, Reinhard: Formen bürgerlicher Herrschaft. Liberalismus - Faschismus, Reinbek bei Hamburg, 1971 (zit.: Kühnl, Formen bürgerlicher Herrschaft).

KÜNG, Emil: Eigentum und Eigentumspolitik, Tübingen/Zürich, 1964 (zit.: Küng, Eigentum).

LANDESBAUSPARKASSE - die Bausparkasse der Hessischen Landesbank und der Sparkassen: Auf eigenem Grund und Boden (Werbebroschüre), o.O., o.J. (1975).

LAU, Heinrich: Naturrecht und Restauration in der BRD, in: KJ 1975, S. 244 ff. (zit.: Lau, KJ 1975).

LEE, Everett S.: Eine Theorie der Wanderung, in: Szell, György (Hrsg.): Regionale Mobilität - Elf Aufsätze, München, 1972, S. 115 ff.

LEFEBVRE, Henri: Das Alltagsleben in der modernen Welt, Frankfurt, 1972 (zit.: Lefebvre, Alltagsleben).

LEHR, Ursula: Die Rolle der Mutter in der Sozialisation des Kindes, Darmstadt, 1974 (zit.: Lehr, Rolle der Mutter).

LEISNER, Walter: Sozialbindung des Eigentums, Berlin, 1972 (zit.: Leisner, Eigentumsbegriff).

LEMMER, Hans: Vom Bergmannskotten zum Eigenheim - Wohnungsprobleme und ihre Lösung im Kohlenpott, in: Die Volksheimstätte 1952 Heft 12, S. 3 f. (zit.: Lemmer, Die Volksheimstätte 1952 Heft 12).

LEXIKON ZUR SOZIOLOGIE, herausgegeben von Fuchs, Werner/Klima, Rolf/Lautmann, Rüdiger/Rammstedt, Otthein/Wienhold, Hanns; 2 Bände, Reinbek bei Hamburg, 1975.

LOESCH, Achim von: Die Grenzen einer breiteren Vermögensbildung, Frankfurt, 1965 (zit.: Loesch, Vermögensbildung).

LOWINSKI, Leonhard: Soziologische Bedeutung des Eigenheimbaus und die Möglichkeit einer Förderung des Eigenheimgedankens, in: Heuer, Jürgen/Lowinski, Leonhard: Das Eigenheim - Eine soziologische und volkswirtschaftliche Analyse, Köln-Braunsfeld, 1955, S. 7 ff. (zit.: Lowinski, Eigenheimbau).

- Grundlagen, Zielsetzungen und Methoden der Wohnungsbaupolitik in der Sozialen Marktwirtschaft, Köln-Braunsfeld, 1964 (zit.: Lowinski, Wohnungsbaupolitik).

LÜCKE, Paul: Das Familienheim in Arbeiterhand - Werkgeförderte Wohnungen und Eigenheime - Grundsätzliches über den Facharbeiterwohnungsbau und die Unterbringung ausländischer Arbeitskräfte, in: BBauBl. 1960, S. 638 ff. (zit.: Lücke, BBauBl. 1960).

- Die Aufgaben der nächsten Jahr, in: Deutsches Volksheimstättenwerk (Hrsg.), Das eigene Heim - Hort der Familie, Köln, 1958, S. 17 ff.

- Vom Wohnungsbau zum Städtebau, in: BBauBl. 1962, S. 159 (zit.: Lücke, BBauBl. 1962).

- Raumordnung als politisches Leitbild, in BBauBl. 1962, S. 572 ff. (zit.: Lücke, BBauBl. 1962).

- Bauen und Wohnen - Die Auswirkungen der Wohnungspolitik - Städtebau, Dorferneuerung und Raumordnung, in Bulletin des Presse- und Informationsamtes der Bundesregierung vom 16.8.1963 - Nr. 145, S. 1275 ff. (zit.: Lücke, Bulletin Nr. 145/1963).

LÜTGE, F.: Der sozialpolitische Aspekt des Bausparwesens, in: Die Volksheimstätte 1951, Heft 3, S. 3 ff. (zit.: Lütge, Die Volksheimstätte 1951, Heft 3).

- Die Bedeutung des Eigentums innerhalb der sozialen Ordnung, in: Die Volksheimstätte 1951, Heft 8, S. 4 ff. (zit.: Lütge, Die Volksheimstätte 1951, Heft 8).

LUHMANN, Niklas: Grundrechte als Institution (Schriften zum öffentlichen Recht, Band 24), Berlin, 1965 (zit.: Luhmann, Grundrechte).

- Politische Verfassungen im Kontext des Gesellschaftssystems, in: Der Staat Band 12 (1973), S. 1 ff. und S. 165 (zit.: Luhmann, Der Staat Bd. 12).

LUTHARDT, Wolfgang: Bemerkungen zur Formel vom 'sozialen Rechtsstaat', in: Prokla (Probleme des Klassenkampfs) Nr. 22 (1976), S. 161 ff. (zit.: Luthardt, Prokla 22).

MACPHERSON, C. B.: Die politische Theorie des Besitzindividualismus - von Hobbes bis Locke, Frankfurt, 1973 (zit.: Macpherson, Die politische Theorie des Besitzindividualismus).

MAIROSE, Ralf/ORGAß, Gerhard: Wohnungs- und Bodenpolitik in der Bundesrepublik Deutschland, Opladen, 1972 (zit.: Mairose/Orgaß, Wohnungspolitik).

MANDEL, Ernest: Die deutsche Wirtschaftskrise - Lehren der Rezession 1966/67, 5. Aufl., Frankfurt, 1970 (zit.: Mandel, Wirtschaftskrise).

- Der Spätkapitalismus, Frankfurt, 1972.

MARCUSE, Herbert: Der eindimensionale Mensch - Studien zur Ideologie der fortgeschrittenen Industriegesellschaft, Neuwied/Berlin, 1967 (zit.: Marcuse, Der eindimensionale Mensch).

MARX, Karl: Zur Kritik der politischen Ökonomie, nach: Marx/Engels, Werke, Band 13, S. 3 ff.

- derselbe/ENGELS, Friedrich: Die deutsche Ideologie, nach: Marx/Engels, Werke, Band 3, Berlin, 1969, S. 9 ff. (zit.: Marx/Engels, Deutsche Ideologie).

MATERIALIEN ZUR VERMÖGENSBILDUNG - Ergebnisse einer Untersuchung des Deutschen Sparkassen- und Giroverbandes, Bonn, 1971 (zit.: Materialien zur Vermögensbildung).

MAUNZ, Theodor, Kommentierung zu Art. 14 GG, in: derselbe/Dürig, Günter/Herzog, Roman, Grundgesetz - Kommentar, Bd. I, München, 1976 (zit.: Maunz, in: Maunz-Dürig-Herzog).

MAUS, Ingeborg: Die Basis als Überbau oder: Realistische Rechtstheorie, in: Rottleuthner (Hrsg.): Probleme der marxistischen Rechtstheorie, Frankfurt, 1975, S. 484 ff. (zit.: Maus, Basis als Überbau).

MAYER, Karl Ullrich: Ungleichheit und Mobilität im sozialen Bewußtsein - Untersuchungen zur Definition der Mobilitätssituation, Opladen, 1976 (zit.: K. U. Mayer, Ungleichheit und Mobilität).

MENGE, Franz: Der Wohnungsbau 1973 - Tendenzen, Merkmale, Finanzierung, in: BBauBl. 1974, S. 333 ff. (zit.: Menge, BBauBl. 1974).

- Der Wohnungsbau 1974 - Tendenzen, Merkmale, Finanzierung, in: BBauBl. 1975, S. 283 ff. (zit.: Menge, BBauBl. 1975).

- Der Wohnungsbau 1976 - Tendenzen, Merkmale, Finanzierung, in: BBauBl. 1977, S. 290 ff. (zit.: Menge, BBauBl. 1977).

MICHAELS, Heinz: Stadt auf dem Pulverfaß - Die Region Heilbronn/ Neckarsulm würde ein Elendsgebiet, in: Die Zeit Nr. 5/1975 (zit.: Michaels, Die Zeit Nr. 5/1975).

MIERHEIM, Horst/WICKE, Lutz: Die personelle Vermögensverteilung in der Bundesrepublik Deutschland, Tübingen, 1978 (zit.: Mierheim/Wicke, Vermögensverteilung).

MILHOFFER, Petra: Familie und Klasse - Ein Beitrag zu den politischen Konsequenzen familialer Sozialisation, Frankfurt, 1975 (zit.: Milhoffer, Familie und Klasse).

MÜHLHÄUSER, Otto: Beschäftigungseffekte des technischen Wandels (RKW Schriftenreihe: Technischer Fortschritt und struktureller Wandel), München, 1970 (zit.: Mühlhäuser, Beschäftigungseffekte).

MÜLLER, Walter: Familie - Schule - Beruf - Analysen zur sozialen Mobilität und Statuszuweisung in der Bundesrepublik, Opladen, 1975 (zit.: W. Müller, Familie - Schule - Beruf).

MÜLLER-ARMACK, Alfred: Soziale Marktwirtschaft, in: Handwörterbuch der Sozialwissenschaften, herausgegeben von Beckerat, Erwin von/ Brinkmann, Carl/Gutenberg, Erich/ Haberler, Gottfried/Jecht, Horst/Jöhr, Walter Adolf/Lütge, Friedrich/Predöhl, Andreas/ Schaeder, Reinhard/Schmidt-Rimpler, Walter/Weber, Werner/ Wiese, Leopold von; 9. Band, Tübingen/Göttingen, 1956, S. 390 ff. (zit.: Müller-Armack, Soziale Marktwirtschaft).

MÜNCH, Dieter: Ziele, Maßnahmen und Ergebnisse staatlicher Wohnungsbaupolitik in Europa, Münster, 1967 (zit.: Münch, Wohnungsbaupolitik).

NARR, Wolf-Dieter/OFFE, Claus: Einleitung zu: dieselben (Hrsg.): Wolfahrtsstaat und Massenloyalität, Köln, 1975 (zit.: Narr/Offe, Wohlfahrtsstaat).

NEEF, Rainer: Die Bedeutung des Grundbesitzes in den Städten, in: Kursbuch 27 (1972), S. 32 ff. (zit.: Neef, Kursbuch 27).

NEGT, Oskar: 10 Thesen zur marxistischen Rechtstheorie, in: Rottleuthner, Hubert (Hrsg.): Probleme der marxistischen Rechtshteorie, Frankfurt, 1975, S. 10 ff. (zit.: Negt, Thesen).

- Marxismus als Legitimationswissenschaft. Zur Genese der stalinistischen Philosophie, in: Bucharin, Nikolai/Deborin, Abram: Kontroversen über dialektischen und mechanischen Materialismus, Frankfurt, 1974, S. 7 ff. (zit.: Negt, Marxismus als Legitimationswissenschaft).

- Gesellschaftsbild und Gesellschaftsbewußtsein der wirtschaftlichen und militärischen Führungsschichten. Zur Ideologie der autoritären Leistungsgesellschaft, in: Schäfer, Gert/Nedelmann, Carl (Hrsg.): Der CDU-Staat (Band) 2 - Analysen zur Verfassungswirklichkeit der Bundesrepublik, Frankfurt, 1969, S. 359 ff. (zit.: Negt, Gesellschaftsbild).

- derselbe/KLUGE, Alexander: Öffentlichkeit und Erfahrung - Zur Organisationsanalyse von bürgerlicher und proletarischer Öffentlichkeit, 2. Aufl., Frankfurt, 1972 (zit.: Negt/Kluge, Öffentlichkeit).

NEIDHARDT, Friedhelm: Die Familie in Deutschland - Gesellschaftliche Stellung, Struktur und Funktionen, Opladen, 1966 (zit.: Neidhardt, Familie).

NELL-BREUNING, (Oswald) von: Die Funktion des Grundeigentums in der Rechts- und Sozialordnung unserer Zeit, in: Die Volksheimstätte 1951, Heft 8, S. 10 ff. (zit.: Nell-Breuning, Die Volksheimstätte 1951, Heft 8).

NEUMANN, Franz: Ökonomie und Politik im zwanzigsten Jahrhundert, in: derselbe: Demokratischer und autoritärer Staat - Beiträge zur Soziologie der Politik, Frankfurt, 1967, S. 171 ff. (zit.: F. Neumann, Ökonomie und Politik).

-    Zum Begriff der politischen Freiheit, in: a.a.O., S. 76 ff. (zit.: F. Neumann, Freiheit).

NEUMANN, Karl: Vermögensverteilung und Vermögenspolitik - Möglichkeiten und Grenzen, Köln/Frankfurt, 1976 (zit.: K. Neumann, Vermögensverteilung).

NIKOLINAKOS, Marios: Politische Ökonomie der Gastarbeiterfrage, Reinbek bei Hamburg, 1973.

NIPPERDEY, Hans Carl: Die soziale Marktwirtschaft in der Verfassung der Bundesrepublik, Karlsruhe, 1954.

NN.: Voraussetzungen für den sozialen Frieden - Städtische Bodenreform und Einfamilienhaussystem, in: Die Volksheimstätte 1951, Heft 2, S. 4 (zit.: N.N., Die Volksheimstätte 1951, Heft 2).

-    Werke bauen Eigenheime - Der richtige Weg zur Zufriedenheit und Produktionssteigerung, in: Die Volksheimstätte 1952, Heft 10, S. 12 f. (zit.: N.N., Die Volksheimstätte 1952, Heft 10).

OFFE, Claus: Leistungsprinzip und industrielle Arbeit - Mechanismen der Statusverteilung in Arbeitsorganisationen der in dustriellen "Leistungsgesellschaft", Frankfurt, 1970 (zit.: Offe, Leistungsprinzip).

-    /RONGE, Volker: Fiskalische Krise, Bauindustrie und die Grenzen staatlicher Ausgabenrationalisierung, in: Leviathan 1973, S. 189 (zit.: Offe/Ronge, Leviathan 1973).

ORTMANN, Hedwig: Arbeiterfamilie und sozialer Aufstieg - Kritik einer bildungspolitischen Leitvorstellung, 2. Aufl., München 1972 (zit.: Ortmann, Arbeiterfamilie).

OSTERLAND, Martin/DEPPE, Wilfried/GERLACH, Frank/MERGNER, Ulrich/PELTE, Klaus/SCHLÖSSER, Manfred: Materialien zur Lebens- und Arbeitssituation der Industriearbeiter in der BRD, Frankfurt, 1973 (zit.: Osterland et al., Materialien).

OTT, Claus: Bodenrecht in: Rehbinder, Manfred (Hrsg.): Recht im sozialen Rechtsstaat - Kritik Band 5, Opladen, 1973, S. 129 ff. (zit.: Ott, Bodenrecht).

-    Eigentum und Städtebau, in: Eigentumsordnung und Städtebau, Frankfurt, 1971, S. 26 ff.

PACKARD, Vance: Die geheimen Verführer - Der Griff nach dem Unbewußten in jedermann, Frankfurt/Berlin, 1964 (zit.: Packard, Verführer).

PERELS: Kapitalismus und politische Demokratie - Privatrechtssystem und Verfassungsstruktur in der Weimarer Republik, Frankfurt, 1973 (zit.: Perels, Kapitalismus).

PERGANDE, Hans-Günther/SCHWERZ, Günter: Wohngeldgesetz, Kommentar, München, 1970 (zit.: Pergande/Schwerz, WoGG).

PFEIL, Elisabeth: Die Berufstätigkeit von Müttern - Eine empirischsoziologische Erhebung an 900 Müttern aus vollständigen Familien, Tübingen, 1961 (zit.: Pfeil, Berufstätigkeit).

-    (Bearb.) Die Wohnwünsche der Bergarbeiter - Soziologische Erhebung, Deutung und Kritik der Wohnvorstellungen eines Berufs, Tübingen, 1954 (zit.: Pfeil, Wohnwünsche der Bergarbeiter).

POHL, Manfred: Wiederaufbau - Kunst und Technik der Finanzierung 1947-1953 - Die ersten Jahre der Kreditanstalt für Wiederaufbau, Frankfurt, 1973 (zit.: Pohl, Wiederaufbau).

PRESSE- UND INFORMATIONSZENTRUM DES DEUTSCHEN BUNDESTAGES (Hrsg.): Wohnungspolitik (1) - Vermögens- und Eigentumsbildung im sozialen Wohnungsbau, in: Zur Sache Nr. 1/74 (zit.: Presse- und Informationszentrum des Deutschen Bundestages, Zur Sache Nr. 1/74).

PRESSEL, Alfred: Sozialisation, in: Beck, Johannes/Clemenz, Manfred/ Heimisch, Franz/Jouhy, Ernest/Mackert, Werner/Müller, Hermann/Pressel, Alfred: Erziehung in der Klassengesellschaft - Einführung in die Soziologie der Erziehung, München, 1970, S. 126 ff.

PREUSS, Ulrich K.: Gesellschaftliche Bedingungen der Legalität, in: derselbe: Legalität und Pluralismus - Beiträge zum Verfassungsrecht der Bundesrepublik Deutschland, Frankfurt, 1973, S. 7 ff. (zit.: Preuß, Legalität).

PROJEKT KLASSENANALYSE: Materialien zur Klassenstruktur der BRD, Zweiter Teil - Grundriß der Klassenverhältnisse (1950-1970), Westberlin, 1974 (zit.: Projekt Klassenanalyse, Materialien).

PROJEKTGRUPPE BERUFSPRAXIS DER ARCHITEKTEN (TU Berlin): Zur Berufspraxis der Architekten, in: arch plus Heft 18 (1973), S. 1 ff. (zit.: Projektgruppe Berufspraxis der Architekten, arch plus H. 18).

PROJEKTGRUPPE BRANCHENANALYSE DES BAUHAUPTGEWERBES (TU Berlin): Industrialisierung des Bauens unter den Bedingungen des westdeutschen Kapitalismus, in: Kursbuch 27 (1972), S. 99 ff. (zit.: Projektgruppe Branchenanalyse, Kursbuch 27).

PROJEKTGRUPPE FACHHOCHSCHULE DORTMUND, ABT. ARCHITEKTUR: Materialien zu Geschichte und Funktion der Wohnungsbaugenossenschaften in Deutschland, in: Petsch, Joachim (Hrsg.): Architektur und Städtebau im 20. Jahrhundert, Westberlin, 1975, S. 57 ff. (zit.: Projektgruppe FH Dortmund, Materialien).

RASEHORN, Theo: Über Wohnen in Frankfurt und Anderswo, in: derselbe/Lau, Heinrich/Grünberg, Bernhard von: Wohnen in der Demokratie - Soziales Mietrecht in der Bundesrepublik, Darmstadt/Neuwied, 1976 (zit.: Rasehorn, Wohnen).

RAUMORDNUNGSBERICHT 1966 DER BUNDESREGIERUNG, BTDrS.
V/1155 (zit.: Raumordnungsbericht 1966, BTDrS. V/1155).
RAUMORDNUNGSBERICHT 1968 DER BUNDESREGIERUNG, BTDrS.
V/3958 (zit.: Raumordnungsbericht 1968, BTDrS. V/3958).
RAUMORDNUNGSBERICHT 1970 (der Bundesregierung), BTDrS.
VI/1340.
RAUMORDNUNGSBERICHT 1974 (der Bundesregierung), BTDrS.
7/3582.
RAVENSTEIN, E. G.: Die Gesetze der Wanderung (I und II), in: Szell,
György (Hrsg.): Regionale Mobilität - Elf Aufsätze, München,
1972, S. 41 ff. (zit.: Ravenstein, Gesetze der Wanderung).
RIDDER, Helmut: Die soziale Ordnung des Grundgesetzes - Leitfaden
zu den Grundrechten einer demokratischen Verfassung, Opladen,
1975 (zit.: Ridder, Die soziale Ordnung des Grundgesetzes).
RIEGE, Marlo: Staatliche Wohnungspolitik in der BRD, in: Korte, Her-
mann/Bauer, Eckhart/Riege, Marlo/Korfmacher, Jochen/Gude,
Sigmar/Brake, Klaus/Gerlach, Ulla: Soziologie der Stadt, Mün-
chen, 1972, S. 77 ff. (zit.: Riege, Staatliche Wohnungsbaupolitik).
RINSCHE, Günter: Der aufwendige Verbrauch, in: Kreikebaum, Hart-
mut/Rinsche, Günter: Das Prestigemotiv in Konsum und Investition,
Berlin, 1961, S. 105 ff. (zit.: Rinsche, Verbrauch).
RITSERT, Jürgen: Probleme politisch-ökonomischer Theoriebildung,
Frankfurt, 1973 (zit.: Ritsert, Theoriebildung).
-    derselbe (Hrsg.): Gründe und Ursachen gesellschaftlichen Handelns,
Frankfurt/New York, 1975.
RITTSTIEG, Helmut: Eigentum als Verfassungsproblem - zu Geschichte
und Gegenwart des bürgerlichen Verfassungsstaates, Darmstadt,
1975 (zit.: Rittstieg, Eigentum).
ROSENBAUM, Wolf: Naturrecht und positives Recht - Rechtssoziologische
Untersuchungen zum Einfluß der Naturrechtslehre auf die Rechts-
praxis in Deutschland seit Beginn des 19. Jahrhunderts, Neuwied/
Darmstadt, 1974 (zit.: Rosenbaum, Naturrecht und positives Recht).
ROSENBERG, Hans: Wirtschaftskonjunktur, Gesellschaft und Politik in
Mitteleuropa, 1873-1896, in: Wehler, Hans-Ulrich (Hrsg.): Moder-
ne deutsche Sozialgeschichte, 4. Aufl., Köln, 1973 (zit.: Rosen-
berg, Wirtschaftskonjunktur).
ROSENBROCK, Rolf: Bauproduktion, in: Brake, Klaus: Architektur und
Kapitalverwertung - Veränderungstendenzen in Beruf und Ausbil-
dung von Architekten in der BRD, Frankfurt, 1973, S. 85 ff. (zit.:
Rosenbrock, Bauproduktion).
ROTTLEUTHNER, Hubert: Rechtswissenschaft als Sozialwissenschaft,
Frankfurt, 1973.
-    Marxistische und analytische Rechtstheorie, in: derselbe (Hrsg.):
Probleme der marxistischen Rechtstheorie, Frankfurt, 1975 (zit.:
Rottleuthner, Rechtshteorie).
RUDOLPH, Kurt: Die Bindungen des Eigentums - Eine rechtsvergleichen-
de Studie, Tübingen, 1960 (zit.: Rudolph, Bindungen des Eigentums).

SALADIN, Peter: Grundrechte im Wandel - Die Rechtssprechung des schweizerischen Bundesgerichts zu den Grundrechten in einer sich ändernden Umwelt, Bern, 1970 (zit.: Saladin, Grundrechte im Wandel).

SCHERHORN, Gerhard: Soziologie des Konsums, in: König, René (Hrsg.): Handbuch der empirischen Sozialforschung, II. Band, Stuttgart, 1969, S. 834 ff. (zit.: Scherhorn, Soziologie des Konsums).

SCHLANDT, Joachim: Die Kruppsiedlung, in: Helms, Hans G./Janssen, Jörg (Hrsg.): Kapitalistischer Städtebau, 3. Aufl., Neuwied/Berlin, 1971, S. 213 ff. (zit.: Schlandt, Kruppsiedlung).

SCHLEYER, Hanns Martin: Gedanken zur Vermögensbildung der Arbeitnehmer, in: Wirtschaftstag der CDU/CSU - Düsseldorf 1965 (Thesen/Protokolle), herausgegeben vom Wirtschaftsrat der CDU, Bonn, 1965, S. 266 ff.

SCHMIDT-RELENBERG, Norbert/LUETKENS, Christian/RUPP, Klaus-Jürgen: Familiensoziologie - Eine Kritik, Stuttgart/Berlin/Köln/Mainz, 1976.

SCHMÖLDERS, Günter: Eigentum und Eigentumspolitik, in: Eigentum und Eigentümer in unserer Gesellschaftsordnung - Veröffentlichungen der Walter-Raymond-Stiftung, Band 1, Köln/Opladen, 1960, S. 213 ff. (zit.: Schmölders, Eigentum).

SCHNEIDER, Hans K.: Das Konjunkturoroblem im Wohnungs- und Städtebau, in: derselbe (Hrsg.): Wohnungs- und Städtebau in der Konjunktur, Münster, 1968 (zit.: H.K. Schneider, Konjunkturproblem).

SCHRADER, Achim: Die soziale Bedeutung des Besitzes in der modernen Konsumgesellschaft - Folgerungen aus einer empirischen Untersuchung in Westdeutschland, Köln/Opladen, 1966 (zit.: Schrader, Bedeutung des Besitzes).

SCHUMPETER, Joseph A.: Kapitalismus, Sozialismus und Demokratie, 3. Aufl., München, 1972 (zit.: Schumpeter, Kapitalismus, Sozialismus und Demokratie).

SCHWEITZER, Wolfgang: Freiheit zum Leben, Grundfragen der Ethik, Stuttgart/Gelnhausen, 1959 (zit.: Schweitzer, Freiheit zum Leben).

SENDLER, Horst: Die Konkretisierung einer modernen Eigentumsverfassung durch Richterspruch, in: DÖV 1971, S. 16 ff. (zit.: Sendler, DÖV 1971).

–   Zum Wandel der Auffassung vom Eigentum, in: DÖV 1974, S. 73 ff. (zit.: Sendler, DÖV 1974).

SHONFIELD, Andrew: Geplanter Kapitalismus - Wirtschaftspolitik in Westeuropa und USA, Köln/Berlin, 1968 (zit.: Shonfield, Kapitalismus).

SIELING-WENDELING, Ulrike: Die Entwicklung des Eigentumsbegriffes vom Inkrafttreten des bürgerlichen Gesetzbuchs bis zum Ende des Nationalsozialismus, in: Däubler, Wolfgang/Sieling-Wendeling, Ulrike/Welkoborsky, Horst: Eigentum und Recht - Die Entwicklung des Eigentumsbegriffs im Kapitalismus, Darmstadt/Neuwied, 1976, S. 75 ff. (zit.: Sieling-Wendeling, Entwicklung des Eigentumsbegriffes).

SIMON, Dieter: Eigentum, in: Görlitz, Axel (Hrsg.): Handlexikon zur Rechtswissenschaft, Band 1, Reinbek bei Hamburg, 1972.

SMITH, Adam: Eine Untersuchung über Wesen und Ursache des Volkswohlstandes - "Wealth of Nations", Band 2, Gießen, 1973 (nach der Originalausgabe: Jena, 1923) - (zit.: Smith, Wealth of Nations).

SOZIALE SICHERHEIT IN DER BUNDESREPUBLIK DEUTSCHLAND - Sozialenquete, (bearbeitet von) Bogs, Walter/Achinger, Hans/ Meinhold, Helmut/Neundorfer, Ludwig/Schreiber, Wilfried, Stuttgart/Berlin/Köln/Mainz (o. J.) - (zit.: Sozialenquete).

STADT FRANKFURT: Bevölkerungs- und Wohnungsstruktur im Raum Frankfurt am Main - Ergebnisse der Wohnungsumfrage 1976 im Umlandverband Frankfurt, herausgegeben vom Magistrat der Stadt Frankfurt am Main - Bearbeitung: Hausmann, Bernd/Heil, Franz-Peter, (Frankfurt), 1977 (zit.: Stadt Frankfurt, Wohnungsumfrage).

- Stadtflucht aus Frankfurt? - Einige Zahlen zur Erläuterung des Einwohnerrückgangs in unserer Stadt, herausgegeben vom Magistrat der Stadt Frankfurt am Main, (Frankfurt), 1977 (zit.: Stadt Frankfurt, Stadtflucht aus Frankfurt?).

STÄDTEBAUBERICHT 1970 DER BUNDESREGIERUNG, BTDrS. VI/1497 (zit.: Städtebaubericht 1970, BTDrS. VI/1497).

STÄDTEBAUBERICHT 1975 DER BUNDESREGIERUNG, BTDrS. 7/3583 (zit.: Städtebaubericht 1975, BTDrS. 7/3583).

STÄDTEBAUINSTITUT NÜRNBERG: Selbsthilfe beim Bau von Familienheimen - Untersuchungen über Organisation, Betreuung und Durchführung von Demonstrationsbauvorhaben des Bundesministers für Wohnungswesen und Städtebau in Nürnberg und Umgebung, Nürnberg, 1967 (zit.: Städtebauinstitut Nürnberg, Selbshilfe).

STATISTISCHES BUNDESAMT: Wohnungsstatistik 1956/1957, Heft 1, Stuttgart, 1958; Heft 2, Stuttgart/Mainz, 1959; Heft 3, Stuttgart/ Mainz, 1961.

- Fachserie E: Bauwirtschaft, Bautätigkeit, Wohnungen - 1 %-Wohnungsstichprobe 1972, Heft 1, Stuttgart/Mainz, 1974; Hefte 2, 3, 4, Stuttgart/Mainz, 1975 (zit.: Statistisches Bundesamt, Wohnungsstichprobe 1972, Heft 1, 2, 3, 4).

STEIN, Erwin: Zur Wandlung des Eigentumsbegriffes, in: Festschrift für Gebhard Müller, Tübingen, 1970, S. 503 ff. (zit.: Stein, Eigentumsbegriff).

STEGER, Almut: Problemdimensionen und soziale Indikatoren der Bevölkerungsentwicklung, in: Zapf, Lebensbedingungen, S. 97 ff. (zit.: Steger, Bevölkerungsentwicklung).

STENZEL, Adalbert: Werkgeförderter Eigenheimbau, in: Die Volksheimstätte 1952, Heft 10, S. 11 f. (zit.: Stenzel, Die Volksheimstätte 1952, Heft 10).

STOLPER, Gustav/HÄUSER, Karl/BORCHARDT, Knut: Deutsche Wirtschaft seit 1870, 2. Aufl., Tübingen, 1966 (zit.: Stolper/Häuser/ Borchardt, Deutsche Wirtschaft).

TEBERT, Walter/SCHMELZER, Horst: Die sozialen Voraussetzungen beruflicher Mobilität - Bericht über zwei empirische Untersuchungen zum Mobilitätsverhalten und zum Problem der Einstellungen gegenüber beruflicher Mobilität, Stuttgart/Köln/Mainz/Berlin, 1973 (zit.: Tebert/Schmelzer, Mobilität).

THOMAE, Hans: Familie und Sozialisation, in: Gottschalch, K./Lersch, Ph./Saner, F./Thomae, H. (Hrsg.): Handbuch der Psychologie, 7. Band (Sozialpsychologie), 2. Halbband (herausgegeben von Graumann, C. F./Kruse, Lenelis/Kroner, B.), Göttingen, 1972, S. 778 ff. (zit.: Thomae, Familie und Sozialisation).

TIEMANN, Martin: Die Baulandpreise und ihre Entwicklung, in: Der Städtetag 1970, S. 562 ff. (zit.: Tiemann, Der Städtetag 1970).

TRUDEWIND, Clemens: Häusliche Umwelt und Motiventwicklung, Göttingen/Toronto/Zürich, 1975 (zit.: Trudewind, Häusliche Umwelt).

ULSHOEFER, Helgard: Mütter im Beruf - Die Situation erwerbstätiger Mütter in neun Industrieländern - Annotierte Bibliographie, Weinheim/Berlin/Basel, 1969 (zit.: Ulshoefer, Mütter im Beruf).

VANBERG, Monika: Fakten zur regionalen Mobilität - Darstellung der Mobilitätsvorgänge in Struktur und Motivation, in: Mackensen, Rainer/Vanberg, Monika/Krämer, Klaus: Probleme regionaler Mobilität, Göttingen, 1975, S. 17 ff. (zit.: Vanberg, Mobilität).

VOGT, Winfried: Die Wachstumszyklen der westdeutschen Wirtschaft, Tübingen, 1968 (zit.: Vogt, Wachstumszyklen).

V. B.: Die schwarzen und die weißen Kreise, in: BBauBl. 1963, S. 328 (zit.: V. B., BBauBl. 1963).

WAGNER, Heinz: Öffentlicher Haushalt und Wirtschaft, in: VVdStL. 27 (1969), S. 47 ff. (zit.: Wagner, VVdStL. 27).

WALLERT, Werner: Sozialistischer Städtebau in der DDR, in: Geographische Rundschau Heft 5/1974, S. 177 ff. (zit.: Wallert, Geographische Rundschau 1974).

WALLICH, Henry C.: Triebkräfte des deutschen Wiederaufstiegs, Frankfurt, 1955 (zit.: Wallich, Wiederaufstieg).

WEBER, Norbert: Privilegien durch Bildung - Über die Ungleichheit der Bildungschancen in der Bundesrepublik Deutschland, Frankfurt, 1973 (zit.: N. Weber, Privilegien).

WEBER, Werner: Das Eigentum und seine Garantie in der Krise, in: Festschrift für Karl Michaelis, Göttingen, 1972, S. 316 ff. (zit.: W. Weber, Eigentum).

-    Eigentum und Enteignung, in: Neumann, Franz L./Nipperdey, Hans Carl/Scheuner, Ulrich (Hrsg.): Die Grundrechte - Handbuch der Theorie und Praxis der Grundrechte, Zweiter Band, Berlin, 1954, S. 331 ff. (zit.: W. Weber, Eigentum und Enteignung).

WELLER, Eva/WELLER, Walter: Funktion und Praktiken der Massenkonsumwerbung, in: Das Argument, Heft 25 (1963), S. 39 ff. (zit.: Weller, Das Argument, Heft 25).

WEISSBARTH, Reinhold/THOMAE, Matthias: Sickereffekte verschiedener Formen der Wohnbau- und Bausparförderung (Schriftenreihe des Bundesministers für Raumordnung, Bauwesen und Städtebau, Nr. 07.003), Bonn-Bad Bodesberg (1978) - (zit.: Weissbarth/Thomae, Sickereffekte).

WEISSER, Michael: Arbeiterkolonien - Über die Motive zum Bau von Arbeitersiedlungen durch industrielle Unternehmungen im 19. und frühen 20. Jahrhundert in Deutschland, in: Petsch, Joachim (Hrsg.): Architektur und Städtebau im 20. Jahrhundert, Teil 2, Westberlin, 1975, S. 7 ff. (zit.: Weisser, Arbeiterkolonien).

WERNER, (Fritz): Verfassung, Rechtsgefühl und Städtebau, in: Entwicklungsgesetze der Stadt - Vorträge und Berichte - Herausgegeben von der Landesgruppe Nordrhein-Westfalen der Deutschen Akademie für Städtebau und Landesplanung, Köln/Opladen, 1963, S. 23 ff. (zit.: Werner, Verfassung).

WESTERMANN, Harry: Sachenrecht, 5. Aufl., Karlsruhe, 1966.

WIEACKER, Franz: Wandlungen der Eigentumsverfassung, Hamburg, 1935.

WINKEL, Harald: Die Wirtschaft im geteilten Deutschland 1945-1970, Wiesbaden, 1974 (zit.: Winkel, Wirtschaft).

WISSENSCHAFTLICHER BEIRAT BEIM BUNDESWIRTSCHAFTSMINISTERIUM: Entwicklung der Wohnungsmieten und geplante Maßnahmen zur Begrenzung des Mietanstiegs, in: Bulletin des Presse- und Informationsamtes der Bundesregierung Nr. 180/1970, S. 1963 ff. (zit.: Wissenschaftlicher Beirat, Bulletin Nr. 180/1970).

WOLFF, Martin: Reichsverfassung und Eigentum, in: Festgabe für Wilhelm Kahl, Tübingen, 1923, Teil IV.

WOLFF, Martin/RAISER, Ludwig: Sachenrecht - Ein Lehrbuch, 10. Aufl., Tübingen, 1957 (zit.: Wolff/Raiser, Sachenrecht).

WORMIT, (Heinz)/EHRENFORTH, (Werner): Heimstättenrecht - Kommentar, 2. Aufl., Berlin/Köln/Detmold, 1950 (zit.: Wormit/Ehrenforth, Heimstättenrecht).

WUERMELING, Franz-Joseph: Das muß geschehen! in: Kirchenzeitung für das Erzbistum Köln, Nr. 49/1953 (zit.: Wuermeling, Kirchenzeitung Nr. 49/1953).

- Warum ein Ministerium für die Familie? in: Bulletin des Presse- und Informationsamtes der Bundesregierung, Nr. 216/1953, S. 1795 f. (zit.: Wuermeling, Bulletin Nr. 216/1953).

- Grundlage der Gesellschaft ist die Familie, in: Bulletin des Presse- und Informationsamtes der Bundesregierung, Nr. 223/1953, S. 1851 ff. (zit.: Wuermeling, Bulletin Nr. 223/1953).

- Staatliche Familienpolitik? in: Bonner Hefte 8/1953, S. 1 ff. (zit.: Wuermeling, Bonner Hefte 8/1953).

- Bedeutung und Sicherung der Familie, in: Bulletin des Presse- und Informationsamtes der Bundesregierung Nr. 10/1954, S. 73 ff. (zit.: Wuermeling, Bulletin Nr. 10/1954).

- Familienpolitik ist Staatspolitik, in: Bulletin des Presse- und Informationsamtes der Bundesregierung Nr. 174/1954, S. 1534 ff. (zit.: Wuermeling, Bulletin Nr. 174/1954).

- Ein Jahr Familienministerium, in: Bulletin des Presse- und Informationsamtes der Bundesregierung Nr. 226/1954, S. 2081 f. (zit.: Wuermeling, Bulletin Nr. 226/1954).

WUERMELING, Franz-Joseph: Um den Familienlastenausgleich, in: Die neue Ordnung 1956, S. 257 ff. (zit.: Wuermeling, Die neue Ordnung 1956).

WWI, WIRTSCHAFTWISSENSCHAFTLICHES INSTITUT DER GEWERK-SCHAFTEN: Deutschland in Zahlen 1950, Köln, 1951 (zit.: WWI, Deutschland in Zahlen 1950).

ZAPF, Katrin/HEIL, Karolus/RUDOLPH, Justus: Stadt am Stadtrand - Eine vergleichende Untersuchung in vier Münchener Neubausiedlungen, Frankfurt, 1969 (zit.: Zapf et al., Stadt am Stadtrand).

ZAPF, Wolfgang (Hrsg.): Lebensbedingungen in der Bundesrepublik Deutschland - Sozialer Wandel und Wohlfahrtsentwicklung (SPES - Sozialpolitisches Entscheidungs- und Indikatorensystem für die Bundesrepublik Deutschland - Schriftenreihe Band 10, herausgegeben von der sozialpolitischen Forschergruppe an den Universitäten Frankfurt und Mannheim), 2. Aufl., Frankfurt, 1978 (zit.: Zapf, Lebensbedingungen).